LOUIS DE FUNÈS, GRIMACES ET GLOIRE

喜剧大师:
路易·德·菲奈斯传

【法】贝特朗·迪卡勒（Bertrand Dicale） 著
宫宝荣 钱培鑫 郭斯嘉 译

华东师范大学出版社

华东师范大学出版社六点分社　策划

目　录

喜剧大师的启示（译序）／ 1

导言 ／ 1
1. 路易·热尔曼·大卫·德·菲奈斯·德·加拉尔扎 ／ 1
2. 这儿走，先生——《巴比松的诱惑》，1945 ／ 9
3. 喝彩百遍，致谢百次——从《消磨六小时》到《我的老婆了不起》，1947—1951 ／ 20
4. "仙女"效应——从《他们五个》到《我的塞内加尔老弟》，1952—1953 ／ 39
5. 一个寻常的疯狂年头——从《麦苗》到《禁闭》，1954 ／ 58
6. 《强比耶！强比耶！》——从《波比》到《傻瓜》，1955—1957 ／ 75
7. 普通海报之榜首——《来得不巧》和《神不知鬼不觉》，1956—1958 ／ 95
8. 主角与次类——从《两人生活》到《弗拉卡斯队长》，1958—1961 ／ 112
9. 《里面有……》——从《奥斯卡》到《咱们去多维尔》，1961—1962 ／ 128
10. 第一次飞跃——从《大圆舞曲》到《卡门，开火》，1962—1963 ／ 141
11. 找对戏路——从《关关雎鸠》到《男人堆里一靓妹》，1963—1964 ／ 153
12. 非凡的夏天——《圣托佩的警察》、《方托马斯》，1964 ／ 167
13. 值得重视的商业片——《暗渡陈仓》，1964—1965 ／ 183
14. 告别黑白电影——从《大贵人》到《总统失踪记》，1965—1966 ／ 195
15. 知识分子与驼背丑角——评论界与路易·德·菲奈斯 ／ 210
16. 17267607 观影人次——《虎口脱险》，1966 年 ／ 220

17. 稳居榜首——从《方托马斯大闹警察厅》到《小泳者》，1967—1968 / 236

18. 另一个老板——《名画追踪》,1968 年 / 253

19. 困难时期——《宪兵情缘》与《冰冻人》,1968—1969 / 263

20. 休息——从《乐队指挥》到《落在树梢》,1970—1971 / 275

21. 失去布尔维尔——从《乔》、《疯狂的贵族》到《奥斯卡》,1971—1973 / 292

22. 鳄鱼——《雅各布教士历险记》和《斗牛士华尔兹》,1973—1975 / 307

23. 重返——《美食家》,1976 / 325

24. 百万——《夫妻市长》和《警察智斗外星人》,1978—1979 / 341

25. 莫里哀,水到渠成——《吝啬鬼》,1979 / 353

26. 最后的场记板——《天外来客》和《老爸的烦恼》,1981—1982 / 365

27. 重播 / 376

路易·德·菲奈斯的影片目录 / 382

喜剧大师的启示（译序）

路易·德·菲奈斯（Louis de Funès，1914—1983）曾经是一位法国大明星，不仅在欧洲家喻户晓，就是在全世界也是名声显赫。上个世纪中叶，尤其是在六七十年代，由他主演的众多影片如《穿越巴黎》、《圣托佩的警察》、《虎口脱险》、《疯狂的贵族》、《雅各布教士历险记》等问世以来，无论何时何地，都会引起轰动。全世界数以亿计的影迷为之倾倒，即使在80年代的中国也同样如此。

路易·德·菲奈斯成名之时，正值中国社会动荡之际，因此要等到新时期改革开放之后，由他主演的影片才得以在神州大地与观众见面。在那个物质产品和精神食粮都十分匮乏的年代，优秀国产电影屈指可数，因而每当诸如谢晋的《天云山传奇》、《牧马人》或吴贻弓的《巴山夜雨》、《城南旧事》等新片公映之际，便会立马在全国范围内引起观众强烈的反响。由于这一辈导演大多经历过那个时代所特有的磨难，所以他们的影片有不少对过往的反思，大多讲究思想内涵，因而很容易引起有着同样遭遇的观众的共鸣，但难免也会造成一些人的不解甚至不满，进而引起争议。随着改革开放的逐渐深入，外国电影开始解禁，起初以放映一些比较老旧的经典影片为主，如《魂断蓝桥》、《王子复仇记》、《基督山伯爵》等。在尚无"大片"的时代，这些还是黑白的经典影片重见天日之后，各地影院无不出现一票难求的景象。毫无疑问，这些中外影片在艺术上堪称完美，在思想内容上严肃深刻，极大地满足了其时国人的精神需求。然而，就审美情趣而言，它们大多属于悲情一类，其实难以完全满足观众的心理需求。说实话，相对这些严肃的影片，在当时既能引人开怀、放松心情又具有一定思想内涵的喜剧片极为罕见。因此，80年代初期，当路易·德·菲奈斯主演的《疯狂的贵族》、《虎口脱险》等在全国放映之后，立刻吸引了千千万万的中国影迷，而且许多人百看不厌,菲奈斯那张令人过目不忘的怪脸也就成了法国当代喜剧电影的标志性面孔。

众所周知,法国是一个有着十分悠久历史的文化大国。她几乎在艺术的所有领域,无论是诗歌、小说、绘画还是音乐与戏剧,都取得了令世人景仰的巨大成就。法兰西人还是一个擅于创新的民族,电影艺术本身就是由卢米埃兄弟于19世纪末在巴黎发明的。一个多世纪以来,法国电影艺术家以其特有的民族性格、文化品味和审美情趣,为世人贡献了无数的优秀影片,极大地丰富了人类的精神生活。正因为如此,法国电影在中国人的心目之中从来就有着特殊的地位。在国人眼里,法国电影与美国好莱坞大片迥然不同,具有鲜明的个性特征。一般而言,法国影片既没有美国"大制作"的那些宏伟壮观、令人惊心动魄的科幻场面,也没有那些暴力血腥、令人恐惧战栗的画面。相反,法国电影更多是一些讲究生活情趣、充满人情味的"小制作"。这是因为,作为地中海拉丁民族的一员,法兰西人更加注重生活本身,追求的是生活的艺术、生活的情趣和生活的质量。因此,他们的影片往往散发出浓郁的生活气息,洋溢着热烈的家庭氛围、浓烈的男女情感,银幕上充满了温馨的画面。当然,作为一个产生了笛卡尔、伏尔泰、狄德罗、伯格森、加缪和萨特等思想巨人的民族,法国的电影人同时也是有着强烈的精神追求与高度的美学目标的艺术家,因此产生了以弗朗索瓦·特吕弗、让-吕克·戈达尔、阿兰·雷乃等为代表的"新浪潮"电影流派。而在世界电影史上,法国的"作家电影"对各国电影的影响更是无处不在。因此,在这样的一个国度里,产生像路易·德·菲奈斯这样深受世界各国人民欢迎的电影明星也就在情理之中。

路易·德·菲奈斯的成长经历在某种程度上应该说具有极强的典型性。可能很少有中国观众想到,德·菲奈斯远非一位土生土长的法国人,而是来自西班牙的移民后代。只不过,一方水土养育一方人,既然生长在巴黎这样的艺术首都,既然吮吸的是莫里哀、德彪西和费尔南代尔等等这些伟大艺术家的乳汁,既然为了生计很早就走上"艺术"道路,既然一路上遇到了像乌利、让·卡班、安德烈·布尔维尔、达尼埃尔·热兰等众多造诣深厚的艺术家和情真意切的朋友,菲奈斯能够成为一位享誉世界的电影艺术家也就毫无令人意外之处,正如历史上曾经出现过梵高、毕加索、达利、贝克特、尤奈斯库、阿达莫夫等或自幼生长在法国或很早就定居于巴黎的艺术家们一样。

令人感慨的是,路易·德·菲奈斯既不是纯正地道的法国人,也没有出生在渊源深厚的艺术世家,他之所以走上演员的道路并成长为一位电影明星可谓有着一定的偶然性。他的父母原本为了爱情而被迫离开故土来到人地生疏的巴黎,虽然最终获得了家庭的原谅甚至经济上的支持,却因不谙经营之道而落到了生活的底层,再加上恰逢第二次世界大战,巴黎处于德国法西斯铁蹄的蹂躏之下,一家人的日子艰难不难想象。路易·德·菲奈斯可谓生不逢时,不得不很早就独自谋生,然而他却是接二连三地遭遇失败,就像他无法接受中规中矩的学校教育一样,他也无法适应循规蹈矩的生活,不管是工业制图还是企业会计。路易·德·菲奈斯几乎是在走投无路时靠着他自幼跟母亲学会的钢琴技艺,开始到饭店酒吧卖艺为生,走上了"艺术道路"并最终成为一名炙手可热的喜剧大师,这一切可谓纯属命运的播弄。

然而,路易·德·菲奈斯的成名更有其必然性。很早,他从母亲那里学到了谈不上精湛、但极具个性的钢琴技巧,更继承了母亲身上那与生俱来的表演天赋。当然,比这些更重要的是,在其人生道路的整个过程中,除了抓住每一次机遇之外,他始终能以谦卑、谨慎的态度对待每一次成功与失败。实事求是地说,德·菲奈斯既不像阿兰·德龙那样的电影明星天生长着漂亮的脸庞、出挑的身材,也不像菲利浦·诺瓦雷那样受过正规系统的表演训练,更不像让·卡班那样有过高人的关照或指点,他虽然很早就投身于电影,但并没有像不少明星那样早早出道、年纪轻轻就成为众望所归的耀眼明星。完全相反,他身材矮小,长相怪异,除了母亲的家庭教育和环境的耳濡目染之外,还有的便是生活压力的逼迫,更多的则是他的顽强执著、认真坚守、永不放弃的精神。正因为有了这种执著的精神,德·菲奈斯才能够忍受长期地跑龙套、做一个默默无闻的群众演员,直到1960年代中期才时来运转,渐渐出人头地,至70年代则达到其演员生涯的巅峰。平心而论,对这位不到20岁就迈入影坛的艺术家来说,年近半百方才功成名就,可谓名副其实的大器晚成。然而,若是没有当初的这种执著精神,很难想象德·菲奈斯会有其后的如日中天。谁都知道,世界各地无以计数的摄影棚里又有多少像他这样跑龙套的小演员,又有几个能够像他这样几十年如一日地坚持到底、直至最后"跳出龙门"的呢?!自然,德·菲奈斯的成功还有许多其他因素,包括他的表演天赋、他的为人处世、他的勤奋刻苦等,但在我们看来,其中最为重要的莫过于这种锲而不舍的坚守。若是没有这颗坚守的恒心,德·菲奈斯的演员生涯实在难以预料。

贝特朗·迪卡勒的这部《路易·德·菲奈斯传》给我们全面展示了这位喜剧大师的一生,以其朴实的笔触刻画了一位长相独特、滑稽而又善变、深受观众爱戴的喜剧演员的形象。与许多同类传记相比,该书之所以引人入胜,既不是艺术家的绯闻,也不是耸人听闻的隐私,甚至也不是摄影棚里的花边新闻。它的价值更多地在于那些翔实可靠的资料与数据,在于那些有根有据的奇闻轶事。人们发现,作者对路易·德·菲奈斯每一部影片的来龙去脉、他在其中的镜头与表演、影片上映后的社会反响,尤其是票房数据都了如指掌,如数家珍般娓娓道来。该书完全没有诱人上当的噱头,有的只是德·菲奈斯人生成长道路上一步步的脚印,却照样能牢牢吸引住我们的眼睛,令人不得不佩服作者的功力。只不过,中文版由三位译者共同完成(其中1—9章由本人翻译,10—19章和20—27章分别由郭斯嘉和钱培鑫操刀),由于各人的水平和能力、理解和表达均不尽相同,因而一方面难以保证中文与原文风格上的一致,另一方面也难以保证中文版本身风格的一致,总之,几乎做不到"拷贝不走样"。因此,我们希望广大读者能够宽容与谅解,同时更期待读者对中译本进行批评指正,以鞭策我们在今后的翻译中有所进步。

最后,我们还要诚挚地感谢华东师范大学出版社,尤其是孙敏博士为我们提供了这样一个近距离接触艺术大师的美好机会以及高建红编辑为此书所付出的心血。

是为序。

宫宝荣
2013年5月5日

导　言

人人都爱路易·德·菲奈斯。他属于我们的童年，属于我们的青春，属于我们的整个生命。他总让我们开心，就像他以往曾经那么令人开心过一样，就像他还将继续令人开心一样。本着一颗相同的赤诚之心，我们一起分享他的快乐，如同我们的孩子或者我们的前辈。我们爱他，就如爱某种静默无言的真理。我们对他所怀有的感激之情，就如对法国身份的静默标志——如周日集市、桑椹果酱和石子马路所怀有的感激之情。人们总是惊讶地发现，这些标志其实是全人类的。卢道维奇·克吕肖，这位圣托佩①地道的法国警察，毫不费力地摇身一变，成了全世界的图像。而在中学时代，我们无不惊讶于一位德国朋友竟然认识菲奈斯，无不惊讶于在某个莫斯科或者香港市场上一张盗版 DVD 的封面上竟然看到了他那张脸。

在我们的日常生活中，他总是令人吃惊。手机店铺的商贩常常露着其恶狗般的獠牙，表现出一种卑劣的油腔滑调，而人们早已在《总统失踪记》②的塞蒂姆或者《直捣黄龙府》的渔猎工具商维克多·加尔尼耶身上见识过。尼古拉·萨科奇经常做出的一些表情动作，似乎是从路易·德·菲奈斯模拟不耐烦或者心事重重的表演中照搬过来：当《奥斯卡》中贝尔特朗·巴尼耶一边耸肩一边走近按摩师并且喊着"我说费利普……"的时候，人们会以为见到了萨科奇总统。

路易·德·菲奈斯并不属于崇高与权威这一类人。20 世纪大演员当中，他拥有这样一种奇特之处：即在烂片中表现优异，他的部分名声以

---

① 译注：原文 Saint-Tropez，通常译成"圣特鲁佩斯"，但因影片《圣托佩的警察》等译法影响更广，故从之。

② 译注：又译《大饭店》。

及——让我们把话挑明——他的不朽也都归功于那些艺术价值显然值得商榷的作品。脚本松垮、对话无力、导演欠佳,可是他照样光芒四射,跺脚、发火、怯懦、凶恶、惊慌、泄气、好笑、有人性、才华横溢。

他身后的作品散乱无序,东一截,西一段。1964年,他四个月里拍了《圣托佩的警察》、《方托马斯》和《暗渡陈仓》。从此,他一跃成为明星,甚至是法国电影界最大的明星。他牢固地构建起其人物的完整性,甚至不可更改性:老板、警察、指挥和阿巴贡。同样的他,在强者面前卑躬屈膝,在弱者面前却凶神恶煞;同样的他,成熟而又自信,嘲笑之下却天塌地陷。

然而,在其功成名就之前,即在此之前的几十部影片当中,德·菲奈斯既多样又雷同,既整齐又无序。他还得用几年的时间来塑造一个并非他本人的人物,却又是他深信(至少直觉到)自己就是为之而生的那个人物。几乎二十年来,这个人物从一部影片奔向另一部影片,从一群演员中突然冒出,仅仅就是几秒钟、一分钟、一个长段落,一段或莫名其妙或与影片结合得天衣无缝的独角表演。人们发现,在那些苍白可怜的影片中,他那精彩的创造、自由的发挥、喜剧的力量。人们还发现,在一些杰出影片中,他那被折断的双翅,被捆绑的双脚,受困于沉重的现实主义。在让·拉维龙于1953年炮制的《让道德见鬼去吧》这部令人吃惊的老掉牙的拙劣影片中,人们看到路易·德·菲奈斯如鱼得水的创造性发挥;在1961年皮埃尔·戛斯帕尔-于依特火速执导的《弗拉卡斯队长》这部并不好笑的侠客片中,他完全沉浸在17世纪的演员角色之中而不能自拔;在1954年由克洛德·奥当-拉腊执导的《麦苗》中,人们看到路易·德·菲奈斯为其夏季神秘的感官赋予了独有的神经质和恼怒之气……

长久以来,德·菲奈斯在拍摄数十部影片期间,只是一心系于他别无选择的职业所必需的训练。没有生涯规划,没有宏图大愿,没有雄心壮志。或者说有:成为萨都兰·法布尔,成为朱利安·卡莱特,甚至成为友人诺埃尔·洛克韦尔,成为这些人人在马路上都认得出来、却没有过上大明星生活的大配角。然而,他超越了所有这些人:他将过着一种几乎与世隔绝的演员生活,在其城堡偌大的花园里悠然自得,一个用风雪帽或者软帽既遮掩自己又惹人注目的明星——欧洲电影界报酬最高的明星。

他拍了多少部片子?连他自己都说不清。1968年《小泳者》上映时,他说这是职业生涯中的第 104 部影片。如今,若是依据专家们意见基本一致的影片目录的话,那是他第 119 部或 120 部、118 部……不过,是否要把那些影子和群众角色都计算在内呢(在莎夏·吉特利的《拿破仑》中演一位几乎是无名的士兵或者在皮埃尔·谢瓦利耶的《不朽者》中演一位面孔模糊的夜总会顾客)？难道不应该也把那些剪接时他被去掉的影片(他与雅克·贝克最后一次同台的《埃杜瓦和加洛琳娜》),甚至拍摄时被抹掉(导演知道不会保留而马马虎虎完成的镜头被剪下)的影片算进来吗……我们在为此书而作的研究中,发现了两部路易·德·菲奈斯参演但任何一部目录中都没有提及的影片。不过,这些是 1950 年仓促完成的、已经为人遗忘的影片,演员表上的明星没有一位有意参加电影节或以 DVD 形式再版,而它们的拷贝如今也难觅踪影……肯定还有待发现的影片:莫里斯·雷加梅回忆说至少跟路易·德·菲奈斯拍过 6 部短片,而在档案中只保留了其中 2 部的痕迹……

路易·德·菲奈斯的奇迹在于,他走过了从底层的群众演员到当红明星、票房保证的完整道路,而这是任何一位法国演员都没有经历过且以后也不会经历的道路。从 1964 年到 1971 年,在七年的时间里,他每年至少有一部影片居于当年上座率排名前三之列(一般都是榜首)。他的 2 部影片,即《疯狂的贵族》和《暗渡陈仓》,今天依然是法国电影史上观众最多的 20 部影片之一。在十八年间,有 100 多部影片让路易·德·菲奈斯远离了顶峰;而在另外的十八年间,他则是一流的电影明星。

今天,乡警穿的制服已经与乡警队长克吕肖的不同,老板也不再像维克多·皮韦尔那样跟司机说话(至少大家是这样认为)。然而,人们一如既往地跟路易·德·菲奈斯一起开怀大笑,一如既往地在一种看上去是如此简单的表演之下发现如此多样的人性。一代又一代,我们总是怀着一样纯粹的愉悦之情喜欢他,哪怕他的时代渐行渐远。

路易·德·菲奈斯在一个繁荣而保守的国家开始其职业生涯;他离开人世时法国正陷入危机之中并由左派执政。在他开始之际,法国的电影工业由街区影院所控制,人们因循守旧地去看那些墨守成规的片子。在他职业生涯结束之际,电影业则醉心于市场与广告,与电视展开着白刃战。自从 1945 年他拍第一部影片《巴比松的诱惑》以来,巴黎的电影院已经消失了三分之二以上。喜剧电影在其初始之际，还是一个可怜的品种，即便费尔南代尔都要与那些锱铢必较的制片商奋力抗争。可是路易·德·菲奈斯的后期影片拥有巨大预算，标志着喜剧片在法国电影中强势地位的开端。

他的职业生涯涵盖了波澜壮阔的社会、经济和文化激变的年代。他的表演、他的动作、他的表情都将伴随着甚至代表着这些变革。他的荣耀——一种在其永恒性上无与伦比的巨大荣耀将为法国提供其信心深受动摇的图像。在其乡警或企业老板的动作背后，路易·德·菲奈斯揭示出法国社会的断裂，每个人都在其中认识到旧法国、旧男人和旧世界秩序的疑虑、滑稽和失败。是落败强人的怪相造就了他的荣耀以及这种荣耀之永恒。然而，谁也没能想到一个二线演员竟然在年过半百之后成为法国电影界最伟大的名人。这是一个关于顽强、天才、勤奋、机遇的故事。一个谈到许多怪相和一种荣耀的电影故事。一个在很长时间内都会与我们惊人地相似的法国故事。

1. 路易·热尔曼·大卫·德·菲奈斯·德·加拉尔扎

在 20 世纪曙光初现之际,索托·雷格拉先生就已经是马德里一位声名显赫的律师;连铁路公司都在其客户名单之列。他对正在追求自己女儿莱奥诺尔的这位卡洛斯·德·菲奈斯·德·加拉尔扎并不十分看好。确实,他会讲法语,衣着光鲜,但毕竟只是马拉加一位初出茅庐的律师而已。莱奥诺尔被禁闭在家中,但她还是出逃了。两只小斑鸠成功地结成一对,双双飞向法国。在纳伊的住所十分气派,它面朝森林:索托·雷格拉夫妇最终给了女儿一笔丰厚的嫁妆,还外带一笔年息。

一双儿女在这个和睦无间的家中问世:马丽亚,别名米娜,生于 1907 年;夏尔生于 1911 年。卡洛斯·德·菲奈斯决定当个宝石经纪人。他头一批客户中有一位风度翩翩的男子,要求卡洛斯把宝石交给他,好让妻子从中挑选。在这个阶层,风度和高雅就等于担保。当新手经纪人再去拜访这位客户时,此公早已席卷宝石不见踪影。他必须全额赔偿哈莱维珠宝商行,莱奥诺尔的嫁妆基本所剩无几。当索托·雷格拉先生得知女婿的蠢举之后,心肌梗塞突发,命丧黄泉。丧事还不足够:年息也因此终止。菲奈斯夫妇一无收入二无资本,只得离开纳伊。家中用人悉数解雇,卖掉马车,搬进了库尔贝瓦的一处小套房。

这对夫妇的第三个孩子便诞生在这个称得上"贫困"的街区,加尔诺路 29 号。路易·热尔曼·大卫·德·菲奈斯·德·加拉尔扎出生于 1914 年 7 月 31 日凌晨 1 点,几个小时后让·饶勒斯[①]遇害身亡,而法国也将无可避免地卷入战争。43 岁的父亲依然自称"珍宝经纪人",而 35 岁的母亲莱奥

---

① 译注:Jean Jaurès(1859—1914)为当时的法国共产党总书记。

诺尔则"没有职业"。但却是她通过为皮货商与上流社会的旧相识们牵线搭桥来养家糊口。这可比卡洛斯那些好高骛远的想法更赚钱；卡洛斯要像1870年那样，赶在德国人包围巴黎之前饲养兔子。可是，法国军队在马恩战役中表现英勇，双方军人在战壕里互相厮杀……远离什么都不短缺的巴黎。兔子的价钱依然如故，德·菲奈斯一家依旧清贫。

卡洛斯是西班牙公民，躲过了战争的浩劫。作为南方的男人，他更自觉地把自己的角色想象为主要在咖啡馆露台打发时光。他投入到制造人工绿宝石的工作之中，不过由于色盲，他得依靠孩子们，包括路易，让他们挑选那些颜色足够绿的产品卖出去。和许多对真实生活心存过多幻想的人们一样，卡洛斯·德·菲奈斯·德·加拉尔扎突然失去了踪影。人们在一条水渠的岸边找到了他的鞋子和帽子，还有一封信。好多年来，大家都坚信他是自杀身亡。路易被送到了位于库罗米耶的于勒·费利中学，在那里度过了三年暗淡的岁月。他想入非非、不听管教、沉默寡言，只有在画画、垂钓和惹得小朋友们哄堂大笑时才精神百倍。

1926年6月，还在库罗米耶寄宿的他便在路易吉·波尔代兹的独幕喜歌剧《皇家火鸡》中又演又唱。这部小作品有点陈旧的气息，但他已经在其中扮演一位亨利五世时代乡警的角色啦。当地报纸评论道："波尔代兹那令人回味的短剧被我们好几位富有天才的年轻公民高超地演绎出来，而我们第一个要赞扬的便是路易·德·菲奈斯。"然而，他并没有感觉到怯场，而那是许多成年后荣耀加身的演员在谈到他们的学校演出时常常喜欢提及的。

不过，他那个时候至少已经对一切引发众人开怀大笑的手段显露出一种浓厚的兴趣，甚至是某种天赋。确实，他家里有着一位不同寻常的老师，那就是妈妈。她的发怒就是一台台好戏，她抛出一些精挑细选的骂人话，把握好戏剧性效果，乐于让对手以及偶尔出现的观众措手不及……有时还得控制住自己，以免为过分的言行发笑。

后来，路易·德·菲奈斯常常给朋友们"表演"自己的妈妈。皮埃尔·蒙迪就记得他的这位朋友模仿菲奈斯夫人以为自己丢了一张一百法郎钞票的情形。热拉尔·乌利则告诉我们这位演员如何表演他妈妈怎样绕着桌子追他。影片《杜·盖斯克兰》的助理导演爱德华·莫利纳罗还记得，这位扮演一位中世纪西班牙军人的演员德·菲奈斯跟自己解释怎么会把极浓的西

1. 路易·热尔曼·大卫·德·菲奈斯·德·加拉尔扎

班牙口音跟完美无缺的法国朗诵腔结合在一起：她妈妈，这个掌握了地地道道法语的马德里中产妇女，从来就没能去掉西班牙口音。70年代菲奈斯的名声达到顶峰，他在电视采访里就其银幕上的人物发火镜头解释道："跟我的母亲比起来，我是石头人。我总是从她的发火中汲取养分。她也是一个很会演戏的人。"他还解释道，当她呵斥孩子们的时候，有时会一面甜言蜜语，一面用手往身后寻找东西——苹果啦、玩具啦、书啦，怒火猛然爆发之际冷不防把它朝孩子们的头上扔去。

德·菲奈斯太太又是一位充满激情的恋人。她在委内瑞拉找到丈夫的踪迹，便只身出发寻找。路易从寄宿学校出来，被托付给舍弗洛兹山谷的一位爱心医生。卡洛斯没能在拉丁美洲发什么财，回来时倍受肺结核的折磨，精疲力竭。他给小儿子带来了一只蜂鸟标本，委内瑞拉的土话称这种鸟为"绿宝石"。路易·德·菲奈斯终生都把它留在身边。

卡洛斯只是一个影子，不再企图让别人相信他有职业来自欺欺人。他从来不跟孩子们拥抱，家里定期喷洒消毒水，以防传染……最终他回到了西班牙，于1934年5月19日辞世，葬于马拉加公墓，终年63岁。

他没有留下什么东西，除了几句训诫。对长子，他劝其不要从事珠宝行业，建议他向服装业发展。因此，夏尔后来当上了皮货商。至于米娜呢，她很快就成为一位所谓"闯劲十足"的姑娘：作为模特儿，她成为阿尔莱蒂、勒内·圣-西尔、保尔-爱弥尔·维克多等人的朋友，结交了许多前景十分看好的年轻男子。路易朋友极少，憎恶赶时髦。他不跟来钱容易和抛头露面的圈子往来，而这个圈子却是姐姐的乐园。然而，他一点也不太清楚朝什么方向努力。

在巴黎那段属于蒙巴拿斯街区的沃热拉尔路上，全家人安顿了下来。眼下，路易顺着哥哥的道路走，就读于图尔内勒路上的一家皮货职业学校，它位于巴士底广场和罗西耶路之间。没有读完两个学年他就被开除了，原因是他为了给同学逗乐，往校长的金丝雀上戳满了针。他又到米罗美尼尔路上的一家皮货店当学徒，被吩咐用吸铁石把掉在地上的针捡起来，再用一只小钳子将弯曲变形的针给弄直。之后，他又去另外一家皮货商干同样的活，之后又一家……一如既往地又被辞退，理由无外乎不懂规矩，搞笑，心不在焉。

1933年春天，莫里斯·图尔努厄也许是为了拍摄其煽情杰作《一对孤女》而大量雇佣群众演员，德·菲奈斯正好19岁。当他突然出现在一个场面上时，离导演并不太远。他在这个场面里给电影带来了一个非常令人不快的形象：一位群众演员或者是技术人员心绪恶劣地嘟囔了一句。图尔努尔当即解雇了他。只不过，年轻的路易·德·菲奈斯既不喜欢小头头，也不喜欢大将军……

然而，他就此转向了电影：既然摄影与电影技术学校就在沃热拉尔路上，离他家只有两步之遥，母亲便把他送了进去。他在学校呆了一个学年，1932年秋天开学到1933年夏天。他在那里遇上了亨利·迪卡埃，一个勤奋好学的学生。他们后来还会相遇，迪卡埃将担任《暗渡陈仓》、《乔》、《疯狂的贵族》和《雅各布教士历险记》等影片的摄影主任。可是，眼下他们还得分开，因为路易再次嘲弄老师之后又一次被开除了。不过，他也没有感觉到摄影和银幕对他有什么不可抵抗的诱惑。

他在画画上颇有天赋，便临时当上了工业画图师。找了两家公司，被辞退了两次。他试着当会计，又一次失败。1934年他20岁，受到军队的征召。他连续三年参加军队的体检，连续三年被宣告不宜当兵。确实，一个身高1.65米体重55公斤的人，再加上一个患肺结核的父亲，他根本不是当兵的料……他去商店当理货员，表现得很机灵，总有奇思妙想。不过，他最终总是被辞退。

他五岁的时候，母亲开始教他弹钢琴，杂乱无章但个性分明。打那以后，他就没有停止过敲打钢琴。他喜欢所有新的音乐，爵士、拉美音乐……他不识五线谱，但记忆力很好，能够轻而易举地根据一些名曲旋律即兴发挥。为了挣点小钱，晚上他到歌剧院附近林荫大道上的饭店里弹奏表演。报酬很低，但吃得很好，跟顾客吃的一样。

他于1936年春天结婚成家。他将近22岁，热尔曼娜21岁。婚礼在圣艾田女方家里举行，婚房设在阁楼上，小小的一间。幸福不堪一击，和那个时代所有的幸福一样：1939年9月1日发出了总动员令。他应召出征：不适合战场，但适合于后防。他挖壕洞，从一个兵营挖到另一个兵营，一直被派到马恩附近。这场令人厌恶的"滑稽战争"的必然要求：他为士兵们排戏、表演节目、朗诵。大家甚至在他模仿莫里斯·谢瓦利耶的表演中发现了某种天才。而莫莫①于1972年元旦逝世后,人们看到他在葬礼上为之抬灵柩。这是路易·德·菲奈斯在其荣耀达到顶峰时罕见的一次。

1940年4月,寒冷和潮湿害得他病了几天。他前往医疗委员会,人家告诉他患了肺结核,让他复员。此后,他一生都坚信自己顶替别人逃避了大屠杀;他的双肺无懈可击,是因为文件的差错而得福。哥哥夏尔可没有这样的运气。他被编排在一个普通的步兵团,又被分配到了雷泰尔的"安静"区域——"安静"是因为法国参谋部宣布说德国人将向马其诺防线发动进攻。5月,威尔马赫的装甲部队进攻阿尔登地区,法国军队武器差、装备劣,指挥失灵,成千上万的士兵被剁成了肉酱,其中就有路易的哥哥、已经当上了爸爸的夏尔·德·菲奈斯。

这一年春天,德国军队进驻巴黎,在整个法国强制实行配给制度,再也不需要整理橱窗的理货员了。因此,路易·德·菲奈斯全身心地投入到他所会做的唯一职业:他成了一名酒吧钢琴师。

他在皮卡尔街区的一家酒吧找到了工作。报酬并不很好,哪怕一天弹上十二个小时。正如德·菲奈斯以后所称的那样,这些年头堪称"窝囊岁月"。在这个遭受物质短缺折磨的国家,他和法国人一样忍饥挨饿,因此对贫富不均感受更加强烈。他后来将这段生活变成了其人间喜剧的一部分,叙述一段段黑色的喜剧场面。其中一个表现的是,酒吧老板一定要在休息时与他这个钢琴师一起分享晚餐。一听沙丁鱼,一块硬面包,一杯淡酒。他以为这是战争年代的团结友爱。直到有一天晚上,他早到了,发现老板正跟其他员工一起吃着丰盛的早晚餐,饭桌上一应俱全。

他也一脸茫然地注意到警察与强盗那些错综复杂的交往、相互清算、斗殴。这些事发生之际,他既得什么都视而不见,又得处处小心留神,因为厄运随时都会降临。德·菲奈斯同时还发现了这个被占领国家的软弱、怯懦和英勇。一旦有德国人走进酒吧,谈话就停了下来,但也有人低头哈腰,急急忙忙为其效劳。和成千上万的法国人一样,他也有过一些既可笑又危险的小小大胆举止,比如弹奏被禁的美国曲调,并让德国人乐此不疲地反复哼唱。或者让他们齐声合唱那些荒唐的轮唱:"会逮住他的——会逮住的——

---

① 译注:为莫里斯的昵称。

屁眼里!——屁眼里!"

1942年,他和一个刚满20岁的小伙子在靠近马德莱娜圣母大教堂维翁路上的地平线酒吧合弹一架钢琴。年轻人名叫爱德华·鲁尔,头上抹着膏油,细细的络腮胡子,十分时髦。他起先自称艾蒂·巴克莱,父母在里昂火车站附近开咖啡馆。他们每半小时轮换,连续演奏着当时的流行乐曲。两个年轻人交谈得很多,常常四手联弹,小弟给大哥看战前唱片上的以及和他老师夏尔·亨利一起发现的"目录"。白天,他要去位于普瓦索尼耶尔街区的一家私立音乐学院去提高演技。德·菲奈斯也去了这家学院。夏尔·亨利对他的演奏水平做了测试,很是兴奋,嘱咐女秘书好好听听这个如此有天赋的年轻人弹奏的钢琴。让娜·巴尔泰莱米立刻被迷倒。她就是后来的让娜·德·菲奈斯。

最初,她想边学弹钢琴爵士乐,边在学院做秘书来付学费。一天晚上,路易·德·菲奈斯邀请她去地平线酒吧听他弹钢琴。在他们的回忆录(《路易·德·菲奈斯:儿子们,别过多说我!》,勒谢尔舍米迪出版社,2005年)里,演员的两个儿子帕特里克和奥里维耶·德·菲奈斯讲述了父母告诉他们的这场至关紧要的晚会。钢琴师让人挨着琴摆放了一张小桌子,休息时为让娜和自己点了一份精美的鳌虾汤和香槟酒。一个年轻姑娘突然窜了出来,径直朝路易·德·菲奈斯走去,打了他一记响亮的耳光,并迅速转身。惊愕中他又补打了几下,整个酒吧间的人都笑了起来。他向让娜保证说,自己跟来犯者只一面之交,仅仅是忘了跟她有约会。不过,晚会十分成功。花了他一个月的工资。

让娜和路易年纪相同,都是28岁。他住在拉费特路上的母亲家里。她住在牟波吉路上的兄弟家中。她父亲战死于1918年,母亲去认领尸首时感染发烧而一命呜呼……她成了孤儿。尽管两人生活都很拮据,却不属于同一世界。让娜·巴尔泰莱米的姑姑嫁给了莫泊桑伯爵,那位最终因为声名显赫而变得体面的作家(居伊·德·莫泊桑43岁时死于梅毒,留下许多没有得到承认的私生子)的堂兄。而她所有的假期都在克莱蒙城堡里度过,城堡离南特不远,位于赛利耶县的一座小山丘上,俯瞰着卢瓦尔河。

这座城堡有着最为纯粹的路易十三时期的风格,由大孔德亲王的封臣谢努家族所建,20多套房间拥有365扇窗。路易·德·菲奈斯结识让娜·

巴尔泰莱米时,诺·德·莫泊桑家族拥有这座城堡已经将近 80 年。经过几个月的调情往来和在愁惨的被占领的巴黎街头散步,带着对因菜园和农场而丰盛的餐桌的憧憬,艺术家首次在克莱蒙城堡受到款待。

某天晚上,一个德国军官在地平线酒吧讨好让娜之后,两人才宣布订婚。德·菲奈斯中断了手里弹着的钢琴,脸上带着一种过于阿谀奉承的微笑,向众人介绍说她是自己的未婚妻。于是,德国人悻悻离开。场景是阴森的:胜利之师的士兵欲夺取自己的人肉战利品,而败兵则试图保卫自己心爱的女人。德·菲奈斯本能地将之转变成一个喜剧时刻。

路易和让娜准备正式订婚。然而,他还先得离婚。因为他一直都是热尔曼娜的丈夫,即使她跟别的男人生活在一起,抚养着他俩的儿子达尼埃尔。两对夫妇以最快的速度办理离婚手续。标志着路易·德·菲奈斯正式踏入妻家城堡的婚礼之后,他们于 1943 年 4 月 20 日在巴黎九区区政府登记结婚。婚宴上的家禽由让娜家人从克莱蒙带来。不过,前一天晚上,为了庆祝路易和童年伙伴罗贝尔独身生涯的结束,他不得不将就被占领时期的菜谱——布丁和洋姜泥。罗贝尔也在这一天成婚。

如何改善日常生活呢? 路易·德·菲奈斯自忖,当演员是否比等着小费装满摆在钢琴上的碟子更可取? 他依然不识乐谱,但能够应客人要求弹奏最近二十几年来的流行曲调,正是好的酒吧钢琴师所必须具备的才能。只是并不能保证每次都拿到数量可观的小费。而在戏剧或电影界当演员,酬金是稳定的,甚至有法律保障……

他进西蒙艺校学习。艺校由勒内·西蒙创建于 1925 年,是最受现代年轻人尊重的一家艺校。当然,"老板"同时也应路易·茹威之邀在国立戏剧学院授课。不过,这家艺校并不存在那种因尊重历史伟人而束手束脚的问题。德·菲奈斯 1942 年前去报名,演的是莫里哀《司卡班的诡计》中的一场戏。等他一结束,勒内·西蒙就走上台说道:"我把你怎么演的这场戏演给你看。"接着便开始独白,双臂紧紧贴着身体,双眼紧闭。不过,他还是收下了这个比其他学生年长并因怯场而不知所措的小伙子。

德·菲奈斯呆的时间长不了。他手头紧,因为晚上弹琴精疲力竭,在这些学表演的同学之间不自在,他们往往更富有,而且明显地更加外向。他几乎碰不到罗贝尔·德利和科莱特·布洛赛特,两个人尽管要比他年轻许多,可已经在上二年级。相反,他与达尼埃尔·热兰(和德利一样生于1921年)交往密切。热兰到地平线酒吧听他弹钢琴,已经觉得他滑稽可笑。这位为时短暂的同学后来叙述道:"他不做什么大动作,但已经令人发笑。各式各样的鬼脸,敲击琴键的可笑方式,荒诞的伎俩……他既奇特又滑稽,但不过是个酒吧钢琴师,谁也不会在意他。"

钢琴师很快就放弃了学习。勒内·西蒙(顺便提一下,他是电台主持人法布里斯的父亲)从来没有要他付学费,而路易·德·菲奈斯无论如何也交不起这笔学费。让娜提议在他们位于米洛梅尼勒路上两居室小套房的沙龙里教舞蹈,不过丈夫不喜欢别的男人过近地搂着她。他继续在酒吧和夜总会里弹钢琴,白天教些钢琴课。让-古琼路上的巴黎俱乐部,皮卡尔广场旁的加瓦尔尼,拉费尔姆路上的罗比之家,香榭丽舍大道上的拉斯科……几个月之后的一个下午,他在维利耶地铁站遇到了达尼埃尔·热兰。两人相互认了出来,互相打听对方的消息。一个开始了演员生涯,另一个也很想这样,也许吧……"给我打电话吧,我有件事要找你!"热兰在地铁车厢门关闭之际喊道。

这件事便是在由一群年轻演员复排的马克-热尔贝·苏瓦荣的《不中用的情人》中演一个小角色。他们打算把所有的评论家都叫到肖邦音乐厅来,之后再到一家大剧院里演。如此,就在1944年2月6日演一场而已。演员生涯中的第一次失败:只来了一小撮观众,包括让娜·德·菲奈斯和莱奥诺尔·德·菲奈斯;却没有一个评论家,也没有一个制作人。有趣的是,当吉尔·格朗吉耶于1950年把《不中用的情人》搬上银幕时,路易·德·菲奈斯重新扮演那一个晚上的小角色,即精神病专家。

不过,肖邦音乐厅《不中用的情人》的失败对钢琴师来说也许不是悲剧。几天之前,让娜生下了第一个儿子帕特里克。路易则现身于各个剧院,如由莫里斯·让克蒙导演、上演于香榭丽舍小剧院的费德里哥·加尔西亚·洛尔加的《贝尔娜达·阿尔巴之家》,他以矮小的身材在其中表演躲在哭丧妇黑纱之下的人物,偶尔想起母亲夸张表演痛苦时的大喊大叫和抽泣。在独一无二的作为群众演员听命于图尔努厄导演的那一天过了多年之后,他回到了电影摄影台上,仍然是达尼埃尔·热兰介绍的。他步入影坛时对自己未来的命运没有丝毫想法。拍摄于1945年2月和3月之间进行,影片名为《巴比松的诱惑》。

2. 这儿走，先生
——《巴比松的诱惑》，1945

一位金发妇人，雍容大气，精神抖擞地开着一辆敞篷车。她身边坐着一位中年男子，手里数着一叠钞票。必须弄到一笔现金，而且速度要快，否则就是欺诈性破产。昂斯兰夫人来到她的广告经纪公司——"大众世界"的大厅。众人朝她涌来，向她报告当天的新闻事件。她说话果断，毫不留情，秀色可餐。一个门卫结结巴巴地向她提了一条替"野牛"汽车做的广告词，被她给撵了出去。

当天晚上，还是这个名叫米歇尔的门卫，跟头天晚上迎娶的马尔蒂娜双双离开，她也在"大众世界"上班。两人去了巴比松。在那里，热罗姆·尚蓬老人，一家位于森林深处名叫"群鸟赴约"小客栈的老板，正等着他俩。他头戴贝雷帽，蝴蝶领结打得很紧，留着毫无生气的胡子。老头是马尔蒂娜的伯祖，已经多年没有客户。可是这一天，门口突然出现一位身穿白色西装的贵妇，并向他要了一套房间。一看就明白，这不是个平凡的女人，换句话说她是个超常的女人。只需一个响指，她就能让那只在老旧炉子里不肯被烤的鸡变得无可挑剔。"奇迹哪，"客栈老板说道。"奇迹，您相信奇迹吗？"靓妇答道，嘴角上挂着微笑。"如果您知道那只鸡的话，您就会也相信奇迹。"

可是，就在她在房间里安顿时，她闻到了一股硫磺味。一个男人出现在门口，他一身西装，戴着黑色手套和一顶税务员帽子。他呢，正被一种百合花的味道搞得浑身不自在。他对客栈老板并不怎么客气。况且，正烤着鸡呢。

当他们一起出现在晚餐桌上时，这对男女对重新碰头并不完全感到意外：她是天使，他是魔鬼，两个人必将再次发生冲突。直到现在，每次都是他赢。而且他蔑视她：特里斯坦和伊瑟特，马侬和德·格里厄，卡门和唐何塞，

"三比零,实实在在,这个。"他们讨论起形势来。天使抱怨:"时道不好,道德下滑。"魔鬼神气活现:"相反,我们这里,地狱里呢,把人拒之门外。那都是些什么人哟!"天使呢,借用了女人"锐眼马都"的形象,也就是那个被罚在炼狱里呆上150年的冒险女人。他呢,向女人借取了一个新品男人,"有一点魅力,颇具胆量"。

年轻夫妇来到客栈。就在他们边吃晚饭边矫揉作态的时候,天使和魔鬼也在店外的月光之下聊天。魔鬼说:"我得承认,今天晚上您的天空格外地成功呢。"由于他们在倾听恋人的对话,所以他又注意到米歇尔"刻薄、苦涩而又雄心勃勃,(……)可谓量身定做"。两个对手分别扮作爱娃·柏克和本·埃特金森。巧得很,都是米歇尔梦想遇见的经纪人。然而,魔鬼更为狡猾,所以正是他和米歇尔签约。

天使则赢得了下一个回合:在重新出发继续结婚旅行时,恋人们宁愿坐自己的双套马车,也不要魔鬼的豪华汽车。而马尔蒂娜还拒绝了所谓的本·埃特金森向他们提议的别墅。接着是年轻夫妇的各种家庭琐事,然后返回巴黎。魔鬼此后更占上风,因为天使为了担任新的一批护卫天使的教母必须离开。他确信自己已经将米歇尔引到了与"大众世界"老板娘多米尼克·昂斯兰偷情的门槛。

当本·埃特金森出现时,昂斯兰正忙着烧毁公司的账簿,之后她要坐飞机去拉丁美洲。他向她提议,如果她同意保护米歇尔的话就出手拯救她的公司。就在天使将恋人分开之际,魔鬼则向米歇尔通知当晚他与昂斯兰约会,而且她有意任命他为副经理,年薪30万法郎。

于是,天使现身于"群鸟赴约"。热罗姆·尚蓬明白,在她身边发生的一切并非都真的属于人间。天使去除了伪装,并要求他帮助自己:他得赶在米歇尔之前去与昂斯兰约会,并对其施展魅力,因为两个小时内他将是她从来没有见过的最漂亮的美男子。在接受任务之前,他要求天使赐予自己一个恩惠:像她一样,不用开门就穿过去。"您只需要具有信仰,再朝门走过去。如果您有信仰,您就会过去。——您相信吗?——信不信由您。"他试了试,猛烈地撞在了门上。"在最后一刻,您怀疑了。必须相信的是上帝,而不是您的木匠。"不过,天使提议道:"再试试,这一次,我会帮助您。"当他走向门时,她打了个响指,就像她每一次显灵时所做的那样。当他从门里一消失,

2. 这儿走，先生

就立刻从另一边把门打开，又出现了。"唉嗨，您满意了吧？——嗬，没什么了不起的。——我从来没有跟您说这有什么了不起的。——说到底，我还是喜欢跟大家一样开门。"

影片52分51秒：外景，夜晚。热罗姆朝天堂酒店的大门走去。一个头戴大盖帽的门卫的影子来到雨棚底下，他把帽子脱下。52分58秒：镜头转到室内，大白光。热罗姆走在门卫之前，走下通往地下餐厅的楼梯。一个S镜头之后，门卫从右侧走出了摄像机。他来到衣帽间的姑娘面前，把帽子、手杖、大衣和围巾交给她。"您好，小姐。——您好，先生。"53分14秒：就在门卫出现在镜头上并向右走的时候，响起他的声音："这儿走，先生。"右边是餐厅的入口。热罗姆伸出手来并用手臂将其拦下说道："不必啦，你会看到的。"他在中景出现，门卫在画面的右边，微笑地看着他，而他则劲头十足地挥舞着手臂、摇晃着肩膀。他打了两下响指，朝着门直冲过去，重重地撞在门上。他骂了一句粗话，然后朝着摄影机转过身来——52分27秒，至29秒处画面就此切断。

插入画面展现的是衣帽间的姑娘，双手捧着热罗姆的东西。画面上还有门卫，右手拿着大盖帽。他的脸瘦削，双颊几乎凹陷下去，两眼炯炯有神，头发乌黑而浓密，鼻梁很高。这一镜头勉强持续一秒钟。姑娘脸上呈现一种僵硬的微笑，可是门卫却做了个嘲弄的表情，两次撅起嘴唇，似乎要往远处抛去大大的飞吻。可是并没有真正产生吻的声响，哪怕是喜剧性的吻，而更多是那种为了鼓励马越过障碍时而发出的声音。

镜头再次转向热罗姆，他用右手把门打开，消失在门后。镜头回到年轻姑娘和门卫身上，门卫对她说道："好哇，今儿个，那家伙完蛋啦。"一边说着，一边把头多次在姑娘和门的方向之间转来转去，笑容从他的脸上消失。他于53分34秒时从画面中消失。

菲奈斯在片中有3个镜头，2段台词，43秒内11个词；没有什么能够让他的名字上片头字幕，确实也没有上他的名字。只是到后来《巴比松的诱惑》才算作是路易·德·菲奈斯起步的影片。

眼下，演天使的是西蒙娜·雷南，魔鬼则是弗朗索瓦·佩里耶，皮埃尔·拉尔盖演热罗姆，尚蓬·达尼埃尔·热兰演米歇尔，朱丽叶·法倍演马尔蒂娜。天使身上穿的裙子令其酥胸无可遁形，将跟着米歇尔一起放纵堕落。而被马尔蒂娜诱惑的魔鬼在一次由神父组织的晚会上表现得超级慷慨。由于都没能完成各自的使命,这两个超自然力量派来的代表遭到了惩罚。他们再也回不了人间。

《巴比松的诱惑》是一部1小时42分钟的"快活幻想喜剧",即使在当时也没有多大价值。它只对西蒙娜·雷南的粉丝才真正重要。片中,雷南在一个勾引的镜头中通过暗示的方法侧面露出乳房。当然,它对路易·德·菲奈斯以及第一次走上银幕的热拉尔·塞蒂也很重要。塞蒂后来成为法国歌舞和音乐表演的重量级人物。

评论界对影片的态度时而极其宽容,时而隐约显出厌倦。雅克·那大松(写过《假小子》等对话脚本)在《秩序》上发表了一篇长文,抨击影片编剧安德烈-保尔·安托万从一部由他本人创作、但没有拍摄的脚本中获取大量灵感。在一个拥有28份全国性报纸的国度,影片总共也只获得可怜巴巴的六七篇评论!确实,战争刚刚结束之后的报刊对电影并不十分慷慨。由于纸张有限,大多数日报还都是正反面印刷一大张。有两个印张的《费加罗报》上没有电影评论;两个印张的《震旦报》上,每周只发一篇评论(1946年3月13日评的是莫里斯·德·卡农吉导演的抵抗运动史诗《女间谍》第一集,和前个星期刚上映的《特殊使命》)……至于广告,它还停留在最为粗糙的阶段。一些幽默小画刊登在几家报纸上:狱卒把手搭在一个囚徒的肩上,对他说"真遗憾,您看不到《巴比松的诱惑》啦",或者是一家影院经理对最后一位电影观众叫喊道"先生,半夜啦!——我不管,我还要再看一遍《巴比松的诱惑》"。

路易·德·菲奈斯后来谈起他在布洛涅的首个"拍片日"时,说道:"我早上7点被叫过去,晚上7点25分才开拍,也就是拍摄结束之前的五分钟。我已经一遍又一遍地排练了我的'场面',所以上去时极其缓慢,一边做着大大的鬼脸。让·斯泰利吼道,'你不会跟我们来这个吧,啊?'这样一来,要是有人在片中打喷嚏的话,我也不会被看见。"

这便是路易·德·菲奈斯出演的第一部影片,也是其个人语汇在镜头前的第一次亮相。在他的3个镜头里,43秒内2段台词11个词,已经可以看出他未来的独特个性,并发现这位最为多产的法国电影演员之一的生涯中几个重要线索:从微笑突然转到极其严肃的表情,滑稽面相既有效又独

2. 这儿走,先生

特,明显地优于他的口头表达……

有一张刊登在《法国电影》(创刊于 1944 年,如今仍是电影工业的权威杂志)上的广告,它重新用《巴比松的诱惑》招贴上的图案,向电影从业人员如此喊道:"哎嗨!巴黎两家电影院里的观众笑啦。你们想到过你们的电影院吗?"确实,这部"快活的幻想喜剧"是在电影被更多地打上严肃烙印的背景下出现的。就在前一个星期,摄于 1932 年、由费尔南代尔主演的《于松夫人的蔷薇》再次出现在银幕,而在一个星期之后,《揩油之王》极其拙劣的翻版片成了乔治·米尔顿战前最为成功的电影。罕见的开怀大笑!除此之外,这个时代还属于史诗剧影片(《牛皮大王》、《王后项链之案》、《三十与四十》、《羊脂球》、《西哈诺·德·贝尔热拉克》……),属于旗帜鲜明地激发抵抗运动热情的影片(荣获首届戛纳电影奖的勒内·克莱芒的《铁道之战》、《有朋今晚来》、《自由万岁!》、《地下人员》、《特别任务》……),属于心理悲剧片或警匪片(《布洛涅森林里的贵妇》、《11 点钟的客人》、《大饭店事件》、《最后的审判》、《流放之路》、《最后一班地铁》……),属于庄重的诗学电影或农民电影(《美女与野兽》、《无星之国》、《猎犬大军》、《罗波利奥》……)。

法国电影的这种严肃性是否解释了为何一个英国人一年看 28 次电影而法国人只看 7 次的问题?此外,为了达到这个数字,还必须算上"小型影片"的营业数字,而英国人是不把它统计在内的。16 毫米银幕,这个战前的遗留物,常常是法国农村地区看电影的唯一途径。教堂大厅或非宗教的友谊场所、学校的草地、为某个夜晚或整个"美好季节"搭建的帐篷、节日礼堂或者改造过的仓库,这些场地多少是有规律地接待着那些走江湖式的演出商,他们把往年的成功大片送来放映。这一行当在商业上依然重要,电影大片都非常重视:1946 年,环球影业公司成立了 16 毫米部,尤其推出了"特艺彩色"影片《弗兰肯斯坦的未婚妻》和《歌剧院的幽灵》。"小型影片"影商们被全国家庭影院业主或经理公会禁止后,却与比他们更小、更脆弱的乡村影人展开斗争,而乡村影人只是在破旧不堪的幕布上放映一些过时的电影拷贝。事实上,滨海小城市或者与世隔绝的村庄里放映的还是默片,如同 1953 年克洛德·奥当-拉腊导演、由路易·德·菲奈斯扮演放映员的《麦苗》在幕布电影院放映的那种片子。

法国是个电影器材设备落后的国家。例如,在布列塔尼地区的 129 个县城,有 32 个没有任何电影院,哪怕是季节性的。仅此一项,根据一家从业者行会的统计,就损失了 1000 万人次。还有,《巴比松的诱惑》上映时,正值法国电影同时深陷灾难和威胁之际,尽管表面上还有点貌似强大。法国在经历过多年战争之后,其电影生产确实回复到了某种值得称道的水平:1945 年才勉强达到 80 部(主要原因是材料匮乏),1946 年就到了年产量 100 部的门槛。从此以后,摄影棚几乎一年到头都有人在里面忙活,电影人拍片不断。《巴比松的诱惑》上映的前一周,《法国电影》刊登了让·斯泰利下一部影片、由加比·莫尔莱和让·马尔夏主演的《谎言》的第一张广告。而这部片子要到 1946 年 7 月 25 日才上映,亦即四个半月之后!法国电影开始振兴,战争的艰难岁月正在远去。从 1945 年 7 月 25 日起,穿制服的军人和不足 10 周岁的儿童一样,只有在工作日才能享受半票。从业人员结成联盟,反对战前和维希政府遗留下来的常见做法,即地方政府禁止年轻人观看某部影片。电影业充满信心地开始了一场反对审查制度的长久斗争。重要的是,在 1946 年,法国电影院的上座率达到了历史最高水平:统计数字为 3.695 亿人次(若加上 16 毫米则达 4.19 亿)。绝对的纪录将出现在 1947 年,人次达到 4.23 亿。之后再也没有这么多观众出现在大银幕之前了。路易·德·菲奈斯步入影坛时,正是法国电影史上最为繁荣的一年。他的最后一部电影拍于 1982 年,票房为 2.019 亿人次,减少了一半。2008 年,法国的电影院只吸引到 1.888 亿观众。

法国的电影生产受到了严峻的挑战。是电视吗?时下呢,完全不是。电视在第二次世界大战之前发明,在巴黎被德国占领期间展开实验,在当时还是炒作多于实实在在的拍片。再说,还真的不知道电视是否能进入千家万户或者电视归属仍在电影院:百乐门(美国电影的重要公司之一)和精密设备总公司共同研制一种将电视节目直接播映在普通电影屏幕上的转换技术,于 1946 年 6 月宣布首次将一体育赛事进行电视转播。美国军事当局甚至宣称,以后会将比基尼珊瑚岛上进行的核试验用电视录制下来。

所以呢,让法国电影从业人员愁白了头的,并不是电视而是好莱坞。美国电影渗透到法国的问题这时已经浮现。法国的特许电影院至少每年要放映 170 或 180 部影片。好莱坞不仅准备提供这些影片,而且还将提供彩色影片。与此同时,《法国电影》周刊的一份调查问道:"法国能不能拍摄彩色电影呢?"确实,美国"特艺彩色"技术只在英国才有,其前提是必须拥有一种相当强大的照明设备,可当时的法国摄影棚里并不具备。德国的"阿加发彩色"技术始终受到胶片缺货的困扰,原因是工厂都在苏军占领区。但是,西方专门的情报机构插手德国彩色电影技术之后,大家期望都很高,原因是"阿加发彩色"技术跟要求特殊摄影机的"特艺彩色"技术相反,它可以使用老旧的黑白摄影机。法国的彩色电影技术(化学彩片和汤姆逊彩片)还处于试验和样品阶段。

于是,1945—1946年,法国人继续拍摄黑白片,更严重的是听任物资匮乏的掣肘。人们焦急地等待着科达双X或加X胶片的到货,而且拍摄过程中制片人还得绞尽脑汁,避免故障。法国电影界的代表四处高喊困难,向行政当局发出呼吁。劳工总联合会组建了电影从业工作者总工会,要求垄断电影行业的用人权利,还提出了一系列电影行业的紧急措施。全国工会书记夏尔·谢佐在《法国电影》上发表了一篇题为"是否得牺牲法国电影?"的檄文,斩钉截铁地表示:"绝对肯定的是,如果我国的市场明天就开放的话(……),大量的彩色影片将进攻我国的银幕,结果是我国的电影生产将在瞬间彻底崩溃。"然而,电影已经占据美国贸易盈余的第二位。对美国来说,捍卫好莱坞完全不是一个文化象征的问题,而是一个重大的经济问题,而法国人只不过刚刚开始讨论"电影工业"。一部美国影片的平均预算是法国影片的10倍,可其平均票房收入是其27倍。英国拍一部电影的费用比法国贵3倍,但收入是其10倍。

此外,自战争以来,电影行业还必须缴税,形势变得更加艰难。电影界要求取消这些税种,它们"对电影在法国市场上收回成本的脆弱性"可谓雪上加霜。1945年12月底,影片制作人工会甚至决定,如果条件不能满足的话,将于1946年3月1日停止开机。可是,戴高乐政府1月垮台,相关部长易人。年轻的新闻国务秘书加斯东·德费尔接见了制片人代表,要求他们要有耐心和公民责任感,表示惟有法国经济的进步才意味着税收改善,才允许缓解税赋的压力。罢拍电影的计划于是取消。

然而,电影制片人和经营商继续以请愿书、动议和严正声明等形式对当局穷追不舍,要求放松制约行业发展的规章桎梏。因为,电影票价有着严格的规则,服从于全国标准线,并由省级当局监控和调节。一般来说有三类,但其定义有时必须与影院经理进行艰苦的谈判。如此,一张木板折叠加座就不能与紧挨着的弹簧座位卖相同的价钱……巴黎与外省的不平等也是争论的话题,因为花 25 或 35 法郎就可以去外省最好的电影院,而在巴黎看同一部电影要花 40 到 60 法郎。在这个票价当中,战前税赋占 15％或 18％,而在 1946 年占到了 40％或 45％。由于法国所有的价格都有规定,但不同领域有不同的逻辑,所以便出现了这么一种荒诞情况:一个观众花 30 法郎的座位费之后,还要再花 30 法郎买巧克力夹心糖。于是,又轮到糖果出售变成没完没了地跟当局进行谈判的议题。

　　法国电影在极度受到威胁的环境下重新起步之际,路易·德·菲奈斯的演员生涯正式在这个正处于危机之中的行业、在这个始终面临生存危机的工业里全面展开。在其整个生涯之中,他都会听到身边的制片人、导演、评论家提及那必要的却又是假设的票房收入,目的在于阻止上座率不断下滑。而电影业罕见的整体增长时期则将被当作大赦一样来体验。

　　在路易·德·菲奈斯的整个生涯中,他都惴惴不安地生活在一个惴惴不安的行业里,在一个饱受失败和破产的行业里为明天担惊受怕。他的许多决定和选择都必须理解为他要及时把握住那昙花一现的机会。

　　确实,《巴比松的诱惑》时期的电影消费与今天不可同日而语。20 世纪 50 年代的观众并不常去电影院看这部或那部影片。他就是去看电影,仅此而已;只是有了去看电影的愿望时才会选择影片。实际上,1946 年巴黎大约有 350 家电影院,但它们与今天的分布不同:多功能影院还没有,甚至没有双银幕的电影院。每个街区都有电影院,但拉丁区的影院密度还没有达到 70—80 年代的记录。相反,巴黎的北部、东部和南部各个街区星罗棋布着十多家影院,附近的观众只要步行就可到达。譬如,仅在贝尔维勒路上就多达六家电影院。

　　除了正片,总会加放点什么。这个时期各种片子都极其丰富,包括纪录短片、令人倒胃的经典喜剧默片(卓别林,劳莱尔和哈代或哈罗尔德·利奥德,他们在当时已经比法国默片同行的名声要大)重播、每周更换一次的新闻片(可选的有法国新闻制片厂、高蒙公司、福克斯-莫维埃通公司、百代电影公司以及新闻快报公司),还有各种歌舞表演。作为战后电影令人不可思议的一部分,这些歌舞表演解释了为什么 1950 年之前(有时甚至之后)建

2. 这儿走，先生

造的电影院还能看到银幕底下的舞台，或者猜到舞台存在的痕迹。例如，当时最有名的手风琴家夏斯·维瑟尔就经常受雇于香榭丽舍街区的各家影院，在休息时演奏一刻钟。当某部片子的上座率下降时，这种演奏足够让影院坐满观众。而在 1950 年代初期，仅有 10 岁的小雅克·义吉兰在星期天登上塞纳-马恩河市谢尔镇的利各来托、巴拉斯、马吉斯蒂克等电影院各个场次的舞台上，模仿表演夏尔·特莱奈和莫里斯·谢瓦利耶。

除了受人鄙视的"类型片"（法国再也没有恢复拍摄），一部长片先是在巴黎一家或几家特许的专门影院（也就是放映新片子新拷贝的电影院）上映。在这里，票价明显要贵得多，也舒适得多，装饰也比街区电影院豪华，因为特许影院都位于香榭丽舍大街、歌剧院附近的林荫大道等巴黎最热闹的地段。《巴比松的诱惑》于 1946 年 3 月 13 日（已经是一个星期三）首映于科丽舍和奥贝尔-巴拉斯两家电影院，一家位于香榭丽舍，另一家位于意大利人大街。让·斯泰利的影片特许在这两家放映 8 个星期，直到 5 月 7 日，之后才在巴黎及郊区那些比廉价影院稍微高档点的"第二批特许"院线的电影院里放映，而制片商对在廉价影院的放映能拖则拖。

如此条件之下，一些影片的前几周营业纪录在今天看来似乎十分可笑：1945 年 10 月，朱利安·杜维维耶的《如此父子》创下了首周特许放映的记录，在雷克斯影院和隐居所影院达到 64401 人次，毛收入总额为 3174295 法郎。计算的方法还是非常美国式的，收入均公开张布。这种习惯将在 1958—1959 年左右消失，以入院人数统计最终取代了收入公示制度。再说，如今要得到在报刊上公布了几十年的等值数字已经变得相当困难。譬如，百代电影公司曾经制作了马赛尔·卡尔奈《天堂里的孩子》这部解放时期大获成功的影片，它炫耀自己在巴黎的 31 周内收入了 3500 万法郎，在奈韦尔的巴拉斯影院 1 周内收入 286995 法郎，在南特的阿波罗影院收入 571172 法郎，在波尔多的菲米那和奥林匹亚影院收入 1198120 法郎，在瓦那的王家影院收入 18738 法郎……

因此，我们不知道特许放映期间有多少观众看了《巴比松的诱惑》，但知道这部影片两周内在奥贝尔-巴拉斯赚了 168822 法郎，在科丽舍的收入为 510212 法郎。影片很快在外省传播开来。例如，4 月份它在尼斯的艾斯居利亚勒影院和埃克斯的雷克斯影院放映，5 月份便在东南部的 48 家影院放映:卡班奈的卡西诺影院、贝济耶的王家影院、圣雷米的综艺影院、佩尔讷的埃勒多影院、瓦尔雷阿斯的雷克斯影院、蒙彼利耶的百代影院、纳博讷的拉榭影院、吉扬的知了影院、佩尔皮昂的巴黎影院、卡尔卡松的奥多姆影院、圣托佩的文艺复兴影院,还有马赛的奥多、马德莱娜、恺撒、百代-巴拉斯、好莱坞、沃班和西奈奥-西奈电影院等……

一周接着一周,网络在扩大:1946年6月期间,《巴比松的诱惑》在巴黎各街区的23家影院(高蒙剧院、雷吉娜、旺芙巴拉斯、海市蜃楼、西奈利尔、维利耶、巴黎西奈、蒙鲁日、普兰达尼亚、马卡代、圣米歇尔、克利让古尔、大西奈、国民公会、格来奈勒、普拉多、甘必大、圣保尔、蒂沃利、伏尔泰、洛克希、阿贝斯)以及外省和郊区的14家影院(德朗西的库尔撒勒、勒瓦洛瓦的马吉克、依苏登的巴黎、南锡的帝国……)上映,每月收入几乎达到140万法郎。那个时期开始实行"预约":较为次要的电影院和地区首府的电影院为了表示他们的兴趣,在有可能超过一年之前就承诺放映一个或几个星期。比如,1946年5月,波利尼的西奈剧院承诺在9月之前放映《巴比松的诱惑》,利永的莱克西电影院在1946年底之前,莫林斯的巴拉斯在1947年5月之前,维也奈的友好西奈在1947年10月之前……这是电影院经理经营的如意算盘,当某个演员在特许影院领衔的影片里获得了成功时,好让他们重新放映一部两三年前有他出演的某部老"夜莺"片。

战后法国长片的相对匮乏乃是电影放映期长的部分原因。但是还有维希统治时期建立的全国信贷体制给予制片人的沉重金融压力。其原则很简单:根据所呈交的影片详尽费用估算表以及各种各样的国籍条件(主要制片人的大部分资金必须掌握在法国法人或自然人手中)和行业担保,影片获得预支现金。全国信贷银行这种旨在方便赔偿战争造成的损失的贷款(此为其正式名称)乃是1959年设立的国家电影中心收入预支政策的前身。但是它的运作要来得严格甚至残酷得多。譬如,全国信贷银行要预先收取影片转让放映权及发行权的25%、50%、75%甚至100%,直至其负债还清。法律上,它涉及的恰恰就是电影的抵押贷款。形式上,只要借贷没有还清影片就属于国家。常常是,一部影片并不足以还清贷款,所以债务便转移至制片人的下一个项目。而且,一笔没有还清的贷款禁止其向全国信贷银行再度借贷。如此一来,一部影片最终几乎非得盈利挣钱不可,否则一场金融失败必然会拖累下一部影片的制作,或者就是简单、干脆地阻碍其制作。

《巴比松的诱惑》因此获得了一笔 700 万法郎的预支款,根据当时习惯,大约相当于电影全部预算的四分之一或三分之一。影片于 1945 年 9 月 12 日在布洛涅摄影棚开机,电影联合公司(位于第八区克莱芒-马洛路 3 号)于 10 月份拿到了贷款,将该片收入的 75% 以及 1942 年出品但一直在二线影院上映的让·肖导演的影片《迷途妇人》收入的 50% 转让给全国信贷银行。由于电影没有获得惊人的成功,还得等到 1948 年 2 月(几乎是在其上市放映两年之后)全国信贷银行才通知制片人说,其还贷状况使之获得了"法国政府对《巴比松的诱惑》的权利登记得以注销"。不过,该公司还告知,它将继续收取该影片的收入份额,而影片联合公司制作的下一部电影即塞尔吉·德波利涅的影片《激流》还贷不够迅速!

这部电影还是二线产品。与让·斯泰利拍摄的其他 30 多部长片相比,《巴比松的诱惑》不会为其扬多少名。路易·德菲内斯第一次的电影经验也很有可能没有下文。偶然、机会以及某种独特的韧性将使他成为一名职业演员。

3. 喝彩百遍，致谢百次
——从《消磨六小时》到《我的老婆了不起》，1947—1951

米罗梅尼勒路14号，路易和让娜·德·菲奈斯的家中始终是度日艰难。《巴比松的诱惑》并不能开启其职业生涯，他也不会因为在一部平庸之作(确实，让·斯泰利的这部影片就是一部平庸之作)仅仅露了一次脸就成为真正的演员。一切都得去努力，还得等待一年即1946年秋天，路易·德·菲奈斯才会重返摄影棚。那是一部名叫《消磨六小时》的影片，由阿来克斯·乔菲和让·莱维特共同导演，安德烈·吕盖扮演一位名人的替身。既然还有六个小时要消磨掉，为何不让自己冒充名流来过一段时间的名人生活呢？可他最终就此断送了性命……这一次，路易·德·菲奈斯扮演主人公的司机。在演员表上，另一位新人出演城里警察：他就是让·理查。不久，他几乎就得到了一个真正的"角色"：在马克·莫莱特的《最后的庇护所》里，他出演列车餐厅里的服务员。在几十秒的时间里，因为一对情侣占着桌子不走并且长时间地拥抱在一起，他表现得十分急躁：叹气，点头，窝火的动作……

幸亏还有戏剧，并且有了第一次好机会：1946年1月27日起在加尔福剧院(1974年易名为北方滑稽剧院)上演马克斯韦尔·安德森的佳构剧《冬景》，由马赛尔·阿夏尔和雅克·艾马努埃尔翻译和改编。一个令人心惊肉跳的故事，间接地从萨科和凡采蒂事件中获得灵感，其中黑道人物、警察和无辜百姓互相冲突。达尼埃尔·热兰(因塞尔吉·雷吉亚尼正在拍摄《夜之门》无法分身便由热兰来顶替)把他的朋友推荐给了马赛尔·阿夏尔，热兰再一次起了决定性作用。他本人和其他几个演员也参加了这次创作，这些演员今后也将与路易·德·菲奈斯的人生轨迹相交：雅克·迪南，依夫·凡桑，让-罗歇·库西蒙……德菲奈斯(这是他在海报上出现的名字)出演流浪汉。这个流浪汉几乎没有离开过舞台,他在打量被害人达尼埃尔·热兰的尸首时,只说了三个字:"都是钱。"

这三个字后来便成为传奇了。所有见证人都认为,这三个字意味深长、富有品质、前途无量。但有一点是肯定的:这位初登舞台的演员小心谨慎、动作准确、态度执着。在幕后,他弹的钢琴曲子令同事们乐不可支;但在舞台上,他不会偏离其短短的台词。在说"都是钱"的时候,他道出了命运所有冷面滑稽的残酷性。

1946年春天,德·菲奈斯一边演出《冬景》,一边参加其第一部重要影片的拍摄。当然,此时还不知道这部《幸福的设计》①会获得戛纳电影节大奖(1975年起名为"金棕榈奖"),但它是本年度最令人期待的影片之一,它的预算庞大,导演雅克·贝克的名声也不小。

贝克出身于良好的路德教家庭。他拒绝服从为自己安排好的工程师命运,于30年代作为让·雷诺阿的助手步入电影界。不同寻常的学习经历:他钻研了《水里逃生的布都》、《乡村聚会》、《大幻觉》、《人兽》、《游戏规则》……于1942年转向做导演,从次年他执导的第二部影片《红手古庇》起,他就树立了令人称羡的声望。尽管他还没有执导传世之作《金盔》和《别碰钞票》,可是他在1946年已经是一位功成名就的电影家。同行们和评论界都把他赞颂为人类真实生活的绝妙画家,一个从现实中发现浪漫题材的肖像大师。后来,在一次接受来自《电影手册》的雅克·利威特和弗朗索瓦·特吕弗的采访时,他说道:"故事发生在法国,我是法国人,我为法国人工作,我对法国人感兴趣。"

其灵感的一切性质及其魅力在于:把马赛尔·卡尔内和雅克·普雷韦尔的神奇现实主义与意大利新现实主义融合在一起,他那审视世界的目光既温柔又客观,关注每一个人并且引人幻想。《幸福的设计》的构思来自路易丝·德·维勒莫兰,她跟他讲了一个男人在丢了一张中奖彩票之后没有回家的故事。贝克的判断是:它太俄罗斯了,对法国人来说不真实。不过,他将跟莫里斯·格里弗和弗朗索瓦兹·吉罗编剧一起重新构思。安托万和安托瓦奈特住在巴黎十八区拉富什附近某一顶层的陋室。男的是一家印刷

---

① 译注:原名为《安托万与安托瓦奈特》。

厂工人，女人在香榭丽舍大街上的"一口价"超市当售货员。他们生活拮据，极其穷困，但相当幸福。安托瓦奈特买了一张"什一"国家彩票，当他们发现赢了80万法郎之后，便以为生计问题从此解决。可是，安托万在去彩票所的路上丢失了彩票。影片先后表现他如何寻找乱扔的钱包、夫妇两人的绝望、与爱恋安托瓦奈特的杂货店老板争吵、安托瓦奈特失业、两人悲观绝望、忠贞不渝的爱情等等…还有意外地找到中奖彩票。

当人们跟雅克·贝克谈起他作为导演的精心细致时，他纠正道："我并不是精心细致，而是走火入魔。"整个剪接期间他都在场，《幸福的设计》最后拷贝的剪接量为：850个镜头的剪接达1250个，创下了当时法国电影的记录。他后来评论道："一部拍起来很有趣、但很艰难的片子。"布景很多，包括群众在内的演员阵容相当庞大，保证了每个场景都能将巴黎无产者的真实人性表现得臻于完美，这些场景均由他在圣-莫里斯的法兰西摄影棚里再造。这部电影充满了各式各样的人物、情境以及既奇特又寻常的地点，不仅描绘了巴黎的一个街区，而且也反映了雅克·贝克对工人阶级的认识。对现今的观众来说，《幸福的设计》几乎就是一部纪录片：比如，人们有机会看到说出"低下你的头，你就会看上去在跑步"这句名言的情境。

西蒙娜·西涅莱要求出演安托瓦奈特，但是雅克·贝克更喜欢另外一位新人——克莱尔·马菲埃。罗歇·庇谷出演安托万。演员表上充斥了战后法国电影的"大牌"，如演安托万和安托瓦奈特邻居的安奈特·普瓦弗尔，演杂货店老板罗朗先生的诺埃尔·洛克韦尔。用评论家克洛德·莫里亚克的话来说，该人物"独自为整个街区承担了人类的缺点"：不诚实、下流、怯懦、撒谎、盘剥，还可以猜想到他在法国被占领时期不干不净。洛克韦尔长着骑兵军官的身材，留着老式胡须，绑着双腿，跟他所演的角色简直是一个模子里刻出来的。他年届55岁，已经演过40多部电影（直到1972年的《养老金》，总共演了189部影片），开始进入其在法国电影中出演重要配角的繁荣时期，紧随萨都南·法柏和朱利安·加莱特的全盛期之后。无从得知路易·德·菲奈斯是否在该片拍摄期间才与诺埃尔·洛克韦尔有往来，但洛克韦尔将成为他的电影老师之一。他一部电影连着一部电影地就菲奈斯在镜头面前或导演面前（两者并不完全相同）的表演方法提供大量建议，讲述从一部电影演到另一部电影的秘诀……

3. 喝彩百遍，致谢百次

不管怎样，摄影场上的路易·德·菲·奈斯让雅克·贝克看着"顺眼"。这位甘愿承认自己具有"昆虫学家特点"的电影家直率地承认："我的人物远远要比故事本身更让我念念不忘。我希望他们是真实的。"显然，这就是他听任自己被这位电影新人迷住的原因。贝克痴迷爵士乐，休息时便与这个刚刚认识、当过夜总会钢琴师的演员讨论音乐。两个人甚至一起去听爵士乐。贝克还有些漂亮的举动，比如叮嘱德·菲奈斯上午化妆越早越好。贝克病了好多天，而在他被正式宣告缺勤之前已经化好妆的演员们报酬照发不误！之后，贝克在其影片里大大提高了德·菲奈斯的出镜次数。

最初，他只被安排了一个镜头，出现在表现杂货店老板罗朗先生的场景里。他和其他三个送货员一起，从背后拍一个刚刚卸完一卡车货的中景。诺埃尔·洛克韦尔冒了出来，双拳叉腰，面孔通红。"怎么啦?"答话的是德·菲奈斯："没事啦。""那就下来，回到店里干活去。"搬运工做了一阵滑稽嘴脸，既顺从又无奈，而店里的那些场景里看不到他。他的头发乌黑发亮，刮得干干净净的脸上表情严肃。

这句"没事啦"在拍摄场上有着决定性意义：它把群众演员与正式演员区分了开来。如果一句话没有，报酬就少。如果说上几句，便能拿到名副其实的酬金。这也是为什么在有声电影的最初几十年，有这么多的侍女会说上"夫人，饭准备好啦"，还有那么多的仆人说"请"……

贝克还到处安插路易·德·菲奈斯，让他到这一场或那一场里当群众演员。不过还给了他第一个"单独的"近景，第一次有机会占据整个画面，这场戏也是他第一次能够演活一个完全由他自己设计的人物。远离了那个在卡车上卸货的杂货店伙计不起眼的身影。眼下，也就是影片进展了整整一个小时之后，他成了婚宴上的客人，安托万突然慌慌张张地冒了出来，前来寻找那个他自以为放着彩票的钱包。德·菲奈斯身上穿着一件随手拿来的三件套西装，嘴上留着一撮小胡子，戴着一副玳瑁眼镜，头发梳得一边倒；两个很短的镜头，一个显示他爱抽雪茄的鬼脸。一段时间之后，又见他出现在一个更近的镜头，先是捏一下某个姑娘的腰，然后迅速逃离。这两个动作过分突出，不能完全吻合影片的总体调子。在这些几秒钟的镜头里，他又是挤眉弄眼，又是抿嘴缩鼻，以后在许多导演面前呈现的动作表情都已经有了，而且将成为其直到50年代初的形象标志。不用去推断这个哑巴人物出现的时机，也不用不合情理地讨论能够从中找到何种意义，必须看到的是这个搬运工及其"没事啦"完全属于贝克的世界，属于他的那些光滑、开放和坦诚的脸庞，而表现这些火急状态下的感官世界（雪茄烟、姑娘）的无名演员则属于一个更具表现力、更粗犷、更滑稽的世界。出镜的时间很短，但已经与众不同。或许已经有点自鸣得意。《震旦报》派往戛纳电影节的特派记者写道："最小的影子角色都表演得完美无缺。"1947年11月，电影上映后，《巴黎快报》写道："这部影片，并没有大牌明星，(……)而是一群男人和女人'生活'的结果，他们是如此之真实，以至于我们觉得每天都跟他们在一起。(……)洛克韦尔、安奈特·普瓦弗尔和雅克·梅朗以及所有小角色、所有的群众演员……"路易·德·菲奈斯就是其中之一……

反之，他在《爱德华和卡洛琳娜》中就不是。1950年末，让·贝克的这部电影再次为路易·德·菲奈斯提供了几天的拍摄。他演了什么？不得而知：他出演的那个镜头在剪接时被剪掉了。他再也不会在让·贝克的道路上与之重逢。

然而，他在拍《幸福的设计》时结识了一些重要的人物。比如，他后来经常碰到的摄影主任皮埃尔·蒙塔泽勒，直到《退休警察》德·菲奈斯找的还是他。而在当时，蒙塔泽勒正为他导演的第一部长片做准备。正是在这部由克洛德·都芬、索菲·德马莱和皮埃尔·布拉瑟主演的《陌生人的豪华游轮》里，德·菲奈斯第一次出现在影片演员表上。他扮演一艘游轮上的厨子，1947年夏在蔚蓝海岸拍了十来天，酬金5万法郎……

路易·德·菲奈斯与热拉尔·乌利的第一次会面也肯定是在《幸福的设计》的拍摄场上，尽管两人没有任何对手戏。乌利在一部又一部影片里扮演金发郎君，脸色阴沉，常常令人反感，本片中演的是对安托瓦奈特大献殷勤的美男子。他本人之后说过，他那深沉美妙又极富乐感的嗓音是多么容易迫使他出演这些类型化角色：他没有雷蒙·罗洛那种有点流气的样子，也没有长着一张雷蒙·佩勒兰那样有点粗犷的脸，仅这些便阻碍他登上电影海报的醒目位置。不过，眼下呢，他还只是一个演艺生涯比路易·德·菲奈斯长一点的配角演员，虽然年纪小五岁。

所以呢，德·菲奈斯依然是个钢琴手，但越来越是个演员。他的道路与

3. 喝彩百遍，致谢百次

让·利夏尔、罗歇·彼耶尔、让-马克·蒂波以及所有年轻的喜剧演员们相互交叉，他们试图在歌舞酒吧、电影院或者剧院里树立一种格调、一种情怀、一份自由，这些都是夜晚的娱乐世界所缺乏的，直到目前这个娱乐界都为民间歌手所统治。然而，他要出人头地并非易事。人们在让·利夏尔创办的歌舞表演节目《打蜡地板上滑几步》里看到了他，但并不怎么突出。罗歇·皮埃尔后来讲述了他如何鼓励德·菲奈斯坚持自己的表演、加强自己的效果。不过，他还不敢……导演是马克斯·雷沃勒，而他作为电影演员还将经常遇到菲奈斯。这对他就是一所好学校，路易·德·菲奈斯后来如此说道："马克斯·雷沃勒教会我做大动作、张开双臂。人在心惊肉跳时这些动作很难做。"《打蜡地板上滑几步》后来到加拿大巡回演出，起用了另外一位几乎是个新手的演员，名叫布尔维尔。在加拿大，让·利夏尔受到一位魁北克说书人的启发，创造了一个粗犷的乡村角色——克劳狄乌斯·比诺什。这个人物先是出现在歌舞酒吧的短剧里，后来又出现在香比尼奥勒的一系列影片里。

尽管还没有飞出歌舞酒吧，可路易·德·菲奈斯至少在一个角色上有了进步：他要在舞台上扮演"罗伯斯庇尔式蠢驴"弗朗索瓦·昂利奥，"恐怖时期"最为阴险的铁腕之一。头戴蓝白红三色翎帽，脚蹬骑士靴，身穿用剩余美军军服布料裁剪成的 18 世纪大衣……《热月》里克洛德·威尔莫莱尔的这一形象无疑喜剧性超过恐怖。该剧首演于 1948 年 3 月 24 日，十多天后便结束。剧作家本人执导，将这一广阔的画卷搬上了舞台，二十多个演员面对着稍微比自己多几个的观众表演。他的妻子克莱尔·马费埃（《幸福的设计》中演安托瓦奈特）高居头牌，周围则有扮演罗伯斯庇尔的米歇尔·维托尔德、扮演福谢的让·塞威、扮演达利安的热拉尔·乌利，以及弗朗索瓦·肖麦特、皮埃尔·特拉波、马克·卡索……评论界批评剧本不遗余力。塞奈普在《费加罗报》上画了一幅速写，画中米歇尔·维托尔德扮演的罗伯斯庇尔横躺着，下巴被绑住；他脚下有两个人物在对话："他的下巴是被子弹打碎的吗？——不，被他的文章。"这番失败之后，皮卡尔剧院关门歇业。几个月之后被夷为平地。

这跟德·菲奈斯没什么关系。由于第一次得到巴黎大报的评论，他在戏剧界站住了脚。《费加罗报》写道："至于昂利奥，可以说是一位从美国滑稽片里逃出来的警官。"这样的评语比德尼·马里荣在《战役报》上写的要客气得多,他看到的是"一个愚蠢的昂利奥"。在《热月》的这场冒险中,他真正遇到了热拉尔·乌利。或者不如说是乌利发现了他:某个晚上,这位未来的《东荡西逛》导演看到,仅仅是为了逗乐朋友,菲奈斯投入了一场即兴表演,水平堪比以卓别林为首的默片大师。正如他在《大象回忆录》(奥利维耶·奥尔班出版社,1988)所写的那样:"他抓住鼻子,如同橡皮筋一样地拉伸、挤压、松开。鼻子回到了眼睛之间。劈!啪!结、弦、弓:德·菲奈斯在自己的鼻子上演奏大提琴。而我看到了弓。听见了音乐。"这已经是《奥斯卡》中的"鼻子表演"?

是不是热拉尔·乌利把路易·德·菲奈斯"塞进"《杜·盖斯克兰》剧组的呢?该电影改编自罗歇·威尔塞勒的小说,全程由作者掌控。他提供了自己居住的城堡,大部分内景都在城堡里拍摄。1948年6月7日开机,也就是《热月》惨败几周之后,导演为贝尔纳·德·拉都尔。热拉尔·乌利扮演王储查理五世,该角色在影片预算书上记录的六份酬金共5万法郎。在预算书的"小角色和影子演员"一栏下,注明路易·德·菲奈斯扮演的角色是卫士大队队长昂利盖,两份5000法郎酬金。

当然,在这部持续1小时40分钟、画面壮阔的影片中,除了75份5000法郎的演员酬金之外,整个等级中还有更小的,集聚着一大群只甩出一两句台词就回归黑暗的演员,1500法郎酬金100份,1000法郎酬金100份,接着还有一大堆群众演员,500法郎酬金4000份,200法郎3000份……不过,扮演西班牙强盗的路易·德·菲奈斯拿到手的似乎远远超过1万法郎。他头套网眼罩,满嘴络腮胡子,嘴里咬着一朵花。当杜·盖斯克兰要把他遣送到西班牙时,他出言不逊道:"俺晓得西班牙的,它是一个干得很的国家,就像游蛇的肚脐眼一样"——口音极其浓重,腔调相当挑衅。

拉杜尔是否迷上了这位演员,以至于给了他许多角色?抑或是德·菲奈斯在利用一场意外的变节?总之,当王储将王国托付给一位新任统帅时,还是这位王储的兄弟让·德·贝利,他起身叫道:"荣誉感重归吾心,正如您兄弟一样。"原先的预算中,为扮演这个角色的吕西安·得扎若安排了三份5000法郎酬金。后来,人们不难猜到,德·菲奈斯出现在士兵云集的一个场面,接着置身于一帮穷困潦倒的人当中,之后又成为星相师……还看到他在一个院子里的场景,身穿贝利的服装在织毯子⋯⋯酬金加上酬金,来自于在拍摄场上展示其矮小身材(在一种缺乏景深的布景里安排众多群众演员时很管用)以及赢得导演的信任。

虽然拍电影的工作日相对报酬较高(1948年,工人月平均工资为2000法郎稍多一点),但是天数甚少。而"候补演员"又是这个极其不平等的行业中的无产阶级。例如,在《杜·盖斯克兰》中,三个主要演员(费尔南·格拉威、诺埃尔·洛克威和朱妮·阿斯托尔)共获得330万法郎,十多个配角演员分享200万法郎,而群众演员大军只有350万法郎可分。况且,这是一部人物超多的历史片,主要演员为此愿意"有所表示"。然而,像费尔南代尔这样的影星通常酬金为四五百万法郎,仅此就占据了影片预算的比例达10%或12%。路易·德·菲奈斯甚至不敢想象有一天他也能拿到这个数字。1949年6月2日《杜·盖斯克兰》公映,遭到评论界非常仔细的扼杀。此片并不能够让德·菲奈斯引人注目,但却成为他常常引用的对象,在以后接受采访时用来解释他这些年的情形——一场在拍摄场上为了每一个角色的内容略有增加而展开的永恒战斗。

1949年初,他的道路与一位电影新人的道路交接在一起,并将与之经常地且长时期地拍电影。不过,这位电影新人——安德烈·于奈贝勒并非一个年轻人:他快53岁了。他常常说,他在成为导演之前,"长期都是一个职业观众"。在战争刚刚结束直到70年代,有他这样的嗅觉、能够洞察到观众欣赏口味的导演为数不多。于奈贝勒想象力和创造力一般,在其平民电影生涯中却取得了突出成就,虽然只是体现在其拍摄大量成功的影片并能一成不变地收回制作成本之上。这位导演在60年代拍摄的三部《方托马斯》涉及到所有类型:间谍片、警匪喜剧片、风俗喜剧片、侠客片。直到1973年,他77岁时还将夏尔洛兄弟的故事拍成了《火枪手夏尔洛四兄弟》,当然也获得了成功。

于奈贝勒1896年生于一个巴黎理工学院工程师世家,原本的志向是沿袭家族的道路,可恰恰遇到1914年下达的战争总动员令。他打完仗,获得了几枚勋章,竟萌生了当艺术家的愿望:他成了法国屈指可数的玻璃艺术大师之一。在巴黎被占领期间,他转向电影制片,同样迅速地成为职业制作人和自己影片的融资人。1945年,他为吉尔·格朗吉耶的《行为课》向国家信贷银行筹得了总预算1040万法郎中的450万预支款。他的儿子让·阿兰（真名为让-马里·于奈贝勒，生于1920年）已经是其脚本的联合署名者，在其后由他制作或导演的28部影片中均是如此。这是于奈贝勒家族的习惯：家人之间、亲戚之间、朋友之间一起合作。例如，他的第一任妻子一直都担任他影片的服装师，哪怕两人离婚之后。跟他合作是件让人放心的事：他每年出品的影片高达三部；1948年，他以《疯人职业》转向做导演，女主角为嘉比·西尔薇亚。

嘉比同样出现在《丹吉尔使命》的演员表中，该片由安德烈·于奈贝勒1949年2月摄制于比扬古摄影棚。在第一次与未来《方托马斯》系列影片导演的合作片里，德·菲奈斯扮演的角色是一个紧裹着礼仪制服、上面缀满勋章、头发花白的西班牙将军。影片的背景为1942年抵抗运动和纳粹特工之间的地下战斗，他是出入丹吉尔一家可疑酒吧的搞笑人物之一。

当时还不知道，《丹吉尔使命》将是系列影片的第一部。这些影片表现的是相同的主人公，即记者乔治·马斯及其配角——摄影师小路易。马斯长得帅气、健壮、潇洒而英勇，由雷蒙·罗洛扮演；小路易由贝尔纳·拉贾利吉扮演。接下来是1950年的《当心金发女郎》和1952年的《美丽屠杀》。《丹吉尔使命》于战争结束四年后开机，乔治·马斯当众宣扬"战争是军人的事"，声称摆脱了当前事件的任何牵制，然而身不由己地卷入了一场发生在抵抗运动的地下战士与德国特工人员之间的殊死斗争。

编剧是个新手，名叫米歇尔·奥狄亚尔。他试图有所突破，同时又想保住办公室的职务。当时流行的是，由不同的人来写影片框架和人物对话。正是由于原先约定的《丹吉尔使命》的对话写手爽约，所以于奈贝勒才让奥狄亚尔编写全部对话，从而最终成全他进入电影行业。

全国信贷银行同意根据其3340万法郎的预算发放贷款1400万法郎，主要原因是安德烈·于奈贝勒的制片公司（PAC，艺术与电影制作公司）七年中为七部电影递了七次申请，并且每次都把贷款还清（从1942年的《圣火》一直到1948年的《疯子职业》）。不过，申请书中最让人心动的部分显然不是艺术。而且，评论界也没有被故事、主人公的心理和谐（再说是否有呢？）和乔治·马斯那不合宜的潇洒所征服。对许多法国人来说，被占领时期那些受难者的鲜血并没有完全凝固……

3. 喝彩百遍，致谢百次

但是，同样真实的是，《丹吉尔使命》中的一号是个两面人物。其扮演者雷蒙·罗洛是个漂亮小伙而且相当健壮（然而他在这两方面都比不上让·马兰），也是当时最为苛刻的戏剧导演之一（路易·德·菲奈斯不久就会发现这一点）。因此，雷蒙·罗洛在影片预算中显示为 300 万法郎（200 万片酬，60 万法郎广告费和 40 万服装补贴费）、嘉比·西尔薇亚为 87 万法郎（服装补贴费仅有 15 万法郎）。路易·德·菲奈斯的酬金为 2.7 万法郎，他对人物的塑造以及较多的出镜无疑使他比其他新手得到的片酬稍稍多一些。让·利夏尔扮演的是个醉汉，片酬 2.5 万法郎；热拉尔·塞蒂扮演酒吧里的美国人，片酬 2.5 万……不过，把他介绍给安德烈·于奈贝勒的马克斯·莱沃勒因为扮演酒吧招待（在该片中他还留有几根头发）获 6 万片酬，菲奈斯在后来的影片中将常常碰到他。

关于《丹吉尔使命》中的西班牙将军还存在着一个传说，主要由米歇尔·奥狄亚尔本人多次散布。如在 1984 年的一次采访中，他说道："路易·德·菲奈斯说了三个字，每一场的电影观众都爆笑不已。别人只要他简单说一句：'别犹豫，我的将军！'要让观众听一句台词就哄然大笑，非得有菲奈斯那样高超的才能才行。这句台词可不只是法国电影的光彩。"事实上，那天晚上乔治·马斯（雷蒙·罗洛）在夜总会与众人喝得酩酊大醉，邀请西班牙军官玩骰子；他拍了拍他的肩膀说道："别犹豫，我的将军！"令路易·德·菲奈斯直皱眉头。无论怎样，《丹吉尔使命》是奥狄亚尔编写对话、由他出演的十三部影片中的第一部。

1949 年 7 月 15 日，《丹吉尔使命》上映，并没获得了不起的成功。评论界不冷不热，如《费加罗报》写道："片子并不太好，也不太坏。真也好，假也罢，在丹吉尔替我们国家活动的秘密人员网络的故事不真实。（……）布景更可信地表现为比扬古摄影棚而不是西班牙的摩洛哥。"然而，影片挣钱，收回了成本，连续多年在街区和县府影院上映。安德烈·于奈贝勒十分满意，马上又召来路易·德·菲奈斯出演《一日巨富》，一部关于国家彩票的短片集锦，他在其中扮演只有几句对白的律师，为一位受到贝尔纳·拉贾利吉审问的记者辩护。

雷蒙·罗洛是大众电影里面的侦探英雄，也是法国戏剧领域里最为苛刻和最受尊敬的导演之一。他在《丹吉尔使命》中与路易·德·菲奈斯相识之后，就因为当年的一大工程即搬演《欲望号街车》而录用了他。田纳西·威廉斯①的剧本由艾利亚·卡赞执导、马龙·白兰度主演，自从1947年在百老汇问世之后，便以许多种语言风靡全球，获得了如潮的奖项，也有一些争议。法文剧本的改编为让·科克托，阿尔莱蒂主演布兰奇·杜布瓦，也是她远离舞台六年之后的一次重大复出。布兰奇的妹夫斯坦利·科瓦斯基，一个粗俗、野蛮的工人，由当时还是一个默默无闻的年轻小伙子依夫·凡桑扮演。凡桑在《冬景》里演过，当罗洛在他面前提起打牌那场戏的演员人选时，他就想到了路易·德·菲奈斯。当布兰奇说着一大段台词时，尤其要有一个脸形相当特别、模样冷峻的人试着转移科瓦斯基的注意力。导演对《丹吉尔使命》中的西班牙将军印象深刻，路易·德·菲奈斯便被录用，参与了当年这场戏剧界的盛事。

剧本很长，人物众多，导演雄心勃勃：戏剧栏目的小报记者谈到，排练一直持续到深夜，大家都担心不能及时做好准备，从10月15日起在爱德华七世剧院直面观众。德·菲奈斯（还有一段时间不出现名字）扮演巴勃洛，舞台深处打牌的玩家之一。同一张牌桌上，还有达尼埃尔·依维奈尔（米奇）和莫里斯·雷加梅（斯蒂夫）。雷蒙·罗洛细心地调度打牌这场戏，但并没有花太多时间。说到底，主要内容发生在阿尔莱蒂主演的前台。

1949年10月17日，正式首演当晚，整个巴黎的名人云集，还有马龙·白兰度和英格丽·褒曼。女演员个人获得了巨大成功，利拉·德·诺比利的多层布景备受赞赏。演出被评头论足，这里过于造作，那里过于露骨，或过于真实，而其他人则认为让·科克托改编的剧本过于巴黎化，如《法兰西晚报》写道："他以美容师的技巧使得剧本更加温和、柔软、光滑、粉色、花哨。"对于牌局玩家，没有一句评论。

在最初的几场演出中，扮演巴勃洛的德·菲奈斯说了几句台词，不做任何添加。后来他引入了面部表情、小动作、装鬼脸、唉声叹气……某个时刻，其中一个玩家把他的西装碰到了地上，他吼了起来："我的衣裳！"一场接着一场，他都为这两个词寻找上千种不同的表达方式。一天晚上，雷加梅打开了一瓶啤酒，也许他先前摇晃得太厉害，泡沫大量溢出，德·菲奈斯把手指

---

① 译注：田纳西·威廉斯(1911—1983)，美国当代戏剧家，代表作有《玻璃动物园》等。

浸在里面,又把手指放到耳朵根下,好像擦抹香水一般。莫里斯·雷加梅回忆道:"打牌一场最后实际上每天晚上都受到鼓掌。我呢,本该讲述一个所谓滑稽的故事,但是结尾不精彩,我成了唯一笑的人。我开始每天晚上说一个不同的故事并加上对话,德·菲奈斯配上表情。不管怎样,罗洛一旦调度停当之后,便不再出现。"

在圈内,大家都在谈论这段添进《欲望号街车》的滑稽小插曲。阿尔莱蒂,一位好同事,有时听任这段表演把自己的台词淹没,并让观众分心⋯⋯路易·德·菲奈斯则一晚接着一晚地完善自己的动作,提高创造的能力,一言不发地响应莫里斯·雷加梅的创造。在一个并非为其设计的场面中,他为自己创造了一个自由的空间、一片独立的沙滩。媒体没有留下痕迹:爱德华七世剧院每晚客满,可评论家们在看完"公演"并像一把老旧烟斗一样积满成见之后,再也没有回来看过一遍。路易·德·菲奈斯在《欲望号街车》中的插曲是观众与他个人之间的一个秘密。

皮埃尔·蒙塔泽尔跟路易·德·菲奈斯并不只是电影家与演员的关系:他经常去菲奈斯家上钢琴爵士乐课。他作为第二部影片的导演再次雇用他,此片为当时法国商业上最有号召力的大牌演员之一——刘易·马里亚诺而创作。《我只爱你》改编自蒙塔泽尔的剧本《紧跟太太》,此剧的结局皆大欢喜,且以唱歌的方式——此前还有一些略冒傻气的轻喜剧歌曲的变种。

那群将以"布朗奇尼奥勒"之名大红大紫的演艺人马都出现在演员表上:科莱特·布劳塞、雷蒙·布西耶尔、安奈特·普瓦弗尔⋯⋯但没有罗贝尔·德利。不过他的确是在银幕上现身的,演的是老套轻喜剧三角戏中的第三者,只是名为"比布瓦里的阿尔图尔·比布瓦"。比布瓦在一位著名的歌唱家和演员雷那尔多·科尔泰兹(刘易·马里亚诺演)的窗前安营扎寨。他爱自己的妻子依蕾娜(马尔蒂娜·卡洛尔扮演),但一直困扰于种种事务而没有一点时间留给她。布劳塞扮演他的经纪人,布西耶尔演客栈老板,普瓦弗尔演他的女佣人,德·菲奈斯则扮演他的乐队指挥。当依蕾娜决定离开歌唱家前往尼斯投入一个美男子的怀抱时,是比布瓦发出了警报并对她展开追击,动机是作为妻子的恋人,他希望丈夫好⋯⋯

指挥:停下！第二个和弦,降 E 调。重新开始。

雷那尔多:是啊,可你呢,你写的也是个自然 E 啊。

——对,可我不是有意的。

——嗨,如果你都不再会演奏你谱的曲子,那我们会弄得怎样?

——(……)停下！不要跟我这样演弱音,你怎么啦?

——这个和弦,你肯定没有写过吗?

——是的,但这不是理由。让他自己去校音吧。

1949年夏天,让·蒙塔泽尔在肖蒙高地摄影棚开机。路易·德·菲奈斯戴着墨镜,一头乌发,留着隐约是南美样式的胡子。他演的是一个脾气暴躁的指挥,总把自己的错说成是别人的,尤其是小号手郁贝尔·劳斯坦(电影音乐的真正指挥)的错。作为配角,他和德里乐队(片中还出现了让·卡尔迈、罗歇·萨吉、让·利夏尔、罗歇·皮埃尔和让-马克·蒂波尔)一起做了努力:试图为一个脚本和导演都极其平庸的影片增添一点亮色。确实,正如1950年3月影片公映时《费加罗报》指出的那样:"刘易·马里亚诺在镜头面前表演喜剧,只输不赢。"

不过,甚至在《我只爱你》公映之前,蒙塔泽尔一直在炒冷饭:1月,他在弗朗索瓦一世摄影棚里开始拍摄《我们的爱没有周末》。导演又一次写了脚本和对话,还承担了影片的剪接:歌唱家弗朗克·雷诺即将结婚,令其粉丝心情绝望;消息由女记者(马里亚·莫邦饰)捅出,她企图挖掘歌唱家的家庭内幕:这是一个极其特别的家族,有一个牢骚满腹、性情古怪的祖父(于勒·贝利饰),一个疯疯癫癫的母亲(德尼丝·格莱饰),一个游手好闲的兄弟(贝尔纳·拉贾利吉饰)和一个行为乖张的仆人(路易·德·菲奈斯饰)。

菲奈斯有所长进。皮埃尔·蒙塔泽尔让他加一个动作、一个表情、东一处西一处地即兴发挥:仆人在登梯子时跌下来,发出某种急叫以打断男爵的午休……钢琴弹得很多。他心不在焉地演了两段反复乐段,但在另外两三处则弹得十分认真。在于勒·贝利的鼓励下(两个人有过几段精彩对话),他的表演自由奔放,完全配得上导演把他排在13人中的第6位。他开始以极其出色的方式证明,自己完全能够在一部平庸影片中成为一个优秀喜剧演员、在毫无起色的背景中扮演一个与众不同的人物。

3. 喝彩百遍，致谢百次

　　1950 年 9 月 1 日影片上映后，《战斗报》的评论尖刻简短："可怜哪，可怜的刘易·马里亚诺，他是多么值得我们同情。幸运的是，他应该可以赚好多钱。"然而，《我们的爱没有周末》就上座率而言并不怎么成功：在巴黎两个星期的特许放映期间，仅仅不到 7500 人次，勉强是外省具有特许放映一或两周该片的几个城市总和的三倍。这是于勒·贝利最后执导的影片，他于 1951 年 4 月逝世。

　　如今，德·菲奈斯真的是一部片子接着一部片子：每个月或每两个月一部。每一次拍一、二、三、八天……在《别了，格劳克先生》——皮埃尔·比荣这部向本世纪最伟大的丑角致敬的影片里，他只是成百上千位观众中的一个，每天片酬 900 法郎。可是，他成功地做到上午报到，晚上再到财务领钱，好几天在摄影棚里都是无所事事。之后，他演一个稀奇古怪的强盗，那是莫里斯·拉布罗为罗歇·尼古拉量身度制的《吹牛大王》，同行有让·蒂西耶和克里斯蒂安·杜瓦雷克斯。在伊夫·西扬皮的《某位先生》里，他成了记者。在雷蒙·贝尔纳的《上帝的审判》里，他被挖掉了一颗牙齿；在爱弥尔-埃德温·雷奈尔的《与机遇约会》里，他再次成了咖啡店的侍者……

　　人们还在一部不合常规的影片——《无法无天的街区》的众多演员里见到了他。这部影片根据阿尔弗莱德·杜布的连环画改编，画家也参与了改编。片中男人极其矮小，女人无比高大，老式马车破烂不堪，坏蛋脸上贴着橡皮膏、头戴圆顶礼帽，还有漂亮的玩具娃娃……导演马赛尔·吉布试图让图像活动起来，演员们则尝试着赋予二维人物以血肉。身材硕大的马克斯·达尔班是小不点保尔·德芒什的"妻子"，毫不逊色的安德烈·加布利耶罗演的是强盗斯巴拉鼓拉，路易·德·菲奈斯则扮演音乐家希波利特。他拿着一把古怪的低音提琴，戴着一副夹鼻眼镜，胡子长达一米，认真努力地企图从一个令人疯狂、有时又很巧妙的迷宫阵里挣脱出来。譬如，为了做好一个新的菜谱，他不可思议地将各种各样的原料混在一起，最终却造成厨房爆炸……1950 年 12 月 1 日，《无法无天的街区》在诺曼底影院和法兰西影院上映，却远远未能唤起评论界和观众的热情：在为期两周的特许公映期内观众 47820 人次，只不过是相当平庸的中间排名。然而，路易·德·菲奈斯有了一次重要的接触：他第一次研究了让·阿兰的脚本。后来，这位安德烈·于奈贝勒的儿子经常为路易·德·菲奈斯写本子，主要包括《宪兵情缘》、《奥斯卡》、《冰冻人》、《池座男人》、《落在树梢》和《菜汤》，另外还有六七部由他父亲导演的电影，如《方托马斯》。

1950年夏天，德·菲奈斯还参加了一个自以为很聪明的制片人不了了之的创作：吉尔·格朗吉耶连续六周在埃皮奈摄影棚里同时执导两部影片：《傀儡情人》和《男妓》。两部电影的技术团队相同，影星都是让-皮埃尔·奥蒙。想法很好，以两个拍摄场交替进行的方式应该能够避免浪费时间，但最终却是无尽的烦恼。谁都不知道哪一个镜头属于哪一部片子。又由于总有一个当值的丑角在混乱的背景中出现，事情就变得更加不容易。这个丑角自然就是路易·德·菲奈斯，他在《傀儡情人》中扮演精神病医生，却经常出现在他没有戏的《男妓》拍摄现场。

继1947年《幸福的设计》获得戛纳电影节大奖之后，路易·德·菲奈斯还将因为参与演出的《没留地址》(导演让-保尔·勒·夏努瓦)在1951年夺下柏林电影节金熊奖而感到自豪。《没留地址》公映时，广告宣扬道："一部令人落泪的喜剧，一部令人欢笑的悲剧。"让-保尔·勒·夏努瓦与雅克·贝克在理念上一脉相承，但政治上要远为公开地偏左，喜欢描写小人物团结互助以及为了尊严而斗争。他的这部影片描写的是一次在巴黎的旅行：一位年轻女人(达妮埃尔·德洛尔姆饰)怀抱着一个婴儿从外省来到巴黎；她坐上一辆出租车，按照人们的猜想应是朝小孩父亲给的地址驶去，却因假地址扑了个空，令出租车司机(贝尔纳·布利耶饰)心生同情，终于与刚生完孩子的妻子一起决定收留母子，以便帮助她重新生活。影片一处接着一处地表现他们的艰难生活：出租车司机工会开的一场会议，一家位于雷奥米尔路上的报社(在这个《法兰西晚报》的透明场景里，人们看到年轻的西蒙娜·西涅莱极其优雅地穿过编辑室)、巴黎环线上一组廉租房、圣热尔曼德普雷街区的一个地窖(刚刚出道的于利耶特·格莱古在里面唱歌)、里昂火车站的内景……用当时还流行的话说，演员表上"类型"丰富：朱利安·卡莱特、皮埃尔·蒙迪、热拉尔·乌利、弗朗斯·洛什、阿尔莱特、马尔夏勒、皮埃尔·特拉波，雅克·迪南……当布利耶到"主宫医院"等待妻子分娩时，包括路易·德·菲奈斯在内的其他准爸爸也一边在等，一边做鬼脸、眨眼睛。人人都在讲话，以便消磨时间。有人给德·菲奈斯讲了一件应景故事："我呢，我认识一个妇人；她是我老婆的表妹的嫂嫂的妹妹，这就是说，我们是亲戚。嗨，她对自己的第一次分娩不闻不问。"

让-保尔·勒·夏努瓦是圣贝努瓦路蒙大拿酒吧的支柱。路易·德·菲奈斯是不是通过他拿到了《红玫瑰》的合同？这是最钟情于圣热尔曼德普雷街区的马赛勒·帕格利耶罗执导的最新影片。1950 年 6 月或 7 月在埃皮奈摄影棚开机，这是一个十分美妙的时刻。帕格利耶罗如此成功地再现了圣热尔曼德普雷夜生活以及艺术家们那无边无际的狂热与幻想。

位于雷恩路 76 号上的"红玫瑰"乃是左岸精神的一面旗帜，尼古·巴巴大基（影片中有出现）在傍晚时演奏爵士舞音乐，然后则是极其新颖的疯狂表演，直到深夜。片中，在那狭窄的舞台上、在那每天晚上挤满观众的酒吧间前，人们看到了 1945 年解放以来洋溢在花神咖啡馆附近的新精神。在这部既属于纪录性故事片（依夫·德尼奥这位基于巴黎甚于天性的牢骚满腹者任"艺术总监"）又属于最自由奔放的幻想片里，帕格利耶罗重现了歌舞酒吧的演出、幕后及其四周环境。依夫·罗贝尔和雅克兄弟在其镜头前表演了许多舞台节目。路易·德·菲奈斯扮演一位加泰罗尼亚诗人，带着浓重的口音朗诵晦涩难懂的作品："心灵死去吧，魂灵死去吧，死亡死去吧，生活万岁！"同时又在红玫瑰的后间厨房里洗杯子。再说，他并不都是在洗杯子：带着那野蛮的咧嘴笑，他在咬杯子！要是没有那西班牙口音……还有诗人的女伴、十分温柔的热奈维耶芙·莫莱尔的话，他那堆乱蓬蓬的浓密头发、咄咄逼人的样子、突如其来的方式等，一切都会令人想起字母派诗人、圣热尔曼德普雷大名鼎鼎的人物加布列耶尔·波梅朗。

对这位在平庸之作和比较体面的影片中交替出现的演员来说，具有象征意义的一个重要时刻便是他出演《科诺克》。天才的路易·茹威于 1923 年创造了这个戏剧角色，1933 年又在影片中主演这个臭名远扬的医生。他有意在镜头面前重新演绎这部为其大大带来荣誉的于勒·罗曼的剧作。1950 年 9 月 21 日，离开机整整两个月之前，还没有找好导演：乔治·拉孔伯、安德烈·卡雅特和依夫·西扬皮都接到过制片人雅克·罗瓦弗尔德的邀请，但都婉拒了。最后是路易·德·菲奈斯曾经遇到过的让-保尔·勒·夏努瓦的助手吉·勒弗朗来执导，路易·茹威担任其"艺术指导"。

黑白胶片和成年累月在摄影棚工作的技术操作人员的科学手段使得虚假的景深令人相信存在着一条乡村道路或一条漫长的村庄大道；事实上，

《科诺克》在宽敞的比扬古摄影基地拍了32天的内景,6天的外景。路易·德·菲奈斯的名字没有出现在15人的演员表上,但是显然获得了大家的信任。他只不过现身几秒钟,但那是在一段将近一分钟的连续追踪拍摄之后的几秒钟。帕尔巴莱医生(让·布洛夏尔饰)三个月后回到镇上,参观那幢被他的继任医生改造成病人诊所的旅馆,并跟旅馆女老板莱米夫人(米海依·佩蕾饰)聊天。女老板一边跟他讨论最近一段时间以来医学为圣莫里斯带来的进步,一边向一双双从门里伸出来的手里递过去珐琅小豆豆。到了走道尽头,他们进了一间床单存放室。她问一个头发蓬松、把白色床单当长袍裹在身上、背对着镜头的男子:"怎么样?"他转过身来,快活地从正在称重的磅秤上下来,喊道:"哈哈!我瘦了100克。""好哇!您瞧,节食在您身上见效啦。"男子样子急切地离开,身子摇摇晃晃,裹在那张白色大床单里显得有点滑稽。在拍摄过程中,如果他把唯一的一句台词说错的话,就得让片中的两位明星——让·布洛夏尔(52.5万法郎片酬)和米海依·佩蕾(30万法郎片酬)从头开始。换句话说,路易·德·菲奈斯完全无愧于其7500法郎的片酬,那唯一的一句台词在原著里并不存在。如果对他准确说出台词、自如顺畅的行动能力有疑虑的话,便不会把他安排在那个地方,亦即影片中为数不多的一个极其复杂的运动镜头之后。对路易·德·菲奈斯来说,还增添了一份激动:他在拍摄现场与路易·茹威有一次长时间交谈。而在当时,茹威可是法国最受同行尊敬的演员。

人们看到,路易·德·菲奈斯是多么频繁地遇到诸如莫里斯·雷加梅、让·卡尔迈这样的明星演员。十分肯定的是,他在50年代早期与一位极其出色的经纪人即约塞·贝阿尔建立了联系。贝阿尔也是几十个次要演员或群众演员的经纪人,其中一些人将经常与路易·德·菲奈斯出现在同一张演员表上。

约塞·贝阿尔无疑是50年代法国电影界最有特点的人士之一。作为艺术家的经纪人,他在当时演员的日常生活中所起的作用要超过今天的同行。事实上,法国在60年代之前还没有专业的电影演员经纪人,一般而言都是导演自己搭建整个演员队伍。一部电影的主要演员甚至常常是在导演聘用之前已经选定,然后再由导演来选择所有其他演员,从次要演员一直到那个在夜总会的楼道上引领主角的侍从。对小制作来说,这项任务可能不会太重,然而对演员众多的大制作来说,它就会特别烦人。而导演也常常会在影片预算中遭遇到"表演"这一栏下的资金紧张问题。

贝阿尔便是在这种情况下应运而生的。他来自东欧,个头矮小得令人不可思议。他总是戴着一顶圆帽子,讲话时带着一种地方不确定的滑稽口音,但极其精彩。他长着一只三寸不烂之舌,对跟自己签约的演员都称"老板"(而人们将会看到演员人数还真不少),讲话时不断划着十字、夸张地做着绝望的动作。有时甚至看见他为了说服对手,竟然跪倒在其脚下。他为每部筹划中的片子围追堵截制片人,然后跑到正在拍片的摄影棚现场,目的是安置自己的演员。这个能说会道、性格外向的人跟他的兄弟一起合作,俩人的办公室位于香榭丽舍大街 72 号。他兄弟人高马大,面无表情,时刻守候在电话机旁。皮埃尔・夏斯帕尔-于衣特用一句话总结出约塞・贝阿尔的天才:"您跟他要一位中国女子,他却派给您一位黑女人。"由于演员人选对导演来说都是件伤透脑筋的事,贝阿尔便从中渔利,安排自己的演员:他每介绍一个角色给演员,都索要高价。

莫里斯・雷加梅和路易・德・菲奈斯一样都属于约塞・贝阿尔的签约演员,贝阿尔表示"跟着他的人肯定有活干。但有一定的条件……"贝阿尔双重地满足了剧组:导演可以通过一次约会为片中角色找到大量的演员,制片方则通过和一个"供货商"签订多份合同也肯定节约了费用。在演员们那里,贝阿尔并不一定享有好名声,那些跟他合作的演员怀疑他杀价,还有的演员称他是"蹩脚经纪人"。而对米歇尔・西蒙这位忠实于贝阿尔的著名演员来说,他经营着几十个价值不一的演员们的权益,保证他们每年至少演一到两部电影。贝阿尔喜欢向导演们建议让他的演员们包下脚本中设计的酒吧间或商店,为他们提供邮递员、警察、银行职员。"全包的价格十分诱人,"加斯帕尔-于依特肯定道。他的身影连摄影棚的人都熟悉,他总是在最后时刻成功地将他的演员安插进去,发现新的演员以把他们收拢到自己的经纪公司,跟各方人士讨论未来的电影计划。雷加梅说过,"有人试图把他从门口赶出去,可他又从窗子里进来了。"

贝阿尔还特别熟悉幕后的勾心斗角。米歇尔・塞罗在其自传作品之一《胡萝卜的呼喊》中,讲述了他如何最终在雇用自己的经纪人坚持下让步,接受了那些在他看来从脚本阶段开始就是一场灾难的影片合同。不过,这些影片最终没有拍成，可演员没有拍过一场戏还是拿到了补偿金。但有的时候，嗨，片子还是拍成了……

一个积极的经纪人，一本越来越厚的地址簿……这位现在成了马尔赛·布利斯泰奈《比比·弗里科旦》里的钓鱼人，几乎认不出来；接着又在亨利·卡莱夫《女路人》中成为形象十分富有诗意的船闸管理员；以后又是亨利·拉沃莱尔《美洲旅行》中的法国航空公司职员、莫里斯·拉布罗的《市长先生没有休假》中的市议员（和温情演员安德烈·克拉沃一起）、克洛德·巴尔马根据费多剧本改编的《火鸡》中的旅店经理、安德烈·于奈贝勒《我的老婆了不起》中一位寻找旅店住宿的滑雪人……他还出现在雷蒙·勒布西耶的《生活是场游戏》、让-保尔·布兰的《温疯》、保尔·科利纳的《界桩边的阿德马依》（战前开拍的广受欢迎的系列片的第四部）等片中……1950年的最后几周，人们还在莫里斯·拉伯罗（又是他！）的《梦游人博尼法斯》里见到了他，这是第一部为费尔南代尔而写、十分赚钱的影片的续集。而这个场景将是观众人数最多的镜头之一：费尔南代尔在一次梦游发作时，突然跑进了某个浪女正在脱衣服的旅馆房间；德·菲奈斯扮演她那位身穿浴袍、手握猎枪的男伴，他顿时醋性大发，费尔南代尔撒腿便跑……隐约见到莱拉·兰庇的乳房，"生活中"她是勒塔巴兰酒吧里的脱衣舞女。虽然在拍摄现场，莫里斯·拉伯罗的助手、未来《文身汉》的导演德尼·德·拉帕特利耶尔被路易·德·菲奈斯的表演逗得十分开心，但是观众的注意力好像更多集中于他的女伴身上。就为这一天的拍摄，他拿到了2万法郎，相当于影片会计账目上所谓"裸女角色"的片酬。至于费尔南代尔，他作为片名主角获得的酬金是400万法郎。

4. "仙女"效应
——从《他们五个》到《我的塞内加尔老弟》,1952—1953

1951年,路易·德·菲奈斯现身于上映的十四部影片之中。他先后出现在《傀儡情人》(1月5日在巴黎上映)、《没留地址》(1月17日)、《红玫瑰》(2月7日)、《科诺克》(3月21日)、《比比·弗里科旦》(4月12日)、《女路人》(5月18日)、《生活是场游戏》(6月13日)、《温疯》(7月4日)、《梦游人博尼法斯》(8月3日)、《美洲旅行》(10月31日)、《市长先生无休假》(11月4日)、《火鸡》(11月21日)、《毒药》(11月30日)和《我的老婆了不起》(12月5日)的海报上。接下来,将有1952年上映的十二部、1953年的十部,甚至还会像我们在下一章中看到的那样,1954年的十九部!

这种稳定的工作状态改善了路易·德·菲奈斯的生活:他不再当酒吧的钢琴师,全家人搬到了圣拉撒尔火车站附近的罗马路54号。这是一个五间的套房,朝着欧洲桥和铁路。夜间的噪声比白天更大:蒸汽机火车头的锅炉熄火时巨大的排汽声、启动时无止境的鸣笛声,还有那没完没了的轨道电气工程的嘈杂声,竟然半夜一点钟就响了起来! 可是全家人终于住得宽敞了,每个孩子都有一间房——尤其是能舒适地做作业,这可是老差生路易·德·菲奈斯的一块心病。

多演配角对演员来说是极其令人奋进的学习机会。几年之后,成名的路易·德·菲奈斯在解释这些无足轻重的角色的重要性时说道:"我服从生活的安排。你们看到这个院子,有人跟你说'穿过去'。你就穿过去,但途中会发生许多事情:你踩到了水塘,你丢了帽子,你撞上了人。这就是我所做的。我尊重故事,但我加进一些生活中可能发生的小动作。这样更自然、真实、好笑。卓别林就是这样做的。"

正是这样才使他在许多影片中出现,尽管演的都是小角色。他在与刘易·马里亚诺合演的第二部影片《我们的爱情没有周末》里扮演家仆,人们看见他干活时踉踉跄跄,后来在楼梯上帮家里人抬于勒·贝利的轮椅时又表演了一套剧烈的腿部动作。在《老实人的一生》(1952)里,他出现在米歇尔·西蒙的身后,在往餐桌上端菜的同时,传来莎夏·吉特利议论客人的声音。他没有从右径直走到左,而是停了一下脚步,张了张嘴巴表示忘了什么,接着又端着菜返回,去服侍那家人的儿子:这样,他得以在影片中出现几秒钟,不仅仅是个几乎不被察觉、一闪而过的身影。在让-保尔·勒·夏诺瓦的《没留地址》(1950)里,他并不是一个在产院里静静地等待着孩子出世的张三李四:他不停地"添加"眨巴眼睛和一些夸张动作,却又没有离开其近景中的静止姿态,甚至一言未发。如此,他留在镜头中的时间远远超过了其对话分量所需要的时间,几乎把和他一起等待的其他几位未来的父亲(米歇尔·艾切威利、让·西勒威尔和阿尔贝·米歇尔)都给淹没,可他们的对话比他要多得多。在场的还有主角贝尔纳·别利耶呢。

有些导演拒绝这些个人发挥,有些(这类导演越来越多)则听其自然,容忍他给家仆、警察、酒吧客人增添色彩。很快,他就自然而然地创作他的"片中片",只应聘去演那些任其发挥一点疯狂、紧张、奇特、滑稽感的角色。然而,在此期间,他连续不断地接演一个个角色。有的令其失望,有的帮助很大;有的对其创造持开放态度,有的对其关上大门。在雅克·庇诺多的《他们五个人》中,他是让·卡尔迈为首的伙伴团中的朋友之一。在诺贝尔·卡尔博诺和安德烈·佩朗克的《大公巡游》中,他演旅馆的门房,微笑中充满挑逗意味。

在让·德雷维勒的短片《懒惰》(集体影片《七宗罪》之一)中,他演一个来到天堂时表情丰富的牢骚分子。在莫里斯·拉布罗的《掌灯人勒吉农先生》中,他演的是会计,以自己的专长为街区其他居民效劳,为的是跟勒吉农一争高低。(等级距离缩短了:他领取17份酬金,即19.5万法郎,而一号主角依夫·德尼约的片酬为200万。)在让-保尔·勒·夏诺瓦的《婚姻介绍所》中,他演一位没有找到终身所爱并要求赔偿的不满客户。在克洛德·卡里文的《爱不是罪恶》里,他是反女性主义抵抗联盟的积极分子之一,会说,多动。这个组织由罗贝尔·德利领导,与设在同一楼层、由科莱特·布劳塞领导的为赢取女性权益的协会争锋相对。在安德烈·于奈贝勒的《出租车先生》里,他扮演的是一个行为夸张、具有挑衅性的拙劣画家。他没几句台词,身穿格子衬衫、络腮胡子,在画布上把蒙马特高地泰尔特广场上的树画成红色——1952年3月14日拍了一天的外景。在马塞尔·帕格利耶罗和夏尔·布拉蓬根据让-保尔·萨特戏剧改编的《可尊敬的妓女》里,他演一个夜总会顾客,说了一句老百姓的心声:"这一切都是因为一个混蛋,一位参议员的侄子;我将参与评审团,我会替你教训他,这小子。"在莎夏·吉特利的《我当过三次》,他演某苏丹的一个翻译,手舞足蹈地路过旺多姆广场(在凡·克利夫与阿佩尔金店现场拍完之后,每个演员和技术人员都被搜了身)。在皮埃尔·戛斯帕尔-于依特的《佩尔勒先生出走记》中,他演一个在盥洗室里钓鱼却要证明其逻辑的疯子:他对寄宿生说盥洗室里没有鱼,却又对佩尔勒说只要没有在盥洗室里钓过鱼就不知道盥洗室里有没有鱼。在吉·勒弗朗的《她和我》中,他演一个有幸拥抱达妮·罗班的咖啡馆侍者。

这些走马灯似的影片有的比较重要,譬如莎夏·吉特利在跟米歇尔·西蒙拍完《毒药》之后又找到了路易·德·菲奈斯,而且不再是像《我当过三次》那样为的是一个简单的小角色。《老实人的一生》脚本创意独特,适合演员淋漓尽致地发挥:阿尔贝·梅纳尔-拉考斯特为人诚实,也即一个靠自己努力发家致富的中产者,他不断地宣扬自己的生活如何地具有示范性。在这种按部就班的生活中,他的孪生兄弟阿兰冒出来了,一无所能且贪图享乐。依阿尔贝的原则来看,兄弟的人生完全失败,于是毫不留情把他赶走。不过,感到内疚的他又跑到阿兰那个糟糕透顶的旅店房间;在那里,兄弟在自己眼皮底下心脏病发作倒下,而阿尔贝则灵感突发,将自己的衣服与死者对换。阿尔贝变成流浪汉阿兰之后,通过自己"死"后的一系列事情,发现家人是多么软弱无能,自己的价值观又是多么地虚模假样。不过,其最为巨大的发现是,"他非常厌恶自己,就像从前他厌恶别人一样(……)他径直地朝着他走去,却从来没有人知道他的变化。"路易·德·菲奈斯第三次受到大师召唤,一如所有演员基本都是其影片中的常客一样。他将扮演梅纳尔-拉考斯特家中的仆人。莎夏·吉特利的每部影片都是重要的文化事件。例如,在《费加罗报》负责报道大师电影的是重量级的戏剧评论家让-雅克·古蒂耶。他在句首就斩钉截铁地说道:"我的天,莎夏·吉特利的这部片子开局很好。"但对影片自中产者的孪生兄弟死后就沉溺于某种低级趣味提出了

批评。比如,由路易·德·菲奈斯扮演的仆人嘴里说出:

"夫人……
——什么呀?
——灵柩来了,夫人。
——领酒?谁要来领酒?
——有人来把先生装入灵柩。

这段文字游戏不受欢迎,《自由射手报》的评论家也同样指出了这一点。对路易·德·菲奈斯来说,因《老实人的一生》,他的才能得到展示的空间……确实,在这个时期的长片中,他的表演很少如此丰富。影片开始时,他饰演的是一个温驯、缄默的家庭仆人,但是他赋予这个角色大量细微的表情。当米歇尔·西蒙就人生诚实之本大放厥词时,仆人保持着一种完全僵硬的姿态,可是他的脸部呢,一方面努力表现出无动于衷,另一方面不断变换着仆人特有的那种沉着的表情。在其油光可鉴的浓密头发之下,人们看到他的眉毛在颤、眼皮在挤、嘴唇在动,如此之强烈以至于他那典型的仆人之笑有了某种难以察觉的放肆色彩。这个人物很合莎夏·吉特利的意,因而随着影片的进展,他任由仆人这种大胆的、越来越明晰的微妙表情变化展现出来。在对话场景里,他那卑躬屈膝的讨好、一边说话一边搓手指、东张西望的样子,一切都在塑造着一个低头哈腰的假圣人形象,预示了《疯狂的贵族》中的唐·萨留斯特·德巴赞以及《宪兵情缘》中那个唯唯诺诺但显然暗藏心机的老七。这个人物稍稍超过了市民喜剧中的普通仆人。莎夏·吉特利这个热爱演员的戏剧家没有看走眼,两人还将一起共事。

又一个重要的时刻,既然是友谊为重,所以当达尼埃尔·热兰导演其第一部电影《贪得无厌》时,他再一次让人为朋友路易·德·菲奈斯写了一场戏。菲奈斯在这场短戏中扮演身穿灰色茄克的某报社照相实验室的职员。在影片的两个主人公达尼埃尔·热兰和达妮埃勒·德洛姆(生活中正在分手)面前,他就白天紧张不已的工作骂咧咧。

他还在亨利·德库丸的《少女宿舍》里遇到让·马兰。12年前拍《方托马斯》时,两位演员的名望与"身价"是天壤之别。在这部情节发生在寄宿学校的侦探片中,马莱是如鱼得水的主角:作为警长,他就一位死于宿舍的少女谋杀案进行调查。他去看望当地摄影师特里布多。在一位足智多谋的美男子和一个脸部抽搐不已的小男人之间出现了一场漂亮的对话,小男人明显地隐瞒着什么(脚本上指他"长着一张拍淫秽照片的嘴脸")。德·菲奈斯扮演代表人类灵魂阴暗面的角色时毫不费力;当警察提醒他那好色癖的往事时,菲奈斯把那种混合着恐惧和一丝傲慢的怯懦演得恰到好处。相反,他演人类最美好的东西时却有困难:在其演员生涯中,他头一次演出吻戏,因为摄影师与寄宿学校的女监舍关系暧昧。拍戏当天,路易·德·菲奈斯去问莉娜·诺罗怎样演。女演员尽管演了 40 多部片子,竟然也不会。快要有 25 年表演生涯的她从来没有跟对手接过吻。难道接吻因此就显得如此激动、如此有罪?

虽然有些电影美学家积极支持 Z 类电影(恐怖片)、面目可憎的恐怖人物以及煽情技巧,但这类电影还是缺乏一个滑稽诗人来庆祝它这一可怜种,搬上银幕的乃是情节剧中最糟糕的剧目,它的脚本都是不健全的,它的人物是类型化的,其中有些作品还值得保留乃是因为其中出现了路易·德·菲奈斯或另外一位刚刚步入电影界的未来明星。这些电影已经退出了特许影院(1954 年只占观众总数的 30%),只留给那些主要属于类型电影的街区影院线:西部片、科幻片、恐怖片或者像那种有脱衣女郎的喜剧片。预算极小,制作平庸,场地狭小,布景可怜……

如此,路易·德·菲奈斯连着接了两部让·拉维龙的电影:《让道德见鬼去吧》和《穿得又薄又短》。这位电影家比路易·德·菲奈斯小一岁,对他并不陌生:1951 年他在其"补充影片"《伞之恋》中出演,此片改编自保尔·阿尔蒙的一部剧本。阿尔蒙写过《女人美容师》(1932 年改编为电影,费尔南·格拉威主演;二十年后由费尔南代尔主演)和《这些卫生界的老爷》(1933 拍成影片,主演为莱缪和艾得维吉·弗依耶尔)。在这部 42 分钟的短片里,加拿大游客雅克-亨利·杜瓦勒,被诺埃尔·洛克韦尔要求解释其在雨中引诱一名女子的无可挑剔举动:借伞给她的时候把地址留给她,好让她在大雨过后把伞还给他。

拉维龙似乎为王宫剧院的魅力所吸引,尤其热衷于改编那些轻佻的剧本:在这部短片之后,他导的第一部长片《下来吧,有人请》改编自另一位此类戏剧行家让·德·莱特拉兹的剧本。他接下来的两部影片,即请路易·德·菲奈斯去演的《让道德见鬼去吧》和《穿得又薄又短》都改编自让·吉冬的剧本。这一位并非法兰西学院的哲学家和教皇让-保罗二世的朋友,却是林荫道戏剧之次级剧种的多产作家,在这类剧中总能见到穿着内衣的女人横穿舞台。他在战前已经因为一系列剧本和轻歌剧脚本的上演发了笔小财:《发现裸女》、《雨中女子》、《德之府》、《我不要!》和《她期待这个》。最后这部戏于1936年4月3日在王宫剧院首演。其剧情取自于之前的一部成功剧本《第14项证据》,而在1953年又变成了《让道德见鬼去吧》。

故事的趣味无可挑剔:为了避免被迫向老婆坦白自己的不忠,为了避免被迫跟最好的朋友和合伙人坦白跟他的情妇胡搞,皮埃尔接受了一个道德可疑的小伙子提供的不在场证据,却导致自己被控告盗窃和强奸;而推测为受害者的女人恰恰是他应该正在实现的一桩大买卖的关键人物,同时又是爱上了他的女人。1936年(杜瓦莱斯演主角、德尼丝·格莱演受害者),评论家认为"这是一部快活、疯狂、轻佻、诙谐和忙乱的戏剧,它制造并维持着一种稀有的、宝贵的和自然的东西:一种健康的、天真的和坦率的笑。"二十六年之后,道德变成了一种更为严肃的事情:报纸(如《电视广播电影》的前身《广播—电影》)只看见那些沦为"至愚欲望之猎物"的人物。粗俗得令人倒胃,愚蠢得令人痛心。(……)人们不禁要问,既然存在着审查制度,那用处何在? 嚆,正巧,审查官们禁止《让道德见鬼去吧》上映。拍摄许可委员会(任何电影未经许可不能开机)审读了对话没有任何反对意见,但是审查委员会两次拒绝颁发营业许可证。1953年1月,媒体上掀起了一场小小的抗议运动。《解放报》写道:"如果相信一些反馈的话,审查官们只是十分简单地宣布它是一部坏影片。若是我们允许设立一种质量审查,那就是为最全面的独断专行打开了大门。我们可以想象到的极端危险是,某个委员会之所以对这部或那部影片下达禁令,就是因它质量低劣。"

确实,《让道德见鬼去吧》是一部特别平庸的影片,既不回避直露的下流粗俗,也不绕开那些令人怀疑的噱头。譬如,德·菲奈斯扮演的是法官的书记员,唇髭油亮而又凌乱,穿着一套过于宽大的西装,每说一句话前都表现出消化困难时所具有的典型的压制性打嗝、扭绞和各种面部表情,不断重复:"白菜啊,法官大人。"拉维龙的这部戏只是在奈伊摄影棚拍内景,没有任

4."仙女"效应

何扩大场景和行动的意愿。影片对那些职业卫道士们来说恶劣到了极点：大美人莉莉·蓬唐在预审法官办公室里登上一只椅子，当着屋内六个男人的面撩起裙子，露出屁股让他验证那块红肿究竟是虫咬的还是撞在了一架钢琴的角？

营业许可最终于 1953 年 4 月 21 日下达，《让道德见鬼去吧》7 月 17 日公映。《法国电影》在其介绍中说："张冠李戴、下流的情境、轻浮的着装应是能让这一类型确定的电影爱好者自得其乐的。"安德烈·巴赞被这种"暗示和咯咯叫的淫秽片"所激怒，他在《自由巴黎人报》上剖析了这种杂乱而令人失望的类型片的手法，亦即让大家听得见下流内容却又从来看不到："本意如此肮脏下流，却与如此的羞耻感结合在一起，造成了一种奇特的混合，以致人们不知道是因为假道学的缘故还是因为作者愚蠢的缘故。"

上座率？特许公映第一周 10139 人次（奥贝尔-巴拉斯 5663 人次、高蒙-剧院 4476 人次），第二和第三周 7152 人次。马赛公映两周，波尔多、里尔、南锡和图卢兹一周（收入 4565075 法郎，大约 2 万人次）。离成功很远，《让道德见鬼去吧》是部小圈子的影片。不过，它对德·菲奈斯来说仍然是一部重要影片。首先，他走近了其职业的榜样：大个子朱利安·卡莱特。这位配角王子扮演的是背运的私人侦探，整个影片情节便建立在其错误之上。路易·德·菲奈斯的朋友和家人后来说过，在这一时期，这个职业生涯既荣耀又卑微的男人是多么地令未来法国票房第一的菲奈斯印象深刻。在其 110 部影片中，卡莱特与让·雷诺阿、皮埃尔·普雷韦尔、克洛德·奥当-拉腊，马赛尔·卡尔奈、亨利·德库丸、莎夏·吉特利、伊夫·阿莱格雷、亨利·威尔奈伊甚至还有布朗奇尼奥勒都拍过片子。他长相一般但为所有的法国人所熟悉，身材平常但一眼就能被认出，带有鼻音的嗓子，说话拖腔，巴黎口音，演的人物好为人师、不同寻常，既平庸又非凡。《夜之门》中马路小贩的宿命论或者《红色客栈》中罪犯老板的眼神虽然还不属于大牌明星、一号角色或者干脆是恋爱青年的那种，但它们却是属于职业演员的。

伴随着《让道德见鬼去吧》，路易·德·菲奈斯扮演这一类型演员的生涯开始浮现。首先，似乎是破天荒的头一遭，他的脸庞和身影出现在一张电影招贴画上,这是第一次对其独特表演的肯定:在身裹纱巾的莉莉亚娜·贝尔那令人欲火中烧的画面下,与之相对的场景上画着各色人物,其中有一个心思细腻且毫不掩饰邪念的书记官。其次,拉维龙电影的"好处"在于它会引发一点争议(1954年尼斯市政府的禁令又为其增添了媒体可视度)以及在电影淡季——夏天公映。当时,导演们要是自己不拍片的话几乎每天都去看电影,劳莱特这一角色很可能受到了他们的关注。一个天生的次要人物,篇幅很少,作者几乎没有写一个字(1936年剧本《她等着这个呢》首演时,没有一个评论家提到过这个人物的首演者,即夏尔·勒古),但是对演员的形象来说却有着巨大的回报:正如其不久又将在《布洛涅森林里的强人》中扮演警长,通过扮鬼脸和打手势,德·菲奈斯赋予其人物以深度,增加了其过往、银幕之外的生活,完全跟朱利安·卡莱特、萨都南·法布尔或诺埃尔·洛克韦尔这些配角大师们如出一辙。观众可以毫不费力地想象到劳莱特的房间、他的家庭、过去、社会背景……与之相比,同一部电影中的许多人物都被挤兑成了类型化角色("妓女们"莉莉、蓬唐和嘉特琳娜·盖)或者仅仅是脚本中所写的那样(从亨利·吉奈斯和莫里斯·雷加梅这两个主要男角开始,读者还会几次看到他们以不同的头衔出现)。

《让道德见鬼去吧》三个月之后,《穿得又薄又短》于1953年11月6日上映,这是菲奈斯第二部由让·拉维龙导演的影片,改编自让·吉冬的剧本,阿尔卡电影公司制作,也都是在摄影棚里完成的。上映的范围比前一部电影还要窄,因为它没有在特许影院放映,而只在巴拉斯影院放。这是一家破败的平民电影院(还没有变成1978—1983年的传奇夜总会),靠近林荫大道。确实,出于至今仍不清楚的原因,《穿得又薄又短》先是于7月15日在尼斯的两家电影院上映:克吕尼影院1656人次,波利蒂马影院938人次。就这两家分别有300和790个座位的电影院来说,离成功远着呢……

《穿得又薄又短》在圣莫里斯摄影棚拍了四个星期(具体日期为1952年12月12日至1953年1月8日,正值摄影场地最便宜的空档期,因为名演员和名导演都在度年末假期)。让·拉维龙在那里改编让·吉冬的剧本《疯恋》,此剧于1947年3月在位于克里奇的阿波罗剧院首演,并没有留下不可磨灭的印记。这种可怜的片子有某种悖论的好处,即让演员自我发挥。出

4. "仙女"效应　　　　　47

于明显的经济原因,让·拉维龙运用甚至滥用长镜头,却不做任何明确的表演指导。他所召集的演员队伍来源混杂:林荫道戏剧演员、青年电影演员,还有像路易·德·菲奈斯这样对摄影棚已经驾轻就熟的演员,他是唯一在《让道德见鬼去吧》和《穿得又薄又短》中都出现的。此片关键在于,两个女主角中一个头发是褐色的(妻子,马德琳娜·勒波主演),另一个是金黄的(情妇,雅克利娜·彼耶主演),而疯子(让·帕莱戴斯主演)对穿短裙、有点肥胖的女人极其痴迷,从而造成了一个半小时的误会,但能够交替表现浪漫的温情场面与冷静的疯狂场面。菲奈斯在《穿得又薄又短》中演私人侦探,没有像在《让道德见鬼去吧》中的打嗝书记员那么明显地类型化,给了他完全自由地表演角色的机会,如他往脚上打枪时,那一大段妄想症的呓语("瞧瞧丑不,瞧瞧赖不!")预告了其未来从《已经入土》中的病床到《依贝尔那图斯》中的"艾德麦!艾德麦!"等那些可与之媲美的片段。

刚满39岁的路易·德·菲奈斯表演无拘无束,展示其掌握的所有技巧,形体动作、脸部表情、身体姿势的语汇丰富,已经勾勒出一个十分和谐的人物:他神经质地用拇指捻着食指,双臂摆在胸前以表露真情实感,不屑地抖动手指以反驳对手,弯起双腿奔跑以加强其矮小身材的滑稽效果,向周围东张西望示意对手走近以便说悄悄话……其整个演员生涯中都能见到的动作与表情都集中于这部影片之中,犹如一部喜剧语法手册:他在此广泛地展示了其个人表现手段,胜于他此时拍的好几部质量上乘的影片。有趣的是,今天的观众发现了某种时间错位:早于《圣托佩的警察》11年,路易·德·菲奈斯的大部分表演技艺已经成熟。

在此显示了路易·德·菲奈斯的奇异特点之一:他在差片中表现更出色。这种能力在演员中罕见,且使得他能够一部戏接一部戏、一部片子接着一部片子地细致耐心地打磨人物。1953年,他还在莫里斯·克洛什的《巴黎麻雀》中扮演医生,在吉·勒弗朗的《蓬杜弗勒上尉》中演银行行长,在拉尔弗·哈比不的《暗夜女伴》中演饭店食客,在诺贝尔·卡尔博诺的《我的塞内加尔老弟》中还是演医生,但特别加强了其滑稽可笑的一面……

50年代初期,电影院对加映片的消费需求狂热。这些短片在休息期间和正片之前放映。特许电影院对之理性经营,街区以及类似的电影院系统则管理混乱:美国经典喜剧片、纪录片、动画片以及几十部仓促而成且听凭不太自觉的中间商随意放映的法国短片。这些片子对起步的导演来说是学习,对演员来说是外快,对技术员来说则是某种失业保险金。拍摄速度很快,常常利用其他影片的场地,有时甚至还用它们的演员。干这些活儿比当演员获利更快,比如对莫里斯·雷加梅来说。他解释道:"制片人一直跟我要片子。我早上在摄影棚拍,利用的是正在开拍的长片的布景。动作很快,在这些片中,我用了米雪儿·莫甘、费尔南代尔、莫里斯·谢瓦利耶!大家都在拍,可我从来没有再看过这些片子。"

事实上,经营者们租用这些短片的时间远比长片要长——而且模糊。甚至呢,他们常常买下来,想放映多久就放映多久,直到他们决定转卖给别人或者拷贝不能再用。如此,最终战后法国有好几百部短片连一个拷贝都不剩。雷加梅在战后最后几年拍的短片没有一部再现过身影,德·菲奈斯参与拍摄的短片,如1953年《笑》,如今已经无处可觅,他在片中一有机会就举例谈论笑和人格的细微区别。同样,仅在1951年这一年,人们就发现了路易·德·菲奈斯参与表演的四部短片的踪迹:让·拉维龙的《伞之恋》(42分钟)、克洛德·拉朗德根据民歌手罗贝尔·罗卡的脚本拍摄、由加伯列耶罗和保尔·德芒什主演的《待售盒》(25分钟)、皮埃尔·布隆迪的《少年冠军》(26分钟)和克洛德·巴尔马根据尼古拉·果戈理剧本改变的《赌徒》(50分钟)。只有最后两部影片现今还在。在《少年冠军》里,他演自行车少年冠军的专制父亲。在《赌徒》里,路易·德·菲奈斯与三位法兰西喜剧院演员并肩合作,即皮埃尔·加隆、达尼埃尔·勒古尔图瓦和亨利·罗朗。影片是在唯一的一次电视直播之后拍摄的。在让骗子上当的表演中,德·菲奈斯不断制造会心的微笑,还与受骗者一起开怀大笑。但是,这并不是步入最为苛刻的戏剧团体的充分条件。

虽说路易·德·菲奈斯基本上与所有电影家族都有往来,他却与戏剧顶尖人物相距甚远。1951年初,雷蒙·罗洛找他到米歇尔剧院演《多米尼克与多米妮克》中的一个小角色。可是他并不属于为巴黎大剧院提供年轻演员的戏剧学院毕业生一族。而且,一年多之后人们想到他时也是因为林荫道戏剧的《不拘礼节》。

正如《震旦报》1952年夏所写的那样:"《不拘礼节》是时尚年轻剧作家维尔弗里德和吉洛尔的第二部剧本。让·吉洛尔原来是银行职员,雅克·

维尔弗里德是导演助理,两人为了纪念在洛莱特圣母院当童子军的共同经历,决定写作《爱,总是爱》。他们的成功令人目眩。"确实,经过前一季初次成功之后,让·吉洛尔和雅克·维尔弗里宣布自 1952 年 9 月 24 日起在都努剧院上演其新剧五十场。

维尔弗里德和吉洛尔几年之后将是德·菲奈斯获取荣耀与光环的不可或缺的同伴,不过眼下他们还只是风俗喜剧大师欧仁·拉比什和古斯塔夫·费多的用功学生。《不拘礼节》由此汇集了古典剧作的套路:金钱、婚姻和欺骗。辛西娅·莫奈斯蒂耶,一个生意人的妻子,有点痴头怪脑但非常富有。她向一个骗子买了奥莱诺克海边博索-塔约土著部落的一片石油租界的领土证。另外,该家族中美貌动人的女儿帕特里霞决定让一个年轻司机冒充她的丈夫,目的是拒绝父亲这位富翁朋友安托万·布莱凡的挑逗。莫奈斯蒂耶为了避免破产,想把租界卖给布莱凡。为此,帕特里霞必须与之配合,还有这个他以为是女婿的西蒙,莫奈斯蒂耶决定让他冒充从拉美回来的儿子。布莱凡正要在支票上签字时,突然冒出了莫奈斯蒂耶的真儿子,他来自拉美,身边还陪着一个充满异国风情的尤物……

《不拘礼节》为不少人重返舞台提供了机会。首先是阿尔贝·普莱让:他先前表示不想再演戏,但在此剧中他扮演了金融家莱奥纳·莫奈斯蒂耶;然后是骑术师让·道尔吉,他在马术障碍赛上五年高擎法国三色国旗,此次又找回了演员的身份;让·帕基,扮演的角色是假丈夫和假儿子西蒙。不过,他的父母确实是都努剧院的主人……剧中的轻佻女孩由年轻女演员克洛德·让萨克扮演,正如《战斗报》注意到的那样,"她在奥迪贝尔蒂的《贞德》中被发现,后又在《天主教之影》中与罗贝尔·拉莫洛演对手戏。她在莎夏·吉特利的《老实人的一生》中展现了优美的胸脯,在生活中则是导演皮埃尔·蒙迪的妻子,十多年之后他在七部影片中扮演路易·德·菲奈斯的妻子。"

9 月 25 日即首演后的第二天,《震旦报》那位"加座"栏目的戏剧记者无情地写道:剧院里远非座无虚席。他对嘉宾、文艺界的二流名人进行了采访。导演于贝尔·德·马莱向他表示:"我拒绝表达我的想法……这些年轻人的第一部戏是我当导演的……我不认为应该关注这部戏。"记者写道,有些嘉宾不愿意回答他的问题,但是"在离开的时候,他们大声赞美让·奥泽奈和路易·德·菲奈斯（原文如此）。这两位演员在签订《不拘礼节》合同时，肯定不会想到能成为赢家。"

评论界一顿棒杀。《震旦报》的标题为："《不拘礼节》无头无尾！"罗贝尔·康在《世界报》上断言："把这部有待完工的喜剧搬上舞台多么可怕！材料有了，但是没有建筑师！"不过，他注意到了"路易·德·菲奈斯先生奸诈的嘴脸和甜蜜的声音（……）用戏剧行话来说，是他在'救场'。戏剧行话并不总是好听的。"就在主角们被评论棒杀的同时，德·菲奈斯在所有的文章中都被正面地提及，跟让·奥泽奈平起平坐，他演的是恋爱中的百万富翁，人人都想看到他签支票。《战斗报》的女评论家马赛尔·卡普隆如此写道："让·奥泽奈，在其饰演的角色安托万·布莱凡中喜剧性是如此的优雅（……）而且这也是剧中唯一有价值的人物，从而允许我们期望雅克·维尔菲利德和让·吉洛尔总有一天会给我们写出一部优秀喜剧来。"不可否认的是，这部戏完全演砸了，因为经过如此激烈的批评之后，它便于11月9日停止上演，勉强六个星期。

不过，正如我们将在几章之后所要见到的那样，《不拘礼节》将成为路易·德·菲奈斯个人早期的重大成就之一，即《关关雎鸠》。奇怪的是，银幕上他演的莱奥那·莫奈斯蒂耶这个人物引不起评论界的丝毫兴趣，《国家早报》的评论家尤其写道："阿尔贝·普莱让对我们来说令人失望至极（……）确实他的角色不存在。"几乎一如从前，德·菲奈斯将使之变成其光荣岁月的早期传奇人物之一。

《不拘礼节》没有鲜花没有荣耀地被埋葬之后，皮埃尔·蒙迪便获得了自由。他马上回归自己的戏剧演员职业，在乔治·维塔利执导于蒙巴拿斯剧院的一部费多写的戏中担任主角。剧院经理是马格丽特·雅莫娃，她曾经与夏尔·杜兰共事一段时间，之后长期在加斯东·巴蒂剧团当演员。大家根本没有料到这位冷峻的演员会把《小心点》列入自己剧院的演出剧目，更没想到她为自己分配了女主角。身为27岁皮埃尔·蒙迪的妻子，她比他要大24岁！皮埃尔·蒙迪回忆说："她排练了四天。后来她明白这样永远也演不好。"所以马尔特·梅尔加迪耶来扮演香德比兹夫人，其对丈夫不忠的怀疑引发了一连串的混乱。

《小心点》的情节既简单明了又难以总结：某保险公司经理维克多-埃马

4."仙女"效应

努埃儿·香德比兹与一家名叫"米奈特·加朗"的幽会场所的楼层侍应生、酒鬼博什得一模一样,因而与妻子、妻子的情人、他的堂兄及秘书、他的侍从、他的一对朋友夫妻等发生了无数误会。该剧常常被认为是费多手法最娴熟的剧本,有着十四个能量过度的人物,充满了出其不意、惊慌失措和开门关门,要求演员阵容无可挑剔。

乔治·维塔利刚刚辞去自己于1947年创建的于榭特剧院经理一职,召集了一批水平算得上整齐的演员,尤其有雅克-亨利·杜瓦勒、让·勒普兰、帕斯加勒·马左蒂、阿尔贝·莱米和路易·德·菲奈斯。菲奈斯扮演"米奈特·加朗"的老板。他身穿"美好时期"的西装,蓄着两端翘起的胡子,十分夸张地表演着第29路军①老上士那种怒气冲冲的严格作风,客人们对他十分反感,他在客人们面前则极尽卑躬屈膝。

首演于1952年11月14日。马尔特·梅尔加迪耶回忆道:"彩排那天,他大获全胜。他与人物如此贴合,演得如此专心,以至于人人都在夸赞他。他几乎把蒙迪、勒普兰和我的成功都抢去了,因为他是一位全新的演员。"在当时,大多数报纸都有一个漫画家,每天晚上为戏剧评论配画。就这部《小心点》,虽然路易·德·菲奈斯远非主要演员(他到第二幕时才上场,第三幕里时间很短),但是画家们都把注意力集中于他的身影、咧着嘴笑的样子和那缕弯曲的细胡子。其中最富天才的塞奈普则在《费加罗报》上把他和皮埃尔·蒙迪一个人画在一起。在《自由巴黎人报》上,加里把他安排在画中央,两旁为对称的九个人物组合,包括皮埃尔·蒙迪扮演的两个:资本家香德比兹和酒鬼博什。路易·德·菲奈斯的像还被画在了一些最令人意外的戏剧专栏里:《真实的法兰西》或《法国医学报》……不过,如果说漫画家们的眼睛使得德·菲奈斯从剧组中脱颖而出的话,那么评论家描写他的笔调却没那么多同情。评论家们在列举每个演员的优点时,指出了"他那些可笑的僵硬姿势",发现他"是个神奇的傻瓜"或"穿着轻骑兵式样裤子如士官老板般粗犷"……不过,让-雅克·古蒂耶在《费加罗报》上做了一通有利于他的标点符号游戏:"好哇乔治·维塔利!好哇演员们:阿尔贝·莱米、马尔特·梅尔加迪耶、皮埃尔·蒙迪、雅克-亨利·杜瓦勒、让·勒普兰!好哇路易·德·

---

① 译注:成立于1617年的一支法国老牌步兵,参与过多次重大战役,直到1940年解散。

菲奈斯！你们生动活泼。(……)没有一点令人生厌的时刻。"

皮埃尔·蒙迪叙述道："谁也没有像他那样演过费拉永。甚至连费多都没有遇到过这样的费拉永。当香德比兹来到米奈特·加朗时,他遇到了英国人,英国人把他介绍给费拉永,费拉永开始用脚踢他的屁股。他说'我是香德比兹先生,波士顿人寿保险公司经理',而还在踢的费拉永则指着他说：'好啦！他喝醉啦！完全醉啦！'接着又飞起脚来向他踢去。有一天,大概是在第三十场,路易本能地做了一个天才动作。我正说着'我是香德比兹先生,波士顿人寿保险公司经理'时,他停顿了下来。巨大的停顿,以至于我心想出什么事了,他是不是忘词啦。就在这时,就像圣旨从他嘴里说出一样,他轻轻地朝我走来,声音很小地说'他喝醉啦,完全醉啦！'接着以一种非同寻常的行动速度,一种动画片的速度,朝我的屁股踢过来。这么一来,再也说不出台词了,因为笑声不断。整个观众席都俯下身去,就像直升机飞过麦田。有生以来我第一次,不得不背转观众,因为笑得那样厉害。可是我们在为电视台拍戏时,就没有了第三合作方,即观众。而在 DVD 片子里,大家看到他的表演就像我们在最初演出中的表演一样。"

成功之后的必然,剧组为了电视台的录像进行表演,导演是斯泰利尤·洛朗子。这部《小心点》在 1956 年 9 月 22 日放映时,字幕表上没有丝毫提及原创导演乔治·维塔利。洛朗子尤其选择了罗贝尔·马努埃尔,由他取代舞台上扮演妒汉意斯唐盖这一角色的让·勒普兰,"因为他觉得让上去太像同性恋,"蒙迪说道。

乔治·维塔利导演的《小心点》于 1953 年 4 月 12 日在蒙巴拿斯剧院停演。1953 年 5 月还将在歌舞剧院上演,直演到一千场,不过路易·德·菲奈斯因为忙于另外一场冒险而没有参加。一场历史性的冒险,那就是《啊！美丽的仙女！》

路易·德·菲奈斯的宏大愿望是演布朗奇尼奥勒。一群演员围绕在罗贝尔和科莱特·布劳塞这对生活中和舞台上的夫妇身边,把某种少年幽默、对《海尔扎波班》的崇敬、对默片的怀念、找回美国音乐喜剧那种轻快的愿望、曾经厌倦地经历过战争的那代年轻人的不逊等元素搅在一起……《布朗奇尼奥勒》(起先名为《华芙甜点》)于 1948 年 4 月 20 号在拉布吕耶尔剧院首演,该剧院把这部戏看作是破产歇业之前的最后一次机会。盛况空前：几天之后，巴黎人人都争相观看，人人都想当布朗奇尼奥勒，人人都惊讶没有早想到这些人。德利的做法，便是把一切混合起来：戏剧与歌舞表演、舞蹈与幽默、舞台与观众、精确调度与临场发挥……除了德利和布劳塞之外，舞台上还能见到雷蒙·布西耶尔和阿奈特·普瓦弗尔（两位都已经验老到，但突然青春焕发）、克里斯蒂安·杜瓦雷克斯、罗西娜·吕盖（演员安德烈·吕盖之女）、克里斯蒂安娜·米娜左利、音乐家、舞蹈家、弗兰西斯·布朗什、让·卡尔迈……戏里有 22 个角色，但演员常常变换。晚上，剧组离开后台，前往对面的"让奈特之家"咖啡馆，该馆在打发最后一批客人之后关门大吉。唯一准许进去的是一伙外表出人意料的朋友：让·利夏尔、亨利·吉奈斯、诗人和药剂师安德烈·弗德里克、电影家亨利-乔治·克洛佐、民歌手罗贝尔·洛卡……还有路易·德·菲奈斯，他在加瓦尔尼弹完琴后跟布朗奇尼奥勒一群人汇合。他跟喜欢自己幽默的德利一起笑。他们分享着对劳莱尔和阿尔迪的喜爱，对日常事件、荒诞人物的评点。

但是德·菲奈斯并没有参加影片《布朗奇尼奥勒》的拍摄，影片于 1949 年 12 月底上映。德利及其同伴们相当公开地从亨利·C·波特的《炼狱沸腾》①中汲取灵感。此片于 1942 年圣诞节在美国上映，但只是在 1947 年初才来到法国。影片启用的是百老汇史上最有创造性的成功演出之一的原班演员奥尔·奥尔森和希克·约翰生。这是一场革命，它点燃了法国所有具有喜剧天赋的年轻演员的热情：德利、布劳塞、杜瓦雷克斯、利夏尔，当然还有德·菲奈斯，他后来去电影院看了一遍又一遍。把荒诞与"真实"演出结合起来，对演出生意场上的资产阶级加以讽刺以及将疯疯癫癫的桀骜不驯提升为一种生活艺术：随着《炼狱沸腾》似乎诞生了新的一代。而第一部标榜这种精神并同时向大众电影（人们在《布朗奇尼奥勒》遇到了历史性人物朱利安·卡莱特）频送秋波的法国电影竟然在没有路易·德·菲奈斯的情况下开拍了！眼下，这次约会错过了。

1951 年初，他终于加入了布朗奇尼奥勒一伙，而这个时候德利和布劳塞正在小小的歌舞酒吧"勒威尔奈"里排练《布布特》。在这小小的歌舞表演里，名不见经传的演员与观众混在一起。酒鬼、警察、流浪汉以及上流人士

---

① 译注：英文 Hellzapoppin，源于词组 hell's a-popping，大意是"喧闹起来，混乱起来"。

之间的荒唐吵闹对观众和评论界来说都是件可乐的事。德·菲奈斯便这样来到了观众之中，做着鬼脸，发着脾气，令人反感。德利身穿酒吧侍者的制服摇摇晃晃，正对着他的脸飞过去一杯列日咖啡。他怒气冲冲地出去，一会儿又穿着消防队员制服返回，手里拿着消防水枪……他常常从其时在一些影片中扮演的人物出发做临场发挥。他还创造了一个便衣警察，强行混进观众之中，冲着邻座眨眼睛，做些会意的动作：未来《啊！美丽的仙女！》中的勒博夫！

不过，14个演员和乐手相对于75个收费的座位，这场冒险在经济上完全坚持不下去，因而几个星期之后便停止了。《布布特》将会产生始料未及的结果。雅克·勒格拉在其中扮演一名警察，身穿制服来到威尔奈酒吧，讨了一杯白葡萄酒喝。一直到他下去，剧场里没有一个人想到他是演员。来看戏的朋友皮埃尔·切尔尼亚为了一台他得做好的电视节目，让他仍然穿着制服在香榭丽舍大街上制造一场交通堵塞。这便是《看不见的镜头》的前身，从1964年起它将是法国人气最旺的电视节目。

德利和布劳塞如今与路易·德·菲奈斯相处十分融洽，还经常和他在电影摄影棚合作。德·菲奈斯夫妇和德利夫妇之间的友谊一直维持到其去世，这在演艺界乃是罕见的礼节。一般而言，他在摄影棚和剧院之外并不与同事交往。1953年冬天，两个人给他打电话：夏季三个月他是否有空？谁都不知道这出戏将搅乱他们所有人的生活。戏的名称为《啊！美丽的仙女！》，源自一场意料不到偶然事件：都努剧院经理勒内·桑塞勒姆有一天打电话给罗贝尔·德利，要给他看一批从一家关门歇业的毕加底歌舞酒吧买来的服装。都是些缀着光闪闪饰片的紧身衣、无尾常礼服、鸵鸟毛、透明薄纱，用德利的话来说，乃是用来演"一场过时的马约勒音乐会或者可怜的《疯狂牧羊人》的理想服装"。德利叫来了他的老朋友——罗歇·萨吉、雅克·勒格拉、罗西妮·吕盖……热拉尔·卡尔维担任乐队指挥，乔治·朱万担任小号手。另一个让圈内人议论的新颖之处为，德利雇来了舞女，真正的歌舞酒吧的舞女，习惯于展现其魅力的对象当然与戏剧观众不同。慢慢地，他将把这些年轻姑娘们改变成话剧演员，好让她们不只是用形体姿势参与演出，而之前谁也没有要她们开口说话。原因是，正如他在创作中一贯做的那样，德利意在打破传统形式，以便让出其不意的东西在舞台上冒出来。

4."仙女"效应

因此,他将对巴黎夜生活的主要歌舞酒吧那如此特别的美学发动进攻。在这些酒吧里,代表十二个星座、四个季度或者创世纪的场景都是让美女们走台的借口,她们所穿服装开口之宽胜于直接让人产生联想的特点。不过,他的演员们趁机破坏这些场景,而裸女们则在出人意外的时机冒出来。

德利雇了三个新人来壮大他的队伍:罗歇·卡西亚、雅克利娜·马让和路易·德·菲奈斯。卡西亚是个光头哑剧演员和钢琴师,自发地运用其高大的身材进行各种各样的表演,乃是歌舞酒吧的一个人物。雅克利娜·马让来自林荫道戏剧,其伶俐的口齿以及将某种十分"上层阶级"的言谈与有点傻乎乎的激动结合在一起的方式,已经预示她将能够在舞台和银幕上继承其前辈德妮兹·格莱。最后是路易·德·菲奈斯,他以一个重要角色加入到布朗奇尼奥勒一伙。他将扮演暗中前来检查演出中是否有违法现象的警察米歇尔·勒博夫。而一个场景接一个场景下来,他不由自主地被现场气氛所吸引,并最终投入到了艺术家生活之中。

在大家的想法里,这只是一场夏季演出而已。《啊! 美丽的仙女!》原计划演三个月,却连演了三个演出季共 883 场,且场场爆满。德利联手弗朗西斯·布朗什写剧本,热拉尔·卡尔维为全剧和歌词谱曲。布朗奇尼奥勒的创始人对打闹剧的传统以及默片时代的视觉喜剧了如指掌,构思的节目充满愉悦的创意。譬如,他安排了一个由四只沙滩板房组成的装置,让三个男演员和一个漂亮姑娘在里面脱衣服。当其中的一扇门被关上时,姑娘的那扇门就打开。卡西亚、德·菲奈斯、萨吉和勒格拉表演的这档节目不同寻常。同样,一个简单的视觉想象演变成了整个演出的高潮之一:四个僧人被绳子绑着,用吊杆升到顶上,敲起晨钟。紧接着便是僧侣们各式各样的变换及即兴舞蹈表演,卡尔维将这些都纳入了摇摆爵士曲……

那些在幕后或在酒吧所作的即兴表演被拿到了舞台上,能够让同事发笑的东西也能够让观众发笑。比如,路易·德·菲奈斯模仿一只愤怒的老母鸡咯咯叫与模仿小蛮狗时而咆哮时而低吠的雅克·勒格拉不相上下。《啊! 美丽的仙女!》被拍成电影时,这场学动物的小冲突还被让·卢比尼雅克的摄像机拍了进去。而且,也正是在重复之中,德·菲奈斯发明了用食指和中指对手好好看着他的眼睛——之后,它成为卢德维奇·克鲁修的经典动作。在那些富有诗意的场景里,男演员们混入到盛装女人之间。如此,人们在影片中看到,路易·德·菲奈斯穿着一条光片闪闪的黑色三角裤与迷人森林中的尤物们一起跳舞。

自1953年6月19日第一轮演出开始,整个巴黎争先恐后地去看布朗奇尼奥勒的新创作。如果说最重要的戏剧评论家不屑去看《啊！美丽的仙女！》(裸女啊,想想看！),音乐剧的评论家们,尤其是观众们的口口相传使得都努剧院立即成为必去之地。马克斯·法瓦莱利在《巴黎报刊》上故作惊讶地用"裸女也可以打动心灵"作为标题。有人说"路易·德·菲奈斯滑稽而不可抗拒"(《法兰西晚报》)、"非凡的狂想家路易·德·菲奈斯"(《巴黎快报》)……

除了舞蹈和视觉喜剧外,他个人的大节目也获得了成功。某天晚上,他在排队看电影时,发现一名妇女一边听着同伴的叙述,一边有规律地大叫"娘的",而且每一次的语调都不尽相同。他在《啊！美丽的仙女！》中把这个演成一个段子。成功了。在一段对话结束之际,他模仿罗伯特·罗卡在电台的一句腔调喊"向令堂大人问好";在穿着单薄的姑娘们面前他显得很是愤怒;成功,还是成功。他不太喜欢都努剧院经理勒内·桑塞尔姆。他起先是为了引德利发笑而模仿其卷大舌的奥弗涅口音和一字一顿的腔调。舞台上成功之后,路易·德·菲奈斯又将这用在了电影上,许多影片里都会有这种夸张的乡村口音。

两个男人还是搞笑的同谋:他们令都努剧院对面咖啡馆的老板相信两人是孪生兄弟:"是的,是的,我们很像。"他们的合作有时磕磕绊绊,但从来没有停止。可惜的是,布朗奇尼奥勒的那种英、美式红极一时的生涯让他们毫无时间把两人想了好几年的计划付诸现实。

不过,眼下呢,德·菲奈斯在品尝着成功。虽然都努所付不是很多,但是《啊！美丽的仙女！》的成功使他买了一部汽车。尤其是为他打开了许多扇门,原因是他的表演把面部表情的喜剧表现力揭示得淋漓尽致。找他为电影配音的人越来越多(他是意大利伟大喜剧家托托的法国配音员,几年之后又跟他一起拍片),他还为电台录广播剧、拍广告……在电台;他与让·舒盖结为朋友。舒盖是节目制作人和广播剧导演,也是诗人们的朋友、演员们的杰出导演。路易·德·菲奈斯的声音因为具有性格和表现力把他吸引住了,可是这位演员不会"朗读"——嗨,指的是戏剧意义上的"朗读"。于是舒

4. "仙女"效应

盖帮助他为本子划节拍、定调门,这样很快使他赋予古典语言一种独特的色彩。德·菲奈斯后来在舒盖的指导下,录制了拉封丹、拉辛、莫里哀、波瓦洛和高乃依作品的唱片。自1950年起,法国广播电台里经常听到他在改编本《宝岛记》中的声音。这样,他在法国广播电台的录音棚里接触到了所有的法国演员:他和罗贝尔·拉莫罗、让·利夏尔、罗歇·皮埃尔和让-马克·蒂波共同录制了根据《三个火枪手》改编的六十集系列剧,还在布莱兹·桑德拉尔执导的"广播电影"里与米歇尔·布盖、让·塞尔威和热尔曼娜·蒙特罗一起合作过。至于广告,他拍过的哑剧人物有纪尧姆·退尔、笨拙的修理手以及比时利的短片中抢劫维萨香烟的强盗,后来还看到他出现在那些仅有十几秒的吹捧流行一时的"甲壳虫"汽车的微型喜剧中,几乎不说一个字。

自1953年夏天以来,他进入了狂热的拍摄期,同样具有"仙女效应"的特点。因为他拍得很多,十分地多。不仅拍摄的电影数量巨大,而且角色也越来越重要。尽管他还不是影片的主角,但他的人物变得重要起来。这正是他所希望的:他个人在《啊!美丽的仙女!》的成功使之相信自己有能力。路易·德·菲奈斯变得雄心勃勃起来。

5. 一个寻常的疯狂年头
——从《麦苗》到《禁闭》，1954

法国电影顺风顺水：1953 年，5400 家影院 368913794 人次，比 1952 年多出 1300 万人次。"上座率不再下降！"《法国电影》的标题写道。制片人稍微松了松钱袋的绳子，即便法国电影从来都不喜欢摆阔和慷慨：仅仅是拍更多的影片，而没有耸人听闻地增加平均预算，更没有增加片酬。对那些在经济危机时代经受过艰难困苦的演员们来说，只要合同不断增加，拍片报酬是否一日多于一日就无所谓。路易·德·菲奈斯便属于这类情况。除了每天晚上在都努剧院成功上演《啊！美丽的仙女！》之外，他还在摄影棚里频繁出镜。

1954 年对路易·德·菲奈斯来说，将是头昏目眩的一年：除了持续不断地在《啊！美丽的仙女》中获得成功之外，他还出现在了 19 部影片的人物表上。这些影片有杰作也有劣作，有正剧也有喜剧，有要角也有龙套，有高尚的也有商业的，有大获成功的也有默默无闻的。这个辉煌之年唯一的"漏洞"是 6 月份，高潮则在 11 月，一个月有 4 部片子上映。这一年工作繁重，比前几年更甚。他似乎抓住所有机会来提高自己的演技、扩大表演能力，当然还有扩大交往。因为，哪怕他扮演的角色越来越有戏份，越来越突出，越来越有个性，他还依然保留着初学者的反应，准备再当一天群众演员，以便在米什丽娜·普莱斯勒主演的影片中拍上一个镜头，或者纯粹为了出现在当年最豪华的影片——莎夏·吉特利的《拿破仑》里而被人群淹没。

1954 这一年实际上涉及整整两年并延伸至三个年头：1953 年初，《巴尔先生的怪愿》就已开拍，一年之后才上映；而 1955 年 3 月上映莎夏·吉特利的《拿破仑》，摄于 1954 年夏天。因此，这几年他工作得十分疯狂，从一部电影奔到另一部电影，从影子到要角，从最初个人的大段独演到完全服从于导演的人物。譬如,在 6 月的最后一个星期,有 18 部法国影片同时开机,路易·德·菲奈斯出现在其中的就有 7 部!一种罕见的表演能力,更何况他在几个星期里先后演了 16 世纪星相师、美好时期的吃醋丈夫、歇斯底里的巴黎佬;在剧院休息期间,其《啊!美丽的仙女!》中的所有人物就出现在镜头面前……当时,其他演员都不遗余力地拍片子,如让·利夏尔(菲奈斯在 1954 年上映的三部影片中遇到过他),可是没一个有像他那样丰富的角色、风格和影片类型。这一年不再只是一个小演员为了片酬而奔忙的年头,而是对职业的热爱鼓舞着一位终于看见天空在眼前变得宽广的专业演员。而 1954 年却随着克洛德·奥当-拉腊的《麦苗》的上映,以一件丑闻拉开了帷幕。

1954 年 1 月 20 日:《麦苗》

1954 年的第一部影片,对路易·德·菲奈斯来说,则属于 1953 年夏天的重大事件。他对喜剧电影朝思暮想,自从克洛德·奥当-拉腊宣布要着手拍片之后,又怎么能不感觉到这部激起了大家的兴趣却还有争论的片子所具有的重要性?当《麦苗》于 1954 年 1 月 20 日在特许电影院(科丽舍和马里沃)上映时,媒体上和巴黎的晚餐桌上已经争论不休起来。每个时代都有其激起公愤的影片,有其引爆争议的影片:1954 年便是这一部,而路易·德·菲奈斯在其九位演员表上名列第八。

三十年前,科莱特的小说面世时就已经引起一片哗然。卫道士们对菲尔和温加的故事很不以为然,两个无知少年互相爱恋,一个从巴黎来乡村度假的成年美艳女人却插腿进来。奥当-拉腊选择了年轻的妮可儿·贝尔热来演极其美丽而又贞洁的温加,正直的皮埃尔-米歇尔·贝克扮演傻气而莽撞的菲尔,绝妙的艾得威吉·伏依耶尔扮演诱惑、欲望和青春觉醒。如果现在的观众看到她姿态慵懒,弹着尤克里琴、躺在吊床上哼着小曲的样子很可笑的话,这一切在 1954 年都显得很色情。

天主教日报《十字架报》写道:"我们怎么重复都不为过:在我们看来,《麦苗》就是这样的一部影片:少男也好,少女也好——尤其是当他们在此之前道德的引导和维护良好的话,看完之后只能是目光和灵魂黯然失色。"该片被天主教电影中心评定为 5 级,评语为"根据天主教纪律,要求不看这部电影。"一场持续多月的争论开始了,伴随着游行、暴力和司法行为。然而,《麦苗》还是不可阻挡地占据了巴黎最赚钱影片排行榜的第十二位,在外省最大的七座城市里,有212019观影人次(比1953—1954年演出季的冠军、莎夏·吉特利的《凡尔赛宫艳史》要少3倍)。

又怎能不注意到路易·德·菲奈斯的表演呢?他演的是一个流动影院的老板兼放映员。他来到布列塔尼海边浴场,情节展开的所在地。影片开始时,正值暴风骤雨,流动影院开到,人们听见一句典型的菲奈斯台词。他冲着正在车上把钢琴搬下来的众人喊道:"快一点,没那么重!"在放电影时他情绪激动地叫道:"闭嘴,你们这些巴黎人,好啦!"同时还紧张地手舞足蹈,突然间从愤怒变成灿烂的微笑。当温加追逐菲尔时,是他这个火气大但心地善良的人让她坐进自己的卡车。在他出现的时候,他做鬼脸从不放松,又是皱鼻子又是撅嘴巴。就这么一个生性暴怒、焦躁不安的人物,克洛德·奥当-拉腊在几年之后还会起用,但让他变成《穿越巴黎》中的强比耶。

1954年1月23日:《巴尔先生的怪愿》

《麦苗》上映后的第三天(因为当时新片上映日为周三至周五),另一部令某些卫道士恼火的片子问世了,那就是《巴尔先生的怪愿》。该片由居住在法国的匈牙利人盖扎·拉德瓦尼依导演,其剧情令一些评论家们觉得下流。影片叙述的是:奥古斯特·巴尔是蔚蓝海岸一家赌场的大客车司机,由于长得实在太丑,所以没有接触过女人;他虽然年过半百,却与堂兄弟们生活在一起,就住在他们的杂货店之后;当他发现自己有心脏病且将不久于人世时,竟然产生了一个愿望,一个奇怪的愿望:生一个孩子。尽管他的家人为了觊觎其退休金而施尽卑鄙伎俩,他还是会实现这一愿望。盖扎·拉德瓦尼依与米歇尔·西蒙一起构思了此片,也是专门为西蒙而作,他是唯一能把整个角色的宝都押在自身丑陋之上的法国演员。

不过,由于影片主题是如此明显地令人不适,因此拍摄过程并不那么一帆风顺。1952年春,第一个剧情简介递交到电影工业贷款委员会。介绍的总体框架就是未来影片的框架,再加上一段特别残酷的剧情突转:家人知道巴尔先生的计划之后,从家乡弄来一个又丑又蠢的表妹,要他娶过来,可是表妹却拒绝嫁给他。在1952年6月30日的会议上,委员会就这一总预算

8420万、贷款2500万法郎的申请表态:"主题似乎不值得公共资金的投入。"开机前三个月提交了新的剧情。除了表妹这一节给删除了之外,情节完全与影片一致。12月29日的答复为:"委员会经过交换意见,维持先前决定。"为了弥补影片资金的空缺,盖扎·拉德瓦尼侬与米歇尔·西蒙放弃了各自的大部分片酬。1953年2月16日终于开机,四个半星期在尼斯的维多琳摄影棚,三个半星期以当地的自然风光和街市拍外景。

德·菲奈斯扮演的是奥古斯特·巴尔家中(以亨利·克莱米约和乔尔吉特·阿尼斯为首的一串宝贝)的坏小子。是他在幕后向家人暗示所有干涉丑八怪的办法。他肥肥胖胖,眨巴眼睛,乱动手指,要么过分有礼,有时还加入一些纯粹的喜剧表演。如在那场杂货店被砸的大混战当中,米歇尔·西蒙把他扔进一箱鸡蛋里,接着又对准他猛扔新鲜奶酪。在这部预算相当吃紧的片子里,他获得40万法郎的片酬,表明他的价码持续上升。而批评家们也在谈论,或者不如说再次谈论他,因为他们对菲奈斯已经比较熟悉。《费加罗报》的路易·肖韦谈到他那"令人不安的滑稽",让·德·巴隆塞利则在《世界报》上写道:"路易·德·菲奈斯一如既往地令观众开心。"

1954年2月5日:《夜半骑士》

路易·德·菲奈斯还出现在《夜半骑士》中。这是罗贝尔·达雷奈根据让·阿努依脚本拍成的一部半哲理半世俗的故事片,菲奈斯扮演一个喋喋不休的裁缝正在穿过舞台。影片的制片人是主角勒内·圣-西尔,她的儿子乔治·洛特奈当助理导演。他们认识多年,但这是两人第一次合作拍片。《夜半骑士》2月5日悄悄地上映,下市同样悄然,第一周仅有4857个人次。

1954年3月12日:《巴黎周末》

这是该年度最为动人的影片之一,英国导演戈登·帕蒂的小作品,原名为《无辜者在巴黎》。一部剧情发生在英法常规航线之上,内容为几个女皇陛下的臣民在巴黎度周末的狂想片:一位像英帝国一样僵硬的外交官(阿拉斯泰·辛饰)将跟他的苏联同行一起喝得酩酊大醉,一个英国姑娘(克莱尔·布龙姆饰)将投入一个法国味如此浓郁的引诱者(克洛德·都凡饰)的怀抱,一个穿着短褶裙的苏格兰人(詹姆斯·科普兰饰)最终没能抵挡住漂亮的雷蒙德(莫妮克·热拉尔饰)的魅力……路易·德·菲奈斯扮演一名典型的巴黎出租车司机,嘟嘟哝哝却心地善良,把苏格兰人遗忘在车上的钱包归还给主人之后,又把他及时送到布尔热机场登上返程航班,趁机搜刮了他一万二千法郎。他属于自然而然漫画化的"典型"法国人形象系列中的一员:让·利夏尔为蒙马特高地的现代画家,莫里斯·巴盖让人教打板球,格里古瓦·阿斯兰演地毯商,让-马里·阿马托演咖啡馆侍者,还有红磨坊里跳康康舞的舞女们,整部影片由约瑟夫·科斯马作曲。影片于3月12日在位于香榭丽舍大街上一家小小的、仅有462个座位的拜伦爵士电影院上映:第一周3610人次,第二周3150人次,第三周2640人次,仅此而已。

一个趣闻:在这部英文电影中,只说法语的出租车司机自然由路易·德·菲奈斯真声表达,但有几句台词却是由另一位法国演员配音的!

1954年4月7日:《阴谋女人》

1953年以《尼都什小姐》和《请相信我》结束之后,路易·德·菲奈斯立即在摄影棚里拍摄《阴谋女人》,从而开始了新的一年。该警匪片于1月4号开机,导演为亨利·德古安,演员有让娜·莫罗、雷蒙·罗洛、雷蒙·佩勒格兰和艾特切卡·秀罗(相对而言,这位纯洁无邪的金发女郎出名早于碧姬·芭铎,菲奈斯还会与她再次相遇,尤其是在几个月后的《后楼道》里)。时间最多也就是几天,地点为比扬古摄影棚。

1954年4月21日:《尼都什小姐》

《尼都什小姐》自1953年11月2日开机以来自始至终都在莫里斯摄影棚里完成。伊夫·阿莱格莱跟演主角的费尔南代尔一起,将梅亚克和米约的一部著名轻歌剧进行了改编。塞莱斯坦是一家女子教会机构的管风琴师和音乐老师,他偷偷地为一部轻歌剧谱了曲,该剧不久将上演,并由他的情妇担任主角。一连串的事情使得他跟一群后备军混在一起,成了某骑兵团团员。这次拍片对路易·德·菲奈斯来说是个小小的升级机会:虽然在23人的演员表中名列第十二,但他的名字出现在了《法国电影》"每周开机影片表"的名单上。当然,他在相关的13名演员中位于最后,但是对一个不需要超过一天的拍摄时间且只有几十秒钟的镜头来说,回报是丰厚的。毫无疑问的是:他开始出名,并为电影圈所认可。

而且,他演的骑兵团副官完美无缺。他站在兵营栅栏门前迎接后备军人,把企图让人相信自己在这里出现是搞错了的可怜的塞莱斯坦(费尔南代尔饰)坚决顶回。介于《小心点》中费拉永将极度威权和虚与委蛇相混合与未来卢道维奇·克吕肖将暴躁和软弱相对照这两种表演之间,《尼都什小姐》中的后勤元帅卢道维奇·马先是朝诚实天真的费尔南代尔微笑,接着突然变脸,固定在严格的规定之中。

1954年4月23日:《剧痛》

在《巴尔先生的怪愿》中演了一个不太老实的"生意人"之后,路易·德·菲奈斯在1953年秋在《剧痛》中扮演一个可恶的私人侦探。影片完全建立在蒂诺·罗西这个人物身上。在雅克·达尼埃尔·诺尔芒的执导下,这位科西嘉歌手五周之内拍完了片子,一如他以前曾经拍过的无数片子一样,而这将是最后一次。他扮演的是一位收养了一个小孩的歌手,而孩子生母在可怕的爱迪·戈尔利耶(德·菲奈斯扮演)的帮助下要把他索讨回去。蒂诺唱了他当时的流行歌曲《鲜花节》,可是《剧痛》似乎观众有限:制片方没有公布巴拉斯影院、拉丁影院和科美迪亚影院的观影人次。

1954年5月4日:《海伦·马里蒙的秘密》

1953年夏天,德·菲奈斯快速地在亨利·卡来夫的《海伦·马里蒙的秘密》里扮演了一个诚实的园丁角色,他在那些不当恋情中充当守口如瓶的同谋。该片很大一部分在导演自家别墅的花园里拍摄完成。1954年5月,两周的特许放映,巴黎总共有12288观影人次。又一部非常默默无闻的影片,似乎是仅仅为了菲奈斯扮演园丁的快乐而拍摄。

1954年7月7日:《男人只想着这事》

依夫·罗贝尔生于1920年,是个又高又瘦的青年人,他在全身投入左岸热潮之前在一家印刷厂当续页工。他的剧团安扎在雷恩路上的"红玫瑰"，其演出剧目如雅克·普雷韦尔和约瑟夫·科斯马的《长颈鹿歌剧》和《准备开战》，鲍里斯·维扬和皮埃尔·卡斯特的《电影—屠杀》、由吉约姆·阿诺托根据罗贝尔·德诺原著改编的《方托马斯的抱怨》，尤其是1949年具有历史意义的创作即雷蒙·格诺的《风格练习》，打破了戏剧所有的固有形式以及苟且主义。他相当自然地对电影有了兴趣，并以一部名为《奶油心》的短片投入其中。他与一位刚刚30岁的助理克洛德·苏代共同拍摄这部爱情启蒙影片，尤其起用了碧姬·芭铎，但她的镜头在剪接时被牺牲了！应制片人的要求，短片改成了长片，依夫·罗贝尔把写脚本和对话的任务交给了让·贝朗吉和让·马尔桑。还是这位制片人，他把《奶油心》的片名改成了风靡一时的《男人只想着这事》。

1953年10月15日这部寻求爱情的故事片开机。腼腆的阿尔弗莱德（让·贝朗吉饰）疯狂地爱上了乳品商的女儿，而20世纪复活了的唐璜标本（让-马里·阿马托饰）则来到加工点帮她。阿尔弗莱德在其征服心爱女人的过程中，手法无懈可击，却跌入了热情似火的俄罗斯公爵夫人（露易莎·科尔佩恩饰，来自作家帕特里克·莫迪亚诺的故乡）的怀抱。她用魅力迷住了他，并在丈夫回家时把他藏进了壁橱。在影片最后20分钟，性情暴躁的西班牙人醋性大发，对唐璜紧追不舍。这个头发花白、面部表情极具表现力的西班牙人在接近其追捕对象时口中大叫"畜生！"，演员就是路易·德·菲奈斯。他蜷缩着身子，皱着眉头，脸部肌肉风驰电掣般变化，好几处都极为奔放，激动时如魂附体，视觉效果令人称奇。

依夫·罗贝尔与菲奈斯在好几部片子里相遇，如1950—1951年马赛尔·布利斯泰的《比比·弗里科旦》，自然还有马赛尔·帕格里耶罗的《红玫瑰》。为了这第一部影片，年轻导演起用的都是与其亲近的演员或者充分信任的演员。而德·菲奈斯则让他觉得是一个既滑稽又严肃的人，是一个他需要的人，用来完成一场在众多背景下进行的长时间追捕：一片片巴黎屋顶、一间浴室（人们看到娜迪奈·塔利耶光着身子泡在浴缸里）、一家产院的哺乳室、一场婚礼……

影评很严厉，除了有关路易·德·菲奈斯的部分。在那些介于左岸歌舞酒吧和街区电影院的粗俗搞笑之间的插科打诨中，他依然幸免于难。《费加罗报》断定："说到演员，除了欢蹦乱跳和滑稽幽默的德·菲奈斯外，个个都平庸得无可救药。"《艺术》落井下石:"表演呢,平平常常……观众只注意到路易·德·菲奈斯,非常棒。"

此片也远远没有在观众中取得多大成功,但其独创的脚本以及执导能力为依夫·罗贝尔将于 1957 年拍成的"第一部真正的电影"《神不知鬼不觉》开辟道路,路易·德·菲奈斯将扮演主角。

1954 年 7 月 28 日:《愚人节》

1954 年 3 月或 4 月,路易·德·菲奈斯和布尔维尔一起在吉尔·格朗吉耶的一部小喜剧《愚人节》里出现。布尔维尔演一个汽修站的修理工,他被卷入一系列的误会和谎言之中,因为他一方面瞒着老婆(安妮·科尔迪饰)沉溺于垂钓,另一方面还为充当一位生意人(皮埃尔·杜克斯饰)情妇的表妹(雅克利娜·诺埃尔饰)效劳,生意人当然已经有了家室(妻子的扮演者是德尼丝·格莱,1954 年出现在 9 张电影海报上)。路易·德·菲奈斯扮演一个可恶的土地管理员,说话口音极重,表情可疑,给布尔维尔出些钓鱼的主意,之后又控告他。他在《愚人节》的摄影棚里只呆了四天,而吉尔·格朗吉耶拍了八个星期,这是格朗吉耶第一次与米歇尔·奥蒂亚尔合作。四天拍了一段八分钟在河边的镜头以及管理员给女老板打的一长通电话。四天所得为 25 万法郎(其中 2.5 万给了他的新经纪人特里夫,特里夫也是布尔维尔的经纪人)。这得跟安妮·科尔迪的 40 万法郎,甚至跟雅克利娜·诺埃尔微薄的 15 万法郎相比,而她俩在影片中出场的时间都要比路易·德·菲奈斯长很多。

他在这部电影里的表演十分明显地夸张。他第一次结识了布尔维尔。两个人从第一个镜头开始就很投缘。吉尔·格朗吉耶后来评论道:"不跟布尔维尔投缘是困难的。"配角和明星是十分不同的人,但许多事拉近了他俩的距离:一个是巴黎佬,一个是诺曼底农民;一个年近 40 但一直是摄影棚里的苦工,而另一个只有 37 岁,已经品尝了成功和荣华多年……不过,他们对电影的奢华与排场有着同样的怀疑。他们从来不出席鸡尾酒会,也不出入时尚场所,两个人都只喜欢人生中最简朴的快乐。他们的关系已然是简单而透明的了:他们不谈任何职业问题,交换的是园艺心得,谈论的是厨房饭菜。

1954年8月5日:《布洛涅森林里的强人》

诺贝尔·卡尔博诺曾经写过《我的塞内加尔兄弟》,由吉·拉库尔拍成电影。1953年,卡尔博诺却成了《布洛涅森林里的强人》的导演,合作者为雷蒙·布西耶尔、阿奈特·普瓦弗尔和克里斯蒂安·杜瓦雷克斯(还是由乔治·罗特奈担任第一助理)。布西耶尔和杜瓦雷克斯把一个富有、年轻而又漂亮的女继承人(维拉·诺尔曼饰)带到布洛涅森林的一个工地,这里正在为越过大西洋而用树干造筏子。这是卡尔博诺导演的第一部片子,为此他动员了许多朋友。路易·德·菲奈斯也第一次得到一个自由的角色:一个一句话不说的警长,与《啊!美丽的仙女!》中的警察一模一样。他的整张脸都因咧嘴而皱成一团,胡子像板刷,灰色头发渐渐稀疏。面对办公室一波接着一波的骚乱,他既疲惫不堪,又不动声色:三个未来的海上遇难者、由德尼丝·格莱扮演的疯疯癫癫的母亲、目瞪口呆的下士(雅克·阿里饰,在《让道德见鬼去吧》中已经演过同样的角色,后来又在《好运人》中扮演警察和在《暗渡陈仓》中扮演海关长与菲奈斯相遇)。五分钟的沉默角色,全都是叹息、抱怨、不耐烦的表情与动作,以一个十分出人意料的往下士的脸颊上吻一下结束。拍摄肯定不会超过两天,而他在摄影棚里的时间肯定也得延长,必要时要跟所有的对手戏接在一起。不过,他又一次显示出极佳的效率,他是除了四个主角之外唯一引起评论界注意的人。

正如人们后面有关诺贝尔·卡尔博诺的电影时还会看到的那样,《布洛涅森林里的强人》也许为其他导演提供了一些启示:在圣托佩港口"航海员们"的大炫耀是否预示了《警察》的排场?木筏下水便立即沉没而与此同时响起《马赛曲》是否就是罗贝尔·德利的《小泳者》中"不倦者号"上遇难者的前奏?

无论如何,这已经是个相当漂亮的成功:1954年8月5日到11日巴黎的第一个星期观影人次达33486。

1954年9月10日:《家庭争吵》

6月或是7月,路易·德·菲奈斯花了一个或两个星期拍摄了古装家庭喜剧《家庭争吵》。如前所述,他在戏剧《小心点》中获得过一些成功。安德烈·贝托米厄把他叫去拍一部库特林的戏,重新穿上了"美好时期"的紧身长裤和高领衬衫。贝托米厄是 50 年代电影中颇有特点的人物之一,但却很快被人遗忘。作为一名小制作电影的专家,他总以花费比预算少为荣,最大的快乐在于提前一天结束拍摄,并提前两个小时将演员和技术人员从镜头中解放出来。他最终自己投身于制作,每年拍三四部影片。对于他的贝托电影公司(与法国伦敦电影公司合作)来说,还有什么比把库特林的三部独幕剧连在一起让擅长现场表演的高手们在圣莫里斯摄影棚演绎更好的呢?安德烈·贝托米厄向马赛尔·阿夏尔预定了一部私通题材的脚本:三个女人在一家茶馆里互诉各自的艳遇,相继为《怕挨打》(演员为索菲·德马莱,贝尔纳·布利耶扮演吃醋但懦弱的丈夫)、《家中安宁》(演员为马丽·达埃姆,弗朗索瓦·佩利耶扮演蠢货作家)和《布兰格兰夫妇》。在第三部片子里,路易·德·菲奈斯再次遇到马尔特·梅尔卡迪耶,两人一起恶劣地耍弄了一通让·利夏尔。确实,布兰格兰夫妇为了摆脱一个企图在他们家扎下根来的食客投入了一场技巧娴熟、世界末日般的家庭争吵。胡子两头尖翘、睡袍紧紧裹着鸡爪纹裤子,德·菲奈斯在拍摄场上跺脚、疾飞、奔跑,并在妻子用手枪对着他或用脚对着他的屁股壮观地踢过去时躲到让·利夏尔的身后。

漂亮的姑娘、戴绿帽子的丈夫、老掉牙的对话和情境、巧妙的导演(影片混合了 1904 年的新闻,而乔治·凡·帕里斯的音乐则采撷了当时的流行曲目):《家庭争吵》于 1954 年 9 月 10 日上映,取得了漂亮的小胜,从其微小的成本来看(仅仅拍了四个星期!)肯定是大为赢利的,巴黎六个星期的上映几乎有 11.5 万观影人次。制片人贝托米厄可以对导演贝托米厄感到满意。

1954 年 9 月 24 日:《五蹄羊》

《五蹄羊》于 2 月初在布洛涅摄影棚开机,应该是费尔南代尔 1954 年的大片。根据阿尔贝·瓦朗旦的脚本,这位当时法国最伟大的喜剧家将在这同一部影片里扮演六个角色:一个老者及其被生活搞得天各一方的五胞胎儿子。故乡为了重振旅游业,希望能够看到他们同时返回。既然有五个儿子,那就由五个电影编剧写就五个故事:贝尔纳·圣-福尔吉在情感报社当记者，艾坚那是一艘泡在非洲某个港口的货船船长，夏尔是个乡村神父，长相令人绝望地与某个电影明星酷似（而费尔南代尔两年之前以其第一部《唐·卡米奥》轰动一时，剧情令人回味），阿兰是一个生意相当兴隆的美容院经理，德西莱则一事无成，靠擦洗窗子和无限期向富裕兄弟借债度日。在那段根据亨利·特罗瓦亚的主意写就的故事中，一位殡仪店老板找到替自己擦洗玻璃窗的德西莱，表示如果他对遗嘱进行修改、要求兄弟阿兰为其提供头等葬礼的话，就能拿到一笔现钞佣金。德西莱合同刚签完，就陷入了焦虑的痛苦之中，自以为死期将至。然而，是殡仪店老板突然毙命。消除了所有恐惧之后，他走遍所有的殡仪店并跟每一家都签订了相同的合同……

与费尔南代尔演对手戏的，是扮演殡仪店老板皮拉特的路易·德·菲奈斯。他目光狡诈，头发乌黑，额头起皱，扮演的人物表演吃重，有着丰富的面部表情和手势，从来没有停顿的时候——令人不安的僵硬与神经质。这个角色对菲奈斯来说举足轻重，因为费尔南代尔的影片是如此地受人欢迎。在拍摄《尼都什》的时候，他们曾经有机会交谈，费尔南代尔对这个先前已经在1951年《梦游人博尼法斯》中遇到过（身边围着一群风流人士）的新人颇有好感。这部重金投入的影片沉甸甸地压在年青导演亨利·威尔努依的身上，导演也喜欢这位收尸人。他后来说道，德·菲奈斯为了征得他同意自己的服装曾经找过他，第二天又提议要修一下又粗又短的胡须，如此强化人物的庄重感。后来又建议一个令皮拉特痛苦的小动作。然而，在费尔南代尔和菲奈斯一起拍第一个场景时，这位马赛演员将其面部表情如同一面镜子般反馈给小弟：两片嘴唇前突，某种对先前在《巴比松的诱惑》中开始形成的小小噘嘴所作的强调。德·菲奈斯和导演一下子都看懂了费尔南代尔的表演：一旦剪接之后，镜头将完全"回报"给明星，观众将看不到配角的鬼脸，而只看见主角神经质地重复的喜剧性表演。亨利·威尔努依得强调再三才使费尔南代尔放弃这种面部表演，而让德·菲奈斯独自享受自己的发明。费尔南代尔接受了，但这也是他最后一次跟路易·德·菲奈斯合作拍片（在《两人生活》和《魔鬼与十诫》中，他们没有一场同拍的戏）。

德·菲奈斯离法国电影界的顶峰还很远，但这个配角已经获得了合适的报酬。在《五蹄羊》的预算中,他领取了27万法郎(其中2.7万归特里弗),这自然属于费尔南代尔黄金时期的报酬,其1500万法郎占据了电影总预算1.07亿法郎的六分之一。不过,德·菲奈斯比达里奥·莫莱诺多(已经出名,他扮演赌桌上一个令人称奇的水手,酬金25万法郎),跟德尼丝·格莱一样,但比诺埃尔·洛克韦尔要少,他俩的角色从戏剧情节的时间到重要性都可堪比较。

至于费尔南代尔,《五蹄羊》将比《尼都什小姐》的上座率更好,181423对101570。不过,1955年1月7日上映的《阿里巴巴与四十大盗》将很快压过这两部片子。

1954年10月15日:《啊!美丽的仙女!》

路易·德·菲奈斯夏天的两大时段为在巴黎摄影棚拍摄《爸爸、妈妈、佣人和我》和"外景"拍摄《啊!美丽的仙女!》。"外景"意为在摄影棚之外,具体地说,也就是苏雷那剧院。从6月14日起,每天晚上都要把布景和服装运到剧院,以便白天拍戏。原因是电影拍摄期间,演出照样进行。罗贝尔·德利为了将精力集中于自己的角色以及剧组的和谐一致,而将拍摄交给了让·卢比雅克。确实,舞台上的演出和镜头前的演出并不相同。近景当然有利于路易·德·菲奈斯,他到这第六十部片子时已经炉火纯青。而且,在所有那些剧情曲折的新影片中,他得到的份额最大。

《啊!美丽的仙女!》于10月15日仅在阿斯托影院上映:700个座位,票价205法郎,位于紧挨着大林荫道的茹福瓦弄堂;而在几百米之外,都努剧院的演出每天晚上都座无虚席,票价1100法郎,第一星期有13600观众,以45周计,相当于43%的上座率。如此条件之下,影片将保留上映八个星期,观众70133人次。不过,还是在人们无法看到《啊!美丽的仙女!》舞台演出的外省,影片上座率更高:马赛25500人次,里尔19000人次,波尔多18000人次,里昂13000人次,图卢兹9000人次……

至于评论界,几乎异口同声地对影片加以讨伐,尤其是因为都努剧院的裸女表演被搬到电影银幕上后性质不再相同。《广播电影电视》发表题为《雌性牲口大展览》的文章,写道:"这种单调乏味的裸女展示之于色情犹如农业促进会之于贪食。然而,这还是令人沮丧。"

1954 年 11 月 10 日：《请相信我》

几乎是在其开机一天不差的一年之后，《请相信我》上映了。这是吉尔·格朗吉耶生涯中最糟糕的失败。他试图在弗朗西斯·布朗什一个稀奇古怪的脚本基础之上拍出一部影片：一个失败的魔术师沉浸于梦幻之中的故事。格朗吉耶在拍摄预期结束之前的两个星期将导演工作交给了女助手，他后来说道："我自以为顺着弗朗西斯的疯狂就过得去了，但是我搞错了。于是，我生涯中第一次没有把片子拍完。"尽管演员人选令人振奋（扎披、马克斯、弗朗西斯·布朗什、加布利耶罗、让娜·弗兹耶-吉尔、路易·德·菲奈斯、皮埃尔·拉尔盖、罗贝尔·劳利斯……），影片还是无可挽回地失败：第一周 15000 人次……片子便被撤下停映。

1954 年 11 月 19 日：《后楼道》

《爸爸、妈妈、佣人和我》上映前一周，路易·德·菲奈斯出现在另一部社会喜剧的海报上：《后楼道》。不过，卡尔罗·兰的电影不像让-保尔·勒·夏努瓦那么公然地展现政治性。他执行的是一种精神相近但悟性略逊于雅克·贝克的现实主义：他天性更喜欢传奇甚至雅致，热衷于描写不同的社会阶层和人物类型，他的这种倾向在《后楼道》中表现到了极点。此片表现年轻女佣人马丽-罗（艾特契卡·许罗饰）连续在五户家庭中的不寻常经历。她先后帮佣过一名神经过于激动的律师兼议员及其歇斯底里的妻子（雅克·莫莱尔和苏菲·德马莱饰）、一个被揭露出实为共和国刽子手的神秘家庭（萨图尔南·法布尔饰，演得极其出色，副手由依夫·罗贝尔饰）、一个下流的中央菜市场代理人（让·利夏尔饰）家庭、一对囊空如洗的"时髦"夫妇（达妮埃尔·达里厄和罗贝尔·拉莫罗饰，后者这一年也十分活跃），最后则是一位意大利雕塑家（路易·德·菲奈斯饰）那荒诞不经的家庭。

《后楼道》花了八周拍成，此举十分漂亮，高蒙电影公司的片子享有技术上的便利：布景、人物、场景花样繁多，要求导演对其演员阵容高度信任。路易·德·菲奈斯赋予其被时局所超越的老人某种强烈的地域色彩，但保持住对表演手段的掌控（"一个迷人的精灵"，《法国电影》的简介评价道），能令人想象到下一年他在戏剧《波比》中扮演的人物。

5. 一个寻常的疯狂年头

《后楼道》于11月19日在百老汇、百乐门、疯狂、吕泰西亚、罗须许阿尔宫和赛来克特-百代等影院上映（每场总共7119个座位），在第一周吸引了98488人次。从年初以来路易·德·菲奈斯第三次登上了电影海报巴黎每周上座率的首位。一周之后，他将再次以《爸爸、妈妈、佣人和我》荣登第一。

1954年11月25日：《马戈王后》

在让·德雷维勒的早期彩色故事片之一《马戈王后》中，他作为星相师出现，拍摄时间也不需要超过一天，应该是在1954年5月。评论界有所反应：《世界报》和布鲁塞尔的《晚报》提到了他的名字，《自由射手报》议论道："路易·德·菲奈斯，总是完美无缺。"

1954年11月26日：《爸爸、妈妈、佣人和我》

《爸爸、妈妈、佣人和我》，最初只是罗贝尔·拉莫罗的一首歌，如同许多艺术家一生中只做一首，那种影响巨大的流行歌曲，一种针对普通法国家庭的日常生活的说唱故事："爸爸、妈妈、佣人和我/到月底花销成问题/想到有千百万人/有着同样的尴尬/而证明了最终/爸爸、妈妈、我和佣人/我们都是百分之百的法国人/爸爸、我、佣人和妈妈。"他以其齫齫的音色、急急的语速、追求的简朴，代表了他所乐意承认的那种法国人：傲慢但又天真，机灵多于博学，面临生存的任何困难都以俏皮话应对。他演的短剧《猎鸭》成为法国民间智慧的伟大经典之一，之后罗贝尔·拉莫罗在这一领域的地位先后被费尔南·莱诺和科吕什取代。

为什么不把一首如此知名的歌曲搬上银幕开花结果呢？罗贝尔·拉莫罗并不愿意只是简单地延伸他的那些短剧。征得制片人于勒·波尔孔（而他本人也将成为联合制片人）的同意，他向马塞尔·埃梅和皮埃尔·维利预订脚本，由让-保尔·勒·夏努瓦担任导演。这样一来，电影便与歌曲《爸爸、妈妈、佣人和我》毫无关系，讲述的是居住在蒙马特高地的小户人家朗格卢瓦家庭的生活：爸爸（费尔南·勒杜饰）、妈妈（嘉比·莫尔莱饰）和他们当实习律师的25岁儿子（罗贝尔·拉莫罗饰，时年34岁）。一家人心情愉快，和睦相亲，但生活拮据。罗贝尔遇到了一位令人心驰神往的年轻女子，她就住在同一幢楼的一间房里。两人一见钟情。姑娘为了多挣点钱，同时为了赢得未来公婆的好感，便毛遂自荐，当上了朗格卢瓦家的佣人。扮演恋人、后又成为妻子的是金发姑娘妮可·库尔塞尔。让-保尔·勒·夏努瓦曾经邀请褐发姑娘朱丽叶·格雷科扮演这一角色，他从其起步开始就跟她认识，并且雇其在(她也在!)《没留地址》中扮演地下室酒吧歌手这一本色角色。

在埃梅、维利和勒·夏努瓦创造的这个妙趣横生的世界里，"四楼的拉米耶夫人在拍毯子；五楼的卡洛梅尔先生在打老婆。"楼上的这位邻居，脾气暴躁，个性鲜明，他便是路易·德·菲奈斯。由于几年前他在演《没留地址》的几句台词时夹杂着强烈的面部表情，所以被勒·夏努瓦雇用，出演那些极其滑稽的场景。譬如，当罗贝尔搬到六楼房间去住时，卡洛梅尔过来帮忙搬家。当然是一场灾难：他用锯子向祖传衣橱发动进攻，造成局面混乱令朗格卢瓦夫妇惊慌失措，最后他在楼梯跌了一跤而绑上了石膏。他扮演的这一人物专横、易怒、杂乱无章，其效果更因拉莫罗和费尔南·勒杜的沮丧和恐惧而增强，他们则克制自己的表演不盖过他。当然，这一场景是整个影片中最受批评界注意的镜头之一，该片由于勒·夏努瓦坚持的政治或道义上的偏题有时显得累赘。

《爸爸、妈妈、佣人和我》在贝利兹影院和巨大的高蒙宫电影院(5000个座位)上映后获得相当漂亮的成功。第一个星期有76822观影人次，与此同时上映的《后楼道》和《马戈王后》也登上了该周的上座率巅峰。

1954年12月22日：《禁闭》

1954年夏天期间，德·菲奈斯为了他心仪的几部影片间歇性地重拾起充当群众演员或者影子角色的习惯。在雅克利娜·沃德利根据让-保尔·萨特剧本改编的《禁闭》里，他又扮演了"旅馆"的楼层侍者，主演为阿尔莱蒂和嘉比·西尔维亚。而在皮埃尔·谢瓦利耶精心拍摄的警匪片《不朽者》中，在一家夜总会的酒吧间里，人们也能从雷蒙·佩勒格兰在遭到米雪琳娜·普莱斯勒粗暴对待转身消失之后猜测到他，该片于1955年3月9日上映。

在莎夏·吉特利的《拿破仑》里，人们看见他从一个窗口跳下，发出一声尖叫。大师对路易·德·菲奈斯留有相当不错的印象，在其位于巴黎地区的城堡、维多琳摄影棚和蔚蓝海岸(奥斯特尔利兹、俄罗斯乡村和滑铁卢都染上了普罗旺斯色彩!)拍摄两集大片《拿破仑》这一巨大冒险事业中,他给了菲奈斯一天的拍摄时间。又一次,法国电影的全体明星在大师的摄影机前列队亮相,吉特利为自己保留了泰勒朗这一角色:达尼埃尔·热兰演波拿巴,雷蒙·佩勒格兰演皇帝,米雪琳娜·莫甘演约瑟芬,德·博阿奈……演员表上,弗朗索瓦兹·阿尔努、让-皮埃尔·奥蒙、皮埃尔·拉莫罗、让·马兰、拉那·马考尼、刘易·马里阿努、阿尔芒、梅斯特拉尔、依夫·蒙当、帕塔肖、米雪琳娜·普莱斯勒、塞尔吉·雷格吉亚尼、达妮·罗班……《拿破仑》(1955年3月25日上映)是部豪华大片,拍摄不惜工本,对所有法国电影演员来说都是一个绝妙的表演场所,如同前一年拍摄的《凡尔赛宫艳史》以及次年的《巴黎轶事》一样。路易·德·菲奈斯演的是洛朗·巴瑟芒蒂耶,受缪拉之令于雾月十九日将五百人赶出圣-克卢宫。在其沉重的皮帽之下、大胡子之后,可以隐约见出菲奈斯那张脸。

不过,在1954年秋季期间,路易·德·菲奈斯参加了一场可能看上去与莎夏·吉特利风格南辕北辙的影片拍摄,即在拉乌尔·安德烈的《靓女发号施令》中扮演让诺一角。安德烈是商业电影中的苦力,一部片子接着一部片子地拍,并不怎么在意质量。虽然他在60年代拍过《家中的这些老爷们》和《这些扣扳机的老爷们》(弗朗西斯·布朗什、米歇尔·塞罗和让·普瓦雷主演),但是并没有完全将他从整体平庸中拯救出来。《靓女发号施令》也没摆脱这一规律。当时有四位漂亮的年轻女演员(多米妮克·维尔姆斯、克洛蒂奈·杜波依、路易丝·卡莱蒂和米歇儿·费利普)出演与一群流氓抗争的四姐妹。路易·德·菲奈斯面目可憎、操着漂亮的切口、举止粗鲁:他在此片中出现的形象乃是其生涯中最令人惊讶的反面角色之一。作为二流的配角,镜头总是在他身上一晃而过,除了一段少有的喜剧时刻,即他在强人总部发生的群殴(一场漂亮的肌肉展示,因为"乔治·德马及其男女摔跤运动员"都加了进来)中挨打之际。电影于1955年3月30号上映,评论界一概视而不见,而"周六晚上的观众"则欢天喜地,他们并不在乎片子的深刻性和独创性。在特许放映总共九个星期的第一周有22107观影人次,外省的票房不俗。

在那精彩纷呈的1954年最后的几个星期里,他跟意大利导演奥古斯都·吉尼那拍了《弗娄-弗娄》(该片于1955年11月上映)。此片叙述的是一名自由奔放、热恋中的女子从美好时期到50年代的一生。原先预定让碧姬·芭铎来演片名女角,但最后挑中的是达妮·罗班。德·菲奈斯是弗娄-弗娄姑娘的四人"保镖"小组成员之一,但赢得芳心的不是他,因此很快就出了情节线。

米莱娜·德·蒙吉奥,即十多年之后《方托马斯》系列片中的年轻女主人公,对这次拍片有一段清晰的记忆:"我后来见到过路易·德·菲奈斯,他跟我说我们曾经相识于《弗娄-弗娄》,我呢已经记不起来了。他对我说:'我演一个老来俏,而你呢演的是一个疯丫头。'确实,我当时应该是刚满二十岁,还记得这一次的拍摄是因为我头一次穿了一件漂亮的红裙子,头上插了羽饰。导演应该也是觉得我长得漂亮,他让我面朝摄影机坐。开机不久,达妮·罗班来到摄影地时,我正坐在桌子旁和众人吃着夜宵。她看了看我,接着跑到导演身旁,跟他悄悄耳语了几句。于是,我就背对着镜头了。而我不记得站在我面前的老来俏就是路易·德·菲奈斯。"很少有人记得他这段长长的令人难忘的场景了:有趣的是,当摄影机从不同角度连续拍摄饭桌时,他总是被拍到背或者模糊的侧影。他甚至没有一个正面或侧面的说话镜头,似乎是剪接时被有系统地给剪掉了。

同年秋天,路易和让娜·德·菲奈斯夫妇第一次为了出国拍片把他们的儿子留在了巴黎。他应吉扎·拉德瓦尼依之邀前往哥廷根摄影棚,出演《英格丽德——一个摄影模特的故事》中的一位时尚设计师,该片于1955年1月21日在德国上映。《巴尔先生的怪愿》的导演是位名副其实的欧洲导演,他在许多国家用不同语言拍片。此片(如同他的所有德语片一样,以吉扎·冯·拉德瓦尼依署名)表现的是年轻的东德女难民英格丽德的悲惨故事。在摘取模特小姐桂冠并从此开始其封面女郎的辉煌生涯之后,她便身处一位摄影记者和一位新闻记者的夹缝之中。一个真心诚意地爱着她,另一个尤其将她视为文章的好题材。德·菲奈斯因此扮演一位时装人士,和让娜一起去了德国。在女主角尤阿娜·马兹美貌的启示下,他心醉神迷地喊着这个角色仅有的两个词:"模特儿英格丽德!"

6.《强比耶！强比耶！》
—— 从《波比》到《傻瓜》，1955—1957

演员路易·德·菲奈斯的日程满满当当。他最后几次当影子演员和群众演员是在 1954 年夏天，演的角色更加实在，但还不是重要角色。谁也不会想到用他的名字来拍一部影片。不过，在戏剧舞台上，他已经有被选为主角的资格：他有五到十次机会证明他有能力刻画和长时间扮演人物；在《啊！美丽的仙女！》中，他表现出具有舞台表演家，尤其是吸引剧院经理的强大能力：与观众关系的意识、感受到观众并与之互动的能力。在布朗奇尼奥勒的展演中，他表现出有能力"当众"表演，每天都赋予其人物以细微变化，每天都不断强化其角色。几个月来，戏剧圈内的人士都去观看布朗奇尼奥勒演出，而走出剧院时谈论的都是路易·德·菲奈斯。他又如何能够躲得开担任主角的提议？第一个提议或者说至少是他接受的建议便是在艺术剧院主演"那不勒斯幻想剧"《波比》。他将出演男主角，名字出现在海报的上方。

诚然，位于罗歇舒阿尔路 66 号的艺术剧院（毁于 1966 年，被一幢浅褐光滑的现代高楼所代替）并不是巴黎最有人气的剧院。剧院经理是亚历山大娅·卢贝-扬斯基，原莫斯科艺术学院斯坦尼斯拉夫斯基颇具魅力的学生，是她让富济塔将自己的肖像置于该剧院的节目单之上。为了支付装修工程费用，她卖掉了首饰和服饰，并且最终卖掉了房子。之后，她让一位东正教神甫为剧院洗礼，于 1954 年初上演了根据科莱特的《吉吉》改编的戏剧，以此开启其个人的统治。她的剧院属于巴黎二类剧院，这些剧院并不指望吸引明星神怪，但时常有漂亮的成功之举。此外，女经理并不隐瞒，在经历过前一半演出季的困难之后，她对这部与梦游人剧院共同制作的《波比》寄予厚望。

《波比》是乔治·索尼耶的作品。索尼耶是一位兴趣广泛的小说家、剧作家,现年37岁。他的第一部剧作《俄狄浦斯》便引人瞩目,此剧于1946年由皮埃尔·瓦尔德导演,荣获首届青年剧团奖。瓦尔德之所以执导这部新剧作,因为"它是一部充满生活气息的闹剧;整个三幕来来往往的都是实实在在的人",一如鲍里斯·维扬后来在演出节目单上所写的那样。剧本描写的是那不勒斯吉尔扬蒂一家人的故事,他们的主要谋生手段是家中女儿波拉在马路上拉客所得,还有一些可怜巴巴的小伎俩。剧情发生在1943年,他们做生意的对象是美国士兵,之前则是德国人。此外,儿子原本和墨索里尼一样小名叫本尼托,现在则改叫弗兰克林,就和罗斯福的小名一样。可是,家长波比不再记得他有几个儿子,17个还是18个,他每次重数都会数错。自从他结婚那天以来,他便不再起床,或者仅仅为了极其重要的时刻才十分短暂地起来。他的床摆在某个破败宫殿的房间正中,正如导演皮埃尔·瓦尔德所解释的那样,这张床具有"某种廉价狂欢节的派头,重新粉刷过的堕落的豪华,留着假大理石痕迹的兔笼子"。

路易·德·菲奈斯扮演波比一角。在没有一个大牌演员的名单上,他名列首位。他们"11个演员演13个人物",瓦尔德说道。因为有一个演员扮演的是双胞胎,而舞台中央的那张床也算一个人物。初涉舞台的年轻人马丽-布朗什·维尔尼扮演波拉,她是从300个候选人中挑选出来的。媒体开玩笑说,她在吉尔扬蒂家不会陌生:她真的有17个兄弟姊妹!

《无法无天的街区》五年之后,漫画家杜布替剧本画了一幅德·菲奈斯的速写,是妈妈和波比坐着贡都拉船结婚旅行的滑稽场景。替剧院大厅做装饰的也是杜布,不过为演出设计的海报是巨人保尔·科兰。德·菲奈斯的肖像画十分风格化,咧着嘴歪笑,脸上长着一圈大胡子,一顶宽帽反戴在额上:一张令人意想不到的脸,几乎毫无特征,而谁都知道他那张脸极能启发漫画家们。

《波比》的媒体彩排原定于1955年2月23日,但由于德·菲奈斯在"带妆连排"那天晚上严重扭伤而被迫推迟两个星期。他确实必须卧床,且在自己家中,为期一周,之后才能重新排练。彩排之后的次日,媒体极其严苛。"《波比》是桩错误,"乔治·莱尔米尼耶在其《自由巴黎人报》上的评论专栏头条文章中如此断定。而罗贝尔·康在《世界报》评论中总结时问道:"难道戏剧病得如此严重,以至于必须上演《波比》吗?"评论家们认为家庭中那个

6.《强比耶！强比耶！》

说教者令人厌恶,还认为对那不勒斯及其五花八门的不诚实行为的滑稽描绘过分夸张。《法兰西晚报》的强势批评家保尔·戈尔多几乎表达了所有人的情感:"如果《波比》是一部意大利剧本,尤其是如果它是一部特别的那不勒斯剧本的话(……),我也许会笑。没有比一种自发的、心情愉快的自我批评(就如人们眼下说的那样)更让人回味、更有趣的了。(……)可是,《波比》是一部法国人写的作品。可是,当看到自己的一位同胞对1943年我们邻国的底层百姓的生活用某种也许是喜剧的、但肯定是可憎的漫画来表现时,法国观众会感到某种尴尬。在这出极端的讽刺剧中,如果这部剧中的一切都不是如此粗俗、如此笨拙、如此夸大、如此过分以至于什么都不再具有半点真正意义的话,那么一个意大利人就有权认为它是一种故意挑衅。"在《战斗报》上,梯耶利·莫尔尼耶恰恰就在讽刺邻国的自由。他为《波比》进行了白费劲的辩护,因为调子已经定了:索尼耶的剧本比起其副标题所预告的"那不勒斯幻想剧"来,更是一部反那不勒斯的攻击剧。

唯一得到媒体青睐的是演出的布景,尤其是其主角路易·德·菲奈斯。在菲奈斯演员生涯中的第一次,所有的评论家都为他担任一部戏的主角而对他的表演、他的技艺和他的性情进行了细致的描绘,结果是好评如潮。《巴黎快报》说他是"《波比》剧中的一大亮点"。《信息报》称他投入了一场"单人表演";《法兰西晚报》表示他获得了"一次个人的胜利"……莱米尼耶和康都以一句话处决了《波比》,但对主角却赞扬有加。《世界报》的评论家尤其写道:"有的时候,您会说《波比》中也许会有精致的东西,一切都离开了剧本而进入了他的那双炯炯发光的黑眼睛、他那蝴蝶般飞舞的手指以及那托斯卡尼尼般的身影。"莫大的荣耀是,梯耶利·莫尔尼耶在《战斗报》上热情洋溢地就其表演做了仔细的分析:"他令人钦佩地对人物进行了处理,然而他看上去又是自然而然的。就为他一个,值得把整个夜晚献给他。"

路易·德·菲奈斯在演出《波比》期间,还参加了几部影片的拍摄,其中包括安德烈·于奈贝勒导演的《匪夷所思的比普莱先生》,他扮演一个新的角色,同台的有米歇尔·西蒙。报酬与三年之前的《出租车先生》差不多。这一次,西蒙演的是邮递员,妻子在一幢有钱人公寓里当看门人。他女儿刚刚高中毕业,正与一家新富邻居的儿子谈情说爱,但遭到其家人冷眼相看。由让·阿兰编剧的故事充满了色彩鲜明的配角,如看门人的兄弟、罗贝尔舅舅,一个说话罗嗦、好大喜功的银行职员。起初,这部片子里并没有路易·德·菲奈斯。就在开机前几个星期,向电影工业先期款项拨付委员会提交的预算中,提出的罗贝尔舅舅人选是诺埃尔·洛克韦尔,酬金80万法郎。法国电影界中最神奇的资深演员萨都南·法布尔应该扮演住在公寓里的那个好为人师的退休上校。看门人该由米歇尔·西蒙(他该获得片酬700万法郎,即影片总预算的9%)的妻子让娜·马尔康扮演(50万法郎),而他们的女儿则由初涉银幕的金发姑娘碧姬·芭铎扮演,片酬30万法郎。

当影片最终于1955年三月中旬开拍时,角色落到了艾特契卡·许罗的身上……其片酬高出十倍,为300万法郎。嘉比·莫尔雷克斯以200万法郎的酬金出演比普莱夫人一角。诺埃尔·洛克韦尔代替萨都南·法布尔,而路易·德·菲奈斯则接替诺埃尔·洛克韦尔。不过德·菲奈斯片酬低些,仅66万法郎,而不是80万。自然,罗贝尔舅舅一角并不是为他而写,且从战前的反动老家伙们说出的那些话来看,他也许显得有些年轻。

就其七年之内的第十一部电影而言,安德烈·于奈贝勒以社会喜剧大师为榜样,但并没有能够完全达到像雅克·贝克或者让-保尔·勒·夏诺瓦那样的优雅和自然。《匪夷所思的比普莱先生》于1955年9月7日上映,略微受到了评论界的抨击,批评家们怀疑影片就此向某种商业谋利形式屈服。不过,影片尽管没有成功,还是有所成就:在巴黎特许放映的六个星期内,观众达171970人次。因此,于奈贝勒机器没有任何理由熄火。影片单单在巴黎的收入就高达5090万,而其总支出为7800万。

路易·德·菲奈斯也没有闲着。《波比》没有演满五十场就失败,于4月25日停演,使之自由地加入了让-保尔·萨特的新剧本《奈克拉索夫》剧组,该剧号称将是演出季中的一大戏剧事件。

解放以来,在安托万剧院,安排让-保尔·萨特剧本演出的是西蒙娜·贝利约。《可尊敬的妓女》、《肮脏的手》和《魔鬼与上帝》在取得评论和商业上的成功之后,让-保尔·萨特告诉她下一部戏将是一部令人发笑的喜剧。该剧虽令人发笑却有损《法兰西晚报》传奇社长皮埃尔·拉扎莱夫的名誉。《奈克拉索夫》剧中有一位苏联部长失踪,某报纸刊登了一条巨大的独家新闻,其标题用语是:奈克拉索夫穿过铁幕,"选择了自由";这是"资产阶级"阵营的胜利,直到发现所谓的"变节分子"实际上是个骗子。因此,萨特描写的

6.《强比耶！强比耶！》

是某个帕洛丁，一个在《解放者》办公室里只穿花边衬衫且狂躁不安的浮筒人物。西蒙娜·贝利约是拉扎莱夫的朋友，她通知了这位新闻工作者，得到了后者书面授权。1955年，铁幕也穿过了巴黎，一边是像萨特这样的"进步人士"，一边是像拉扎莱夫这样的共产主义的狂热敌人。

　　导演由让·梅耶担任，他是文学戏剧领域的好艺人，却是一个坏脾气的人。排练开始了，却因为萨特对自己的剧本没有把握而变得困难起来，有时候排练甚至长达五个小时！德·菲奈斯在外形上明显地与拉扎莱夫相似。当他戴上近视眼镜、穿上吊带裤时，在场的人觉得造型令人激动……不过，这并没有持续多久。据路易·德·菲奈斯儿子们的说法，他们的母亲与导演的一次口角导致断交。而根据其他的消息来源，则是萨特本人对演员不满意。不管怎样，德·菲奈斯的合同终止了，尽管报上说最初还是剧作家选中他的。合同中包括终止条款，一般而言都是保护面对演员的剧院经理。尽管德·菲奈斯必须再三坚持，但他还是实实在在的获得了25万法郎。这显然是一笔相对不错的片酬（和《愚人节》的片酬相比），可是他在春天结束之前，更不用说下一演出季之前失去了演戏的合同。九年之后，让·梅耶找他演《暗渡陈仓》，路易·德·菲奈斯要到了一个流氓角色。

　　围绕着《奈克拉索夫》的屠杀游戏还将继续下去。接替路易·德·菲奈斯的勒内·勒菲弗也拂袖而去，取而代之的是阿尔蒙代勒。媒体大量报道了主角演员米歇尔·维托勒与西蒙娜·贝利约两人就首演日期的分歧。首演最后在6月8日，一片棒杀之声。《费加罗报》的戏剧评论教皇让-雅克·古蒂耶发出了著名的评语："没有剧本。"出于和萨特的友谊，贝利约让《奈克拉索夫》演完了一百场，但之后再也不排演他的任何剧作。

　　媒体对路易·德·菲奈斯的不幸遭遇作了回应。不过，皮埃尔·蒙迪正在跟让·阿努依商量，后者快要完成他的下一部剧本《奥尔尼弗勒》。由于蒙迪在下个演出季初没空，便当即推荐了他这位刚刚突遭解除合同的朋友。于是，路易·德·菲奈斯过了一个愉快的夏天。他拿着到手的违约金去布列塔尼度假，在等待《奥尔尼弗勒》排练期间还拍了几部电影：《爸爸、妈妈、老婆和我》《微笑你好！》《巴黎轶事》。《爸爸、妈妈、佣人和我》成功之后，再拍一部续集便不可避免了。自然，它还是一笔比那部没有上演的萨特剧作来得更好的交易：75万法郎的片酬，再加上6.5万额外酬金（无疑相当于单独一天或两天的拍摄,肯定是外景拍摄),亦即 81.5 万法郎,距离一年前因拍摄《爸爸、妈妈、佣人和我》而获得的三倍酬金并不太远。虽然不是所有的演员都依此比例在涨片酬,但是人人都拿到了更高的报酬:罗贝尔·拉莫罗从 1000 万涨到了 1200 万法郎。嘉比·莫尔莱从 195 万涨到了 380 万。费尔南·勒都从 100 万涨到 330 万,妮可·库尔塞勒从 125 万涨到 310 万。不过,除去四个主角,路易·德·菲奈斯总是片子当中报酬最高的演员。

罗贝尔娶了嘉特琳娜,要是没有住房危机的话,一切原本完满无缺。可是,年轻夫妇生下了一对双胞胎,而朗格洛瓦家的套房却长不大。马塞尔·埃梅和让-保尔·勒·夏诺瓦就此大做文章,把这家人送到乡下去造一幢新房子。卡洛梅莱先生可笑地好几次介入朗格洛瓦夫妇的生活之中(其中最壮观的当是在两个楼层之间拓开一个通道),又宣布退休,住进由火车车厢改造而成的第二套房内,好让大家去乡下看望他。德·菲奈斯的奇特表演比在第一部影片里有过之而无不及,他的表演常常沾上荒诞色彩,无论是跨坐在最不安稳的脚手架上修修补补,还是声称用一根巫术棒发现了水。

在拍摄《爸爸、妈妈、老婆和我》期间或不久之后,他花了几天时间参与拍摄《微笑你好!》。这是在依夫·罗贝尔导演《男人就只想着这事》时担任助理的克洛德·苏代的第一部影片,菲奈斯后来又很快在吉·勒弗朗的《爸爸一伙》中与苏代相遇。实际上,克洛德·苏代也可能在《微笑你好!》中担任助理。他以这一身份为影片的拍摄作准备,巴加代勒城堡及公园为该片留出了四个半星期。不过,原本应该担任影片导演的罗贝尔·德利在开机之前的几个星期退出。苏代于是同意取而代之。未来的《恺撒和罗萨莉》导演以后否认《微笑你好!》,坚称其第一部影片是《全风险级别》,而不是这部他不承认的受人之托的小制作。

这部片子里有几位流行音乐剧的演员(亨利·萨尔瓦多、安妮·科尔迪、克里斯蒂安·杜瓦雷克斯、吉米·伽利马)以及一些接近布朗奇尼奥勒圈子的演员(让·卡尔迈、路易·德·菲奈斯、达利·考尔)。在蒙代·马利诺的微小王国里,公主(奥尔嘉·托雷尔饰)精神萎靡不振。若要活下去,她必须会笑。父王宣布,只有当她重新笑起来的时候首相才能与之成亲。内务大臣(路易·德·菲奈斯饰)走遍巴黎,把那些有可能逗笑公主的天才喜剧艺术家抢走。终于,公主笑口重开,跟艺术家和父王一起前往巴黎,而蒙代·马利诺王国则变成了共和国。

《微笑你好!》是一桩家庭内务:制片人是夜总会主人罗贝尔·塔尔卡利,制片主任是乔治·塔尔卡利,脚本由皮埃尔·塔尔卡利所写,他同时又是第一助理和片头插曲的词作者。这是一部没有经费也不算俗气的小片子,表演十分到位,导演所依据的脚本毫无品味。在各个"抓人"场景之间,候补演员逮到谁就是谁。甚至路易·德·菲奈斯都要最低限度地当值:大胡子,咧嘴笑,以其惯常扮演的警察声音沙哑地说话。1956年6月13日影片上映的这一天,《广播电影电视》,即《视听杂志》的前身,事实上注意到了"德·菲奈斯再一次地表演了他的节目"。不过,今天看来,《微笑你好!》因为贫困和天真而与片名所揭示的意图相吻合,是一部轻快、欢乐的影片,犹如肥皂泡一样色彩斑斓。

也许是同时在8月的这几个星期或者是在9月,菲奈斯与罗贝尔·拉莫罗一起因《巴黎轶事》再次与莎夏·吉特利相逢。大师的第三部历史画卷之作再次把法国电影界、戏剧界和音乐剧界的全部人马召集在一起。甚至是保尔·福尔演保尔·福尔,乌特利约演乌特利约……拉莫罗和德·菲奈斯都肯定不需要超过一天的时间来拍摄拉都德从巴士底狱出逃的情节。德·菲奈斯扮演配角安托万·阿莱格尔。几乎是个哑角,几乎只有比划,脸部表情多于嘴巴说话。

《奥尔尼弗勒》终于公演。让·阿努依为皮埃尔·布拉瑟尔写的是一部他所谓的"肖像喜剧"。剧作家公开与莫里哀的《唐璜》进行区分:其主人公过去通过写作歌词获得荣誉与金钱,是个颇有前途的诗人;作为一个既恬不知耻又充满热情的追风逐蝶的高手,他的最终结局也是遭到惩罚。饥不择食的演员立即接受了这个戏,该剧首演于1955年演出季之初,地点为香榭丽舍喜剧院。剧作家原本想让皮埃尔·蒙迪出演马须图,这个穷愁潦倒的家伙靠黑市交易摇身变成亿万富翁和多家剧院的老板。正是蒙迪让这个角色落到了路易·德·菲奈斯身上,和他一起过来的还有雅克利娜·马洋,另一位《啊!美丽的仙女!》中的女演员,扮演奥尔尼弗勒暗恋的丑秘书苏波小姐。让·阿努依和帮助他导演的罗朗·皮耶特利对他俩毫不手软:马洋被按上了一只假鼻子,德·菲奈斯一口浓重的南方口音,消失在一袭巨大的外套之中,这件外套把他的身材遮掩得滑稽可笑。

无论怎样，一切都只是为了布拉瑟尔，他那强劲的表演、巨人般的举手投足、传奇般的演员声誉（他已经为《天堂里的孩子》的导演费德里克·勒麦特尔演了98部影片！）及其惟妙惟肖的人物塑造。六月份开始的排练进展得无比顺利。路易·德·菲奈斯已经四十有一，可皮埃尔·布拉瑟尔似乎置之于卵翼之下，如同一位善意的兄长对待初演者一样。每天，他都在化妆间以一句声震屋瓦的"老流氓还好吧？"来迎接菲奈斯，这句话是剧本中布拉瑟尔甩给他的第一句台词。

对演员菲奈斯来说，这是一所令人激动的学校。虽然他已经演过几出精致的剧本，也演过几部高质量的影片，但这是他第一次处于文化生活的中心。每个演出季，都会有几件重大事件出现在各大报纸的长篇专栏报道中，并成为细致入微的评论对象。德·菲奈斯没有参加《奈克拉索夫》演出，但他并不后悔；出现在《奥尔尼弗勒》剧组之中，甚至在首演之前就意味着晋级：如果说萨特统领着"进步"戏剧，阿努依则管辖着另一类高雅文化的戏剧，一种整个巴黎及其上流社会、外省贵人和附庸风雅的家庭作为谈资的戏剧。

剧本极为矫揉造作。阿努依并不掩盖他对其时社会的一些不满情绪。他不喜欢被占领期间那些经济上既得利益者的趾高气昂、正统观念者的狂妄自大、大报记者的厚颜无耻、不知适应现代社会的天主教神职人员的模棱两可。不过，除了阿努依和布拉瑟尔之外，也许谁都没有想到《奥尔尼弗勒》将会引起当年演出季最为激烈的争论。1955年11月4日，首演圆满成功。剧作家马塞尔·阿夏尔、保尔·古特和安德烈·罗山都来聆听他们的同行新作。剧院里还见到弗朗索瓦·莫里亚克、马塞尔·埃梅、达妮埃尔·德劳尔姆、苏珊娜·弗龙、费尔南·格莱威、警察局长安德烈·杜布瓦……一场围剿开始了。媒体对奥尔尼弗勒的道德缺失以及阿努依通过杜巴通之口说出来的话深感恼怒。巴黎报界的重量级人物纷纷指责剧本"常常令人不快、时时令人恼怒、多数时间前后混乱，还有极其过分的排场。"（让-雅克·古蒂耶，《费加罗报》）罗贝尔·康在《世界报》上补充道："我觉得自己对它很生硬。我猛烈地撕碎它。这是深深失望之标志。"让·吉涅贝则在《解放报》上总结道："它也许在商业上会成功，但是我不认为艺术是成功的。"

6.《强比耶！强比耶！》

在他们看来，唯有演员阵容得到宽恕，尤其是皮埃尔·布拉瑟尔在舞台上三个小时的表演，从其第一句台词到剧本倒数第二句台词。每个评论家都有几句赞美之词称颂德·菲奈斯："演员当中，除了布拉瑟尔之外，还得特别提一下路易·德·菲奈斯这位神奇演员。"（蒂耶利·莫尔尼耶，《战斗报》）"路易·德·菲奈斯，令人回味的滑稽"（保尔·戈尔都，《法兰西晚报》）；"路易·德·菲奈斯先生滑稽、滑稽、滑稽。"（让-雅克·古蒂耶，《费加罗报》）……不过，这些都只不过是没完没了的评论结束之后的几句话而已。而这个时期的戏剧批评达到鼎盛，所有日报上的剧评都不受篇幅限制。

媒体不喜欢《奥尔尼弗勒》吗？随他去吧，观众可是佩服极了。于是出现了一种相当罕见的现象：观众们把这部被评论家打翻在地的戏重新捧起，从而引发报纸上第二波撰文和辩论的浪潮。报上甚至说要等两个月才能得到一张香榭丽舍喜剧院的票。而每天晚上，尽管有几句台词继续让观众心惊胆战，演出还是大获全胜。雅克利娜·马洋终于摆脱了假鼻子，路易·德·菲奈斯则保留着那件过于宽大的外套……他们和全体演员共同分享着一个人的胜利。确实，剧本妙语连珠，情境效果丰富，演员阵营和谐，导演天衣无缝，但终究还是皮埃尔·布拉瑟尔日复一日地、一场接着一场地赚取观众的喝彩，丝毫没有让给剧组其他演员。不过，他们并不抱怨：早在演出季结束之前，就已经决定在1956年新季复演。

这件戏剧盛事直到演完220场之后才结束。皮埃尔·布拉瑟尔喜爱上了勒内·法莱的一部小说，即《大环线》，梦想着在银幕上扮演菊菊，一位热心肠的醉鬼迷上了一个在逃的强盗，最终又把他杀害。计划由勒内·克莱尔导演，乔治·布拉桑斯出演菊菊的艺术家朋友。由于勒内·克莱尔不想让他的主角脑中除了电影之外还有任何其他负担，因此已经多年没有出现在银幕上的布拉瑟尔必须在1956年12月3日就脱出身来。好几个星期以来，布拉瑟尔都在试图修改合同，可是香榭丽舍喜剧院院长克洛德·圣瓦尔听不进去：不可能在年度结束之前放掉布拉瑟尔。

1956年11月22日，皮埃尔·布拉瑟尔没有在剧院出现。谁也无法联系上他。退票。第二天，情况依旧。终于在11月24日，在蒙巴拿斯剧院扮演阿努依的《皮托斯》的让·马尔蒂内利取代了皮埃尔·布拉瑟尔。况且这几乎是一场交换，既然他本人又被克洛德·圣瓦尔亲自取代。这场调整没能持续两个星期;12月11日,《奥尔尼弗勒》落幕停演。

因为缺了布拉瑟尔的这出戏还有什么价值呢?让·马尔蒂内利没有角色创造者的才能,观众毫不留情地疏离香榭丽舍喜剧院。不过,几个星期之后,克洛德·圣瓦尔在第五民事法庭上取得了胜利:皮埃尔·布拉瑟尔和《利拉门》的制片人被判支付香榭丽舍剧院损失与利息300万法郎,上诉之后增加到800万。

至于路易·德·菲奈斯呢,他则重新开始其马拉松般的拍摄。不管怎样,《奥尔尼弗勒》没能阻止他继续不断地拍电影。他从而出现在了一部令人感动的故事片《轻骑兵》中。这是阿雷克斯·饶弗的第三部电影,根据皮埃尔-阿斯蒂德·布莱阿勒的戏剧改编,此戏连续两年令格拉蒙剧院看客盈门。《轻骑兵》主要是贝尔纳·布利耶和布尔维尔两人的对手戏。这两个意大利军队里的轻骑兵,在一次巡逻中从马背上下来,却让一个搞笑的人弄跑了马。当队长命令他们解释清楚时,他们胡诌说遇到了埋伏。这位军官(乔治·威尔逊饰)逼迫全村百姓揭发罪犯,否则人质将被枪毙……德·菲奈斯是村里的教堂执事,站在钟楼上咒骂法国人并组织人掩藏教堂里的珍宝。一个几乎不说话的角色,丰富的表情、来来回回地奔跑和频繁的动作表演。村庄搭建在布洛涅摄影棚里,他在里面呆了几天,又一次遇到了布尔维尔。1956年12月14日影片上映时,还获得了一些针对他个人的赞美:"路易·德·菲奈斯以其运用得还太少的漂亮动作捍卫着教堂执事的恶作剧,这种动作人人熟悉,还使他成为一个十分高级的喜剧演员。"让·泰弗诺在《法国文学》上写道。

对当时的专家们来说,法国的喜剧电影存在着许多问题。似乎每一部喜剧获得成功之后,都是总结的机会。在谈到《轻骑兵》时,日后成为《电影手册》支柱人物之一的雅克·多尼奥尔-瓦尔克洛兹在《法国观察家》上写道:"通过这个故事,阿雷克斯·饶弗拍摄了一部令人着迷、充满激情的影片;从头至尾,他都赋予了法国电影一种完全别出心裁的色调。我们并非第一次在这里对法国喜剧电影的严重缺乏感到惋惜,我们再说一遍,自从解放(甚至更早,实际上自从马克斯·兰德)以来,喜剧方面只有雅克·普雷韦尔,以及从另外一个稍稍不同的角度看,就是卡尔洛·兰。(……)我们认为这是今年法国唯一的一部优秀喜剧电影。"

6.《强比耶！强比耶！》

1956年1月6日《爸爸、妈妈、老婆和我》上映后，人们的观点相近。三周的特许上映期间，观众有186442人次，立即获得了成功。罗贝尔·拉莫罗的双重成功不容忽视。他与勒·夏诺瓦的组合让人相信，由音乐剧和电台造就的巨大名声跟高质量的、"有思想"的电影相结合是有可能的。非常受人敬重的电影史家和评论家乔治·萨都勒在共产党的文化周刊《法国文学》上写道："自从1914年以来，法国不再有喜剧电影流派，然而她一直拥有这种类型的杰出演员。费尔南代尔、布尔维尔、罗贝尔·拉莫罗、雷利斯、布西耶尔、卡勒特、依夫·德尼约、贝尔纳·拉贾利吉、莫里斯·巴盖、拉尔盖、罗吉·尼古拉、让·巴莱代斯、让·蒂斯耶……名单即使不完整，也是长长的一串。然而，除了诺埃尔-诺埃尔（其最为成功的作家）和雅克·塔蒂（作家兼导演）之外，这些演员没有一个拥有与之天才相匹配的系列影片。"萨都勒期望能后继有人。《圣托佩的警察》问世八年之前，法国喜剧领域确实缺少一位领袖。

人人都在努力创造这种人物，制片商们无不梦想着出现一位崭新的费尔南代尔或者相当于意大利托托这样的演员。如此，路易·德·菲奈斯便在1955年10月中旬至11月底之间受聘于《爸爸一伙》，该片于1956年4月上映。《爸爸一伙》是部为费尔南·雷诺而写的电影：他当年20岁，事业正红。多年来，他混迹于罗歇·皮埃尔、让-马克·蒂波和让·利夏尔等人常去的歌舞酒吧，还没有到达后来60年代初落到他身上的那种巨大的声誉。正如于勒·波尔贡几年之后瞄准路易·德·菲奈斯一样，制片人弗朗索瓦·夏瓦奈关注着雷诺的电影命运。继这部《爸爸一伙》之后，1956年9月他又制作了《牛仔费尔南》，导演还是吉·勒弗朗，诺埃尔·洛克韦尔扮演警长。

罗歇·皮埃尔的原脚本由费德里克·达尔改编，达尔跟米歇尔·奥迪亚尔一起编对话，这是两位切口大师少有的第一次合作。它完全是一部可以在林荫道剧院里上演的剧本：费尔南是一个老实的银行职员，自从父亲失踪之后，独自一人由奶奶带大；他一直徒劳地向有个警长父亲的勒内姑娘献殷勤。费尔南阻止（出于偶然且是为了自卫）了一起抢劫案之后，他的照片出现在了报纸上，警长从此对他另眼相看。事有凑巧，强人头子就是费尔南的父亲，这位原以为已经消失的父亲从此闯进了他的生活；费尔南在勒内的配合下，将阻止他未来的丈人调查自己的父亲，而事实表明丈人只是一个既平庸又自负的普通警察而已。

这是一部预算不高的影片（5700万法郎），在六个星期零两天之内完成，其中有五个星期在摄影棚（位于弗朗索瓦一世路，后来欧洲一号电台在此进驻）。费尔南·雷诺担任影片的主角，可是从最初估算开始，他的"爸爸"诺埃尔·洛克韦尔就要拿比他多两倍的片酬。这是经验得来的特权，是那些在摄影机前不会出任何意外并且让观众和制片人信任的演员之标志。这种特权也将对路易·德·菲奈斯开放，他将出演的是警探梅尔勒兰。一份日期为1955年9月底的估算表上，他的名字并没有出现在演员表里，而拍摄应该于10月10号开始。他似乎是在最后一刻才被录用，得到的片酬将是90万法郎，而费尔南·雷诺只拿60万法郎，诺埃尔·洛克韦尔则高达200万法郎。德·菲奈斯演的梅尔勒兰探长远远没有父子两个主角那么长时间现身于银幕，可是这笔片酬中有对其表演经验、表演的精准的嘉奖，以及对其表演忠实于脚本以及导演意图的寄望。

吉·勒弗朗的使命是在叙述故事中穿插一些音乐剧中的明星片断（这在那些年头司空见惯，如让·利夏尔或达利·科勒就大批地拍这类片子）。这样，《爸爸一伙》中就塞满了费尔南·雷诺的小品：片子一开始就是《有一种缺点》（加斯东·奥尔巴勒演裁缝），《打碎的鸡蛋》，这是《阿尼耶尔22号》的第一个版本……

《爸爸一伙》是部十分平庸的影片，它把侦探过程和家庭喜剧交织在一起，又因费尔南·雷诺的漫画式表演更显得累赘。而路易·德·菲奈斯在该片中却很不像路易·德·菲奈斯：导演限制了他的自由，整个人都受制于达尔和奥蒂亚尔那极其丰富的台词。他仅有一个时刻得以摆脱，即在受到警察局辞退威胁的时候，上司长时间地谩骂之余出现了他的一个特写镜头，脸部表情激动不已。换句话说，喜剧动作都保留给费尔南·雷诺，而路易·德·菲奈斯则服从于二流作家的台词。

在《傻宝宝》里，他几乎更加没有什么用武之地。这是一部根据林荫道戏剧《伊萨贝尔与鹈鹕》改编的电影，主角为雷蒙·苏佩雷克斯和让娜·苏尔扎。两人曾在当时法兰西电台主持最受欢迎的节目之一《长椅上》，他们扮成一对坐在香榭丽舍大街长椅上的流浪夫妇，边读报纸边评论时事，打发

6.《强比耶！强比耶！》

着喝酒的时光。而在保尔·梅斯尼耶的这部片子里，他们演的是一对父母。女儿每年都要生一个孩子，女婿永远是一个大学生，再加上马上就要出生的第八个孩子，夫妇俩的房子拥挤不堪。可是，一家专营企业集团的代表前来宣告，等到第十二位孙子出生，爷爷就能领取 2000 万奖金。扮演这位代表的就是路易·德·菲奈斯，渐渐地代表成了这一家的朋友。菲奈斯在演员表上名列第三，远远领先于扮演多产丈夫的让·卡尔迈，卡尔迈将其软弱和愚蠢演得十分夸张。《傻宝宝》是大系列的影片，如今的真正魅力在于安德丽娅·帕里兹那不同寻常的高调出场，比起她后来在《小泳者》中扮演的厂主妻子或在《老妓》里演的尚可拯救的好女人来，她扮演的十二个孩子的母亲远远不能令人信服。

德·菲奈斯从《波比》演到《奥尔尼弗勒》，继续交替着出演低档影片和最为高尚的片子。1956 年 5 月，他再次在克洛德·奥当-拉腊的一部电影中演了几场戏。杀猪、两个黑市走私犯在深更半夜打电话、跟布尔维尔和让·卡班演的三人戏。在《穿越巴黎》里，他将主演其演艺生涯中经典场面里的第一个场面。面对法国电影巨人生涯中最令人印象深刻的风暴场面，路易·德·菲奈斯担心得要命。他所演的人物脾气暴躁、抗议、对抗，然后臣服。他就是强比耶——波比利沃路 45 号上那个愚蠢的杂货店老板。

马赛尔·埃梅 1947 年出版的小说《巴黎葡萄酒》很有名：在德国军队占领时期，失业出租车司机马尔丹必须在半夜里穿过巴黎，将装在行李箱的 1 公担（法国旧制重量，相当于 100 公斤）的猪肉送往黑市；由于平时一起冒险的伙伴刚刚被捕，他便雇了一个在酒吧里结识的不知底细的人——格朗吉勒，跟他说自己是漆工。格朗吉勒表现得说话极其恶毒和明显的仇视人类：当两人在途中到他家歇脚时，马尔丹发现他并非自己认为的一个房屋油漆工，而是一位著名的画家。马尔丹对充当游手好闲分子的好奇对象感到愤怒，拔出匕首把他杀死并一个人离开；他被巡逻队逮捕，将因谋杀画家接受审判，因为画家在其速写簿上画下了他的头像……

克洛德·奥当-拉腊非常喜爱这个故事，它揭示了巴黎在德国占领时期的那张调皮的鬼脸，不过他不喜欢故事的结尾。他早在 1950 年就买下了版权。在让·奥朗什和皮埃尔·波比斯特两位写手的帮助下，他设想马尔丹将被枪杀，而格朗吉勒则安然无恙。让·卡班无可争辩地主演画家一角，导演则想用布尔维尔扮演马尔丹。虽然布尔维尔这位音乐剧演员已经在戏剧领域里有过几次脑腆的经验，多数圈内人士还是认为他是个尚未完全脱掉土气的农民喜剧家。不过，奥当-拉腊自1946年安德烈·贝尔托米约的悲喜剧《不那么笨》起就对其戏剧表现力留有深刻印象。

该片的制片人、法国伦敦电影公司的亨利·道区梅斯特在许多令《穿越巴黎》改变面貌的决定中发挥着重要作用。让·雷诺阿在英格丽·褒曼主演的《爱莲娜及其男人们》中的预算大大超出，以至于制片人决定在一段时间内不再出品任何彩色电影。奥当-拉腊接受了，但是在以蓝色为主的底片上来制作影片拷贝，为的是再现"被动抵抗"所要求的蓝光照明下巴黎的夜晚气氛。之后，道区梅斯特不愿意布尔维尔扮演马尔丹。当他看到导演不愿松口时，他接受的唯一条件是马尔丹不要在剧终时被枪毙。奥当-拉腊、奥朗什和波比斯特将不让人枪杀布尔维尔，接受了大团圆结局。影片结尾时，观众发现他从行刑分队逃脱，成了里昂火车站的搬运工："嗨，马尔丹哪，他还在搬行李呢！""是啊！别人的行李呀。"影片上映后，让·德·巴隆塞利在《世界报》上写道："这个结尾是不是真的比另一个更'乐观'呢？人们是可以这么自问的。它失去了悲剧感，却获得了野蛮。"

电影的筹备工作还要经受一场事件，它很可能使之一蹶不振。就在影片开机（4月8日始于圣莫里斯的法兰西摄影棚）的整整一个月之前，马赛尔·埃梅给克洛德·奥当-拉腊写了一封阴阳怪气的信，还特意给专业报纸提供了副本："您跟我一样清楚，布尔维尔与角色完全相悖，我对他的演员品质不作任何评论。我很明白，现在的问题是不惜一切代价经商营利，并且要把事情弄成一场滑稽大戏，可我甚至不认为这打的是好算盘。布尔维尔尽可以在马尔丹角色中施展身手。但他只会毫无意义。我的名字当然不会出现在影片名单上。此外，我还要保留自己在报刊上发表有关这场小小的不幸事件之看法的权利，而且你我都将是这桩事件的受害者。"

作家写信给制作人，是为了录用贝尔纳·别利耶，来取代布尔维尔。但导演寸步不让。道区梅斯特决定将影片的预算一分为二，以换取奥当-拉腊的全部用人自由。布尔维尔仍演马尔丹⋯⋯而路易·德·菲奈斯在《麦苗》里演过暴躁的电影放映人之后将出演猪肉的主人强比耶。

强比耶肯定是法国电影中唯一的一个住址家喻户晓的人物："强比耶，

波比利沃路45号"。经过一段7分钟的镜头,他成了传奇人物。在影片20分钟之后,马尔丹雇用了格朗吉勒,两个人便去领取必须运送出去的猪肉。杂货店主强比耶把他们带到地窖,把肉包装好并付钱给两个运夫。不过,要送的地址不再是当普勒路,而是位于蒙马特的勒庇克路。马尔丹开始讨价还价,格朗吉勒插了进来:"我呢,强比耶,要2000法郎。"三人戏开始:布尔维尔,唯唯诺诺,十分紧张;卡班,人高马大,不可预测;强比耶,生硬而又易怒。

格朗吉勒扯开嗓门提高价码,还肆意糟蹋杂货店老板储放在地窖里的食物。马尔丹对他这位新伙伴暴露出来的行为方式感到害怕,既不敢反对他,又不敢阻止他。强比耶一边听任自己的怒火发作,一边努力防止灾难扩大。三位演员的表演技巧之娴熟和深刻超乎寻常,奥当-拉腊拍摄到的人物既有独特的个性又具有典型性。路易·德·菲奈斯套着一件过大的罩衫,贝雷帽在额头上压得低低的,代表了法国人所了解的那些黑市投机分子身上的一切。然而,他给人看到的动作与姿势却属于个人语汇:卡班向火腿进攻时,他发出令人恐怖的叫声;当他往自己口袋里塞进一包"高卢牌"香烟时,又发出会心的"嘿嘿"声;两个人扬长而去的时候,他用手使劲捏,两只眼睛盯着鼻梁骨……所有这些动作和表情后来都在他声誉鼎盛时期的商业影片中重现。

当时,这些动作令卡班有点不快。在共同拍摄的第二天开始时,他跟菲奈斯说:"你可不会每天都给我们扮那些怪相吧!"不过,在一位热爱演员的导演的看护和监督下,况且再次有德·菲奈斯与之越来越亲密的布尔维尔的陪伴,整个工作氛围是愉快的。

介于布尔维尔和让·卡班之间,他展示了某种戏剧表演的技巧和精神,这些都将成为其独一无二的特点:德·菲奈斯的表演方式是实在的,并且始终是清澈的。每一种微妙的情感都当即以一种立刻明白的非言词语汇传达出来:他惊奇于格朗吉勒的要求,他拒绝,他心里算计,他奔过去抢救圣诞节的火腿,他愤怒,他试图软化格朗吉勒,他不耐烦,他辞退马尔丹,他疯疯癫癫,他放下心来……

有些作者或记者将德·菲奈斯的声名鹊起确定在《穿越巴黎》,这就忘记了戏剧作品《啊! 美丽的仙女!》或者《奥尔尼弗勒》以及一长串令其脸庞为观众和评论家熟悉的角色。虽然这部影片确实在其演员生涯中举足轻重，但并不是因为它向观众和专业人士揭示了菲奈斯的表演才能。有点与布尔维尔类似，但比例小很多的是，强比耶角色揭示了一个有别于一般表演环境下的菲奈斯。他运用了与其多数喜剧角色相同的语言、相同的张力、相同的技巧，塑造了一个真实的人物——抑或一个现实主义的人物。这便是公认的评论家们的观点，也是很快就涌向这部影片的电影爱好者们的传统看法。1957年起，电影高等研究学院的第十四届学生就被布置了这道作业："通过对格朗吉勒在强比耶店里敲竹杠片段的简短分析，论述《穿越巴黎》为何是一部悲喜剧。"

1956年10月26日，影片上映之后，批评界对路易·德·菲奈斯谈得不多。弗朗索瓦·特吕弗在《艺术》周刊上说他"了不起"，《法兰西晚报》、《解放报》、《十字架报》都提到了他……不过，各家报纸都确实长篇大论地讨论了《穿越巴黎》、影片的精神、意义以及政治、道德和历史内涵。至于影片自身，威尼斯电影节的评委会一锤定音：这一年没有金狮奖，但最佳男主角奖颁给了布尔维尔。这位诺曼底演员因为参加一部轻歌剧的巡演没有去意大利，倒是卡班的人在威尼斯……当奖项公布之后，他在旅馆里闭门不出，愤怒不已。影片在电影院里获得了成功，甚至是当年最成功的影片之一。路易·德·菲奈斯再一次参与了当时的电影界盛事之一。

《穿越巴黎》于1956年10月26日上映。先说了吧：不到一年之后，即1957年8月23日，将上映由路易·德·菲奈斯首次担任主角的影片《来得不巧》。又过了八个月之后，第二部影片《神不知鬼不觉》上映。在一位遭到低估的演员显露出巨大才能和这位演员最终登上银幕招贴画顶端之间，不能不提一部今天被人忘得一干二净的影片，即《傻瓜》。因为这部影片的上映比《穿越巴黎》晚四个月，比《来得不巧》早六个月，是50年代大众喜剧的一个珍品，同时也是路易·德·菲奈斯生涯中最动人的影片之一，哪怕它并不怎么出色。

《傻瓜》这部作品的导演被人遗忘得如此彻底，以至于1997年他辞世时法国没有一家大报纸报道过一句他的死讯。然而，诺贝尔·卡尔博诺曾经被认为是法国喜剧电影最可靠的年轻才子，《傻瓜》则是他最完美的电影。在完成《布洛涅森林里的强人》及其孩子般的疯狂三年之后，卡尔博诺找到

6.《强比耶！强比耶！》

了法国电影界最有巴黎气质的故事写手阿尔贝·西蒙。他对脚本进行了改编，又要米歇尔·奥迪亚尔写对话。

从 1948 年为电影第一次写对话（安德烈·于奈贝勒导演、路易·德·菲奈斯演西班牙将军的《丹吉尔使命》）到 1985 年的最后一部脚本（由《傻瓜》的助理导演雅克·德莱执导的《人只死两次》），奥迪亚尔的作品惊人。1956 年，他还没有获得后来《带枪的爷叔》（《傻瓜》的另一个助理导演乔治·劳特奈的影片）所给予的地位。这部影片在商业上极其成功，也是一部杰作。但是他的风格已经在了，令人头晕的警句格言，口若悬河的人物，最出人意料的半切口半学究口吻；独特的几句话就将人物性格锁定的方式……

《傻瓜》讲的是一个叫做"赔钱之马"的欺诈故事。一个赛马场上的诈骗犯发现了一条"鱼"，亦即外省来的一个养鸡大户，让他以为自己是个掌握着赛马场上最机密内幕的驯马师。他向其透露了一条有关一匹绝对低劣的驽马的内情，信誓旦旦地保证能够获胜，得利多多。那条"鱼"准备豪赌一把，可是，骗子声称为了不影响"城市赌马互助会"（PMU）协会的赛马成绩，要赶在关门之前自己去售票窗口下注。其实，他并没有下注，而是把赌注攫为己有。然而，在《傻瓜》里，事情转向了坏的方向：由于形势变化突然，诈骗犯对局面失去了控制，最终自己也相信驽马克什米尔公主会获胜。情急之下，他用"鱼儿"给的那笔巨款下了注……血本无归。他最后发现，他的诈骗对象在另一匹马上下了注，发了一笔大财。

扮演骗子的是费尔南·格莱威。虽然在今天格莱威算不上法国黑白电影的传奇人物，却是 1950 年代观众最为熟悉的演员之一。他的演员生涯始于 1913 年 7 岁在阿尔弗莱德·马宣导演的《赛达掠走了尿童》中出镜，将近六十年里拍了 70 多部影片，如朱利安·杜维维耶的《全城起舞》、马克斯·奥弗尔的《轮舞》……在《杜·盖斯克兰》里他已经与路易·德·菲奈斯的人生轨迹有过交叉。整个影片正是建立在他那扮演的一个既生硬又可亲（体现其受过良好教育）——亦即一个完全令人信服的人物之上。

格莱威扮演的这个假驯马师，行事方式既和蔼可亲又果断坚决，还有一个赛马骑师在旁协助。该骑师由雅克·杜比扮演，这位年轻的喜剧演员也来自歌舞酒吧。他的行骗对象由让·利夏尔扮演，利夏尔已经演过无数个带乡下口音的角色。他同时还是另一位音乐剧女明星的受骗者。女明星由擅长演香艳电影角色的米什琳娜·达克斯扮演，尽管她的角色相对平淡，却在演员表中位居第二。第三个骗子是个身穿教袍、头戴绒球圆顶礼帽的假教士。为了行骗，他还先后装成有贵族头衔的上校和马贩的伙计。这便是路易·德·菲奈斯。他扮演的这个人物并没有得到米歇尔·奥迪亚尔的特别垂青，对演员来说却是极好的施展演技之地：他必须通过外表、声音和口音来得到养鸡大户帕尔特泰的认可和信任。

当然，就如同在1956年的其他七部戏里一样，达利·考尔以吕泰西亚旅馆看门人的身份出现在《傻瓜》中，依然是说话又迅速又急促，奥迪亚尔还为他写了几段漂亮的台词。诺贝尔·卡尔博诺的两位助理导演，先前已经说过，前程美好：他们是雅克·德莱和乔治·洛特奈。近日，洛特奈叙述说，卡尔博诺对其演员来说是个多么愉快的导演。他回忆了"一个有点纠缠不休的人，事先要把所有场景都说给演员听。他还演这些场面，甚至一直演个不停。我还记得影片开始的那场戏他跟费尔南·格拉威说了一遍又一遍。由于格拉威养鸽子，所以卡尔博诺甚至学着鸽子叫。"他属于那种注重演员士气的导演："他从来没有跟演员发生冲突。从来不会比别人声音高。"

脚本里有一连串与德·菲奈斯直接关联的场面被删除。传说是被审查委员会查禁了。更可信的似乎是，这些场面根本就没有拍过，因为就米歇尔·奥迪亚尔所写的那些场面看，得动员广袤背景下的一大批群众演员，而他们却与主要情节毫无联系（费尔南·格拉威和他的诈骗对象让·利夏尔都没有在这些场面中出现）。事实上，他们在酒吧间跳了一夜下流的莽姆波舞之后，真将军德藏布瓦（马克斯·莱沃勒饰）派人找假上校德拉弗拉庇尼耶尔（路易·德·菲奈斯饰）好去万森纳打靶场夺取武器。在打靶场，在将军发表了一长通充满军事虚荣心的台词之后，上校下令沉默一分钟，却没完没了地拖着，就因为他的手表出了故障。对话和场景都是奥迪亚尔最典型的反战主义的。影片里，德·菲奈斯拂晓时被一名派到旅馆来的少尉叫醒后，穿上教士长袍悄悄地溜走。

还是给德·菲奈斯保留了一些颇有意味的场景：与奥利维耶·帕克的第一场交锋，面对假驯马师那毫无边际的野心他捍卫自己的那几招假教士的诈骗术；在酒吧间酗酒的场面里，他骑在一个服务生背上给人讲骑术课；

在香帝宜养马场的那段戏里,他贴上假胡子、脸上强笑的样子令人想到《啊!美丽的仙女!》中的警察。

《傻瓜》于 1957 年 2 月 27 日上映,第一周就把很快成为传奇的《西西》打败,五周的特许放映(巴尔扎克、海尔德、斯卡拉和维维恩影院)吸引了 183381 观众人次,超过它的当月上映影片只有安那托·李维克导演、英格丽·褒曼和尤尔·伯连纳主演的《安娜斯塔娅》①。卡尔博诺的这部影片在观众方面获得了成功,也成了长篇大论的评论对象。评论家们就其喜剧类型(滑稽的、"现实主义"喜剧、歌舞酒吧的、"现代的"?)进行细致入微的分析,还把它跟费德里科·费里尼的《骗子》进行比较,或将其定位在雅克·塔蒂的水平上。总体观点是,《傻瓜》超越了费尔南代尔!这部影片将给德·菲奈斯带来批评界的最终确认,事后看令人印象深刻:让-吕克·戈达尔在《电影手册》里向菲奈斯那"已经漫长的生涯"致敬,弗朗索瓦·特吕弗在《艺术》周刊上的标题是"终于有了一部优秀喜剧影片!",对其表演大加称赞。是的,不时有人提及他"那偶尔令人反感的表演"(《十字架报》),但也有人说他就像"银幕上的费莱戈里再生(……)一会儿是假神甫,一会儿是假上校和假驯马师"(《人道报》),他扮演的"费莱戈里式角色不可抗拒"(《世界报》),他"远比让·利夏尔和达利·科尔要演得成功"(《法兰西观察报》)……在《广播电影电视》里,有一句话谈及他在法国电影上已经达到的位置,意味深长:"德·菲奈斯扮演各种德·菲奈斯角色时信心总是更加充足。"他已经名声大振,以至于有些评论家认为他指日可待:已经彻底到了他最终出演主角的时候了。

但是,就在他到达这一刻之前,路易·德·菲奈斯价值多少?当然要比当时许多喜剧演员如让·利夏尔、雷蒙·布西耶尔、布尔维尔或者诺埃尔-诺埃尔少很多,更不用说一直是头牌喜剧演员的费尔南代尔。既然电影还是一个数据种类,那么他在《法国电影》那些冷漠的图表里又是被怎样看待的呢?在 1956—1957 季(即 1956 年 8 月 16 日到 1957 年 8 月 15 日上映的影片)的经营报表上,巴黎及 12 个外省"关键城市"收入超过 3000 万法郎的影片有 140 部:德·菲奈斯出现在《穿越巴黎》(位列第四)、《傻瓜》(第 30

---

① 译注:又译《真假公主》。

位)和《百姓之法》(第54位)中。如果看观影人次排行(它更有利于低价位的影院,也就是街区影院的普通观众),菲奈斯出现在四部电影中:《穿越巴黎》(第4位)、《傻瓜》(第33位)、《强人之法》(第50位)和《微笑你好!》(第136位)。他的日子已经过得不错,正在准备改变的是他的地位。

7. 普通海报之榜首
—— 《来得不巧》和《神不知鬼不觉》，1956—1958

于勒·波尔孔，真名为于利尤斯·博尔库，1896年生于立陶宛的陶格夫匹尔斯市，是个性极其鲜明的制片人之一。演员、技师和记者们在报栏上四处传播有关他的消息，时而令人捧腹大笑，时而令人深深叹息。他出身于马戏之家，几乎有两米高，曾经是制片人和"视觉"艺术家的经纪人，因为在这个时期夜晚的演出长达三或四个小时且不分种类和风格，所以欧洲各国的音乐厅对这类艺术家有着大量的需求。在替丑角大师葛罗克效力之后，他瞄准了"小女人"。迫于风化自由大势，其时多少都在表演脱衣的舞女公然成为发达行当。波尔孔的身份登记册上，职业为剧院经理。他时而收购、时而转让多家剧院，一只脚在商业戏剧，另一只脚在"类型"演出。1950年，他年届不惑，创立了香榭丽舍制片公司。1951年10月，国家电影中心给他颁发了"从事制片业务许可证，编号360—4104"。他不管什么类型的电影都制作，但嗅觉灵敏：如罗贝尔·奥森的《混蛋下地狱》、让·卡班和马丽娜·弗拉蒂主演的《罪与罚》，尤其是罗贝尔·拉莫罗主演的影片，包括《爸爸、妈妈、佣人和我》和《爸爸、妈妈、老婆和我》等。

他就像影片里表现的那种制片人：口音极重、说话简短、思路活跃、信心满满以及习性过分吝啬。莫斯塔什在其回忆录里写道，在《神不知鬼不觉》的外景拍摄现场，两天之间天气发生了变化，大家耐心地在摄影地等着太阳出来再拍，好跟前天的镜头衔接。波尔孔不耐烦了，因为每等一天代价都很大。他几次三番要求大家恢复拍摄，在得到的都是没有太阳的答复之后，他吼了起来："听着，生活中并不是天天都出太阳的……人不还是照样生活么……那好，你们呢，照样拍。"

波尔孔幻想着像美国摄影公司那样在法国行事，即通过合同把演员拴住。根据当时的见证,他是去看望《啊!美丽的仙女!》的尤物时发现路易·德·菲奈斯的,后来又看到他拍摄《爸爸、妈妈、佣人和我》和《爸爸、妈妈、老婆和我》。波尔孔提议跟他签三部片约,把他作为明星,好最终登上海报的头条。他的第一部影片,制片人将召来一位二线演员当导演,即莫里斯·雷加梅。大家已经发现,德·菲奈斯和他早就相识。两人在摄影棚里合作过,还一起拍过《欲望号街车》。

雷加梅1956年以《马赛人奥诺烈》开始拍摄长片。此片的主演为费尔南代尔,故事其实改编自一张唱片中的小品集锦:几段有关滚球游戏诞生地或其发明的化装表演,接着是掺杂着几支怀旧歌曲的马赛人生活的滑稽场景,最后则是一场泳装选美比赛。费尔南代尔先前曾经把两部短片交给雷加梅以测试其导演才能,想把《马赛的荣耀》变成一部十二集的电视连续剧。结果拍成了一部还过得去的消遣片,类似《要是爸爸骗我们》,但是缺少了吉特利的那股精神。此片并没有任何荣耀的东西,却是费尔南代尔1956年上映的五部影片之一,确保了他在普通消费的大众喜剧方面稳固的统治地位。

《来得不巧》从脚本起便有一个比较有趣的故事。于勒·波尔孔在召集导演谈话时只给了他一个片名,由他围绕着……来编造影片。莫里斯·雷加梅、让·雷东和依凡·沃图瓦尔原先从儒勒·凡尔纳的《一个中国人在中国的遭遇》中获取灵感来创作脚本。但影片上映时,这一参考对象从片头的字幕和故事梗概上消失了。与这个时期的电影相似,故事情节是某个人物一举成名及其产生的喜剧性后果:作曲家皮埃尔·库赞经受了N次的爱情挫折之后,决定自我了结;就在他快朝水库纵身一跳之际,有个姑娘在他眼皮底下跳进了水里;他就把她救了起来,不过决定继续执行自己的计划。这一次,他雇了一个杀手,其任务就是把自己结果,哪怕他会改变命令。然而,谣言小报已经把他的救人事迹披露出来,姑娘原来是歌手卡洛琳娜·克莱芒。而他们的遭遇时机正巧,两人的事业就此步入正轨……电视是《来得不巧》的动力之一,情节最后系结于作曲家和歌唱家双双现身荧屏。时机正好:虽然有关电视的地位、其让人一夜成名的力量以及不择手段的操作手法等方面的辩论还没有以未来的那些提法出现,但是"奇妙天窗"所具有的叙事能力开始令脚本写手们大感兴趣。

法国的电视拥有量还相当少:1957年初,登记在册的数量勉强超过40

万台,亦即比英国少 15 倍！法国只有 3.3％的家庭拥有电视机,而英国为 44％。应该说价格还是昂贵的:购买一台 43 厘米(最早的 36 厘米标准机正在退出)的电视机至少要花 10 万法郎,而在联邦德国只要 7 万法郎。当然,电视机数量的增长是迅速的:1957 年 1 月 1 日的统计为 44.2 万台,1957 年 9 月 1 日为 65 万台;1958 年 2 月 1 日登记的数量为 705815 台。不过,考虑到瞒报的因素,有人认为实际超过 87 万台,而百万大关则于春天突破。不过,收音机的数量仍然是它的 10 倍。尤其是电视播放还只覆盖 40％的人口,法国广播电视公司经常不断地提出的理由是预算和技术上永远落后,并以此解释频道网络的巨大"黑洞":圣艾田—尼姆—奥里亚克三角,格勒诺布尔—埃克斯昂普洛旺斯—蒙特卡洛又一个三角,中部布列塔尼—大部分地区都没有被覆盖。而农村地区甚至巴黎郊区的法国人还得长期因为信号接收不良甚至不能接收而抱怨。

电视和电影业的关系疏远。更多的是影院经营者对小荧屏的进步深感担忧。1950 年,法国、比利时、英国、意大利、瑞士、荷兰和卢森堡的行业辛迪加郑重地要求制片商禁止"将旨在商业影院经营的电影产品向一切电视网络出售或出租,不论其来源地或用途"。不过,也有人梦想建立和谐关系:1953 年 6 月 2 日,香榭丽舍的三家电影院(马尔伯夫、马里尼昂和莱穆)直播了英国女王伊丽莎白二世加冕典礼。

在电影家和制作人方面,大家并不太担心。马赛尔·莱尔比耶曾经拍过《神秘的黄色房间》以及几十部非常经典的影片,他是最早做出决断,转向电视工作的导演之一。早在 1953 年,他就根据朱利安·格林的《阿德里安娜·梅祖拉》拍摄了法国最早的电视片之一,接着拍摄了改编自马里沃剧本的《虚情假意》和《爱情与偶遇游戏》,还拍摄了一系列伟人的生平以及《电影与自由》系列片。该系列片运用电影画面(银幕上的自行车、银幕上的儿童……)来图说某一主题。

法国的电视上很少看到电影,仅限于影片在电影院公映结束之后。例如,法国唯一的一家电视台在 1957 年 1 月放映了 13 部影片,可是只有 5 部法国影片:由费尔南代尔执导并主演的《天真汉》(1942)、由帕尼奥尔导演、费尔南代尔主演的《勒·许旁氏》(1948)、让·富莱兹的《反调查》(1946)、莎夏·吉特利的《致双鸽》(1949)、马克斯·奥菲尔斯的《德……夫人》(1953)。

其他列入计划的 8 部电影中，有 6 部美国大片、1 部意大利和 1 部英国片子。而在同一个月，那些收看卢森堡电视台的法国家庭可以看到 22 部影片，其中 18 部法国影片（最近的是达尼埃尔·热兰拍于 1953 年的《贪得无厌》，德·菲奈斯在其中出演）。接收得到蒙特卡洛电视台的家庭则可以看到 26 部影片，其中 14 部法国电影（包括 1952 年出品的皮埃尔·戛斯帕尔-于特的《佩尔勒先生的出走》）。

在法国电影公会没有真正警觉之前，专业报刊已经对欧洲其他国家表现出的不安有所呼应。在意大利，电影院经营人员组织十分正式地就酒吧、饭店和旅馆大厅安装电视向政府抗议，坚称这是不公平竞争。在一直都是欧洲电影乐园的英国，1957 年第二季度的电影院上座率下降了 19%，也就是 4 月到 6 月少了 5000 万观众人次。而英国已经有超过 750 万的家庭有电视机，即拥有 3000 万电视观众。英国电影院经营者的战斗变得更加激烈：他们在法庭上呼吁电视从此以后不能放映任何一部还在电影院公映的片子。而在美国，点播电影这一项目（即时按次付费的前身）的反对者要超过支持者。

法国从业人员在经历了 40 年代末的持续下降之后更加气定神闲，上座率在 1952 年又重新上升：当年有 3.59 亿观众人次，1953 年为 3.7 亿，1954 年为 3.83 亿，1955 年为 3.95 亿，1956 年 4 亿，1957 年 4.11 亿。上座率下降始于 1958 年（3.71 亿入场人次），只是到 1971 年才止住（为 1.70 亿）。

在 1957 年，行业媒体更热衷于法国电影院的现代化投资，远甚于还在地平线远处的那片乌云。媒体写道，仅有 33% 的电影院装备了"新的技术"设备（宽银幕上的变形放映，胶片的横向展放……），但是已经产生了 60% 的年营业额。然而在英国，已经有 82% 的影院拥有这些设备！1957 年 6 月，加瑞·库柏亲自在巴黎雷克斯影院为自动扶梯剪彩，这些扶梯使得雷克斯成为"欧洲最现代最舒适的电影院"。几个星期之后，米高梅公司在罗马郊区开设了欧洲第一家汽车电影院。电影院拥有一张高 20 米宽 38 米的银幕，可容纳 800 辆汽车，每部车上的扩音器都可以选择收听原版或者配音版的语言。

大家甚至把时间花费在一些旁枝末节的话题上，不紧不慢地进行辩论，譬如美国人在法国拍片时的"非工会化"。这是因为，作为对美国与苏联冷战加剧以及对好莱坞旨在逼害"红色分子"的"围剿女巫"运动的回应,宣布美国在法国拍摄影片时,必须优先雇用"已经脱离了共产党的劳动者总联盟工会的技师和演员"。

眼下呢,于勒·波尔孔投入经费来宣传自己的影片:1957年1月11日起连续几周,《法国电影》的每一期都将在编者页里插上一幅《来得不巧》的电影剧照。读者先后看到:路易·德·菲奈斯在一只打开的行李箱上方检视着女人内衣,他穿着长脚裤在警署的炉子前取暖,他向诺埃尔·亚当献上一小束花,他跟娜蒂奈·塔莉耶豪饮香槟……

1956年12月26日,影片在圣莫里斯的法兰西摄影棚开机。这个日子从来是不让大牌明星拍摄的,场地和器材的租金也要低廉一些。这部电影不是大制作,但是具备起码的舒适条件。于勒·波尔孔每天都出现在拍摄现场,用他那俄国口音和斩铁截铁的语言介入一切,但这还不能阻止他给莫里斯·雷加梅写信,指责他用了太多的胶片。

路易·德·菲奈斯的主要女搭档为19岁的诺埃尔·亚当。之前,她主要是舞蹈演员,曾经演过百老汇的音乐剧。把"演员人选主任"这个职业引入法国的马戈·卡佩利耶在新爱娃公司发现了她。亚当也是于勒·波尔孔的合同演员,第一次面对摄影机扮演的是精神忧郁的歌唱演员——卡洛琳娜·克莱芒。她回忆道:"拍摄是从我试图跳进水库自杀的那场戏开始的。由于德·菲奈斯不会游泳,所以水下搭建了篷布。"诺埃尔·亚当循规蹈矩地熟悉了演员这个职业,至今依然铭记着路易·德·菲奈斯的友善和体贴。虽然事先安排好她由另一位更有经验的女演员做替身,但最终保留下来的两支电影插曲还是由她唱的,之前她还前往名教授安奈特·夏尔洛门下学了几课。不过,诺埃尔·亚当演唱、让·布鲁索勒作词的《我心爱的与我》和《你与生活相像》两支歌曲的旋律虽然经常被收入乔治·凡·巴里斯的电影原版磁带集,却从来没有发行过唱片。

莫里斯·雷加梅让拍摄场充满了友好气氛。演员阵营中集合了几个原来的布朗奇尼奥勒成员(克里斯蒂安·杜瓦雷克斯、罗歇·萨吉)、一些年轻的喜剧演员(雅克·朱阿诺、让-皮埃尔·卡塞尔、克里斯蒂安·梅里)或耀眼的漂亮姑娘(如扮演夜总会舞女的娜迪奈·塔利耶),以及他在多年的戏剧演员生涯中遇到的一些经验丰富的配角(莱奥·康庇永、皮埃尔·斯泰方,还有哑剧巨星艾坚那·德库罗,他绝妙地扮演了一个啰里啰嗦的疯人星相师。诺埃尔·亚当回忆道:"莫里斯·雷加梅曾经当过演员,这有利于他处理与演员的关系。不过,他到底还是一个平庸的导演。即使德·菲奈斯第一次在电影中当明星,他还是要指手划脚。"譬如每次或者是几乎每次开机时,他都要在台上对写好的场面提出改变。这样一来,当他扮演的人物有一次企图自杀时,从大主教桥上往下跳,就落在塞纳河上一艘正行驶着的平底船上的沙堆上。脚本上原来写着:"跟跟跄跄的马塞兰跌倒在沙堆里,他怒火满腔,拒绝水手拉他起来,一边刷着衣服一边嘟囔着。"菲奈斯可没有这样表演,而是以剧烈的发火动作模拟落水,同时嘴里嘟囔着好似在跟观众激动地解释着,但声音被周围噪声给淹没掉了。这场表演拍的是中景,在哑剧电影里效果很好,可惜与水手的镜头连接不上。水手的声音又高又清晰,按照脚本里写好的说道:"您啊,可以说您运道好……上个星期呢,我运的是砖块。"

在第 248 段落,脚本原本安排的是,在录制电视节目的时候,马塞兰独自弹着钢琴:"摄影机镜头用近景对准马塞兰进行跟踪拍摄,他的双手在镜头之外。整个镜头都如此。"不过,在修改脚本时,莫里斯·雷加梅并没有忘记路易·德·菲奈斯的旧业。画面上,菲奈斯弹着钢琴,除了为诺埃尔·亚当的歌唱伴奏,还独自弹奏了几段,一如开始的那个场面,他在企图自杀前阴沉地弹奏着费德里克·肖邦的《葬礼进行曲》,又如他让年轻的卡洛琳娜听一段新的旋律时那样。也许,乔治·凡·帕里斯甚至利用了菲奈斯的弹钢琴能力,以增强影片最初几个场景配乐的滑稽效果。不过,有趣的是,这是路易·德·菲奈斯第一次在登上演员表首座后在影片里演奏钢琴,也是他最后一次在银幕上表演弹琴!以后再也看不到他弹钢琴,而在成为明星之前,他至少有六七次把自己的钢琴师经验奉献给了电影。

在影片公映的那天,即 1957 年 8 月 23 日(之前于 4 月 24 日剪接完成后当即就在里尔放映了首场),于勒·波尔孔将其雄心勃勃的手段运用于他跟德·菲奈斯合作的第一部影片,尤其是重新拾起贝尔特朗的招贴画,做成广告投放到媒体上。这幅招贴画对菲奈斯的脸作了风格化处理,把它画成被三个年轻可爱的女人围着的大钵子。首批特许放映的电影院联盟同样雄心勃勃:六家电影院总共有 7270 个座位,使得《来得不巧》成为当周甚至当月最重要的公映影片。前一周公映的《茜茜皇后》(由罗蜜·施耐德主演)只在三家影院,总共有 5917 个座位。不过,当年夏天是个多雨季节:8 月 15 日,巴黎气温 14 度,下着雨。《来得不巧》放映周的观众人数不容乐观:巴黎特许放映电影院的上座率为 27.5%,年平均为 28.5%。可是,在六家放映雷加梅影片的特许电影院里,家家都低于这个数字:鲁什舒阿尔宫影院为每场平均上座率 12%,卢泰西亚影院为 14.6%,狂乐影院为 17.2%,塞莱克特-百代为 18.8%,乔治五世影院为 24.8%,百乐门为 26.6%。同一星期,皮埃尔·夏斯帕尔-于特执导、达里·科尔和让-克洛德·帕斯卡尔主演的幻想片《葡萄牙洗衣妇》上映。该片不失时机地用了 50 年代最为流行的一首歌曲的歌名作为片名,它由安德烈·波普和罗歇·鲁切西创作,并由 43 位艺术家和乐队三年录制而成。这部喜剧影片第一周的观众人数被《来得不巧》超过,但它显然找到了更多的观众:巴黎的上座率为 27.1%,贝利兹为 32.7%,维普乐为 35.9%。

在接下来的那一周,雷加梅的影片上座率下降。即使它在观众人次排行榜上位居第二也是白搭(42366 对《葡萄牙的洗衣妇》的 43593 人次),利润太低,影片的发行商百代公司缩小了其发行规模:再下一周,同样的影院组合便改放《战争与和平》了。罗什舒阿尔宫从《来得不巧》的 1/10 上座率的 1528960 法郎收入升至 1/3 上座率的 4452455 法郎。因其只有两周的特许放映期以及如此低的利润收入,所以外省影院经营者并没有不遗余力地要求拷贝。在九月份进行总结时,仅有图卢兹的新品电影院收入令人注目。

有关《来得不巧》的评论,为影片团队带来了一些安慰。这些评论间接表明,德·菲奈斯因为他之前的多次表演已经是多么地抢眼。《费加罗报》谈到他"以一种独特的滑稽风格扮演了如此众多的小角色、如此众多的影子角色",表示"他完全有资格在银幕上完完整整地演好一部大片"。虽然总体而言影片能够应付过去,但遭到最多攻击的几点在于,它不轻松、滑稽机械、过于依赖于德·菲奈斯一个人的表演。由于片中的庞卡第与传说高度吻合,加上诺埃尔·亚当的魅力以及路易·德·菲奈斯的杰出表演,影片还在国外找到了第二春:香榭丽舍制片公司把《来得不巧》卖给了 79 个国家。伦敦《时报》在评论该片时提到了卓别林的肢体喜剧。然而,《来得不巧》肯定没有像于勒·波尔孔所希望的那样对法国喜剧电影天地造成冲击。显然,他对自己的新宠充满信心：《来得不巧》公映之后，香榭丽舍制片公司的下一部电影立刻启动：8月19日开始拍摄《神不知鬼不觉》，对后人来说它将是路易·德·菲奈斯的第一部重要影片，而这一时期表现不俗的喜剧《来得不巧》则将被人遗忘。

路易·德·菲奈斯第一次以明星身份出现，但还没有全面荣登明星的宝座。确实，他已经放弃了一切上流社会的交往，而且在今后整个生涯中都没有偏离这一行为准则。不过，他还是可以光明正大地出入一家电影人趋之若鹜的酒吧。该酒吧位于蒙田大道的下端，距香榭丽舍圆点广场不远。他还希望自己能够出现在每周出版的《法国电影》的"爱丽舍俱乐部名人录"上。这张繁琐冗长的名单除了为这家酒吧兼饭店反复做广告之外，在当时还具有几年之后福盖饭店的功能，即某种包括上流社会及艺术界活动在内的晴雨表：只有当有事情可以庆祝（如某部片子初次上映）或者某个多多少少具有职业意义的聚会发生之际，某人的名字才会出现在上面，而进出香榭丽舍俱乐部的都只是那些被颁发了实名卡的"专业人士"。该店的经营者为曾经当过演员的马克·党泽，他得意地吹嘘，在他店里谈成的电影要超过任何一家制片公司办公室。他严格地捍卫其顾客的独享特权，有些记者称他曾经拒绝过法鲁克国王和洛克菲勒大亨。又如，热拉尔·乌利及其妻子雅克利娜经常被排上"爱丽舍俱乐部名人录"。然而，虽然路易·德·菲奈斯在这个时期已经到达其声名的巅峰，却从来没有为这样的场所和上流活动所吸引。

在1957年，菲奈斯虽然受到评论家一致赞美并在报纸的节目栏上被漫画家们画速写，但不是因为电影而是因为戏剧。也就是说，在他2月份拍完《来得不巧》之后，他才应邀参加莎夏·吉特利自导自编的《让我们做个美梦吧》的复演。这是一出丈夫、妻子和情人三角戏中最为妙趣横生的轻喜剧之一，菲奈斯将在其中出演丈夫。怎么拒绝得了呢？

莎夏·吉特利曾经说过，他是在两天半内写完《让我们做个美梦吧》的，这也是情节发展的大致时间。一个男人企图勾引一位朋友的妻子，全面抛出一整套娴熟的情话。他们一起过夜，当情人要为妻子找一个不在丈夫身边睡觉的理由时，却是前来敲门的丈夫给他提供了理由：他自己在外过夜。情人建议他去探视一位突然生病的姑妈。妻子想的是重结良缘，以为整个生活都将在她眼前展现;情夫纠正说他们只有三天,做一场梦的时间而已。

　　吉特利在1916年战争正酣之际首演了这部戏,主演妻子的是其原配夫人夏洛特·李再斯,丈夫由莱穆扮演。1921年复演时,两个男人围着转的是吉特利的第二位夫人即伊沃娜·普兰当;1936年在吉特利改编的电影中则是他第三位妻子雅克利娜·德吕巴克。当杂耍剧院的经理莫莱兄弟(他们的父亲在20年代曾经多次接待过吉特利的演出)向吉特利建议复演《让我们做个美梦吧》,罗贝尔·拉莫罗演情人,达妮埃尔·达里厄演妻子,非其莫属。大师(业界唯一这么称呼的对象)并不完全信任德·菲奈斯演丈夫。"是我选的他,"罗贝尔·拉莫罗如今肯定道,"我甚至将这个作为一个明确的条件:如果用德·菲奈斯,我才演这部戏。于是就有了德·菲奈斯,而他当然也十分出色。"

　　排练在莎夏·吉特利位于爱丽舍-雷克吕大街的家中进行。已经瘫痪的剧作家离不开椅子,但丝毫没有丧失思维的灵活性。他跟演员们讨论得很多,向他们提建议多于对他们发号施令,但一涉及到达妮埃尔·达里厄在舞台上穿哪件裙子、罗贝尔·拉莫罗在其仆人便袍下领结的打法或者在布景墙上挂德加、梵高和拉乌尔的哪些复制画时,他便表现得十分自信。媒体上的照片显示,他身穿丝绒坎肩,胡子灰白,八字须两角上翘,鼻梁上架着玳瑁眼镜,身边围着一群姿势各异的演员。连着三个星期,拉莫罗天天都把那辆黑色"雷鸟"车停在吉特利家门口,而德·菲奈斯则"迈着鸭步、做着鬼脸"(《巴黎快报》)走来。演员三人小组(再加上马克斯·蒙塔冯,他扮演吉特利剧本中不可缺少的家仆角色)只是在首演前几天才现身于杂耍剧院,拉莫罗负责在舞台上转述所有在大师家客厅里决定的一切。他记得德·菲奈斯"极其乖顺,因为那是吉特利亲自导演,谁也不可能有任何改动的想法"。

　　吉特利决定戏要演得"现代"。可是,几乎整个第二幕都以打电话方式进行,而在写这部戏的时候,还得摇动电话键盘机上的手柄,将听筒放在耳朵旁,再让总机接线小姐转某个号码。1957年,电话已经自动化。奇怪的是,大师并没有排练这一幕,因为他是如此地信任拉莫罗,相信他能顺应自动电话的要求来修改剧本。首演那晚,当拉莫罗拿起现代电话听筒后说出"里面怎么有这么多洞呀"的时候,引得哄堂大笑。为了让剧本适应时代,当人物说到钱的时候,所有价格都翻了10倍。此外,当他写"她穿过香榭丽舍大道,走上华盛顿路"时,实际上指的是贝利路:1916年还没实行单行道逼迫人们从耶那大街到梅西那大街时必须拐道。

1957年3月30日,《让我们做个美梦吧》首演于杂耍剧院。记者们注意到,已经有好长时间没有在一家私人剧院里看到这么多身穿晚礼服和礼裙的人。观众席里,人们看到米雪儿·摩根、费尔南代尔、夏尔·布瓦耶、奥黛特·茹瓦约、马克·阿莱格雷、西蒙娜·西门,还有政治家、朱安元帅、一群头带双角帽的理工大学学生……吉特利没有去杂耍剧院,但他坐在床上等着,床头摆着电话机。罗贝尔·拉莫罗的化妆间里装有电话,在上场前几分钟他跟剧作家一一通报了前来观看其剧复演的大人物。之后幕间休息时,他又跟他报告了观众席里的笑声、美妙的反应、德·菲奈斯的成功。

第二天,媒体提及了十次谢幕。当达妮埃尔·达里厄依据传统报出演职人员姓名时,莎夏·吉特利的名字被欢呼声淹没了。《震旦报》认为这是"名副其实的凯旋"。晚上10点,演员们去了吉特利家,大师长时间地向他们表示祝贺。吉特利的传记作者雅克·洛尔塞说:"这是我们莎夏最后一次的巨大喜悦,但其重要性不容低估:这次成功,为那些与初创者完全不同的明星们所取得,令其坚信自己的戏剧将世代相传。"

三天之后为媒体彩排。达里厄患上了咽喉炎,整个晚上她都得与之抗争,以图"过得去"——这是戏剧界的行话。当罗贝尔·拉莫罗应该说"评审员的嗓音多么漂亮"时,他却喊道"评审员的嗓音真难听"。达里厄用手放在喉咙上,嘴巴强作微笑——观众席上哄然大笑。弗朗索瓦兹·罗塞、德尼·德·拉帕特利耶尔、保尔-埃米尔·维克多、吉尔·格朗吉耶在离开剧场时,向记者们道出了他们的兴奋之情。未来的法兰西学院院士、《费加罗报》那位已经受人尊敬的让-雅克·古蒂耶表示相信大师不可替代,如今又因罗贝尔·拉莫罗的出色表演而增色不少。马克斯·法瓦莱里则在《巴黎快报》上回应道,如果拉莫罗能与大师比肩的话,那是因为,他没了那种十分可靠的魅力,却有一种完全属于我们这个时代的"花言巧语"成分。至于路易·德·菲奈斯,这位评论家写道,"他服从戏剧那严格的纪律,但并没有彻底忘掉酒吧歌舞的自由。"《世界报》赞扬他身上的"那些稀奇古怪的面部表情、动作、鬼脸(……),使得角色比莱穆在银幕上扮演的更快活,莱穆演得虽然开心但更严肃。"跟在那些对拉莫罗表演的长篇赞词之后,对德·菲奈斯来说

7. 普通海报之榜首

是新的一次个人胜利。

两位演员对待即兴表演的态度并不一致。如果说德·菲奈斯喜欢添加一个滑稽动作、延长某个手势、重复某个怪相,那么罗贝尔·拉莫罗则对剧本极其随意。他喜欢这里加几个词,那里加一句旁白,再跟观众会意地说上几句想法。他的经验来自于音乐剧,在那里他的笑闹瞄准观众或者演出所在的剧院经理,这些已经预示了科吕什的幽默。达妮埃尔·达里厄后来证实,面对对手戏演员不断临场发挥,路易·德·菲奈斯有时惊讶得有点恼火,因为这些发挥常常令他不知如何应对。不过,当第二幕罗贝尔·拉莫罗独白时,路易·德·菲奈斯也大量地"救场":他在拉莫罗的背后跑来跑去,交叉着的双手手指动个不停,踮起双脚,脸上表情更是从不停歇。

在杂耍剧院演完三个月之后,该戏剧组前往外省巡演。从此,妻子一角由雅克利娜·耶阿奈夫扮演,这便让阿尔古创作的路易·德·菲奈斯画像在外省剧院印制的新节目单上与杂耍剧院节目单相比上升了一个位置:自此他排在了达妮埃尔·达里厄的替补演员之前。正是在这次巡演期间,演员们获悉莎夏·吉特利于 7 月 24 日逝世,就在那间与他们曾经用来排练的客厅连通的卧室里。

为了他与波尔孔的第二部影片《神不知鬼不觉》,有人建议德·菲奈斯跟另外一位导演依夫·罗贝尔合作。虽说他肯定比莫里斯·雷加梅更被看好,但毕竟是个新手。罗贝尔已经是个声誉卓著的喜剧导演,这源于他的红玫瑰剧团(罗齐·瓦尔特、艾德蒙·塔米兹、让·罗什福尔以及将在《神不知鬼不觉》中扮演律师政治家吉约什的让-马里·阿马托)。他导演过一系列作品,预示了未来的咖啡戏剧以及即将发生的戏剧革命:雅克·普雷韦尔和约瑟夫·科斯马的《长颈鹿歌曲》和《准备战斗》,鲍里斯·维扬和皮埃尔·卡斯特的《电影屠杀》,吉约姆·哈诺都原作改编自罗贝尔·德诺的《方托马斯的悲歌》,尤其是 1949 年雷蒙·格诺创作的历史性的《风格练习》,该剧在红玫瑰曾经演了六百多场。依夫·罗贝尔演过很多电影,1954 年拍过第一部电影《男人只想着这事》,德·菲奈斯也在这部影片中出演。但是后来菲奈斯不承认这部影片,公开声明《神不知鬼不觉》是"他真正的第一部影片"。

影片改编自阿尔丰斯·阿莱一部不为人知的小说《布莱罗事件》,讲述的是一个强盗的故事,其恶行围绕着蒙巴亚尔这个一向平静的外省小镇展开。一个小偷正在翻越一家显贵的私宅大墙时被森林管理员发现,强人反而对管理员拳打脚踢。这时,镇长认定他是布莱罗,于是将其逮捕。强人在小镇的监狱里关了三个月,监狱长是个令人奇怪的官吏,他只想让他的犯人们过得舒适。真正的罪犯自首之后,事件便转成政治性质的了:显贵的女儿被她的体操教师看中,他前来向她献殷勤时恰遇森林管理员追拿罪犯。布莱罗被宣布无罪之后,呆在监牢里等待正式官文,而真正的罪犯虽然自首却终究没有被抓。布莱罗则暴露出他跟那些相继利用其有罪与无罪的政客们一样险恶的本性。

依夫·罗贝尔十分钦佩阿尔丰斯·阿莱的原作,不过他对阿莱的原作作了大幅度的修改。他大大丰富了布莱罗这个人物,尤其是其偷盗活动的细节,而在小说里只是略微提到。森林管理员帕尔茹同样也很丰满,尽管开机之前的几个星期在撰写呈交给国家信贷银行的申请书时,谁来扮演这个人物还是个未知数。罗贝尔增加了大量的场景,包括布莱罗坐牢"事件"发生之前的垂钓比赛。坐牢事件只是在影片40分钟之后,而在小说里却发生在开始几页。导演后来写道:"故事让我回到了卢瓦河畔的童年,那儿的村庄里总是有一个强盗、一个不法分子或不正常人。《神不知鬼不觉》可是我的所爱。我对野兽、陷阱和偷猎了如指掌。"依夫·罗贝尔还为自己保留了一个小角色,一个摄影师,那是罗贝尔儿童时代另一个惊叹不已的对象。影片最后定格于诺埃尔·亚当和克洛德·里奇的婚礼。

罗贝尔扩展了夏维勒伯爵的女儿和她的钢琴老师(小说里是体操老师,使得他击败森林管理员更加可信)的恋爱情节,赋以更加现代的色彩。阿拉贝拉·德·夏维勒是个穿长裤、在小镇上潇洒地骑助动车的年轻姑娘,面对要给他找个丈夫、扯着嗓子喊"镇上的所有青年人都是软蛋"的父亲,她决不低头。该角色将由诺埃尔·亚当扮演,自从出演《来得不巧》以后,她的头发就染成了终生不变的金黄色。

于勒·波尔孔一如既往,在影片准备过程干预很多。他建议对脚本作些修改,比如为布莱罗增加一条狗,名为弗勒冈。依夫·罗贝尔后来说制片人坚持道:"你们为啥不在电影里放一只小狗狗呀?电影里的小狗狗,总归讨人欢喜的呀。"如此,比比什加入了拍摄。这只专门用于拍电影的狗一周25000法郎,和它的驯养员报酬相同。在略做自我宣传方面,制片人同样不让步:布莱罗和典狱长结束夜间的逍遥生活之后,在监狱门口遇见其他囚徒和看守长。典狱长解释说他们刚刚从电影院回来,看的是《阿申纳·吕班》。这正是于勒·波尔孔出品、1957年春天上映的影片。维克多对监狱长说道:"想想看,他们是多么高兴。"

这位制片人喜欢法语俗语的妙趣,并相信其用于影片名字的力量。《来得不巧》的片名决定于脚本还没有写下一个字之前,定下之后他又和百代的经销经理一样对《布莱罗事件》大表不满,认为这个片名过于法律或者说过于沉重,显然令人联想到德雷福斯事件。依夫·罗贝尔叙述道,在一次拍摄结束后举行的会议上,于勒·波尔孔提议说,既然涉及偷猎的动物和鳟鱼,那就给影片命名为《光毛、光身和油炸》,模仿1957年秋季公映的莫里斯·代勒贝的影片名《走路、骑马和坐车》,它是当年演出季最为成功的影片之一。听得目瞪口呆的导演愤怒地叫道:"如果这样的话,又为什么不叫《未见、未闻和他妈的》?"在他极度沮丧之际,制片人却觉得这个想法太了不起了。确实,这样的说法在今天听起来早就过时,在当时却是极为流行。况且,依夫·罗贝尔自己在1950年马赛尔·布利斯泰奈的《比比·弗里科旦》片头试图偷盗那只双底箱子时,曾经狡猾地转动着双眼大声说"未见、未闻、我烦死你"。因此,最初影片开机和推广时用的片名是《布莱罗事件》,后来在11月中旬就变成《神不知鬼不觉……我他妈的!》,最后在离公映几周之前确定为《神不知鬼不觉》,还是在与依夫·罗贝尔激烈斗争中获得的让步。罗贝尔深深被制片人激怒,后来再也没有跟他合作。

然而,影片至少拥有一笔宽松的预算,高达1.05亿法郎。有许多外景、群众场面、繁多的室内布景……具体预算表则是四个星期又四天在塞穆尔-昂-沃克舒瓦及其周围,一个星期在朗布耶拍外景,接着是两个星期又三天在圣莫里斯摄影棚……最后改成25天。

其资金来源是传统的:从百代电影集团销售处预支2000万,于勒·波尔孔的香榭丽舍制片公司出资5500万(财务中支出1500万,以及从5500万发展资金中支取一笔资金),向全国信贷银行借款3000万("贷款的条件为在法国本土和北非总收入75%的建议比例由于勒·波尔孔先生担保来补充")。波尔孔在电影资金的构成中缴纳了个人的钱款:法国大众电影的制作领域不久就将盛行的一种做法是,制片人将不再直接从财务中掏出一分钱来，广泛运作的是"卖方信贷"，实验室、摄影棚甚至演员都同意在电影公映后从其经营收入中获取回报。

依夫·罗贝尔选择了年轻人克洛德·苏代担任第一助理，最初想让诺埃尔·洛克韦尔扮演镇长的角色，洛克韦尔的名字已经在18部影片的演员表中与德·菲奈斯的名字相遇，但最后是由费德里克·杜瓦莱斯扮演这位跟不上形势的民意代表。至于森林管理员帕尔茹，相对阿尔丰斯·阿莱的小说来说大大地丰富了。扮演这个人物的是穆斯塔什，一个法国爵士音乐和巴黎娱乐界的名人，其电影生涯刚刚开始不久。可是在《来得不巧》最后那场混战里，面对甩过来的酒瓶和其他乱七八糟的东西，他表现得像一个无所畏惧的斗士，后来又演过30多部长片。他那风格化的身影为漫画家埃尔维·莫尔凡提供了电影画报的素材：强人德·菲奈斯跨坐在他那宽大结实的肩膀上，手里捏住两只飞禽的脖子，飞禽的身子则与他那两撇胡子翘角融为一体。不过，电影界十分新奇的是，他的酬金为75万法郎，甚至被那位经验极其丰富的皮埃尔·蒙迪拉开了距离。蒙迪演的是对其"寄宿生"非常友好的监狱长布罗埃特，酬金是770833法郎。至于德·菲奈斯，他花了八个星期参加拍摄，获得300万法郎。菲奈斯从来没有获得过这么高的报酬：几乎是所有演员和龙套报酬加起来的四分之一，相等于所有小角色的演员酬金，而他多年以来一直属于这一类。或者呢，如果用更符合工会的标准来衡量，他每星期领取的酬金相当于通过各方谈判制定的法国整个电影界最低酬金的16.6倍。

《布莱罗事件》拍摄现场的气氛是快活的，尤其是在塞穆尔-昂-沃克索瓦居住期间。穆斯塔什后来承认，自己的身材就是在那里"最终"固定了下来。他住在一位饭店老板家里，分享了勃艮第如此美妙的菜肴，以至于增加了15公斤体重并且再也没有减下去过。这位爵士乐手兼演员扮演的人物性格粗犷，因是一个电影新手，成了大家捉弄的对象。他第一天拍摄的场景是到河边寻找布莱罗时从堤坝上滚了下去。他好几次沿着堤坝练习下滑。从此以后，大家常常找他排练各式各样的惊险场面，借口说是加进了脚本，只不过到最后时刻又取消了。为此，他身上添了一些青痕，直至假装膝盖受伤。大家担心会取消好几天的拍摄，制片人紧急找来医生，这才戳穿了这个骗人的受骗人。在10月份拍摄结束阶段，穆斯塔什的最后镜头和第一个镜

7. 普通海报之榜首

头一样也在水里:为了拍布莱罗和帕尔茹在河里你追我躲的镜头,两位演员跳进了特洛卡代罗的水池,而水温只有七度!

依夫·罗贝尔与主要演员的关系极其融洽。导演比演员要小六岁,坦承对演员的钦仰。他在《回忆录》里写道:"路易·德·菲奈斯是个伟大的演员。一个通过其形体、目光、声音来塑造人物的人。他是一个了不起的漫画大师,一位杜米埃,不是用铅笔,而是用锥刀在铜上镌刻。和《神不知鬼不觉》的助理克洛德·舒泰一样,我们作为旁观者都感到吃惊,哪怕是在拍摄之外。德·菲奈斯很虔诚,是个传统的人。每个星期天他都要去做弥撒。大家躲在一根柱子后面看着他祈祷。在那里,他不再是个了不起的丑角,而是一个庄严的人物……嗨,我想到的是巴拉迪尔!"

导演极其认真,反复拍摄,这很适合德·菲奈斯。诺埃尔·亚当回忆说:"他比跟莫里斯·雷加梅时要顺从得多。我觉得他对依夫·罗贝尔的导演能力要信任得多。"垂钓比赛的场景是拍摄的高潮之一。出于挑衅才报名的布莱罗通过抽签,被分配到的地方恰好就在其天敌杜布诺瓦镇长身边。他拿起一根刚刚在岸边砍下的树枝,绑上钓鱼线,靠着这个装置他的小木桶里装满了大鱼,好像是跺跺脚就能把鱼吸引上钩似的。他那些狡诈鬼脸,他那不可抑制的躁动,他对邻居做出的嘲讽微笑,他对每一条鱼所表现出不可思议的兴奋,这一切都让导演欣慰,在剪接时使得场景拉长。菲奈斯将从中受益:几个月之后,他在北方火车站的一个酒吧,非常开心地看到顾客们大笑着模仿垂钓比赛场景:是的,这对一位平民电影家来说乃是最高奖赏。

《神不知鬼不觉》于1958年4月23日公映。首映那天,诺埃尔·亚当一阵风似地从芭蕾舞《爽约》的欧洲巡演归来。舞剧故事来自弗朗索瓦兹·萨冈,亚当扮演女主角。鉴于《来得不巧》的失败,百代销售公司没有给予《神不知鬼不觉》那种雄心勃勃的影院组合的关注。该片在马里尼昂和法兰西影院上映,每场共有2696个座位,而1957年8月雷加梅的影片几乎是其三倍。好处轮到他了:第一周有19953人次,两家影院的组合的上座率为21.1%,但每一周都在上升,说明口碑很好:第二周为26.1%,第三周为28.6%……然而,数字并不巨大:《神不知鬼不觉》在任何时候都没有接近上座率之首。其他影片当然都是一些庞然大物,如5月7日公映的雅克·塔蒂的《我的叔叔》,以其在科丽舍和马里沃电影院的75.4%的上座率压倒了所有竞争对手。《神不知鬼不觉》在其特许公映的四周之内，两家巴黎电影院总共吸引了93168观众人次，也就是说比相对失败的《来得不巧》两周特许公映的人次勉强多了三千。

因此，这部影片不是很成功。由全国信贷银行在1957年8月即开机前几天发放的3000万法郎贷款必须在三年之内还清。还款在1960年3月完成，香榭丽舍制片公司将影片在最小的街区和殖民地影院经营的全部所得，包括出口所得，都投入了其中。这可不是成功的标志。

不过，比起财务和商业实际，人们对《神不知鬼不觉》的总体印象要远远好得多。首先，评论界发出的更多是正面声音，而且异口同声。当然，依夫·罗贝尔并没有被尊为当时最好的导演之一。他的影片尽管有弱点，可是引人发笑。比如，《人道报》看到的"确实是一部闹剧，但不是一部'粗俗的闹剧'：里面既没有下流的玩笑，也没有窠臼情境，而这些通常是此类影片的佐料。它给你带来一段欢快的小曲，充满童趣，令人产生好感。《费加罗报》认为"依夫·罗贝尔还缺少电影职业的素质"，然而"越是深入（影片），滑稽效果就越好。（……）在刻画这些可爱的滑稽人物群像时，在这种渗透了乡村玩笑的交响结构中，散发着雅克·塔蒂的气质！（……）时不时地还会令人想起马克·塞奈特。尤其是，比《来得不巧》更为明确，德·菲奈斯正式赢得了喜剧演员的称号：《解放报》认为，他的"模仿动作、鬼脸和眨眼这一次大放异彩"。《十字架报》表示，"他嘲弄，做鬼脸，埋怨，逗乐，轻易地令观众兴高采烈，他们第一次为他扮演了一个超过其功能作用的角色而鼓掌。"一些后来忠实支持他的媒体们这个时候开始出现，他们毫不犹豫地把他与当时的喜剧电影大师相提并论。让·德·巴龙塞利在《世界报》预测说："他的机敏、他的狡猾、他的眨眼让观众乐不可支。他真的就是滑稽化身。让我们拭目以待吧，如果他理应获得巨大成功的话，他会比达利·库尔更有理性些。"马克·法瓦莱里更为夸张，他在《巴黎快报》上宣称："他比达利·库尔好笑一千倍。"

确实，媒体开始思考法国喜剧电影脱胎换骨的问题。严肃的新教《改革》周报如此写道："一切就像发生过一场其宗旨无疑是与严肃命令相抗衡的笑的运动一样，（……）那么多的喜剧又怎么样了呢？唉嗨，损失比想象的要小。如果说《流浪汉费尔南》中的费尔南·雷诺满足于重复老掉牙的脚本中使用过的相同鬼脸,达利·库尔尽管富有才情却因无法使《葡萄牙洗衣妇》变得幽默而显得无能,如果说《超级秘密事件》只不过是美国幽默的苍白样本的话,至少还剩下真正发笑的机会。最好的机会,我们要把它归功于路易·德·菲奈斯……"

不过,他离顶峰还远着呢,即使是在这一类型里。1958年5月,《法国电影》发表了一则由法国电影中心委托的调查报告,表明61%的法国人(其抽样人数为3613名)看电影,30%不再去影院,9%从来不看电影。法国人平均每年看31次电影,仅有8%的受访人员喜爱喜剧超过其他类型(25%的人喜欢看情感片,20%的人喜欢看警匪片,12%的人爱看历史片,11%爱看冒险片,11%的人爱看"论点片")。在演员当中,让·卡班高居头牌,紧随其后的是喜剧演员费尔南代尔。第二位喜剧演员布尔维排名第八。达利·库尔排名十三。当然,报告没有提及路易·德·菲奈斯的名字。

8. 主角与次类
——从《两人生活》到《弗拉卡斯队长》,1958—1961

在法国,电影界会时不时地提起反思习惯模式的话题。1958年的初秋,《法国电影》周刊社莫里斯·贝西社长在卷首语上发表了一系列非常引人瞩目的文章。他在文中突然发问:"电影哪里出了毛病?"他指出,国家电影中心主任雅克·弗洛一年之前曾经写道:"要把观众人次变4亿为4.5亿完全取决于我们。"是的,不过呢:1946年的4.16亿人次的历史顶峰在不断地远离我们。贝西重提了业内人士就税收、价格封顶、规章制度等所做的连篇累牍的责难……对电影院的内部装修和布置、令人不快的观众接待……尤其是对法国的电影、制片人的保守、导演零零碎碎地使用经费等,他都甚有怨言。对新形式和新人员的需求已经感受得到。

原因是法国电影喜欢老调重弹。路易·德·菲奈斯就拍了一部公然怀旧甚至复古的影片:《两人生活》。这是莎夏·吉特利的最后一部电影,写于1957年夏天他辞世之前。大师根据其五部剧本编就一部由几个场景集锦组成的脚本,用最优秀的法国演员来演。他要求曾经担任过他的演员、制片主任和助理导演的克莱芒·杜乌尔来拍这部影片。故事讲的是一位剧作家(皮埃尔·布拉瑟扮演莎夏为他保留的这个角色)决定把自己的巨额遗产传给一对相亲相爱的幸福夫妇。有五对夫妇将要接受考验,并由公证人(路易·德·菲奈斯饰演)及其助理(克里斯蒂安·杜瓦雷克斯和雅克·朱阿努饰演)监证。每对夫妇演五部吉特利剧本中的一部:《幻想家》、《白与黑》、《欲望对象》、《弗朗索瓦兹》和《两记耳光》。演员包括热拉尔·费利普、让·马兰、费尔南代尔、索菲·德马莱、艾德维吉·弗依尔、让·利夏尔、莉莉·巴尔梅、达妮埃尔·达里厄、皮埃尔·蒙迪、罗贝尔·拉罗莫……此片拍摄于1958年1—2月,9月24日公映,遭到一些评论家的诟病。他们指责影片

8. 主角与次类

杂乱无章、节奏松垮、逊于戏剧演出、导演拙劣。有的人则赞扬对话精致、充满活力。然而，即使那些为之辩护的人也愿意承认这类电影开始令人作呕。只不过，观众还是把这部片子捧为当季 20 部成功影片之一，在巴黎的三个星期特许放映期中观影达 165162 人次。

实际看来，于勒·波尔孔凭《来得不巧》和《神不知鬼不觉》，并没有能够把路易·德·菲奈斯变成一个堪与达利·库尔或者雅克·塔蒂叫阵的明星，他俩的影片依旧占领着喜剧电影市场。失望？在缺乏制片人任何直接证词的情况下，只有从事实中去寻找……更多的是解除合约。第三部由路易·德·菲奈斯领衔的影片诚然还是于勒·波尔孔出品，但他那家香榭丽舍制片公司不再以主要操作公司出现，而是排在安德烈·于奈贝勒的"电影艺术制片公司"之后。影片《出租车、大篷车和混斗》是其十一年中的第十部长片，这位流行影片的高手围绕着菲奈斯这个人物摄制了一系列电影，自《丹吉尔使命》以来已经执导了五部菲奈斯在其中扮演小角色的影片。

如同常常在他的影片以及他的儿子让·亚兰的脚本中那样，我们可以找到其成功的因素。"源"影片自然是雅克·庇诺托的《三轮货车》，该片把达利·库尔造就成了巨星。英文电影爱好者还没有把这类电影命名为"旅行片"，但思路就是随着旅途中的相遇与偶发事件来推进影片。在《出租车、大篷车和混斗》中，观众并非追随着一个幻想的人物孤独漫游，而是一个普通的法国家庭乘着旅行屋车在西班牙度假。所以，莫里斯·贝尔吉便成了一个修修补补的出租车司机，他为那辆老旧的雷诺 G7 装配上"涡轮增压器"（原文如此！），好让它拖着度假大篷车，并让妻子、儿子、舅子、姨子和外甥女都住进去。这些脑筋活络的法国人，为了逃税他们在西班牙入境时把全部香烟存货都隐藏了起来。然而，海关窗口前站着一个漂亮的金发女郎，她往出租车司机的口袋里塞进了一颗偷来的巨大钻石，之后又和同伙们想方设法要把钻石追回来。脚本预设了一些地方色彩的镜头（如不可缺少的斗牛），几个大场面的表演段落（出租车司机追着狂奔的汽车和大篷车，坐在上面的家人惊慌失措）以及由金发女郎及其同伙穷追不舍而引起的所有可能的曲折情节。

当然，它抄袭《三轮货车》并不明显，主要原因是菲奈斯和布西耶尔已经将大部分喜剧性建立在人物性格特征或者"一般"表情进行夸张之上，而达利·库尔所有的成功都源自其疯疯癫癫的状态。不过，两部影片之间的共同之处很多，哪怕他们(尤其是其创导者)坚称所谓的电影"共同资源"：一场摩托车追踪，一台场面壮观的舞蹈演出，一些对野营乐趣的讽刺，甚至还有一段莫里斯·加尔代的表演。加尔代是一位大胡子滑稽体育(《三轮货车》中的足球比赛、《出租车、大篷车和混斗》中类似橄榄球赛中的混斗场面)评论专家。

于奈贝勒和波尔孔事先商定，双方平均投入影片预算中的制片人名下的资金。预算安排相当"紧"，1.1亿法郎用于三周西班牙的外景，两周朱安维勒摄影棚，两周半巴黎及其郊外的外景。出租车司机莫里斯·贝尔吉的角色理所当然地属于路易·德·菲奈斯(酬金800万法郎，比《神不知鬼不觉》中的高出两倍还多)，他的妻子热尔曼娜则应该由雅克利娜·马祥扮演，姨子将由乔吉特·阿尼斯扮演，连襟莱翁由马克斯·莱沃勒(该角色的预算为100万法郎)扮演。在正式开机的几个星期之前，制片方得以宣布一则漂亮的消息：雷蒙·布西耶尔和阿奈特·普瓦弗尔与公司签定了合同。"布布"酬金为240万法郎以及影片利润的5%。马祥和阿尼斯退出之后，分别由波莱特·杜布斯(50万法郎)和安奈特·普瓦弗尔(99万法郎)替代。马克斯·莱沃勒以其结实的身材和光头出演团伙的头目弗莱德一角(可是仅获80万)。安奈特·普瓦弗尔的女儿苏菲·塞尔(假名)十分自然地被录用以扮演莱翁和马蒂尔德的女儿。

在路易·德·菲奈斯和雷蒙·布西耶尔之后，位居演员表第三的是吉·贝尔蒂。他扮演的是莫里斯和热尔曼娜的儿子，片酬110万法郎。几年前，他因在安德烈·鲁山导演的《孩子问世之际》的出色表演而成为最有前途的电影青年之一。《孩子问世之际》的主角扮演者分别为安德烈·吕盖和嘉比·莫尔莱，原本是十年之间最为成功的戏剧之一。他的扮相英俊，却有点想入非非的愁苦，人气无论如何都要比维拉·瓦尔蒙高出两倍。瓦尔蒙将扮演金发女郎，也就是主角们经历所有遭遇的根源所在，她拿到的报酬仅是50万法郎。安德烈·于奈贝勒一年前录用她演过音乐电影《巴黎赌场》，她还曾在《脱衣舞女》中演过一个小角色。

从5月12日起在西班牙拍摄的三个星期十分艰难困苦，天气炎热，设备远远落后于法国。太阳无情无义，哪怕是对路易·德·菲奈斯这个西班牙人的儿子。由于灼伤且化妆难以掩盖,他的拍摄被迫中断了两天。因为场景所需的沙漠地带加油站稀少,所以有一天两辆设备卡车相继因缺油而抛锚。还有一次,《出租车、大篷车和混斗》剧组甚至遭遇了和影片中的人物一样的不幸:由于缺水,就得满足于直接从雇来拍电影的一部被警察拦截下来的运货卡车买酒喝。制片主任发现,在这个佛朗哥将军施行铁腕统治的国度里,人们无法买到或租到玩具武器、摩托车手的假制服,也无法为了片尾的追逐场景租到六辆马力强大的摩托车。因此追逐大篷车都是名副其实的警察,也是他们用值勤手枪逮捕身穿睡袍和睡衫的全家人并让他们俯首帖耳。

路易·德·菲奈斯远非人们后来指责的那样是一个狂妄自大、僵硬固执的人。在整个拍摄期间,他的女化妆师称他为"德菲奈斯特先生",引得整个剧组开怀大笑。唯有与法国联络的电话线路中断弄得他心绪恶劣。因为,就在拍摄期间,在巴黎,第四共和国垮台了。惊慌失措的当局十分紧张,造成法国和西班牙边境关闭,两国的电话也被切断,引起得不到家人消息的菲奈斯焦虑不安。让娜原本应该来陪他,因为紧急住院而于最后一刻取消了行程,帕特里克和奥利维耶就此失去了妹妹。也是在没有她在身边的情况下,他于一个星期日和剧组的其他成员一起去马拉加寻找父亲的坟墓。不过,在整个拍摄过程中,从一家旅店到另一家旅店,他把自己终究一起带来的妻子行李箱里的衣服丢了出去。

今天看来,《出租车、大篷车和混斗》远不是一部杰作。有几个镜头值得保留,比如路易·德·菲奈斯在"太阳门下的塞万提斯"三重组的陪伴下跳的那段令人惊奇的弗拉明戈舞蹈;十五年之前他在《雅各布教士历险记》①中跳过犹太芭蕾舞,已经表现出其所具备的那种远远超过拍电影需要的节奏感。

那些大众电影经验丰富的演员之间的戏拍摄得一帆风顺。雷蒙·布西耶尔、阿奈特·普瓦弗尔和普莱特·杜包斯特扮演那些说话声高、吵吵闹闹的法国度假客时表演并没有多大区别。维拉·瓦尔蒙成为安德烈·于奈贝勒悉心照顾的对象。由于缺乏经验,她必须经常拍摄比正常需要还多的镜

---

① 译注:又译《真假大法师》。

头,然而导演的温情还远不止这些。吉·贝尔蒂回忆道:"他给她撑伞,在她脚下放冰块。在这个时候,他不指导任何其他人。这让我对电影业产生了十分可怕的观感。"确实,他先前有过安德烈·鲁山严格指导演员的戏剧经历,而这第一部电影就打破了这位年轻演员的幻想。除了努力做到人物要求的口吃——不过只是间断性的——之外,正是他说出了《出租车、大篷车和混斗》台词中最富有机智的语言:"怎么?你是想叫我相信在格拉纳达没有格拉纳达人吗?"

《出租车、大篷车和混斗》于7月底结束,位于9月开季百代电影集团发行公司的十来部长片的中间,如朱利安·杜维维耶导演的《女人和傀儡》、罗贝尔·奥森的《你,这个恶魔》、贝尔纳·博尔德利的《猩猩向您致敬》、由爱蒂·康斯坦蒂主演的《耻辱通行证》……影片于1958年10月22日在四家特许电影院(巴尔扎克、海尔德、斯卡拉和维维恩)公映,一周可供座位10万个。第一周观众仅有33357人次,上座率恰恰为三分之一,与当年演出季的纪录相差很远。该纪录由达利·库尔主演的《三轮货车》于第四周在上述几家电影院里创下。安德烈·盖雅特的《双面镜》(热拉尔·乌利在该片拍摄期间结识了米雪尔·莫根,她后来成为其终身伴侣)和马赛尔·卡尔奈的《作弊者》高高占据着每周上座率的榜首,而于奈贝勒只位列当周公映片纪录的第四位,引人注目地被美国贝特·戈登的科幻故事片《幻想巨人》拉开了距离。

相对当时的这些巨片,《出租车、大篷车和混斗》在媒体上默默无声:有几家日报的评论短短的,没有一家在其公映的那一天即星期三刊出,有的要一直等到下周一,当影片被认为无足轻重时习惯便是如此。罗贝尔·夏扎尔在《法兰西晚报》上以《菲奈斯的节日》为题写道:"最重要的是,观众看到路易·德·菲奈斯跟狡猾的人或棘手的事打交道时笑个不停或几乎没有停过。"可是他的文章甚至没有达到1500个字的象征版面:《出租车、大篷车和混斗》的字数微不足道。《费加罗报》上就草草几行,《世界报》上勉强多点……

在以后的几个星期,上座率还是坚守住了:第二个星期有33571人次,第三周29488人次,崩溃只是在第四周发生,在四家特许电影院里观众人次为19820。不过,就在这个时候,《出租车、大篷车和混斗》开始了其在外省的生涯(在里尔当周以 12466 人次位列上座率第四,在波尔多以 5860 上座率位列第五),并且在巴黎街区和郊区的十几家电影院贴上了《即将上映》的字样。在特许放映的最后第五周,该影片在四家影院吸引了 132524 观众人次;毫无荣耀之处,但已经胜过了《神不知鬼不觉》。它在流行电影中处于中位,与顶端尚远,但票房效力显著。在第十三周公映结束之后,向国家信贷银行所贷的 3500 万法郎已经完全还清,这笔贷款相当于电影预算的三分之一。正是安德烈·于奈贝勒向这家法国电影银行还贷的正常速度。

离《我的叔叔》那不可思议的数字更远:1958 年秋,经过每天四场、长达 18 周、总共 500348 观众人次的特许公映,雅克·塔蒂的影片才从科丽舍影院和马里沃影院海报栏上撤下。而且,该影片原本还能继续放映几个星期,但是两家电影院已经保留给克洛德·奥当-拉腊导演、碧姬·芭铎和让·卡班主演的《万一不幸》公映。评论界陶醉于塔蒂的这部"高质量的法国喜剧",而电影界人士则为这部影片几个星期以来在巴黎最大的电影院之一守住 90%的上座率而沾沾自喜。《我的叔叔》表明,营销的所有现代机制是多么地能够带来利润。路易·德·菲奈斯还不属于这一类。他确实已经是个明星,因为他的名字已经能够出现在海报的上方,而媒体也把他当作一位人们耳熟能详的演员来介绍。如今他拿的片酬已经超过了体面:800 万法郎一部片子,再也算不上廉价片酬。可是,德·菲奈斯只是二类电影的主角。还要有几年,他得积累不声张的成功、不大不小的荣耀、小小的成就。他将属于电影的第二阵营:他那张脸为广大观众所熟悉,却不会让观众都能说出他的名字;他属于那种严格与大人物圈子区分开来的明星;那种出租车司机认得出、可是导演们碰到他们时却可能当作从来没见过的演员。

不过,在 1959 年秋天,路易·德·菲奈斯为其未来的腾飞树下了一个重要的里程碑:他将出演《奥斯卡》。该剧的编剧为年轻而娴熟的林荫道戏剧高手克洛德·马尼耶,于前一年上演于雅典娜神庙剧院,获得了还算过得去的成功。不过,他并没有进入剧组。

与费多和拉比什的剧作相似,《奥斯卡》的情节荒诞不经,纯属臆造,然而极其巧妙。某天早晨,青年人克里斯蒂安·马尔丹来到他的老板、一位富有的厂商贝尔特朗·巴尼耶家里,先是要求老板给他增加工资,好让他结婚成家;后又要求老板把女儿嫁给自己,之后又向老板宣布自己从公司财务那里挪走了4400万法郎。他把这笔钱换成了首饰,并要把它们送给科莱特·巴尼耶当嫁妆。老板吃惊之余,不得不同意这桩婚事。在马尔丹去拿首饰箱时,轮到一位年轻女人出场了:她承认自己冒充了巴尼耶女儿。而巴尼耶又发现自己的亲生女儿急于成亲,因为她已经怀上了奥斯卡的孩子,而奥斯卡是几个星期之前被开除的司机。就在此时,女佣人宣布辞职:她嫁给了巴尼耶的一位朋友,并成了男爵夫人。经过一阵相当激烈的争吵之后,她竟错把首饰箱当作她个人用品的行李箱。而巴尼耶以为把女儿嫁给自己的按摩师,尤其是将首饰箱给他之后就万事了结:"这里面装着能让你幸福的东西。"按摩师从中拿出来的是一件文胸。门铃再次响起:还是克里斯蒂安·马尔丹,他在寻找自己心爱的、却弄丢了的姑娘。他告诉巴尼耶自己还拿了5000万现金。巴尼耶将恋人们叫到一起并取回了一只新箱子……那也是交换来的,他再次要给按摩师。当然,巴尼耶女儿将找到她的那个奥斯卡,克里斯蒂安·马尔丹则与心爱的人重新聚首……爱人原来也是巴尼耶的私生女。

克洛德·马尼耶在剧本前言中写道:"这是一个'生活中'永远不会发生的故事,但是我希望你们还是要相信。如果你们从这个剧院走出去的时候能够说'这完全是胡说八道,不过我们笑得很开心',那我就以为这个戏赢了。"

整个戏一波未平一波又起,全都落在自始至终都在台上的贝尔特朗·巴尼耶的身上。有人跟路易·德·菲奈斯联系过,但他受雇于《出租车、大篷车和混斗》,因而谢绝了——他没有意识到这个被他拒绝的角色将对他今后的生涯具有决定性的意义。此剧演出时,出演这个令人惊诧不已的"江河"角色的将是皮埃尔·蒙迪,雅克·莫克莱尔的导演极其生动。莫克莱尔曾经是路易·茹威剧团的演员,尤奈斯库戏剧的大专家,对林荫道戏剧也是烂熟于心。蒙迪的对手戏角色,即克里斯蒂安·马尔丹将由年轻人让·贝尔蒙多出演。贝尔蒙多自从在国立戏剧艺术学院的毕业大赛中显而易见成为阴谋的牺牲品以来,巴黎戏剧圈内的人都在说着他的名字。巴尼耶夫人由马丽亚·帕科姆出演,按摩师费利浦已经是马里奥·大卫……《奥斯卡》于1958年3月20日在雅典娜神庙剧院首演。最为激烈的评论家们对这家曾经由路易·茹威领导的剧院献身于轻喜剧感到遗憾,但媒体这一次却是

8. 主角与次类

异口同声:《奥斯卡》是一部已经好久没有见到过的滑稽戏。法兰西学院院士罗贝尔·康在《世界报》上提及"费多式的碰碰撞撞、蹦蹦跳跳(……)令人头昏目眩,类似于儿童滑梯"。人们到处赞美皮埃尔·蒙迪,"哑剧的大师,旋转的高手,蹦跳的杂技师",赞扬让-保尔·贝尔蒙多"俗中有雅",甚至还对马里奥·达维德的"富有表现力的胸肌"大加赞赏……这是一场成功的演出,演了两百场,并且不因为让-保尔·贝尔蒙多服兵役离开并由让-皮埃尔·卡塞尔替代而有丝毫逊色。不过,这场漂亮的成功演出还没有获得历史性的胜利。

在这段时间,为了外省民众的幸福而制作经典作品演出的制作人马赛尔·卡尔桑蒂向路易·德·菲奈斯提议,实现他自西蒙学校以来就暗中怀揣的梦想:在乔治·维塔利的执导下出演莫里哀的《吝啬鬼》。卡尔桑蒂组织的巡演可以让演员们演上相当数量的场次,而不必暴露在有时颇为残酷的巴黎评论家们的眼皮底下。如此,德·菲奈斯便可以几个星期或几个月在素称比巴黎观众更为宽容的观众面前扮演阿巴贡,使其演技进步而不必冒被媒体在其表演到达成熟之前遭到封杀的风险。如果演出经验让他感到不安的话,他回到巴黎后甚至不必再演这个角色,既然卡尔桑蒂的制作费用已经在巡演中收回。菲奈斯签了字:他将演阿巴贡。而这却让他陷入焦虑的痛苦之中。他从来没有这样怯场过,甚至在首次排练之前。《吝啬鬼》加剧了他的失眠,改变了他的心情,接连几个月让他心惊胆战。最后,他决定放弃。他跟卡尔桑蒂敞开心扉,卡尔桑蒂宁愿找到一个更好的安排,也不想与之恶言相骂。正好,外省需要《奥斯卡》,而剧本的创作人皮埃尔·蒙迪不能加入这场可能的巡演。

在首演之地枫丹白露排练了几个星期之后,路易·德·菲奈斯于1959年10月1日前往外省和北非巡演一百天,这使他在四十五岁这年有了第一次坐飞机的机会。演出阵容中包括许多原创剧组中的演员:马丽亚·帕古姆扮演巴尼耶夫人,马里奥·达维德扮演按摩师费利浦,热尔曼娜·代尔巴扮演管家婆夏尔洛特。继巴黎的贝尔蒙多和卡赛尔之后,一位德·菲奈斯颇为熟悉的年轻演员将扮演与轻喜剧关系密切却行为乖张的年轻人,就是他在《出租车、大篷车和混斗》中的搭档吉·贝尔蒂。

演出到处获得成功。剧院家家爆满,仅仅冲着卡尔桑蒂巡演的名气而来。卡尔桑蒂的巡演在外省剧院提供年票,推出的总是高质量的演出。此次成功尤其在于,德·菲奈斯以非同一般的方式令人折服,剧本和剧团的节奏都由他支配。吉·贝尔蒂说道:"他得卖力苦干。"这次巡演标志了其生涯中的一次转折:他发现自己可以比别人更加有效地掌控权力,而这是蒙迪在雅典娜神庙剧院里所没达到的境地。肯定他同时也发现自己的价值在戏剧里比在电影里更加不容置辩。

那是因为在 1959 年 8 月,德·菲奈斯亲眼目睹了《无赖与公司》惨遭毫不含糊的失败(参见上一章末尾的《远征意大利》),而他本人刚刚在六周之内为小姨子弗朗索瓦·吉尔拍了其唯一的一部长片,后来吉尔就转向拍摄电视片。该影片改编自米歇尔·杜朗的《皮推蒂们》,剧本在林荫道剧院里已获得小胜,并且拍成了电视片,主演为阿弗莱德·亚当、罗西·瓦尔特和吉·贝尔蒂。故事说的是巴黎一位出版商的儿子和女儿各自都和蒙特厄依门街区一家吉卜赛人的女儿和儿子谈情说爱。文化的撞击,道德的撞击,生活方式的撞击。

制片人提议用一首名歌《我的茨冈朋友》来给影片命名。这首歌由巴黎左岸酒吧艺术家雅克·维利耶尔创作,旨在纪念强古·莱因哈特,后来经依夫·蒙当演唱便成了名歌。片名是购买来的,雅克·维利耶尔甚至还在片中出演一个角色,强古的兄弟约瑟夫·莱因哈特也同样如此。让·利夏尔扮演皮图依蒂父亲,茨冈家族之长。路易·德·菲奈斯扮演奢华街区的资产者出版商。吉·贝尔蒂继《出租车、大篷车和混斗》之后再次扮演他的儿子,而安娜·道阿呢,早在《叫人把银行给炸了》之前几年,已经成了他的女儿。

结果拍出来的是一部支离破碎的影片,其中两位主角全力以赴,竭尽其表演能力,轻而易举地掩盖了剧组原本偏弱的其他演员,从而使得原本沉闷的导演有了节奏。12 月 2 日公映后,媒体相对冷淡,含糊其辞的捧场评论也言词简短。如《费加罗报》的评论认为,影片"在讽刺和夸张两方面都不够深入,但表演还是令人愉快的,虽然导演过分地分散了人们的兴趣并打碎了行动"。不过,影片的失败还是不容置疑;六家特许公映影院总共有 4198 个座位,只有 19818 观众人次,上座率仅为 13.4%。之后的一个星期,影片就被撤下。弗朗索瓦·吉尔再也不拍电影。

8. 主角与次类

现在,本书作者略微走出沉默以便告诉读者,他遇到的是一部路易·德·菲奈斯拍过的最差影片《发牢骚者春风得意》,它的另一个片名为《有人喜冷》。噢,当然啦,自《巴比松的诱惑》以来他拍过大约 90 部影片,其中可能会有一两部甚至五部令那些街区电影院最为宽容的怀旧者都难以忍受的片子,甚至还可能发现某一部片子的剧情编得多么糟糕、对话多么平淡、导演多么平庸或演员多么错用,然而《发牢骚者春风得意》集中了所有这些缺点,从而成为一部令人伤心的影片。

脚本源自让-达尼埃尔·达尼诺的作品,此人的电影生涯昙花一现。当让·巴斯蒂亚决定拍摄并着手与对话作者吉·利奥奈尔一起改编时,片名还是叫做《发牢骚者春风得意》。剧情散发着老旧的林荫道戏剧气息:1759 年,瓦尔莫兰侯爵离开人世,留下了一笔巨大遗产,同时又欠下了加洛班老爷一笔沉重的债务,而这笔债务必须由其继承人付清。然而,他又规定遗嘱必须在两百年之后启封;1959 年,在日内瓦一家公证人那里,遗嘱公布于世:他的财富(其间又有增长)将属于继承人当中患有不治之症者。

路易·德·菲奈斯扮演安吉·加洛班,他在整个影片中都在试图收回债权(脚本的缺点之一恰恰就是他竟然做到了)。瓦尔莫兰的继承人们组成了一幅色彩斑斓的群像,片头甚至有一位苏格兰人(在获知遗产的数额之后,他心脏病发作猝死)和一位非洲人(哈比比·邦戈利亚,这一角色及其语言在今天简直就是来得不巧)。每个人都企图让人相信自己患上了不治之症,都在伪造医疗证明、假装各种症状,或者装疯卖傻。继承人当中有罗贝尔·马纽埃尔扮演的一个诡计多端的意大利人,皮埃尔·杜丹(当时正值其名声的顶点,一方面是因为他拍的那些喜剧电影,另一方面是因为这位综艺歌手演唱了众多歌曲,其中一枝独秀的是在世界获得成功的《一瘸一拐》)扮演其擅长的颇有人缘的老伙计,马蒂尔德·卡萨德朱令人意外地扮演一个有点神经兮兮的农妇。弗朗西斯·布朗什是个众所周知的干得出最糟糕事情的人,他扮演一位美国人,以一种罕见的谦卑态度面对最坏的形象:夸张的大帽子,滑稽的 T 恤衫,科耳特左轮手枪插在裤腰带之间,床头柜上成排的可口可乐瓶子,带有讥讽腔调的悠然口音……人们甚至看到,在影片的最后时刻,扮演公证人的诺埃尔·洛克韦尔(其整个生涯向来演的都是几乎完美的、富有尊严的角色,因为人物是如此地僵硬而又骄傲),被紧身衣像香肠那样紧裹,在淋浴时哼着一首没头没脑的歌,两只疯眼滴溜溜地转。最后,让·利夏尔在影片的最后几分钟出现,他的角色主要是在重复其《探测家》里的节目。

奇怪的是,德·菲奈斯表演得更好。确实,他扮演的人物悖论地利用了编剧和导演缺乏想象力这一点:千篇一律地重复着相同的动作,从来不改变表演动机,每次出现时唠叨的都是同样可怜巴巴的台词。当然,他的角色如此贫乏有利于限制损失,不过我们还是回到本书开始时提出的一条规律:路易·德·菲奈斯即使是在一部糟糕的影片里也是好的。在《发牢骚者春风得意》里他马马虎虎,不像在其最为伟大的经典影片里那样辉煌,但是并没有像一些同行那样整个身心都十分地消沉。

1959年9月9日,比利·瓦尔德导演、玛丽莲·梦露、托尼·科蒂斯和杰克·莱蒙主演的喜剧片《热情似火》在法国上映。获得了巨大成功:10个星期的特许上映期,342532人次,年度排行第三位。于是,《发牢骚者春风得意》要更换片名,尽管片头已经制作完成。1960年2月17日,影片上映,片名为《冷酷如冰》,海报上弗朗西斯·布朗什、让·利夏尔和路易·德·菲奈斯的排名顺序正好反映了当时的票房名次。评论界是令人害怕的。影片时而被猛批,时而被晾在一旁。第一周有52987人次,是该星期最好纪录,然而第二星期仅为29267人次;在巴黎的特许放映期间有82254人次,预示着影片的生命在巴黎街区和外省影院,正是这些影院的收入将极大地弥补影片费用。某类电影的经济学以极其粗暴的简单方式暴露无遗⋯⋯

之后,几乎在整个1960年,路易·德·菲奈斯都没有在银幕上现身,这是他1948年以来还没有发生过的事。人们只是在盛大节日的前不久才在一群重量级演员阵容中重新见到他,即影片《天真汉或20世纪的乐天派》。《傻瓜》拍完五年之后,他因一部完全不同类型的影片而与诺贝尔·卡尔博诺重逢。在这部影片里,没有半句奥迪亚尔的行话切口,也没有跑马场上的平头百姓,哪怕阿尔贝·西蒙南也参与了脚本写作。将伏尔泰的小说改编成当代影片,触及到"奇怪的战争"、"巴黎被德军占领"、"冷战"、反殖民运动和种族隔离等重大政治叙事。让-皮埃尔·卡塞尔扮演天真汉,达莉亚·拉维扮演他的心上人居内恭德小姐,皮埃尔·布拉瑟尔演邦戈罗斯。一大帮人物在这部拍得又快速又理性的导演作品中相逢:米歇尔·西蒙,雅克利娜·马扬,罗贝尔·马努埃尔,莫里斯·比罗,爱莉丝·萨皮利奇,还有歌唱家让·康斯坦丁和奥代特,评论家弗朗索瓦·夏莱和阿尔贝·西蒙南本人……

露易·德·菲奈斯紧裹着一件黑皮大衣,扮演的是盖世太保头目,居内恭德的恋人。他的情敌是个黑市贩子,让·利夏尔扮演。在这个物质匮乏、充满危险的时期,两个男人对她关心备至、送礼不断。盖世太保分子把一桩肮脏的交易强加给姑娘身上(温柔的声音、凶恶的微笑,他低声说道:"我只想让你幸福"),根据这桩交易,姑娘每三天轮流跟贩子和他生活。天真汉将两个人都杀掉,由此引起了由让·普瓦雷和米歇尔·塞罗扮演的两个警察的注意。这两个警察经历了所有政权,一贯唯唯诺诺。可是两个人又复活了过来,让·利夏尔变成演出的制作人,路易·德·菲奈斯则是法国自由军队的一名情报负责人,两个人对天真汉和居内恭德都怀着某种模棱两可的意思。

除了那些令人不快的政治和历史影射之外,观众无疑对眼花缭乱的演员阵容极感兴趣,如由达里奥·莫莱诺和刘易斯·马利阿诺扮演的两个南美军人围绕着居内恭德来来往往。影片于1960年12月16日上映,让·德·巴隆塞利在《世界报》上写道:"这些反抗的微风为我们的不幸报了仇。"《天真汉》的形式和调子吸引的对象远远不止评论家们,它在马利让和法国人电影院坚持了8个星期,到特许放映期结束时总共有211483人次,这对一部已经被人遗忘的影片来说是不错的成绩,而影片在2005年被重新制作为DVD完全归功于路易·德·菲奈斯的表演。

《天真汉》上映两周之后,推出了让·巴斯蒂亚的另一部小制作影片《小火车》。剧情的精神与《我的茨冈朋友》如出一辙,导演手法与《冷酷如冰》毫无二致。演员队伍十分接近,领衔的是其时正值人气顶峰的让·利夏尔。这也是为什么影片大部分都是在艾尔默农维勒和桑利斯附近的自然外景拍摄,而这极大地方便了他和另外一位明星罗歇·皮埃尔。这是继《我们在尚皮尼奥勒的其他人》、《尚皮尼奥勒的警察》和《冷酷如冰》之后,让·巴斯蒂亚用让·利夏尔作为主演的第四部影片。而且依然属于手工作坊式的制作:小小的技术队伍,摄影场上也没有真正的等级区分,演员的表演甚至文本的自由度很大,常常把他们在音乐剧中的手段和拿手好戏加以利用。

此外,《小火车》先后推出的海报也清楚地说明这些演员的人气。在最初由康斯坦丁·贝兰斯基画的海报上,名字写得大大的是让·利夏尔、罗歇·皮埃尔和路易·德·菲奈斯,三个人物可以说是一视同仁地被作了漫画处理,而帕斯卡尔·巴斯蒂亚则被表现为五彩缤纷的蒸汽机火车头。而且,虽说三个人的名字排在一排而且字体相同(在演员表上也同样如此),他们的顺序是不变的,即德·菲奈斯总是位于演员表第三。1969年,该片重新上映,片名是《小火车就在那儿》。在富吉尔制作的海报上方,路易·德·菲奈斯名字写得更大了。在他的底下,无论是字体还是字形,让·利夏尔和罗歇·皮埃尔以及克里斯蒂安·马兰的名字都变小了。可是在此期间,马兰由于在连续剧《天上骑士》中扮演拉威尔杜尔一角已经获得了全国性的名声。

路易·德·菲奈斯经营着一家制造杀虫剂的企业,克里斯蒂安·马兰当他的秘书。儿子罗歇·皮埃尔为了加入他喜爱的姑娘家庭而与自家人决裂,那是一个流动演员的家庭,他们乘坐最为普通的火车(片名来历)在全国乡村闯荡,头领是"光耀的波米奈"(让·利夏尔饰)。

拍摄的总体气氛十分和谐,从画面上就能感受得到。路易·德·菲奈斯的主要镜头都是在摄影棚里完成,他的表演具有林荫道腔调,并加进了许多嘴巴发出的小声响和面部表情。1960年12月30日,《小火车》上映,勉强居于中位(两个星期的特许放映有36957人次)而已,整个媒体都视而不见。

在这60年代曙光初现之际,路易·德·菲奈斯无疑进入了总结阶段。《奥斯卡》巡演成功,拍的影片多为平庸之作却报酬不菲……年届五旬可还是一个二类演员。虽说是在二类之巅,但离一类还差得很远。哪怕是被派演的多为次要角色,他还是通过几年来在为数极少的几部影片中担任主角获得了名份,或者说名声。而他的选择,虽说不一定是爱好者的电影名作,可是从资金方面来看还是赢利的。

他决定跟自己的经纪人安德烈·特里弗分道扬镳。两人的关系已经变得困难起来:路易·德·菲奈斯毫不喜欢那种"什么事都不干"却想拿走他收入10%的人,而经纪人则坚信他这个演员的收入不会更高了。让·利夏尔、达利、库尔或者弗朗西斯·布朗什接二连三地在那些没什么远大志向的小制作中担纲主演,而他们的收入加在一起却占据了绝大部分。布尔维尔或者费尔南代尔的水平更是绝对无以企及。他想象不到的是,除了在这条拍摄黑白大众影片的道路上继续走下去之外,演员还可能具有什么其他的雄心壮志。

如此,就在1960年,路易和让娜·德·菲奈斯决定独立自主。对外,将由让娜解释两人所做的决定,也将由她承担起拒绝片约和谈判丈夫酬金的重任。她将成为一个关键性助手,所有证人都将见识到她的效率和好斗,以至于热拉尔·乌利——既是路易·德·菲奈斯的朋友同时也是导演——后来告诉我们说,1961年他为《犯罪无酬》来雇请他时,德·菲奈斯的要价"很高,真的很高。当然,他值这个价,不过我记得他的要价真的很高"。

于是,当他获悉皮埃尔·戛斯帕尔-于特准备拍摄《弗拉卡斯队长》之后,这个没有经纪人的演员将自己去游说导演。这位导演自从代替罗歇·利希贝执导了《佩尔勒先生出走记》后,票房价值和巴黎专栏上的排名都有了一些提升(尤其多亏1956年碧姬·芭铎主演的《新娘太美》),证据是正是他请来了阿兰·德龙跟罗蜜·施耐德演对手戏,而选择施耐德是为了1958年拍《克里斯蒂娜》。结果将引出一场轰轰烈烈的爱情,当路易·德·菲奈斯来找皮埃尔·戛斯帕尔-于特时,这场爱情还在延续。导演回忆说:"他没有了经纪人。我已经想到了他,但是他赶在了前面,跟我要斯卡班这个角色。"

这个角色并非一个仆人,而是在剧团里扮演仆人的一个18世纪演员。根据传统,这一时期的演员通常使用他们的角色名字。故事说的是,破产绅士西戈雅克男爵半路上巧遇蹩脚演员艾荷德的剧团,出于对冒险生活和女演员伊萨贝尔那双美丽大眼的向往,他追随剧团扮演起擅于长剑的漂亮年轻人的角色,并成为弗拉卡斯队长。在这部根据泰奥菲·戈蒂耶小说改编的影片(自从1909年维克多兰-希波利特·雅塞以来已经是第六次)中,西戈雅克将由让·马兰扮演,年轻的伊萨贝尔由热纳维埃夫·格拉扮演,几年之后她将出演中士长的忠心女儿。该流动剧团由费利浦·诺瓦雷率领,这是其第二个电影角色。剧团在途中将与另一家剧团相遇,它的领班是一个雇佣剑客,扮演者为让·罗什福尔。罗什福尔从此开始出演系列古装影片(《子弹》、《铁面具》、《安吉利克》三部曲)。

让·马兰的一切都表明他得演西戈雅克:自《小心啊,碉楼!》以来,他便以那令人目眩的演技统领着法国的"侠客"类型电影。自从让·科克托几乎不再拍片后十余年之后,马莱几乎只拍这些令法国观众称奇不已的冒险片,并为自己带来了人气的顶点。《弗拉卡斯队长》是他唯一一次手举着长剑跟另外一位此类影片的高手热拉尔·巴莱正面交手。巴莱为皮埃尔·戛斯帕尔-于特出演奸诈的瓦隆布罗兹公爵,后来又在贝尔纳·博尔德里的影片中出演,尤其扮演过火枪手达尔达让和骑士德·帕尔达让。

路易·德·菲奈斯在这部影片中的地位令人对他在法国电影界中的位置有了某种概念。脚本对斯卡班这个人物并不怎么宽容,他很少独自一人在情节中出现,且大多数时间都有费利浦·普瓦雷扮演的剧团团长艾荷德紧随左右。虽然德·菲奈斯拿的酬金很自然地要比让·马兰少7倍(根据影片的预算,3.5万法郎对26万法郎),可他至少是全体演员中位居第二的。热纳维埃夫·格拉和费利浦·诺瓦雷,尽管在银幕上现身时间更多而且角色在剧情中也更加重要,也只拿到1.5万法郎。热拉尔·巴莱的报酬仅有1.1万法郎,他演的角色是非常实在的骗子瓦隆布罗兹,却比让·马兰少23倍。确实,除了马莱之外,仅从电影的角度来看,路易·德·菲奈斯的名声已经超过了所有其他演员。影片公映时,在一张摄于巴黎某家电影院门口的照片上,人们明显地看到灯光广告上写着:"《弗拉卡斯队长》,由让·马兰和路易·德·菲奈斯主演。"

1960年12月中旬,为期八个半星期的拍摄开始了,其中只有三个星期在埃皮奈摄影棚。许多外景主要是在曼德农和盖尔芒特的城堡里进行。皮埃尔·戛斯帕尔-于特说道:"拍摄进行得相当顺利。大家相处得很好。对菲奈斯来说,角色安排得妥当。我发现他极其守纪律和听话。他一丝不苟地遵循导演的指示,并没有在斯卡班身上做什么特别的发挥。他有点焦虑,总是想做得更好,总是力争完美。一个优秀的学生。"

大家把很大心血都放在了动作镜头之上。马莱和巴莱都把从来不使用替身视为荣耀,即使在最为壮观的两人斗剑的场面也不用替身。德·菲奈斯加入了影片结尾时的混战,他尤其得把一只花瓶砸向瓦隆布罗兹手下的一个人的头上。为了这个场景准备了三只轻质石膏做成的花瓶,全都用在了三次连续进行的重拍,而皮埃尔·戛斯帕尔-于特还要了第四只。于是,拿来一只真正的陶器花瓶认真地砸破,然后立即胶好,好在摄影机前砸出效果来。然而,当路易·德·菲奈斯在拍第四次镜头时,他手腕使力时反了方向,砸昏了摄影师。

《弗拉卡斯队长》于 1961 年 4 月 21 日上映,第一周相当漂亮,有 54622 观众人次。虽然不是一次令人震撼的票房纪录,但是在商业上是成功的:四个特许放映星期有 202702 人次。不过,这部影片对路易·德·菲奈斯来说并不划算。淹没在一群不由他主导或至少不能与他人区分开来的剧组里对他再也没什么益处。而酬金再丰厚又有什么意义……《绑鸭报》干脆写道:"路易·德·菲奈斯只是在跑龙套而已。"《费加罗报》说他"只获得了一些微不足道的搞笑机会"。

9.《里面有……》

——从《奥斯卡》到《咱们去多维尔》,1961—1962

《奥斯卡》上演一百天,实在不多。在巴黎,菲奈斯在马尼耶剧院演出中掀起的旋风时有传闻,此剧还在外省和北美进行了巡演。制作人让-雅克·维塔勒提议恢复上演时,菲奈斯犹豫几天之后答应了。他上一次作为巴黎剧院海报上领衔演员的经验是在半年之前。自然,他在《啊!美丽的仙女!》中曾经大获全胜,然而《波比》的失败痛苦依旧令人记忆深刻。此外,三年前皮埃尔·蒙迪刚刚扮演过的角色依然活在巴黎观众的心中,重新演绎明显有风险。再说,谁都知道,就首都观众的反应而言,外省的成功无论如何说明不了什么。在喜爱《奥斯卡》的儿子们的鼓动下,他接受了。演出在圣马尔丹门剧院进行。在林荫道戏剧初期,这家剧院的观众曾经造就一些演出的历史性成功:如十多年前由格莱尼耶-于斯诺剧团上演的《三个火枪手》,之后是罗朗·佩蒂舞蹈团的芭蕾舞,由雅克兄弟主演的喜剧《美丽的阿拉美尔》,由布尔维尔和乔治·盖塔利主演的喜歌剧《平安岛》……

演员自然有所变动,尤其是因为当时跟皮埃尔·蒙迪和让-皮埃尔·卡塞尔同台演出的马丽亚·帕科姆将巴尼耶夫人角色给了德尼丝·普洛旺斯。但是吉·贝尔蒂、马里奥·达维德和热尔曼娜·德尔巴岿然不动。排练风平浪静,但在正式演出之前菲奈斯极其担心。毫无疑问的是,他的职业生涯向前迈了一大步。电影界还没有给予他任何可能让他更上一个台阶的机会,而他却在一部复排的戏剧中担纲主演——这也许使他最终归属在这类演员,而用安德烈·费德里克和布朗奇尼奥勒成员的话来说,业内从此把他们称为过气分子。

然而,当评论界来到时,立即就被亢奋情绪所包围。让-雅克·古蒂耶一反他一贯极其坚持的常规,在《费加罗报》上发表了一篇通篇评论路易·

德·菲奈斯的文章。一字不提导演。一字不提其他八名演员。在这位奇人的光芒照耀下,古蒂耶心驰神往,只谈剧本的主角,宣称"他在丑角表演中达到了伟大"。马克斯·当瓦莱里在《巴黎快报》中宣布说,德·菲奈斯"配得上马克斯·迪尔利"这位先锋电影界的滑稽大师。他写道:"其肌肤如此柔软如同丑角雅风隆浓墨重彩的脸上的手套一般。声震屋瓦的嗓音。双腿的表演令许多拳击手都会羡慕,无人撼动的权威。就凭他一个人,路易·德·菲奈斯保证了《奥斯卡》的成功。"

在最初的几个星期,观众们对评论界的指令略有抗拒,用行话来说,上座率只是"还过得去":周末满座,平时稀疏。刚刚登基几个星期的比利时年轻王后法比奥拉赶来观看《奥斯卡》。在观察家们的记忆中,正是从这天起演出才真正火红起来。圣马尔丹门剧院再也不会空场,化妆间的走道上每天晚上都挤满了全巴黎和演艺界的名流。

每天晚上,路易·德·菲奈斯都在对他的人物进行补充、细化、增强和扩大。导演雅克·莫克莱尔原本是做"连场"的,但是很快就退居于后,因为菲奈斯的自由表演极其强势,其在观众身上的效果运转得如此奇妙。他对静场、停顿、静止的噘嘴、台词之间的间歇以及突然加快的节奏都控制自如。很快,台词还没说完观众就放声大笑起来,如著名的"这其中有让你幸福的东西"这句,刚说到第三个字时全场就笑弯了腰。

吉·贝尔蒂:"他拉长了临场发挥的时间。如果某个跟蚊子相关的技巧产生效果的话,第二天他便创造出第二只蚊子出来。到最后,便有了半个小时。"对观众来说又多了半小时的快活,他们每天晚上对他的表演欢呼不已。贝尔蒂称他是"一名表演健将。"

在演出《奥斯卡》的头几个星期内,德·菲奈斯拍完了电影《弗拉卡斯队长》。接着便单纯地品尝着巴黎的这场胜利,他在其中压倒了一切:他的同台演员、导演、有关曾经演过这个角色的朋友皮埃尔·蒙迪的记忆,甚至克洛德·马尼耶的剧本。他把这部剧本推向了一个始料未及的火爆状态。令人精疲力竭的工作,他在幕间休息时疲惫不堪,独自一人以养精蓄锐和保持注意力集中。他跟一位记者说:"闲聊啦,开玩笑啦,到了舞台上就再也没力气了。"

幸福的时期:他每天晚上大获全胜,但据他儿子们的叙述,他出现在公共场所时还能享受其最后一段平静生活。演出结束之后,德·菲奈斯全家人经常在圣拉撒尔火车站附近的一家餐厅吃夜宵。这位本戏剧季最受欢迎的演员在经历过圣马尔丹门剧院长时间的签字场面之后,在这里却没有受到任何人的骚扰。不久,这种太平将被忘怀……

他将把《奥斯卡》一直演到1962年夏天。当年秋天,他因《大动荡》而与罗贝尔·德利会合,将角色给了帕斯卡利。这是一位比他年长十六岁的林荫道戏剧规规矩矩的演员,先是在圣马尔丹门剧院、后是在欧洲剧院将这部由雅克·莫克莱尔导演的戏剧一直领衔主演到1200场。不过,在这场新的舞台胜利之前,他与布朗奇尼奥勒人士再次重逢,这一次是为了电影。

三年期间,罗贝尔·德利、科莱特·布劳塞和布朗奇尼奥勒团核心成员在英国和美国演出了《姑妈之笔》,之后便让这部没有他们参加的演出(这是他们先前作品中最好的一部表演节目)在美国巡演。他们带着法国人在英美国家大获全胜的光环回到了巴黎。制片人耐心地等着推出一部新的电影作品,影片脚本依据他们的第一部也许拍摄得过早(1949年)的长片《布朗奇尼奥勒》,此片毁誉参半。

此片的故事情节来自皮埃尔·切尔尼亚,这位电视人多年来与布朗奇尼奥勒一伙配合默契。他在勒瓦罗瓦-佩莱的一条马路上看到,停在一幢破烂不堪的大楼底下的一辆美国豪华轿车,由于环城大道工程而必须毁掉。路过伦敦时,布朗奇尼奥勒艺人正在上演《姑妈之笔》,他便跟罗贝尔·德利谈起根据这一怪念拍一部电影:在一个十分普通的平民街区里,有一家人继承了一辆昂贵轿车。不久以后,德利在《读者文摘》上读到了一则短篇小说:美国有一个亿万富婆,由于丈夫在遗嘱中要求将其劳斯莱斯轿车出售所得交给女秘书,所以决定以一种可笑的价钱甩卖掉。他便给切尔尼亚打电话:这便是要写的剧本故事。最初的脚本于1957年写成,影片于1961年开拍。

脚本是通过德利和切尔尼亚两人大量的通信逐渐写就。背景很简单:通管工人(这是德利发明的一种职业,由他本人扮演)和妻子(科莱特·布劳塞)以低得可笑的价格买了一辆美国豪华轿车。整个电影将针对他俩的社会地位与拥有这样一种轿车之间的差异以及这样一部邮轮般座驾落到一个"新教徒"手中时所能发生的稀奇古怪的奇遇来展开。

在"由罗贝尔·德利编剧、皮埃尔·切尔尼亚执导的影片"《美国靓女》

开机拍摄的几个星期之前,两个人与世隔绝,埋头完成最后的分镜头工作,而阿尔弗莱德·亚当(他也将在影片中表演)编写对话。演员阵容庞大,因为马赛尔·佩里农被他的轿车引入了各种阶层。罗贝尔·德利召来忠实的朋友(雅克·勒格拉、罗贝尔·劳利、雅克·法布里)、一些同类的新朋友(克里斯蒂安·马兰、贝尔纳·拉瓦莱特——此人从此开始了其不可撼动的法国电影部长生涯,因为他接着连续几十次成为电影和电视片的政府负责人),以及布朗奇尼奥勒幽默家族的所有成员,他们闪现在一些多少是稍纵即逝的角色之中:让·里夏尔扮演锁匠,让-马克·蒂波扮演上流社会的同性恋,米歇尔·塞罗演流浪汉,罗歇·皮埃尔演一位敞篷车上的时髦人士(其名言"那么老朋友,躺椅呢?"将长期伴随着他),雅克·巴吕单扮演一个愚蠢的警察(而且就叫巴吕单),克洛德·皮耶佩吕扮演公证人,让·勒费福尔演会计,让·卡尔迈演流离失所者,米歇尔·莫多演来自中欧的劳工,吉·格劳索演部长顾问,皮埃尔·达克演出席招待会的将军,克里斯蒂安·杜瓦雷克斯扮演情绪化的教士,记者马克斯·法瓦莱利演大使,费尔南·莱努则出现在胡同居民正在观看的一段电视小品里……该胡同建在比扬古摄影棚里,《美国靓女》1961年6月12日起在此开机。

皮埃尔·切尔尼亚:"我们还没有做完预算,不过脚本已经差不多写完,此时我们和德利开始对将要选择的演员驰骋想象,一个段落一个段落地。在谈到对汽车十分妒忌并大光其火的工头时,我们两个人都说德·菲奈斯将是极好的人选。谈到警察局长那段时,我们说他演这个角色也很好。于是我便想到没有什么可以阻止他们成为孪生兄弟并且从不照面。"

德·菲奈斯在扮演警察维拉洛时,又重新拾起了在《啊!美丽的仙女!》中的表情和口音,从而形成对其在50年代众多角色的凸颔的告别。他对工头维拉洛的形体也狠下工夫,正如切尔尼亚回忆的那样:"在试服装时,路易把服装师拿来的灰色工装开始试穿。影片表现的是已经有些过时的,更多是40年代的社会,那时的工头必穿的是灰色工装和帽子。所以他穿了一件背带工装,他照了照镜子,跟罗贝尔说:'必须做的是,要把背带放低。这样我的屁股就更往下。'这可是一个极好的主意。"

一般来说,影片令评论界满意,认为"是好久以来,法国电影给予我们最好的片子"(《法兰西晚报》),"具有喜剧创造者的智慧"(《费加罗报》),"一种极其法国式的快乐"(《自由巴黎人报》)。《美国靓女》于1961年9月29日放映,第一周勉强吸引了31109观众,这是竞争激烈的一周,主导影片为隆重推出的由吉尔·格朗贝耶导演、让·卡班主演的《糊涂虫的反击》,观众人次为87055。不过,除了巴黎的十七周特许放映周的529051人次外,它在外省的经历十分辉煌。影片获得了青少年电影年度大奖,在纽约演了一年,在全球也几乎四处上映,除了在日本惨败之外。罗贝尔·德利后来在《我的布朗奇尼奥勒生活》(卡尔曼-列维出版社,1978年)里写道:"《美国靓女》使我们获得了来自十几个制片人的雪崩似的建议:《美国靓女逍遥》、《美国靓女归来》、《美国靓女在安达卢西亚》、《詹姆斯·邦德与美国靓女》、《英国靓女对抗达尔藏》、《佐罗和意大利靓女》。什么都有。谢谢。再见。连续片,可不是我的套路。"他的下一部影片拍得很快,还是由路易·德·菲奈斯主演……

追溯起来,必须承认,路易·德·菲奈斯在《奥斯卡》和《大动荡》之间缺少令人刺激的片约,或者说他不应该接受太多的长片。如此,便发现他出现一些在今天看来与其已有水平相比真正的退步。比如,莫里斯·德勒贝的《冒泡之湖》,该片后来以《田园看管人主导办案》(可影片中根本没有什么田园看管人)的片名上市公映。莫里斯·德勒贝后来并没有多长时间从事电影,主要执导了诺埃尔·诺埃尔主演的《走路、骑马和坐车》,该片取得了1957年的巨大票房。影片脚本从马塞尔·佩特尔的小说《鱼肉》受到启发,自然令人联想到阿尔弗莱德·希区科克的《谁杀了哈利?》这部任何出现一具麻烦的尸体的情节都不得不参考的对象。工业家让-路易·普雷曼吉的尸体在一个半小时里从一个隐藏地到另一个隐藏地,令其周围的人、妻子的情人,甚至还有一帮上台打了几枪的钟表走私犯惊慌失措。路易·德·菲奈斯在湖里钓鱼时发现了尸首,他是头一个企图摆脱尸体的人。片中演妻子的是马尔特·梅尔卡迪耶,之前他曾与她合作过《小心点》。如今,她还记得"导演很聪明地让他的演员根据对话来自由发挥"。莫里斯·德勒贝"极其受到演员们的尊重,他并不想让演员们感到紧张,但也不是照单全收他们的一切"。

德·菲奈斯和她还有一个部分是即兴表演的有趣的近景场面:他们从邮局收到了自以为摆脱了的普雷曼吉尸体。《冒泡之湖》分别在瑞士莫拉湖畔和埃皮奈摄影棚里完成,由于十分重视情节而拖拖拉拉。杂凑而成的演员组合(皮埃尔·杜丹、费利浦·勒麦尔、皮埃尔·道利斯、奥利维埃·于斯诺)甚至保留着一段令人惊讶的片断:当地殡葬员雅克·杜费罗的个性和表演极其强势,正如路易·德·菲奈斯几年前在其《片中片》中所作所为。这一次,他只是一部低档影片中的哑角,而这种电影为街区影院的普通消遣品。该片于 1961 年 10 月 25 日上映,上座数特别差。在当年演出季结束之际,巴黎甚至找不到它的数据。影片在其唯一的特许放映周里在里尔吸引了 5285 观众人次,图卢兹为 4436 人次,里昂为 1961 人次。

这个时期对路易·德·菲奈斯来说肯定不是艺术上的繁荣期。在《冒泡之湖》之后,他拍了《族间仇杀》,如果不是两年前有过《抱怨者如鱼得水》、《冷酷如冰》的话,那肯定是其 60 年代影片中最差故事片了。脚本平庸得可怕,陈旧的煽情,老掉牙的插科打诨,艰涩、老套和费力的导演,这部拍于《暗渡陈仓》前三年的影片可谓是 50 年代最次品的某种怪异的残存。

路易·德·菲奈斯扮演被漫画化的荣誉强盗阿莫雷蒂,躲在丛林里的一间小木屋里,存满了枪支弹药,吸引了那些寻觅风光旖旎的游客前来参观。在他的周围,是一个拿破仑咖啡馆主人朝波拿巴咖啡馆主人开枪、人人在选举中作弊的科西嘉岛……《族间仇杀》在上科西嘉的威斯科瓦托村庄和埃皮奈的闪电摄影棚里拍摄,主要人物有一个回到村里想当选村长的老水手和一位在科西嘉买了一套度假别墅、几乎是身不由己地成了候选人的巴黎人(奥利维耶·于斯诺扮演)。德·菲奈斯扮演的强盗在某种程度上具有决定性意义。作为场面的补充,让·勒费福尔扮演的是弗朗西斯·布朗什的头号助手。

当然,由于没有对演员的指导以及脚本极其简单,所以让·勒费福尔率性发挥,作粗浅的滑稽表演。路易·德·菲奈斯没有去科西嘉旅行,他的巢穴内景都是在摄影棚完成。由于在摄影机前被导演弃置不顾,他的表演绝然如其完全成熟时期一样,因而也就显得更为荒诞滑稽。如果说他在《美国靓女》中以其在都努剧院的面部表情和口音还是在演 1950 年代的人物的话,那么在《族间仇杀》正如在《关关雎鸠》或《暗渡陈仓》中他以其紧张的表演、威严的说话和他最终的动作语汇(尤其是所有跟钱相关的手势)出现了。所有的演员看上去都在这部影片中完成了一项苦役。所幸的是,没有多少观众会来分担这样的劳作:影片于1962年4月18日公映,三个特许放映周只吸引了44040观众人次。《族间仇杀》间隔越来越长地在各地影院冒出来,比如在《虎口脱险》上映之际捡些残羹剩渣。可哪怕是电视都好像把这部味同嚼蜡的影片给遗忘了。

热拉尔·乌利的另一部电影《犯罪无酬》人们也没有怎么记住,即使路易·德·菲奈斯在跟他朋友拍电影时会有一种越来越超过他独自角色的直觉,好笑而又简短。在影片之初一块牌子告知:"这部影片中的人物或事件受启发于真实故事。因而凡与曾经存在过的人物雷同者不是纯属的巧合……"它表现的是所谓真实的犯罪故事,由保尔·戈尔多以连环画的形式在《法兰西晚报》上讲述了多年。乌利套用了报纸上的栏目名称以及发生在四个不同历史时期的四个故事,每个故事都以一个女性人物为中心:15世纪威尼斯的爱德维吉·弗依耶尔,1885年的米雪尔·莫根,1913年的安妮·热拉尔多和当今的达妮埃尔·塔契拉,导演请来了脚本和对话写作方面的顶级高手:让·奥朗吉,皮埃尔·博斯特,亨利·让松,布瓦洛和纳尔塞佳,雅克·希古尔,弗德里克·达尔……乌利还从来没有在他的电影里(《犯罪无酬》是他的第三部影片)启用过他的朋友德·菲奈斯,这次让他来扮演一位十分特别的酒吧侍者。

事实上,在影片的第四则故事《大街上的男人》中,在圣诞节夜晚的协和广场,一名北约的英国官员(理夏·托德饰)撞倒了一位莽汉。由于自觉负有责任,他决定自己去把消息报告给莽汉的家人。可是家中无人。电话响了:是一位酒吧侍者(路易·德·菲奈斯饰)叫他去把醉晕过去的妻子(达妮埃尔·达里厄饰)领回家。凑巧的是,上尉发现死者有一个年轻的情妇(佩莱特·普拉迪耶饰),而且他们一起策划了一场天衣无缝的犯罪。然而罪犯已经命丧轮下……

德·菲奈斯在影片两个小时之后冒了出来——一部充满一本正经、庄重严肃和极具道德说教的暗示。他在银幕上现身的时间不超过四分钟,并且奇妙地混合了英语和法语("他处于一种 terrible[可怕]状态,您得马上 come[过来]"),突然之间为图像赋予了另一种节奏。他与上尉会面的时刻特别令人兴奋,他利用与费德里克·达尔对话之际让其人物的语言活力四射,而这种能力在余下来的故事情节中再也派不上用场。德·菲奈斯努力向目瞪口呆的理夏尔·托德解释何为"像面包片一样涂满黄油（如鱼得水）"……

这只不过是很小的角色。几个镜头,仅一天的拍摄。不过,报酬并不打折。热拉尔·乌利解释说:"他对自己的价值有一定的认识。他不再是个拿低酬金的小演员。他光一天的报酬或者几个小时的拍摄甚至已经非常昂贵。"确实,路易·德·菲奈斯的收益已经巨大:几乎所有的电影评论家都要提及他那简短的出镜。《法兰西晚报》写道:"路易·德·菲奈斯扮演的奇怪的会讲多国语言的酒吧侍从让人笑出了眼泪。"《世界报》表示,"在戛纳,《犯罪无酬》在闭幕晚会上放映,德·菲奈斯在其场景结束之后'登台亮相',如同在戏剧中一样。"《绑鸭报》上可以读到:"只要给德·菲奈斯出现几分钟就可以让全场前仰后合。"……

德·菲奈斯于 1961 年 12 月 8 日拍摄其镜头。在休息吃饭的时候,他用弹子弹向乌利的脑袋,正如乌利在其《大象回忆录》中叙述的那样:

你觉得自己是一个戏剧性电影或者说一个现实主义的电影导演吗？如果是这样的话,那你就把手指戳进眼睛里去！
——为什么？
——因为你笑啦。一个导演笑是很罕见的事。甚至是不同寻常的事！
——如果只要弯弯腰就能够让别人发笑的话,那我们会走向何处？
——走向一个更加美好的世界。你知道没有一个人在开怀大笑时干坏事的吧？至于你,你是一个喜剧作家,而只有当你接受这条真理时,你才能够做到真正的表达自己。

重要的直觉。路易·德·菲奈斯如今习惯于人们用他来"表演节目",以便把他刻画那些常常毫无喜剧性可言的人物的技能和方法带过来。在好几十部影片里中,他都在拍片中小片,因为导演知道会有效果,知道观众甚至评论界喜欢有他出现的场景。他注意到乌利乐意拍摄喜剧,乐意看到演员让人发笑,乐意拍摄他正在逗笑别人以便让他更好地逗乐。他通过几个场景给路易·德·菲奈斯看到一部影片全部由他出场时可能是什么样子:

一种默契，一种快乐，一道犀利的目光……

虽然路易·德·菲奈斯通过一次桌边谈话就说服了热拉尔·乌利改变职业方向不太可信，但是他的观点是决定性的：他已经跟各个种类、各种风格和各个辈分的导演拍了100多部电影。而肯定他的朋友具有喜剧天赋必然得到这一特殊经历的支撑。热拉尔·乌利将拍完他的影片并在1962年春天的戛纳电影节上进行介绍，他在那里受到热烈的欢迎。之后影片于7月6日在影院公映，评论家们对其发起了一场猛烈攻击。他再也不拍正剧故事片。而在其下一部影片，他召来了路易·德·菲奈斯和另一位大喜剧家布尔维尔。这部影片将叫做《暗渡陈仓》。

1962年勤勉的电影爱好者还在另一部影片中看到路易·德·菲奈斯，它让人们相信50年代还没有结束。朱利安·杜维维耶的《魔鬼与十诫》，这是拍过《美丽团队》和《莫科老爷》的大师最后的影片之一。谁也不可能拒绝跟一位像杜维维耶这样的传奇影人一起工作。如此，演员表上按字母顺序排列有：弗朗索瓦兹·阿尔努、夏尔·阿兹那乌尔、让-克洛德·布里亚利、达妮埃尔·达里厄、阿兰·德龙、费尔南代尔、梅尔·费莱、米什里娜·普雷斯勒、马德莱娜·罗宾逊、米歇尔·西蒙、利诺·文图拉、乔治·威尔逊——十位都曾在几十部影片中领衔主演的演员。在他们之后，除了路易·德·菲奈斯之外，还有一大堆次要角色：阿尔蒙代尔、莫里斯·比罗、让·卡尔迈、克洛德·道芬、嘉比耶洛、诺埃尔·洛克韦尔……仍然是一部短剧集锦片，一个老主教（吕西安·巴洛饰）强迫他的童年朋友（米歇尔·西蒙饰）背诵十条诫令。每条诫令都由一段场景加以图解，有时是戏剧性的，有时是明明白白喜剧性的，表明某条诫令在人类的日常生活中被践踏。就"你不能杀人"这一条，神学院学生夏尔·阿兹那乌尔逼迫歹徒利诺·文图拉把他杀掉；就"你只膜拜一个神"一条，费尔南代尔以永恒者自居；就"你不能撒谎"一条，阿兰·德龙纠缠于一桩莫名其妙的家庭纠纷；就"你不能偷窃"一条，路易·德·菲奈斯和让-克洛德·比阿利面对面。菲奈斯是个有点可怜的强盗（"在生活中"，他是一家教堂的执事），比阿利是一个十分不老实的银行柜面职员。他面对枪的威胁将一大笔钱交给了菲奈斯，又成功地把这笔钱偷了回来……两个人最后同归于尽。这部滑稽片的戏剧由米歇尔·奥狄亚尔撰写，诺埃尔·洛克韦尔扮演一个耐人寻味的控制不了局面的警官。《魔鬼与十诫》于1962年9月14日公映,在其奢华的海报拉抬下,竟然达到了1962—1963演出季巴黎上座排行榜的第十二位,观众216228人次。

1960年的《老妪的老汉们》成功之后,卡班与制片人雅克·巴尔签了一份三年拍五部影片的合同,五部片子分别由吉尔·格朗吉耶和亨利·韦尔努依执导,脚本均由米歇尔·奥迪雅尔写就。他充满信任地跟这些伙伴们合作。他跟他们可以就故事情节、人物以及他要与之拍片的演员等讨论一切问题。事实上,这些影片中没有一个演员的聘用没有得到卡班的同意。而如果路易·德·菲奈斯参与拍摄《艾普松绅士》的话,那无疑在很大程度上是因为在《穿越巴黎》中他演的强比耶角色——他俩前一次的合作。

《艾普松绅士》于1962年4—5月在圣莫里斯摄影棚里拍摄,脚本是诺贝尔·卡尔博诺的《略胜一筹》的孪生版,情节也取自阿尔贝·西莫宁的一篇小说,名为《草上人》(这个片名无论是制片人还是让·卡班自己都不要)。还是赌马输的老骗术:漂亮的旧骑兵团(白马鬃和黑人军官的回忆)前军官布里扬-夏尔麦利队长靠欺骗一些天真汉过日子,这些人面对他一口漂亮的马术语言而被其魅力所惑;当一个天真汉中的天真汉(由路易·德·菲奈斯扮演的一个饭店老板)由他的一个同伙(让·勒费福尔饰)诱骗落到他的手中时,他便设计了一套诈术,却差一点穿帮,因为那原本会赌输的傻蛋却赢了赛马;幸亏结局如其所愿,受骗人赢的钱将被骗走,而不道德的行为却逃脱惩罚……

吉尔·格朗吉耶有一次回忆说:"在当时,让·卡班和路易·德·菲奈斯互相钦佩,拍摄因而十分舒心。"他还补充道:"角色极其令德·菲奈斯开心。这一位是个从来不知疲倦的演员。精力超凡。"这种旺盛的精力银幕上显而易见,尤其是在无耻的骗子让·勒费福尔带让·卡班去其饭店对其进行审讯的那一刻。米歇尔·勒格朗极其精确的乐曲和乐器效果(由弗朗西斯·勒马克合作)与其编舞天衣无缝,在音效的伴奏之下他对店员们大呼小叫,模仿要做的工作,不容分说地凌驾于人——一段30多秒的跟踪拍摄,其中已经预示了《宪兵情缘》中的塞普蒂姆这个人物。他那渐渐模糊的多年钢琴师记忆以及他对饭店员工的持续观察是演员灵感的取之不竭的源泉,他在接受采访时已经表示在一家高级饭店的大厅里他便存有拍一部发生在厨房的影片的想法。

路易·德·菲奈斯的角色是插曲式的,其在银幕上的时间仅有十来分钟。他赋予了其十分活泼的节奏。在他跟让·卡班在其饭店的对话场景里,他为台词(别忘了,那可是奥迪亚尔写的)配上了一连串动作。可以说这些是他"定型了的"鬼脸,一套人们见到的表情词汇和表达句法,直到他的生涯结束。不过,这些词汇与句法与其台词却有些脱节。把一套十分丰富的表情话语加入其十分密集的台词之后,他最终的表演调子高出了让·卡班,哪怕他大方地"卡班化"(在奥迪亚尔为其量身定制的脚本和格朗吉耶配合默契的摄影机的推动之下),还是显得更加协调、效果更加经济、人物塑造更加严谨。路易·肖韦在《费加罗报》里写道:"观众席里,没有人能够抵抗得了。"肖韦是为数甚少的在这部为让·卡班而写作和导演且卡班一刻也没离开银幕的影片中让路易·德·菲奈斯脱颖而出的评论家之一。

他的表演热情最后甚至挑起了一场小小的事件。在一场对话中,画面之外让·卡班跟镜头对着的路易·德·菲奈斯说话时,他竟然笑出声来。停下。重拍。卡班大笑。接着又一次重来,又一次。拍摄中断下来,好让大家注意力集中起来。让·卡班的秘书安德烈·布鲁奈兰发现德·菲奈斯紧张不安,说他使出了浑身解数让他相信卡班没有嘲笑他,不是因为觉得他可笑而在笑他,不是看不起他……除了几次诸如此类的小冲动,德·菲奈斯和卡班的几天拍摄还是愉快的。

影片公演之后就不怎么愉快了,总体上批评界不太宽容:《艺术》称它是"电影界吃老本者",《法兰西晚报》认为"太草率的影片"……《艾普松绅士》在"四大影院"公映,即由巴尔扎克、海尔德、斯卡拉和维维恩四家组成的联合体。观众接连六个星期,即从1962年10月3日到11月13日快快活活地看片,达174937人次,可谓十分体面的表现,可是离格朗吉耶和卡班最为风光的"成功片"还相当远,如《流浪汉阿尔希梅戴》(25个特许放映周有294787人次)、《老妪与老汉们》(9周里达255035人次)、《糊涂虫的反击》(5周302175人次)。《艾普松绅士》已经成为路易·德·菲奈斯影片库中一部经典的煽情片,却几十年来都被认为是部相当二流的影片,以至于在《名画追踪》成功之后,它于1969年又以《大老爷们》的片名重新上市,当然在新的海报上让·卡班和路易·德·菲奈斯平起平坐。

在1960年代初的电影界还有"大手笔"在进行,如一些借助时尚效应的想法来摄制的影片。多维尔市就顺应了这一潮流。路易·德·菲奈斯于 1961 年在那里买了一幢离赛马场不远的房子。他将之起名为奥尔蒂盖拉的圣母玛利亚,那是他母亲的故乡地名。他在那里时不时地有些上流社会举动:出席夏尔·阿兹那乌尔的音乐会时走到化妆间向他表示祝贺,与隐退在诺曼底的费尔南·勒杜交往,跟费尔南·雷努共进晚餐时喜欢装傻,心甘情愿地为高蒙纪录片公司进行冰壶演示……他参加了《傻瓜蛋》的一场演出,这是剧作家马赛尔·阿夏尔最为成功的戏。他为自己在《冬景》里的平庸小角色还跟剧作家开了个玩笑。这是他在公众面前还享有安宁的最后几年:他跟儿子们去海滩、跟妻子逛商铺……

路易·德·菲奈斯因此出现在了弗朗西斯·利古的影片《咱们去多维尔》,该片表现的是一些在他们的诺曼底乡村别墅生活的巴黎人。利古是在上一年以改编自米歇尔·德·圣皮埃尔的《新贵族》开始其导演生涯的,可是自其第二部影片开始便只做普通消费的大众喜剧,不久他便推出了《力臂》、《花言巧语者》,主演有弗朗西斯·白朗什、普瓦雷和塞罗、皮埃尔和蒂波、米歇尔·加拉布吕、达利、库尔……

《咱们去多维尔》故事的中心人物是由米歇尔·塞罗和帕斯卡尔·罗伯兹、克洛德·布拉瑟尔和科莱特·卡斯特尔扮演的两对夫妻。他们租了一幢别墅度假,但别墅显然一塌糊涂。他们一到多维尔之后,塞罗便跟德·菲奈斯发生冲突,又很快遇到了由加拉布吕扮演的老板。影片的制作人是奥什制作公司,这家公司由歌唱家和指挥雷·文图拉创立,文图拉对时尚的嗅觉十分灵敏(他还曾在让·布瓦耶拍摄的 1950 年代极其成功的影片《咱们去巴黎》中扮演主角)。弗朗西斯·利古和雷·文图拉两人把多维尔这个地方和影片都弄得十分巴黎化,其中歌舞酒吧、唱片界和电影界的人物熙熙攘攘。譬如,罗歇·皮埃尔和让-马克·蒂波扮演的是两个面向度假客的杂货店老板,他们的一场表演可谓炉火纯青,让·卡尔迈扮演的是一个反复送货的角色,扛来的箱子永远都不是度假客们需要的,让·利夏尔演一位夸张过度的手工艺人,莎夏·迪斯代尔唱着《你度假去了》,而美国人托尼·密尔顿则唱《噢耶啊啊!》(这两首歌确实都是由雷·文图拉创立的第一家公司"凡尔赛"发行的,该公司很是兴旺),艾蒂·康斯坦丁以其巨大的身材一度威胁过路易·德·菲奈斯(正是这种身材为其连续角色莱米·库逊增添了光彩)……此外,在稍纵即逝的角色中还有让娜·德·菲奈斯,她的名字并没有出现在演员表上,但她以丈夫的随行人员出现,并在影片开始时边开车边吵架。

由于影片以两对年轻夫妇为中心,所以并不要求德·菲奈斯费多大的力,他的拍摄时间似乎不超过两或三个星期。《咱们去多维尔》于1962年12月24日公映。商业上这是一场说不清的下赌:年末是法国电影院每年上座率的顶峰期,但主要受益的是家庭类影片。用今天从事市场的人的话来说,《咱们去多维尔》更确切地说是一部面向"行动青年"的影片,因而它在公映期间业绩平平:第一周为33120人次,位于每周排行榜第八。元旦这一周对弗朗西斯·利古的电影就远为有利。于是,《法国电影》上的一则广告宣称:"电影史上从来没有见过的:第二周高于第一周60%。"然而,到最后,这部影片在巴黎的5个星期公映总共只有139968观众人次。所以,没有丝毫惊人之处。不过有一场重要的相会:路易·德·菲奈斯和米歇尔·加拉布吕有过几场能够自由发挥的场景,从而验证了他俩共同即兴表演的能力。在多维尔沙滩上教他堆沙堆时,德·菲奈斯发现了加拉布吕回应他的方法,再由他来接受、重新发出并强化其喜剧效果。德·菲奈斯再一次在一部次要影片中形成了其强大能力之一:两年之后,在拍摄《圣托佩的警察》时,他又想到了与米歇尔·加拉布吕在一起的这些场景。

10. 第一次飞跃
——从《大圆舞曲》到《卡门,开火》,1962—1963

大幕拉开,舞台上出现两位海关工作人员,他们是居伊·克洛斯与米歇尔·莫多。舞台前部,行李传输带正在源源不断地运送各式各样的箱子。十几秒后,身着海关制服的路易·德·菲奈斯登上舞台亮相。他看起来很快活,甚至可以说是非常欢快。他笑得上气不接下气,说自己刚从一个食堂里出来。里面卖的一种汤面面条被做成二十六个字母的形状。他的一个同事点了一份这种汤面,然后用里面的字母面条在盘子边上拼写出一个"粪"字。他边说边笑,脸上不停地做着鬼脸,双手模仿着同事的动作。这十来分钟兴奋激昂的开场表演立即把观众带入《大圆舞曲》疯狂的演出之中。

路易·德·菲奈斯想要从脑海中把《大圆舞曲》抹去,然而该剧无疑是他演艺生涯中的一次巅峰,也是六十年代最具革命性的演出之一。尽管罗贝尔·德利编的那本疯狂的杂志里几乎没有留下什么图片资料,但《奥斯卡》确实曾有机会被搬上大荧幕。

该剧创作的灵感从何而来呢?《美国靓女》结束拍摄工作时,导演即刻向制片人宣布将不会拍摄相关系列影片。不过,他表明愿意去影片独家上映的所有城市进行宣传推介活动。这一承诺促成了一个意外的结果:继影片在巴黎大获成功之后,法国的所有大城市、欧洲各国首都乃至美洲、日本等国的首都引进放映这部电影。在无休止的长途旅行中,德利与布劳塞因大雪滞留在美国的罗切斯特市。飞机停飞,导演突然想起老友德·菲奈斯曾说过想要载歌载舞地演一部音乐剧,奥利机场有位海关工作人员长得很像他。当他们返回巴黎时,这位海关人员的行为举止让科莱特·布劳塞忍俊不禁。影片推介结束,剧组返回巴黎,他们旅行箱里都塞满了宣传所到之处收到的各种礼物,以至于他们在过海关时都有点小小的担忧;舞蹈演员利利亚纳·蒙特维奇完成《婶婶的羽毛》的演出返回巴黎时,绞尽脑汁、想方设法地让她在加拿大买的皮草大衣顺利通过奥利机场的海关检查……德利慢慢累积了这些形象与场景,心里有了《大圆舞曲》一剧的雏形:德·菲奈斯是一个海关工作人员,他将遭遇到职业生涯中最疯狂的旅行箱。公司的创办人从罗切斯特给路易·德·菲奈斯发了一份电报,德·菲奈斯即将在圣马尔丹门剧院登台时电报送到他在剧院内的住处。接下来,德·菲奈斯边穿戏装边请求剧院经理开这部戏给他演,这个可怜的人把电报大声念给经理听:"有部音乐喜剧给你演。这个冬天不要签约,把档期留出来。友谊长存。德利。"

后来就有了《大圆舞曲》一剧中的海关官员鲁塞尔。他宣称奥利机场海关要收缴所有从刚刚降落的飞机上运来的违禁商品。显然,每个人都尽力绕过海关士官的监察。这个海关士官在长官皮埃尔·托尔纳德面前总是一副唯唯诺诺的样子,但他在下属克洛索与莫多面前却摆出颐指气使的嘴脸。可以说海关士官这一角色是影片《圣托佩的警察》中的警长及其随从的前身。他特别用心监察那只"大旅行箱",因为他的嗅觉准确无误地告诉他箱子里面装的可不是一般的买卖。不过,说"大旅行箱"(la grosse valise)一词时,嘴巴扭歪、眼睛眯小、喉头作响,听起来好像在说"大圆舞曲"(la grosse valse)一样。

硕大的旅行箱几乎占满整个舞台空间。箱子每次被打开时,舞台上就展现出一幕幕极其怪诞的画面,如:中世纪的骑士在马背上进行长枪比武;汉堡的一个小酒馆;西班牙的盛大节日;航海途中水手与海盗正在搏斗;贵妇人的漂亮小客厅里,沙发上躺着袒胸露乳、仅用皮草稍微裹身的利利亚纳·蒙特维奇……又或者箱子被竖起来放在德利身后,他和德·菲奈斯则在舞台前部唱着由热拉尔·卡尔维作曲、罗贝尔·德利与安德烈·马厄作词的歌曲《在我鞋里》。台上出现了长长的一排在跳舞的鞋子,就像吉恩·凯利电影中的场景一样……

幕间休息之前,上半场演出是在海关官员鲁塞尔的种种幻觉中结束的,他吸了一支别人塞给他的印度大麻烟,之后先看到接踵而来的箱子在不断变大,外壳颜色也在不断改变,最后变成一头头大象。德·菲奈斯骑在一头玫瑰红色的大象背上,大象正缓缓腾空飞起。剧末,大旅行箱从舞台的一边滑到另一边,渐渐远离那些走在钢丝上的杂技演员。德·菲奈斯冲他们大喊:"等等我,我和你们一起上!"之后,他跳入箱子,里面随即喷出一大束水柱。落幕。

路易·德·菲奈斯之前并没有参加布朗奇尼奥勒剧团①的大型歌舞巡演。该剧团的特色是演出融合了幻梦剧与中学生的幽默。在演完《啊!美丽的仙女!》之后,剧团到世界各地巡演。他们的《婶婶的羽毛》在百老汇共演了835场!德·菲奈斯觉得身处于这个奇思幻想与细致观察人类相交融的环境中非常舒适自在。皮埃尔·切尔尼亚是布朗奇尼奥勒剧团的老朋友了,他马上去看了表演,表演给他留下了深刻的印象:"让我震惊的是,路易·德·菲奈斯在一出具有诗意的戏中扮演了一个现实的人物,并由此产生出一种疯狂的、不同的真实。"

无论如何,《大圆舞曲》对于巴黎的戏剧舞台来说是超出常规的事件。排练过程中,报纸社会新闻栏编辑的评论导致剧团压力渐增。人们纷纷议论该戏如何平衡耗资2750法郎的性感美女照、3500法郎的"电子黑人拳击手"、1.5万法郎的4匹假马、能够飞上天的7头橡胶制玫瑰红色大象等事物。雅克·杜蓬总共绘制了13幅布景和97个角色的120套服装。

剧团有31个演员,人数冗多。罗贝尔·德利饰演达令先生,这个角色就是个小丑,他出飞抵曼谷的机舱时,携带一个巨大的、开盖就有玩偶跳出的箱子;科莱特·布劳塞扮演一个叫尼古拉的小男孩,大伙都没认出他本人来;雅克·勒格拉则演一个反复出现的人物,他连续变换了十几套打扮就是想干扰、降低鲁塞尔的警惕性。他每次快要成功时,鲁塞尔就会转过头来对着他大喊:"乌拉明斯基先生,我认出您来啦!"然后,勒格拉只好尴尬地走开。

演出动用了一切可用的人力物力。后台由17个置景工取代常规演出中的4个置景工,其中还有一部分工作由伦敦来的特效专家负责。为了营造特殊效果,舞台的一部分(据说奥尔坦斯·施耐德曾在上面演出《巴黎生活》)完全被拆除,以便安装活板门和制造特殊效果所需的滑轮。由于剧场装置较为复杂、难以操控,1962年10月9日定下该戏将演出三场直至13日

---

① 译注:Branquignols,意为精神错乱的人。

周六为止。头几天的演出可谓是磨合期,中间意外频出。比如说,几个星期以前就录好的唱片最后关头才赶制出来,勉强赶上了首演,摆入剧场大厅售卖;节目单还未印制好,其原因是还没最后敲定场次顺序。尽管如此,新闻界已收到些消息,听说巴黎赌场的掌舵人、两次世界大战期间缔造杂志与音乐剧黄金岁月的传奇人物亨利·瓦尔纳对《大圆舞曲》一剧中视觉、技术上的创新赞誉有加。

自第一晚起,演出就大获成功。剧院老板莫海兄弟笑得合不拢嘴。1200个位子座无虚席,票房收入高达14000法郎,每晚成本支出仅7000法郎。31位演员上台表演,蔚为壮观的舞台装置等等在林荫道戏剧史上创下了记录。路易·德·菲奈斯的表演赢得了公众的阵阵喝彩声,这些反应证明演出将在很长一段时间内深受观众喜爱。此外,自这一晚上起,剧院里有了一个新的习惯:演出结束致意时,演员单独留在舞台上面对起身站立的观众。他也许已经知道,《奥斯卡》之后,电影界授予他王冠之前,《大圆舞曲》将是他在戏剧舞台上的加冕典礼。

几天之后,首场正式演出成为一件盛事。人们在剧场大厅里看到:马琳·迪特里希、勒内·克莱尔、西蒙娜·贝利约、让·萨布隆、达妮埃尔·达里厄、帕塔舒、贝娅特里克丝·迪萨纳等人的身影。评论报道写得很正面,大家对海关官员鲁塞尔赞誉有加。让-雅克·戈蒂耶在《费加罗报》发表了一篇激情洋溢的文章,稿子奠定了评论的主调。他在文中详细地陈述了路易·德·菲奈斯的才华是怎样慢慢散发出来的。他在结尾中写道:"这很简单:剧中一共有31个人物,30个被我丢到一边,只有一个让我记住。"《法兰西晚报》的保尔·戈尔多对他的评价是"伟大的喜剧演员,强大的戏剧动物";《世界报》的克洛德·萨洛特对于看到一个"稀奇、疯狂而狼狈,头戴军帽、坏脾气却不可怕的人"表示欣喜;《震旦报》的安德烈·朗桑把德·菲奈斯描述成为"举世无双的喜剧演员";甚至以报道商业演出为主的美国著名综艺周刊《综艺》也认为该演出"是一流的"。当然,也有人板着脸评论,比如说《战斗报》的莫里斯·西昂塔尔,他说"客观地说,这场演出深受欢迎。这将会在大众中获得成功"。要知道在得出以上评论之前,他只看过"德·菲奈斯的一次演出",却表明一点儿也不喜欢德·菲奈斯的其他作品。

不过,《大圆舞曲》恰恰是他的其他作品之一。这部戏演出时间长达一

10. 第一次飞跃

年半。也就是说在一年半的时间中,路易·德·菲奈斯在每场两个半小时的演出中塑造一个剧本上就花了十五行半笔墨描写的人物。"而且,他不断地添加表演,"德利肯定地说。他乐于塑造不停做鬼脸、喊叫、跑跳、唱歌、跳舞的人物。科莱特·布罗赛跳了两个西班牙舞,还有让他忍俊不禁的扭摆舞。罗贝尔·德利欣然接受德·菲奈斯自创的所有表演。整个舞台洋溢着欢乐的气氛。莉莉安娜·蒙特维奇说:"他在工作中是非常、非常严肃的。而我却干了不少蠢事儿。比如说,当我要遮挡从身后经过的行李箱时,我得转身背对观众,身子挡在海关官员面前,然后解开毛丝鼠皮大衣,用胸部转移他的监察。演出的时候,我还作弄他,我用灯光照亮胸部或者在胸部放一个只有他才能看到的、会喷水的梨形物。"

在一年半的时间里,路易·德·菲奈斯是戏院林立的林荫道上最吸引人的演员。人们看到摩纳哥王子兰尼埃三世向格蕾丝王妃解释台词中的暗语。夜幕降临,数十位名流接踵而来,观看他的表演怎样征服观众。不计他停下舞台剧参演的多部电影,《奥斯卡》一剧演出六百场后,《大圆舞曲》演了四百场,这些演出确立了他在观众心目中的名望。

路易·德·菲奈斯并未因《大圆舞曲》的成功而分身乏术。演出伊始的几个星期里,他重新回到电影的舞台上。首先,他将在由多个喜剧短片组成的电影《幸运者》一片中出演一个非常醒目的角色。编剧雅克·雷米的出发点简单得令人难以置信,他想:当有人在新闻界或广告界组织的竞赛中获胜时,会有什么事情发生呢?在《幸运者》一片的海报上,可以看到三位导演,六位电影、林荫道戏剧的明星出演五个喜剧短片。在让·吉罗根据自己与雅克·维尔弗里德一起写的剧本导演的短片《水貂皮大衣》中,一个聪明伶俐的小女仆(年轻的米雷耶·达尔克饰)赢了一件水貂皮大衣,她的男主人(弗朗索瓦·佩利耶饰)想要向她借大衣给自己的妻子(雅克利娜·蒙西尼饰)穿上参加一个商务宴请。在《美味大餐》中,一个人(弗朗西斯·布朗什饰)赢得了在某大饭店的一顿美味大餐,没想到他却在饭店里遭遇到各种不幸。费利普·德·布罗卡执导的短片《女明星》中,广告张贴工人(达里·考尔饰)赢得与女明星共度一晚的机会,该剧最终以他向女明星求婚结束。在吉罗与维尔弗里德两人共同创作的短片《游艇》里,丈夫(皮埃尔·蒙迪饰)和他的妻子(雅克利娜·马扬饰)参加了同一个竞赛,两人深信他们中的一个赢了大奖——一艘帆船,怎料到由此引发一连串让人以为他们有婚外情的误会。最后,在由杰克·皮诺托导演的短片《头等奖》中,来自外省的商贩到巴黎领取买国家彩票中的头奖一亿现金。路易·德·菲奈斯饰演在妻子布兰切特·布吕诺瓦与女儿弗朗斯·卢米伊(她随后在《警察》系列影片中担任克洛提尔德修女)的陪伴下,长途跋涉去领奖的丈夫安托万·博勒佩尔。

最后一个长达22分钟的短片是整部影片中最长的单元,短片给德·菲奈斯提供了充分表演其看家本领——滑稽摹拟各种神态的机会。中奖者走进国家博彩大楼时昂首挺胸,但自他背着装满钞票的、沉甸甸的箱子那一刻起,他即刻变得忧心忡忡。从他到珠宝店里想要给妻女买些礼物到他走在街上,然后换乘出租车的过程中,他慢慢变得惊恐万状,最后居然狂奔乱跑。虽然他将这笔巨款平安运抵银行,可是他精神上仍然处于高度紧张的状态。此外,还可以在由《投机者》一片的导演杰克·皮诺托执导的该短片最后几段影片中听到达里·考尔的声音。

回到德·菲奈斯参演的短片:中了头奖的主人公被他认为是黑道中人的流氓跟踪,他觉得咖啡馆里的一群小青年也对他的钱财虎视眈眈,一大群看热闹的人追在他身后,接着警察也掺和进来了,他惶恐地上下左右四处张望,过度的惊恐使其目瞪口呆、发出尖叫,嘴里嘟囔着含混不清的音节……我们可以从此看到后来德·菲奈斯饰演的角色遇见外星人时的反应,他扮演的维克多·皮韦尔遭遇恐怖分子时的表情或者在《吝啬鬼》中的表演了。《幸运者》上映时,《费加罗报》的评论家路易·肖韦写下了具有先见之明的语句:"了不起的演员!非凡的天赋!他的表演让人联想到阿巴贡被精神病人看见时的场面。"居然已经联想到阿巴贡,德·菲奈斯还远未扮演阿巴公……

1962年对于路易·德·菲奈斯来说是成绩斐然的一年。他以前好像曾表示过最大的愿望就是能养活整个家庭,但显然这一年是他在事业上的上升年。不过,对于大多数的电影界人士而言,他们又一次在满怀担忧与充满诉求的心境中开始新的一年。1963年1月28日,法国电影公司工会在一次例会中决定停止已纳入计划的影片摄制工作。几个月以来,工会正式承认显而易见的现状:法国拍摄的影片正在减少。1963年1月法国只拍了

7部电影,而1962年1月拍摄的电影数量是17部,1961年1月13部,1960年1月17部。什么原因呢?一个有象征意义的数字可以总结现状:五年之内,电影院失去了一亿观众。1963年初,各电影公司认为必须削减所有的负担以挽救整个行业。各影院老板已卷入这场风暴:几个月来,几乎每一期的《法国电影》都在简讯一栏中宣布在巴黎或外省关闭的影院名称。

在宣布"电影公司罢工"十天前,国民议会在审议文化部的预算方案时专门有一场会议谈及电影现状。德龙省新共和联盟党(UNR)议员罗歇·里巴多-杜马对此极为重视,并做出维护电影业的发言。他的辩词实际上是备受尊敬的亚历山大·阿斯特吕克曾说过的内容。后者1962年与让-克洛德·布里亚利一起制作了《情感教育》一片。他在讲话中谈到法国在1957年时仅依靠本土资金就拍摄了81部电影,然而在1962年时只拍摄了42部。他痛斥电视毫无疑问是"生命力旺盛的思想专制。不过,电视绝不能忘记一点,那就是电视的发展与壮大是建立在对电影的抄袭之上的。"负责文化事务的国务部长安德烈·马尔罗,肯定地回复说,政府知道与外国竞争者相比,法国的电影制造业遭遇到了沉重的赋税,意大利现行的援助体制是一个很好的学习榜样,不过他也说到"高品质的电影与高品质的电视是具有相似性的,只是现今的电影还未及高品质的电视"。

基于此,当众人对即将问世的第二频道(该频道于1964年4月开始播出节目)议论纷纷时,马尔罗坚信在传输文化价值方面,电视是优于电影的载体。文化部长讥讽一位参加讨论的共产党议员,该议员谴责内阁部采用的电影审查制度导致法国银幕上淫秽画面激增。各位议员的立场不同,预示着围绕电影展开的政治、经济斗争来临;一方面,专业人士推论贸易量与全球繁荣情况;另一方面,政治事务负责人则不屑于资助一个只会制造商业作品的、受人谴责的行业。从这一观点来看,路易·德·菲奈斯的整个职业生涯几乎都贡献给了不同于"高品质"电影的商业电影这一反面例子。

在这一危机中(据《法国电影》评论,这是法国电影史上最糟糕的一页),电影几乎被当作是一种文化污染。当电影指责电视用纳税人的钱修造专属的摄影棚并预支技术工作人员全年报酬等不正当竞争手段时,大家却反驳说电视制作的剧集具有更高的文化价值。此时的争吵与接下来二十余年的争吵一样,极可能会完全不利于电影发展,正如马尔罗所指,"这是一个原材料问题：光线制造了多种艺术，这些艺术应该汇聚在一起"。换言之，电视需要大量的电影产品。坦白说，公众有权力要求电影与电视携手合作，也许今日看来这一想法很可笑，但当时人们对电视能将电影产业的文化标准提升这一想法是满怀信心的。

就在1963年1月，路易·德·菲奈斯即将卷入能解释电影与电视之间的界限是多么模糊的事件之中。电影长片《卡门，开火》将由马塞尔·布吕瓦尔执导，他是当时最有名的电视导演之一。

电影名《卡门，开火》并非是指汽车追尾造成的系列车祸，而是指法式弹子游戏中以一粒弹子连续撞击不同弹子的高超艺术。故事原型（参考了罗贝尔·阿梅尔与阿莱克·基奈斯的影片《贵族义务》）源自弗莱德·卡萨卡的小说《假如我把老板杀死》。影片导演由38岁的马塞尔·布吕瓦尔担任，他于1949年进入电视圈，成功地执导过很多电视影片、电视舞台剧与其他节目。他凭借《货梯》涉足电影圈，该影片是他与罗贝尔·奥森与蕾娅·马萨里共同合作，根据弗雷德里克·达尔所写剧本拍摄而成。《卡门，开火》的剧本是皮埃尔·切尔尼亚写的，他本人也是1949踏入电视圈（仅供职于晚间新闻），现在却背叛了电视。他认为自己无论在节目的创新、超越常规戏剧的尝试、对电影的实践（主要是《美国靓女》）、剧本创作、共同导演以及塑造竞选议长一角等都有一定的功劳。他搭建了电影叙事的脉络、安排场次幕间的衔接和写出第一稿的对白。之后加入的是家喻户晓的米歇尔·奥迪亚尔，他强调出人物的特征，用更贴切的台词修改了对白。《卡门，开火》的剧本与对白是非常尖锐的。在放映之前，观众会先看到如下警告："影片中的人物与事件纯属虚构。如有恶意诽谤该片是对雇主、警察的批判，必将严厉追究。"

以铁腕手段著称、任性专制的诺贝尔·沙罗莱是专门经营"费用全包"假期的321旅行社的总经理。他所奉行的以资历论赏的管理政策可谓令人发指，"我们旅行社是一个令人赞赏的公司，我们依据为本社服务的年限这一具有任意性的措施来奖励员工而不考虑他们的才能。"年轻的保尔·马尔丹为了能爬上管理层当上高管，将迎娶即将退休的顶头上司的女儿为妻。此时，他的女秘书兼情人怀上了他的孩子，他得负担两个家庭的开支。然而事与愿违，当他得知晋升无望，就决意努力与命运抗争，并加速更换手下的人员。刚开始,他还遮遮掩掩地使了几个诡计,无奈未果,于是他就不加遮掩地构思他的罪行。一连串的"事故"和各种旧事死灰复燃推进了事情的发展,最后让这个野心勃勃的年轻人登上了总经理的位置。

皮埃尔·切尔尼亚与米歇尔·奥迪亚尔在人物、情节和挑衅的对话方面没有做出让步。老板这个人物被设计成一个爱高谈阔论的、既傲慢又愚蠢的家伙:"有很多人一无所有,绝对是一无所有——这一点大家都说得够多了!为什么没有人什么都有呢?只有这样才能重建合理的平衡,乃至宇宙的和谐。总谈论最低的生活标准,却对最高标准斤斤计较。这是为什么?"此外,警察博杜探长上场时,头戴呢帽、身着黑色皮衣、嘴上说些口头禅,让人马上想到德军占领法国的岁月。皮埃尔·切尔尼亚说:"我记得很清楚,在工作会议中,奥迪亚尔说'要是条子以前是洛里斯顿街上混的那就最好不过啦'。"

保尔·马尔丹一角将由让-克洛德·布里亚利扮演(据泰尼亚说这是在角色分配中唯一履行的义务),博杜探长则由米歇尔·塞罗担任。两人都经受住从布吕瓦尔到奥迪亚尔、从泰尼亚到高蒙制片人阿兰·普瓦雷的重重考验。不过,令人费解的是,塞罗从未出演过奥迪亚尔写的角色,是泰尼亚介绍两人相识的。在诺贝尔·沙罗莱一角儿的人选上,整个剧组都倾向于贝尔纳·布里耶。奥迪亚尔比较偏爱这个令人讨厌的人物。当《卡门,开火》上映时,他正在乔治·洛特奈的影片《亡命的老舅们》中扮演传奇人物拉乌尔·沃尔弗尼。当时,他发现自己1963年1月并无档期。于是布里亚利推荐了德·菲奈斯,并最终说服阿兰·普瓦雷,但布吕瓦尔仍然疑虑重重。

布吕瓦尔觉得应该找一个从外形上就能镇得住下属的演员来演诺贝尔·沙罗莱。可是,德·菲奈斯却比所有扮演下属的演员都要矮小,他还认为德·菲奈斯的戏路还不够宽,难与片中联合演出的演员配戏。但他最后还是被说服了,只是在拍摄过程中,导演与德·菲奈斯之间的关系并不是那么紧密。与此相反,泰尼亚回忆说奥迪亚尔很高兴找到一张能"说一口好台词的嘴"。在拍摄期间,布吕瓦尔有时也会随德·菲奈斯发挥一下,后者在表演过程中创造性地添加了很多细节。不过,导演并不同意扔掉剧本,也未足够重视德·菲奈斯的作用。电影拍完后,德·菲奈斯指责导演运用远景拍摄过多,他本人其实更希望多有些特写镜头来具体显现他的细腻表演。

《卡门,开火》是路易·德·菲奈斯在成为巨星之前拍的最后几部影片之一。也许正是因为这个原因,我们现今看这部影片时感觉重点并不在他身上:影片花了约一个小时来表现诺贝尔·沙罗莱在321旅行社内独揽大权、作威作福,之后他就消失了,而且保尔·马尔丹的阴谋诡计总是形同虚设。在德·菲奈斯霸气表演的映衬下,布里亚利的演出愈加显得苍白无力,他在接近权力巅峰时,声音、语调、外形都没有什么变化。幸好剧终新旧总经理之间的唇枪舌剑、年轻人的狼子野心与卑躬屈膝的双面性格……都演得很精彩。由阿兰·德龙扮演的野心勃勃的小头目重述电影开头的台词这一幕构成了剧情的高潮。

电影拍摄工作于三月结束,之后迅速被选定为代表法国参加戛纳电影节的影片。同时入选的还有尼科·帕帕塔基斯的《深海》和让-加布里埃尔·阿尔比科科的《美洲鼠》。对于这一选择,评论界感到非常不解,因为戛纳电影节通常不欢迎商业喜剧片。在《卡门,开火》上映之前,4月23日,吉罗、布罗卡与皮诺托联合执导的片子《幸运者》在首轮指定放映的多家影院中被寄予厚望:每周预计122395观众人次(每天5场放映3497人次),主要是在布列塔尼影院、墨丘利影院、马克斯-林代影院、影像广场影院四家中等级别的影院放映。最终,影片以其首周37.9%的上座率、46390观众人次的票房成绩位列榜首。可惜自第二周起,流失了20000人次的观众。需要说明的是,评论界的评价并不那么动听:《艺术》把电影叫做"大炮",《世界报》指出"只有看到路易·德·菲奈斯在最后一个喜剧短片中生动地演活了这个不幸的'幸运者'时,我们这些观众才没有继续打呵欠"。三周后,当《幸运者》从首轮指定影院下线时,共获得95595入场人次。之后便是《卡门,开火》上映。高蒙电影公司是该片的制作与发行公司,其规模在当时逊于《幸运者》一片的发行公司——UGC电影公司。《幸运者》是在科丽舍影院与马里沃影院同时上映,其目的明确,旨在每周卖出68740个位子(据每天五场放映,每场放映卖出1964个座位来计算)。尽管评论界对该电影较为冷淡,但片子首周的上座率达到43.8%,观众人次达30103人次。

在戛纳电影节上,金棕榈奖被卢奇诺·维斯孔蒂的作品《猎豹》摘走,法国影片未获由剧作家阿尔芒·萨拉库领衔的评委会的青睐。《法国电影》在

10. 第一次飞跃

其事件专栏中,以惯有的迂回表达方式说"关于《卡门,开火》一片的评论反映出大家对选片委员会抉择的惊讶,选择这样一部纯商业片显然是不惧在竞赛中垫底"。奥迪亚尔凭借其 52 部影片头一次登上了事件专栏,他本人也承认说:"电影节中让我最惊讶的便是这部影片居然入选。"

5 月 14 日周二,也是电影节开幕以来的第六天,《卡门,开火》在闹腾的欢迎仪式之后上映了。在官方放映期间,阵阵惊呼响起,人们不仅谴责台词过于放肆,也批评没规没矩的喜剧表演桥段。最后一场戏落幕时,响起了响亮的嘘声。不过,在播放电影过程中,大家也听到了一阵阵爆笑声。布吕瓦尔、奥迪亚尔与泰尼亚坐在楼厅投影室的最后一排,平静地面对这一切。第二天,奥迪亚尔发誓将不再踏入戛纳半步。次年,他参与制作的亨利·韦纳伊的影片《太阳下的十万美金》入选电影节官方竞赛单元,但他本人没有去戛纳。

通常情况,现身戛纳的评论界总是互相攻击,各自强调什么才是最该思考的。《十字架报》记者庆幸能欢畅淋漓地大笑一场,而《世界报》却认为片子里"全是林荫道式娱乐剧中最愚蠢的陈词滥调","最糟的是粗俗与煽情的滑稽表演还没能衔接好"。政府当局也对影片表示不满。戛纳放映完电影后的第二天,影片在巴黎上映。众所周知,博杜探长的某些怒骂马上让人联想到占领时期法国警局中的一些奸细,这一点让内务部深感不满,并要求影片做些删减。最让人震惊的是影片被送往戛纳参赛之前,审查委员会并没有认为片中这一内容有问题。

路易·德·菲奈斯未赴戛纳影展,他也未出席在爱丽舍俱乐部举办的《卡门,开火》首映晚宴。要知道,当天晚宴上,马塞尔·布吕瓦尔周围簇拥着该片的大部分演员:让-克洛德·布里亚利、索菲·杜米埃、吉塞勒、格朗普雷、雅克·迪南、勒内·克莱蒙、保尔·盖伊等。因为同期另有几部大制作登陆戛纳,如费德里科·费里尼的《八个半》、罗贝尔·阿尔德里奇的《宝贝简出了什么事?》①,还有受观众追捧的大片安德烈·于奈贝勒《愤怒的 OSS 117》,所以《卡门,开火》自然在戛纳遇冷。尽管如此,影片在首轮上映时还是连续放映了 7 周,并挤上了当时巴黎最受欢迎的 15 部影片榜尾。在

---

① 译注:又译《兰闺惊变》。

科丽舍影院、马里沃影院上映的7周里,影片共有113132人次观众,其实马塞尔·布吕瓦尔并没有太丢脸,然而他在之后36年内再也没有拍过长片了!

11. 找对戏路

——从《关关雎鸠》到《男人堆里一靓妹》，1963—1964

从 1960 年起，让·吉罗推出了一系列非常卖座的通俗喜剧片，如与达里·考尔、弗朗西斯·布朗什合作拍摄的《吃白食的人》《送货员》《修理工》，还有和达里·考尔单独合作的《巴努奇山羊》。他根据儿时好友雅克·维尔弗里德写的剧本迅速组织影片拍摄。让·吉罗技艺非凡，他熟知如何调配电影的喜剧性，并慢慢超越了战前的拍摄经验：简单场景随着电影的发展，慢慢添加视觉效果较强、更诙谐、更"美国化"的喜剧桥段，从而变得更丰富（这是林荫道喜剧的经典运作模式）。吉罗知道如何拍摄一扇被重重关上的门，也能像他的前辈安德烈·贝托米厄、让·拉维龙那样灵巧地安排、制造夫妻间的误会，他同时还能像动作片的导演那样驾驭汽车追捕的场面。

现如今，他的导演才能已获肯定，于是便想拍摄珍藏多年的作品《不拘礼节》。该剧本是他与曾在 1952 年受挫的雅克·维尔弗里德一起合写的。他和老搭档一起重写了几个场景，让情节与外界更协调，他们还重写了台词（对话由雅克·维尔弗里德一人独自完成）。于是，安托万·布雷文将不再把年轻的帕特丽西娅·莫内斯捷唤作"可爱的夫人"而是叫她"亲爱的帕特"。

让·吉罗想请路易·德·菲奈斯担纲，后者自从在多努剧院成功塑造了贴身男仆一角儿之后，演技大有提升。然而，他也有顾虑，一方面，三年来吉罗与达里·考尔、弗朗西斯·布朗什的合作取得了不俗的成绩，另一方面，目前仍未有一部以路易·德·菲奈斯为第一主演的电影获得成功。他最近合作拍片的制作人都不赞成投拍这部电影，原因是影片脚本改编自一部不太受欢迎的舞台剧，而且还邀请德·菲奈斯主演该片。在莱昂纳尔·莫内斯捷一角儿的人选上，吉罗称达里·考尔、弗朗西斯·布朗什两人有分歧。导演花了好几个月的时间来筹集拍摄资金,并成立了一家临时的电影制作公司——故事电影公司,以便与《幸运者》一片的制作公司、罗歇·德贝尔马斯的埃尔迪电影公司共同制作、出品影片。在筹备阶段,电影的名字被改了,主要是《不拘礼节》意思不明,最后改成《关关雎鸠》,其实这是辛西亚·莫内斯捷牵着散步的小鸡的名字。

影片预算特别吃紧,资金只够维持五周的拍摄。米雷耶·达尔克回忆说:"《关关雎鸠》是一部小成本制作的影片,基本没什么资金,在圣莫里斯摄影棚里,影片很快就拍好了。"1963年春天,她还只是一个刚入行的小演员。她凭着年轻人的热情,全情投入她所拥有的第一个重要角色:在《关关雎鸠》一片中,她的名字排在电影片头演员表的第二位。之前,她曾在让·吉罗执导的《幸运者》中的短片《水貂皮大衣》中饰演搞笑的女仆。她在短片中的成功演出为她赢得了接下来的演出机会。众所周知,她是一位"时髦"的女子。她是模特出身,曾在1960年时被克洛德·巴尔马选中主演他执导的电视影片《大碉楼》,她也因此跨入演员的行列。紧接着,她又演了两部电视影片,还在近六部影片中演了一些有闪光点的小角色。"我那时已有当明星的潜质。我周围总是围着很多人、很多媒体。"她在新片中将演这家人家的大小姐,这个角色比帕特丽西娅的角色重要多了。

为了把曾经的舞台剧搬上大银幕,让·吉罗重新分配了角色。十一年前路易·德·菲奈斯因饰演男仆获得了评论界的赞赏,这次他又扮演大富翁(阿尔贝·普雷让饰演)身边的贴身男仆。以前,费利普·尼科曾扮演过从拉丁美洲回来的大少爷,这次他将在新片中演帕特丽西娅的假丈夫西蒙。其余角色则由导演吉罗从熟悉大众戏剧的演员中选出的新人担纲:克里斯蒂安·马兰扮演贴身男仆,吉·特雷让演安托万·布雷文曾演过的角色,即大家都想欺骗的百万富翁一角儿,罗歇·杜马演莫内斯捷真正的儿子。尽管雅克利娜·马扬的名字在片头演员表上只排在第五位,但是电影中有相当一部分的情节与之有关。她对摄影棚内景拍摄已经有相当的经验,因为她在跻身于一线演员之前也在片场里天天跑龙套。1960年以来,人们看到她在多部影片中担任主角,如让·拉维龙与罗歇·皮埃尔和让-马克·蒂博共同推出的影片《继承人》,由原班人马与弗朗西斯·布朗什合作的《摩托车手》,米歇尔·布瓦龙与达妮·萨瓦尔、让·普瓦雷联合出品的《怎样在爱情

11. 找对戏路

中获胜》、弗朗西斯·布朗什的《塔拉斯孔城的达达兰》,还有之前提到的让·吉罗的两部合拍片《修理工》和《幸运者》。

尽管马扬与德·菲奈斯曾多次出现在同一部电影的演员表上,但是他们直到《啊!美丽的仙女!》中才有对手戏。《关关雎鸠》拍摄期间,米雷耶·达尔克用心观察他们的表演:"我还记得他们的台词。他们两人在年轻时并没有这样的演出机会。40岁之前,他们都没有找到自己的戏路……我见到他们的时候,他们都已对要扮演的角色成竹在胸,他们终于找到自己的戏路了。"的确,马扬今年40岁了,路易·德·菲奈斯49岁了。他们两人在演戏上都很从容,并且非常专业。不过,他们仍然没有尝过当大明星的滋味。尽管他们还不是大明星,但他们都很好地掌握表演这门艺术。在摄制期间,他们的表演收放自如。

对于路易·德·菲奈斯来说,影片《关关雎鸠》邀他演出的角色似是第一次为他量身定做的。可以说,这部电影是第一部树立起典型菲奈斯式人物的电影。莱昂纳尔·莫内斯捷与皮韦尔一样都是一个专断独行的家伙,他自大于自己的社会地位而非道德力量。与此同时,他又面临重重危机。他在弱者面前总是摆出一副冷酷无情、鄙视的脸嘴,慢慢地,艰难挫折磨灭了他的自负,懦弱得一声不响了。1952年阿尔贝·普雷让在多努剧院演出《不拘礼节》一剧时,并没能表现出主人公身上的这种张力,也没有演绎出人物身上这种潜在的分裂在一连串事件的冲击下分崩离析。

自电影开始筹拍,路易·德·菲奈斯与让·吉罗在整个电影的拍摄构想方面、在人物莱昂纳尔·莫内斯捷的塑造方面思路完全一致。显然,他们的合作并不局限于这部电影。后来,他们共同携手合作了十一部长片的拍摄,两人在工作方式上是一对完美的搭档。首先要说的是节奏问题。德·菲奈斯和吉罗年轻时都玩过爵士乐(导演主要是玩打击乐器),也许正因为这样,两人在电影情节发展的速度、节奏上的拿捏都一致。在《关关雎鸠》中,吉罗是第一位在剪片过程中极为重视德·菲奈斯表演的导演:短镜头,马上接全景镜头,然后切换特写突显他的表演,同时没遗漏他的肢体语言。通常,他直接架上摄影机对准德·菲奈斯,捕捉他听到对手台词的每一个反应,或者是和他演对手戏的演员的动作,他拍摄的德·菲奈斯的镜头比整个影片叙事部分还要多。也因为他,德·菲奈斯表演的每个层次、每个阶段都得以呈现。《关关雎鸠》是第一部德·菲奈斯担纲主角演出的电影,同时也是第一部成为他个人秀的电影。

4月22日,电影开机,拍摄进展神速。导演喜欢让演员自由发挥。吉罗也是一位非常好的观众,德·菲奈斯的现场发挥常让他忍俊不禁。这是一种可化解紧张、提高效率的工作方式。米雷耶·达尔克回忆道:"让·吉罗为人非常亲切。他从来不会批评你们不对,更不会冲上去动手。他通过诚恳的方式达到他的目标。总的来说,他不是一个专横霸道的人,也不是一个我们说的演员的老板。他任由我们发挥,可能是因为要和他手上两个重要演员——路易·德·菲奈斯和雅克利娜·马扬一起演戏吧。和他一起工作是非常愉悦的事,而且也不会感觉他对谁特别照顾。"

《关关雎鸠》的摄影棚对德·菲奈斯来说是施展独脚戏表演功力的绝佳舞台:大部分场景基本上都没有大的动作,需要上场的演员不多,剧本起伏不大,演员也没有长篇大论,在棚内拍摄与片中场景其实是很接近的……因此,德·菲奈斯可以按照自己的意愿通过摹拟、动作来表演及控制剧情发展速度。整个剧组的氛围是非常放松的,拍摄期间偶有滑稽事故发生。后来,吉·特雷让还向人们讲述在莫内斯捷家里花园的小河中遇到"海难"场景时全剧组的欢乐场面,以及他建议德·菲奈斯购买一个虚幻的特许经营权时菲奈斯发出的一阵狂笑。这一镜头大概在电影中持续了1分30秒。德·菲奈斯先走到门窗边观察附近有无其他人,然后便在办公室里坐下,示意他手下的骗子靠近,向他汇报事情进展,当讲到"波索-塔绞是他的印度名字时",德·菲奈斯忍不住大笑起来。后来这一幕拍了几十条才得以通过,他在拍的时候,嘴上总是浮现一丝不可磨灭的微笑。

德·菲奈斯本人很喜欢塑造情绪激昂的人物角色。吉罗与执导《来得不巧》和《神不知鬼不觉》两部片子的导演不同,他强调剧本绝不会让演员闲着,也不打断演员的表演节奏,让他们将角色演活。与《出租车、大篷车和混斗》相反,菲奈斯的众位拍档们绝不会把他挤至次要位置。除了大家集体放松的时刻(如营救安托万、莫内斯捷的儿子与帕尔马·迪亚芒蒂诺上场的时候)或是有些简短没那么紧张的情节中(如帕特丽西娅与西蒙在床上的喜剧场面、帕特丽西娅与安托万之间动听又带点刺的对话),他总是位于搞笑动作的核心。

11. 找对戏路

在拍摄该片之前,德·菲奈斯已经在多部电影中饰演过主要角色了,但是他的演艺事业仍然没有一飞冲天。他在《关关雎鸠》拍摄过程中,发现了走向成功所必需的因素,那就是:人物,表演的节奏,自我与配戏搭档之间的关系。这次他可谓是首次在一个整体对自己都非常有利的环境下,展示了他那经得起考验的喜剧技巧。同样,他也是首次发现自己与雅克利娜·马扬是一对绝佳拍档。马扬在演喜剧时,身上有股疯疯癫癫的劲儿,还会发出不合时宜的傻笑。当她表达糊涂时脸上呈现出一片茫然;这种表演方式、表演节奏与德·菲奈斯激昂的表演相得益彰。好比演奏钢琴时,他们弹奏切分音、散板、极小的音律不协调反而可以增强情境与对话的喜感。他们的默契助他们一起创作了几个有纪念意义的场景,比如说片首德·菲奈斯、马扬与尼科三人一起筹划阴谋的场景就是个经典片段。

然而,《不拘礼节》即《关关雎鸠》并没有创造出有影响力的奇迹。将油田低价售给多情百万富翁的桥段总给人演战前林荫道戏剧的感觉。陈年旧事不断地被拿出来老调重弹打消了莱昂纳尔·莫内斯捷的希望,这些桥段任意性太强,电台公布发现石油的消息也是一出出拙劣的诡计。也许这些缺陷可以解释专业电影人在看《关关雎鸠》时所流露的那种优越感。不管怎么说,这部在五周内拍完、由二线演员担纲演出的小成本制作电影改编自一个大家公认是失败的戏剧作品。

让·吉罗的影片于 1963 年 11 月 20 日联合五家影院(巴黎西奈、法兰西、海景、红磨坊、奥利公众)同时独家上映,每场共计接待 4675 个观众。这周上映的片子当中,只有费尔南代尔的《好国王达戈贝尔》更加雄心壮志(该片在六家影院上映,每场接待 6981 个观众)。这段时间约瑟夫·曼凯维奇与伊丽莎白·泰勒主演的《埃及艳后》放映了五周(在三家影院上映,其中雷克斯影院可容纳 5984 个观众),还有朱利安·杜维维耶与罗贝尔·奥森合作的《鸡肉》放映了两周(三个影院收获 4870 个观众)。《关关雎鸠》自第一周放映以来就票房大卖,44181 人次观众,在 35 场放映中平均上座率达 27%,该上座率在第二周时攀升至 28.8%。这一情况是制作公司、发行公司与影院经理翘首以盼的结果。影片在观众中的口碑不俗,可惜却不招评论界的喜爱。报刊上鲜有文章或是评论谈及该影片。不过,仍然有一些忠实的支持者,比如路易·肖韦在《费加罗报》上说:"故事很拙劣!不过现场却爆出阵阵笑声！大家都忍不住笑了。大家完全被路易·德·菲奈斯的拿手好戏给征服、迷惑了。"总之，人们在盛赞男主角狂放的表演时，也不禁感叹剧本与电影立意的平庸。

最关键的是影片放映到第二周的时候，观众人数在不断增加。同业公会的报刊上刊登了影片的广告，上面说《关关雎鸠》，本季最引人发笑的电影。可惜，电影未能在首轮放映中保持良好的势头，原因很简单，11月27日，巴尔扎克、海尔德、斯卡拉以及维维恩影院（每场仅接纳2660位观众）放映了一部登上票房榜榜首的影片——乔治·洛特奈的《亡命的老舅们》。该影片的上座率高达47.3%，这意味着晚场、周末场都售罄。《关关雎鸠》放映至第三周时，流失超过一万个观众；第四周时，仅有巴黎西奈影院与法兰西影院放映该片，票房平平，仅有16506观众人次。这时出现了这样的小道消息：《亡命的老舅们》首轮17周的放映期内将达到470935观众人次，而《关关雎鸠》首轮4周仅有142641观众人次。只有12月份，让·吉罗的影片在布鲁塞尔上映时，票房才在一周内超越了乔治·洛特奈的电影。

1964年5月1日出版的《法国电影》中，有一页醒目的广告：附属于雷蒙·达能的科佩尔尼克电影公司的摩洛哥商业电影发行公司发布国家电影中心数据。理论上说，1963年12月31日17部电影共有26692316人次观众的数据属内部机密。至此，被公开的数据反映的是影片首轮放映的情况，偶尔夹杂后续放映的相关数据。不过再往后就没有报道了，就城镇、街区的电影院里情况也没有统计公布。摩洛哥商业电影发行公司取消人为的干预，公告世人电影行业中的基本操作：不久，所有影片的上座率都将被公之于众，电影行业将变得透明。

在摩洛哥商业电影发行公司的公报上，人们可以得知《吃白食的人》（让·吉罗、达里·考尔、弗朗西斯·布朗什合作执导）在1960年5月到1963年12月期间共接待1968165人次，让·德勒维尔的《拉法耶特》自1962年上映开始获得3274970人次……至于路易·德·菲奈斯，他的《艾普松绅士》以15个月1083844人次象征性地超过13个月内收获1202091人次的片子《咱们去多维尔》，在当年最后四天内共有365139人次观看了《关关雎鸠》。

365139观影人次意味着该成绩远超在巴黎首轮特映获得的142641观

影人次。摩洛哥商业电影发行公司宣布:"就让数字说话!只有观众才能评判!"实际上,这家主要发行通俗电影的公司并不对首轮独家放映的影院出售价格相对较贵的电影票抱有期望,该公司更看好低票价、多观众的平价影院这种票房渠道。吉尔·格朗吉耶与让·卡班的《总统》在 34 个月内有 2724676 观影人次,他俩的《糊涂虫的反击》在 27 个月内有 2605392 人次观影,亨利·韦纳伊、让·卡班与让-保尔·贝尔蒙多的《猴子过冬》在 20 个月内获得 1975302 观影人次。《关关雎鸠》给这些电影起到了带头作用:尽管影片在首轮独家放映时期票房平平,但后来终于遇到对的观众了,后来这些观众都等不及路易·德·菲奈斯的片子转入街区影院进行二轮放映时再看了。这是德·菲奈斯第一次大范围获得公众的认可,尽管在专业人士眼里这种认可根本微不足道。

我们再提一次,《关关雎鸠》在 1963 年底时立刻被刚上映的《亡命的老舅们》打败了。不过,德·菲奈斯要让洛特奈怎么办呢?我们来细看看菲奈斯 11 月份的工作明细:15 号,完成拍摄乔治·洛特奈的《已经入土》;19 号,开始拍摄让·吉罗的《直捣黄龙府》;20 号,让·吉罗的《关关雎鸠》上映;27 号,乔治·洛特奈的《亡命的老舅们》上映。运气似乎和德·菲奈斯开了个玩笑,在这四部电影中,除了最卖座的那部片子外,其他三部他都参演了。不过,他仍然在这些小成本制作的影片中担纲第一主演,这为他以后的事业上升做好了铺垫。

乔治·洛特奈首次邀请母亲最要好的女伴的弟弟参演他的片子。"《亡命的老舅们》是一部耗资颇大的片子。我对片子是否卖座并无十足的把握,因此在该片制作过程中,我拍了另一部成本较小的片子以证明我并非头脑发昏。自然而然,我就请了一群朋友来帮忙拍片。"洛特奈从 1958 年开拍第一部电影《含苞待放的少女》后,成功(首轮二十周的放映)和失败的滋味都尝过。后来,他凭借《亡命的老舅们》一片所取得的巨大成功被誉为通俗电影大师。不过,与此同时,他反对紧缩预算,并且首次邀请路易·德·菲奈斯与米歇尔·奥迪亚尔一起参演《已经入土》。另外,《亡命的老舅们》一片的对白编写作者未被邀请写这部新片的对白。导演说:"他写得非常快,他自己也自得其乐。他不愿上海报,也不愿上片头字幕,一直到他看到初次剪辑后的影片才改变主意,正式要求署名。"

《已经入土》的剧情来自克拉朗斯·韦弗的侦探小说《有一具尸体》,奥迪亚尔与洛特奈根据对黑道中人的了解给片子增加了许多浓墨重彩的刺激性场面。片中将会有颠倒众生的金发尤物,被放置在大提琴盒里的尸体,躲在柳条箱里的大活人,一群悍匪,机灵的家伙以及一张中奖的马票。情节的安排并不以逼真为准则,其目的是激发精彩对白以及增强情境的喜剧感。洛特奈招聘了些演员,他们或多或少都近似剧中人物。约克·杰克把漂亮的罗琦·拉·布雷兹掠走送给"苹果片",后者当时还在蹲监狱。路易·德·菲奈斯出演杰克,罗琦是由米雷耶·达尔克饰演。洛特奈是在《幸运者》和《关关雎鸠》两部片子中相中这两位演员的。乔·阿朗若一角由莫里斯·比罗扮演,该人物在剧中想要"再利用"金发尤物,并且在赛马投注中赌中了前三名。大提琴手即约克·杰克的表兄是由米歇尔·塞罗扮演,弗朗西斯·布朗什则饰演他们的叔叔阿布萨隆。

　　拍摄进展迅速,9月23日开拍,片方严格将外景拍摄降至最少。大家都明显感受到预算有限,特别是在拍摄舞台表演的场景中,从银幕上看根本找不到一个观众坐在下面。路易·德·菲奈斯又一次——当然这种次数已经接近尾声——并非演出的中心。即使他的名字排在演员表第一位,但是观众的注意力还是被米歇尔·塞罗、莫里斯·比罗、米雷耶·达尔克等贯穿全影片的人物所分散,当然弗朗西斯·布朗什的表演(他饰演一个研究古生物的笛子演奏者),还有达里·考尔(只有一场戏的古怪的亿万富翁)也多少吸引了观众的眼球。有意思的是,德·菲奈斯的身份与他的谈判能力助他在海报中独占鳌头。要知道,他在时长近一个小时的影片中扮演的只是末尾的次要角色。

　　不过,他的演绎大大丰富了剧中人物。实际上,在开拍前刚写好的剧本中(此时电影名称还叫《有一具尸体》),该人物名字还叫做罗贝尔而非约克·杰克,而且他在把尸体搬运到古生物学者叔叔家后,一到医院就死了。在影片中,他还在另外两场戏中显身,可惜对情节的发展不具有推动作用。第一场是在医院里(他刚医好黄疸),罗琦·拉·布雷兹与海关人员都试图让他招出埋"苹果片"的地点,以便能把中大奖的马票挖出来;之后,他出现在博物馆里,就在乔终于从阿布萨隆叔叔口袋里把信封偷出来的时候。

　　其中,第一场戏后来成为资料节选之一。从现今的眼光来看,他这种抽象又激昂的表演是影片中的精华。杰克被罗琦灌下药丸后,整个肢体便表现出令人瞠目结舌的谵妄状态,脸孔扭曲歪斜,双手乱舞,眼神躁动不安——这些都是路易·德·菲奈斯最拿手的表演手段。导演根本没料到这种情况。乔治·洛特奈说:"那天,他迟到了,人很疲惫。然而,就在这场医院的戏中,他用口头表演来诠释陷入谵妄的状态是怎么样的。"之后,他嘴里一直含糊地嘟囔着不成文的句子来表现病情加重,他滔滔不绝地发出一连串让人吃惊的各种声响。十年之后,《布洛涅森林里的强人》中特派员的无台词表演便是这一表演的升华。他与诺贝尔·卡尔博合作时也采用了同样的表演方法。除此之外,他还把自己还原成像一张白纸那样的演员再临场发挥。

采用这种类型的临场发挥主要是因为洛特奈推崇这样的表演方式,他希望"开放式"的演出。"我总是让演员自由发挥。与德·菲奈斯一起工作并非易事,尽管他演过的主要是些小角色,但是他深谙表演之道。他的脾气有点怪:我们正在拍一幕戏,而他却对自己的表现不甚满意,然后他就会想办法,比如说在这场戏末犯个小错,或是移位到他本不该去的地方站着,又或是不把戏演完等。总之是让这一条不能用。但是只要他觉得发挥得很好的时候,我们就可以安安静静地工作。就这一场戏而言,他拍了一条又一条,直到完全表现出我们现今看到的绝妙的谵妄。"

洛特奈与吉罗的工作方式是截然不同的,洛特奈完全信任德·菲奈斯。米雷耶·达尔克解释道:"洛特奈更爱指导演员表演,同时他也更乐意充当观众。乔治几乎把演员们都逼到崩溃的边缘。他高声大笑,然后总是要求演员再演得好一点。他也是片子的第一位观众,他的视角和理解也启发了演员的表演。"的确,杰克这个人物就是个吹毛求疵的家伙。洛特奈回忆说:"杰克有点疯癫,有点神经质。这是一个神思恍惚的角色。他的出场并非是要讲对白,比罗与布朗切会负责台词的。"对于德·菲奈斯来说,这样的表演更利于他发挥、展示自己摹拟表演的功力。他自己也非常自得其乐,而且他的表演比在《关关雎鸠》里更加系统化,逐渐突显米雷耶·达尔克与他在身高上的对比。德·菲奈斯在剧中的造型古里古怪,这个小个子在超大衣服里晃来晃去,头上的帽子也过大(他饰演的很多人物都有一个共同的特征,那就是被大帽子压得喘不过气来,如在《悠长假期》中,他戴着一顶海军帽,或者是在《虎口脱险》中戴的德军头盔），而且当脚蹬高跟鞋的达尔克站起身的时候，他却得屈膝跪下。米雷耶回忆道："他那时非常快活。我知道后来他的烦恼渐多，但是在拍这部片子的时候，他拍得很开心，也许是因为他还没有肩负繁重的制片工作。"

让·吉罗推出《直捣黄龙府》并非是因为《关关雎鸠》获得了成功。其实，他与逐渐显露明星像的路易·德·菲奈斯合作拍的第一部电影因舞台剧《不拘礼节》的失败而未能大放光彩，而这部在《关关雎鸠》上映之前就已经开拍的新片却给吉罗、弗朗西斯·布朗什和达里·考尔带来了持续的成功。莫里斯·雅甘与雷蒙·达农以科佩尔尼科电影公司的名义负责制作出品该片，他们通过旗下的摩洛哥商业电影发行公司发行《关关雎鸠》。这一次他们仍然大力支持导演。实事求是地说，这部新片子的剧本更合常规，并让人想到和它同时代的影片，如马里奥·莫尼塞利的《鸽子》，也预示了伍迪·艾伦的《有骗子但不太多》。影片故事梗概如下：一个小资产阶级家庭，因为银行经理的疏忽导致家庭财产完全损失，然后他们企图从自家地窖下挖一条通到银行的地道，以便盗取银行保险库，挽回自家损失。

事后回想吉罗对于角色的分配会觉得很奇怪。他主要是在常演林荫道戏剧的演员中进行挑选，之后把在戏中有时候命运截然相反的演员安排在一起。维克多·加尼耶的死对头，是一名渔猎商人，住他对面的表兄银行家杜朗-马厄伊是由让-皮埃尔·马里耶勒扮演。这位演员时下还在四处寻找机会出演电影中男一号，几个月后他便参演费利普·德·布罗卡的片子《正人君子》。路易·德·菲奈斯的妻子在银幕上的身份是伊沃娜·克莱切。人们还发现吉·格罗索是来店的顾客之一，让·勒费福尔饰演一名不停责骂手下工人的工头，而扮演工人的人群里可以发现多米尼克·扎尔迪的身影，克洛德·皮耶普吕演一个笨手笨脚的教士，在主教台上装模作样地审判加尼耶一家的盗窃罪（"我的兄弟们，这就是为什么不能把仁慈与软弱混为一谈"），乔治·威尔逊，国家大众戏院的经理饰演骑脚踏车的警察（正是他建议德·菲奈斯在夏约宫演出《吝啬鬼》），曾在路易·马勒的《扎齐坐地铁》一片中饰演捣蛋鬼的卡特琳娜·德蒙若这次扮演加尼耶家庭中的小女儿，大女儿乔由已经在《我的茨冈朋友》中扮演过路易·德·菲奈斯女儿的安娜·多阿饰演。

11. 找对戏路

　　拍摄于 1963 年 11 月 19 日在布洛涅摄影棚开始。同业公会简报上刊登了一些广告,上面有德·菲奈斯风格化的画像:他头戴盔型灯罩,正在等着已点燃的导火线引起的爆炸,画上还有一句标语"新的德·菲奈斯,《直捣黄龙府》,非比寻常的影片!"《关关雎鸠》的热卖让他跻身于 20 点电视新闻档关注的演员:11 月 29 日,他在电视上出现,头戴钢盔,身着宽大的油布雨衣,耸肩缩脑,背景则是在地道里。几百万法国观众第一次看到他在采访摄像头后面局促不安的样子以及紧张的微笑。不过,当记者就他本人平时不怎么搞笑这一在电影圈内已是人尽皆知的形象提问时,他给出了精彩的回答:"您瞧,当我演戏的时候,我一直都是严肃的。"

　　此外,电影拍摄期间,新闻专员里夏尔·巴勒杜西在《战斗报》上发表了一篇长文,内容涉及路易·德·菲奈斯以及让·吉罗介绍即将推出的电影、他们对电影的看法以及其他相关介绍。德·菲奈斯借勒内之笔澄清了关于他的最新传闻。当记者告诉他外界流传说他"分类收集整理了不计其数的笑料小卡片",他否认说:"我并无什么卡片,但是我的记性特别好。"他还介绍说自己"每天都花一刻钟朗诵台词"。对此,吉罗也证实道:"和路易在一起时,我们习惯在一种非常默契的氛围中工作。而且,他经常会想出很多好点子来。"可惜,新闻媒介还是和以往一样并没有太看好该片,采访的文章刊于圣诞节那天。而按照以往的情况,这一天的读者很少,在介绍演出的版面上登的都是一些无足轻重的片子。

　　《直捣黄龙府》将在 1964 年 2 月 26 日上映,德·菲奈斯在此之前的几天开始拍摄雅克·坡瓦特诺的片子《男人堆里一靓妹》。影片上映时,片方在首轮独家放映时联合了多家影院:贝利兹、马里尼昂、维普乐影院,每场共 4870 个座位。然而,票房榜的第一名出乎大家的意料:就在同一周,费利普·德·布罗卡与又强壮又活跃的让-保尔·贝尔蒙多合作的影片《里约追踪》、阿兰·德龙的侠客片《黑郁金香》也上映了。《直捣黄龙府》45358 观影人次的票房被其他片子超越,不过这个成绩也算不错了(这一周《亡命的老舅们》以 21832 人次的票房位列第八,该片结束首轮放映时共获 453509 观影人次)。自第二周起,上座率开始下跌:贝利兹影院第一周的上座率为 32.1%,第二周则是 20%;马里尼昂影院第一周为 23.4%,第二周为 12.2%,维普乐影院第一周是 24.9%,第二周是 16%。影片在首轮独家上映时只维持了两周，共计收获 80919 人次的票房就下线了，这个成绩实在是不怎么样。另外，影片的发行公司——摩洛哥商业电影发行公司暗示对该片不再抱有希望，因为在同业协会的广告上登出《直捣黄龙府》要等到 5 月 6 日才能在巴黎各街区与郊区的影院上映。这样的情况极其罕见，因为电影不从独家放映的影院直接过渡至"正常"的放映，必须等到八周以后，才能与低价影院——影片真正的观众群见面。八周后，现有的宣传、电影的口碑都将被淡忘。

不过，有些评论首次更看重路易·德·菲奈斯而非影片本身。在他的职业生涯中，这一现象远比他在长片中担任男一号更有意思。《法兰西晚报》上说："我们可以把德·菲奈斯的片子拍成像美国西部片一样。这样的题材有很多。《直捣黄龙府》实际上是十八年内第 90 部捍卫视觉喜剧的影片，而电影剧本作家们则一直在寻找新的人物与情境。"人们不仅仅是知道德·菲奈斯，而是开始越来越了解他了。萨米埃尔·拉希兹在《人道报》上写道："他是一位优秀的演员，但他应该更新他的喜剧表演模式。"雅克·西克里耶在《电视纵览》中写道："他把自己的拿手好戏演了一遍。个人认为，他的这种拿手好戏总是让我捧腹大笑，不过时间久了会觉得他有点烦人。"这句"时间久了"可以被看作是一种恭维……

在《直捣黄龙府》之前拍摄的《已经入土》于 11 月 15 日杀青。该片上映时间较晚，主要是因为《亡命的老舅们》太受欢迎，一直没有在巴黎的影院下线。制片公司在《法国电影》上给《已经入土》登了两页整版的广告，号称是该公司(科西诺尔公司)"1963—1964 年度大片"之一，其他片子还有路易斯·布努艾尔的《女仆日记》，让-吕克·戈达尔的《轻蔑》，雅克·普瓦特勒诺的两部作品《寡妇吵架》和《来自香港的陌生女子》……当《已经入土》于 1964 年 5 月 6 日上映时，《法兰西晚报》上评论说乔治·洛特奈有讽刺意味的诙谐文学精神与让-克里斯托弗·阿韦蒂的想法具有相似性，他的《青葡萄》就给法国电视圈带来了新的气象。大家观察到影片因双线叙事的拍摄手法，很难被归入某一类型电影之中。至于演员方面，路易·德·菲奈斯(《绑鸭报》)认为其他演员未能很好地与他配戏)、米歇尔·塞罗、莫里斯·比罗与弗朗西斯·布朗什四人的戏份相当。最后，米雷耶·达尔克以其醒目的造型，很好地展示了人物热辣的魅力，她也因此成为片中最耀眼的明星。

11. 找对戏路

《已经入土》是一部中型制作的电影,在四家影院放映(巴尔扎克、海尔德、斯卡拉、维维恩),每场售出 2660 张票。第一周,收获了 29890 位观众,这一成绩被同日上映的《特工科博兰》超过,四周后被亨利·韦纳伊、让-保尔·贝尔蒙多、利诺·文图拉合作的《阳光下的十万美金》超过,三周后被让·保尔·勒·夏努瓦与让·卡班、米雷耶·达尔克的《先生》一片超过。后来,该片也未取得辉煌的成绩:首轮独家上映共延续了五周,收获观影人次 104229。在外省,《直捣黄龙府》与《已经入土》两片撞期:4 月 22 日这周,让·吉罗的片子在南锡市收获了 2158 位观众;5 月 6 日这周,乔治·洛特奈的片子获得 7796 观影人次的票房成绩……

1964 年春,德·菲奈斯凭借其参演的喜剧片频频出现在银幕上。该喜剧片的海报上是年仅 22 岁的达妮·萨瓦勒,她最早在红磨坊开始演艺生涯,7 岁时以在《活水》中的表演征服了整个法国,之后的演出都反响不俗。《男人堆里一靓妹》1964 年 3 月 16 日在埃皮奈摄影棚开机,4 月 30 日顺利杀青。这是一部不太引人注目的电影。7 月 17 日,影片在科丽舍影院与马里沃影院上映,每场可售 1964 张票,预计每周观影人次为 68740。首周上映的观众人次是 14130(票房不理想,电影名列周榜第四),仅完成预定目标的 20.5%。电影很快就下榜了,首轮独家放映持续了七周,每周平均有 6115 观众人次,即每十一个位子里面只有一个有观众坐着。在电影淡季的时候,电影上映的时间较长一些,因此该片一直到 8 月底才下线。七周共 55305 人次观影,票房成绩差强人意,不过电影本身也乏善可陈。雅克·普瓦特勒诺并不清楚或者是没有为影片找到一个清晰的定位,他始终在米歇尔·奥迪亚尔写的警匪侦探小说和表演进入成熟期、强烈要求剧本更加形象化的路易·德·菲奈斯之间摇摆不定。

莫里斯·比罗和德·菲奈斯是两个惯偷,他们入室盗窃的动作远没有他们想象的那么高超(又是米歇尔·奥迪亚尔的构思!)。有一次,他们入屋作案时,反被这家人家的女儿吓一跳(达妮·萨瓦勒饰演),这个女孩子说如果不接纳她入伙她就告发两人。于是三人一起行窃,当他们得手后,女孩建议去高级百货店——乐蓬马歇百货店大偷特偷。经历了一系列荒诞的事件后,却发现装满赃物的口袋里只有仿银行钞票的广告小画纸。

虽然达妮·萨瓦勒名列影片演员表表首,电影海报上也只有她独自一人婷婷玉立的形象,《男人堆里一靓妹》并未获得制片方预计的票房,也没把她捧成当时最红的女演员。自第二年起,她终止了在法国的事业,去了美国,然后在那儿生下女儿。自此,她在发行商的眼中,已没多大价值了,特别是与她在戏中的搭档路易·德·菲奈斯相比。1972年,《男人堆里一靓妹》更名为《怪头目》再次上映,这次海报上印的是法国喜剧头牌影星德·菲奈斯的像了。不过,雅克·普瓦特勒诺真是白费心机,德·菲奈斯并未超越自己近期的票房成绩。剧本把他与对手莫里斯·比罗的戏份规定得很平均(他们"行动"时的着装都完全一样)。在奥迪亚尔笔下,人物的喜感主要靠对话传递,坦率地说,路易·德·菲奈斯并不长于此道。不过,这个还重要吗?在巴黎首轮独家上映该片的最后一天是1964年8月31日,这一天也是热拉尔·乌利的《暗渡陈仓》开拍的日子。而德·菲奈斯刚在几天前完成了安德烈·于奈贝勒《方托马斯》的拍摄工作,该片是在7月15日开拍的。又过了几天,9月9号,德·菲奈斯在这个夏天(从6月5日起)拍摄的三部影片中的第一部,即让·吉罗执导的《圣托佩的警察》开拍。

是的,就在四个月的时间里,他连续拍摄了《圣托佩的警察》、《方托马斯》与《暗渡陈仓》。很快,路易·德·菲奈斯成了真正的巨星。就在这个非凡的夏天里,他也度过了自己50岁的生日。

12. 非凡的夏天

——《圣托佩的警察》、《方托马斯》,1964

《圣托佩的警察》问世的过程广为人知：一切都源自在圣托佩工作的一名警察。里夏尔·巴勒杜西是电影新闻评论专员，他酷爱写作，正在写一个关于圣托佩的剧本。位于法国南部的圣托佩小镇吸引了无数名流、明星来度假，弗朗索瓦兹·萨冈、碧姬·芭铎都到这里来享受悠闲假期。一日，他把敞篷汽车停在一座别墅附近，下车去看看这幢他认为很适合充当电影背景的别墅。当他返回车上时，发现放在座位上的相机不见了。他立即冲到位于广场的警察局报案。里面一位没穿外套的警察对他在早餐时间就来抱怨治安很诧异，并告诉他已经知道谁是小偷了。前几日警察们刚让这盗贼从手下逃走，不过目前警察什么都做不了。

里夏尔·巴勒杜西非常恼火，他告诉这个警察一定会把他们这帮人没有责任心的所作所为公诸于众。当时他正好担任《关关雎鸠》与《直捣黄龙府》片子的新闻专员，碰到路易·德·菲奈斯时，便把遭遇讲给他听，德·菲奈斯听后认为这个题材不错，可以拍部电影。接下来，里夏尔初拟了剧本大纲，里面已经设计了警察追捕天体主义者、名画被盗、港口混乱的人群等情节。德·菲奈斯则构思了两个对比鲜明的警察，一个很会浑水摸鱼，另一个则是憨厚老实。他还决定让后者成为前者的上司。

刚开始，当吉罗、德·菲奈斯向各制片公司谈《圣托佩的警察》这部新片的构思时，所有制片公司的反应都不热烈。片方有两种不同论据：一是布尔维尔曾于1950年在安德烈·贝托米厄的《潘多拉王》中演过警察，遗憾的是片子不太成功；二是让·里夏尔曾在1959年主演了让·巴斯蒂亚的片子《尚皮尼奥勒的警察》，该片大获成功。两部片子的情况从对立面解释了制片方对《圣托佩的警察》不太感兴趣的原因。再说路易·德·菲奈斯也并非是票房的保证。迫于制片方的压力，吉罗提出让达里·考尔或弗朗西斯·布朗什主演该片。不过两人都拒绝了吉罗。最终，电影新公司（SNC）的热拉尔·贝图与勒内·皮涅埃尔愿意投资拍摄该片。剧本由雅克·维尔弗里德与让·吉罗重新修改，路易·德·菲奈斯也提出很多建议，这也成为他后来拍片的一个习惯。他建议在片中加入一位好心的修女。这一建议并非不可行。此外，中士骑兵长官为了保护女儿而归还被盗汽车的桥段灵感来源是莫里斯·雷加梅推荐的剧本《小怪兽》。

路易·德·菲奈斯还想到角色分配问题。此时他正在演舞台剧《大圆舞曲》，他建议他的两个海关下属格罗索与莫多一起参加一部"小电影"的拍摄工作。显然，他们并不排斥夏天去圣托佩与一位银幕上暴躁的拍档拍戏。德·菲奈斯心目中扮演中士热尔贝的最佳人选是皮埃尔·蒙迪，可惜他的档期被舞台剧排满了。于是他突然想到请《咱们去多维尔》中那个脾气火爆、堆沙堆的老板来参演。

米歇尔·加拉布吕说："我那时就去圣托佩度几天假，因为我太太老说想去看看《法兰西周末报》上大幅报道的必游之地。可惜我待得烦死了！最后一天，我很早就醒了，我打开酒店的百叶窗就看到楼下有一群人正在吃早餐。我听到他们正在聊一部影片，陆续传来几个词立刻吸引了我的注意力。他们中有一个人说'既然我们已经有德·菲奈斯了，那么只要在他周围随便配些演员就行了。这样，在片酬上可以省一笔'。我笑着告诉我太太说，'以后被选去演这部片子的演员可以享福啦！'我回巴黎后，很多人都打电话告诉我说自己参演了这部片子。"

据60年代多方面的资料显示，正是路易·德·菲奈斯本人提出邀请米歇尔·加拉布吕参加演出的建议。加拉布吕曾在法兰西喜剧院演过戏，50年代末他与德·菲奈斯一起为电台戏剧节目工作时，德·菲奈斯就非常欣赏他的专业能力。加拉布吕回忆道："我们那时为了维持生计做了很多这类工作。我想除他之外，没人会临阵怯场。我还记得有一天大家都念完手中的剧本了，而我在午饭时间还不得不和他呆在一起。其他人都去吃东西了，可他还没完成手中的工作。"后来，这两人一起拍了《咱们去多维尔》，片中脾气火爆的游客与公司经理之间搞笑的对话让德·菲奈斯对加拉布吕演对手戏独特的方式记忆犹新。加拉布吕说："别忘记他本人就很好笑，很难抗拒。

拍片时大家都笑得不行了,因为他总是冒出些新主意。当他的眼睛盯着你看时,你完全无法抵抗他的魅力。"

其实从为人方面来说,德·菲奈斯与加拉布吕两人非常相像。他们都不是热衷于社交活动的人,俩人都尽力避免鸡尾酒会,避免介入圈里一些乱七八糟的事儿。他们对自己所从事的工作有极高的热忱,而且他们并不会自以为是。两人都和小导演合作过,演过些蹩脚的人物角色,拍过些烂片,加拉布吕后来还继续拍了些烂片。他们不否认自己有梦想,希望成名。他们并不把演戏这个职业当作混口饭吃的差事。现在,米歇尔·加拉布吕回忆那时领了"五六千法郎的片酬,这笔钱算不得什么,据说路易拿了 8 万法郎。不过后来,我们拍'警察'系列影片时报酬就给得很好了"。《圣托佩的警察》一片的预算不过 130 万法郎,这笔钱只是六年后路易·德·菲奈斯拍《退休警察》片酬的一半!

这部"小"电影里的其他角色有如下备选演员:克里斯蒂安·马兰曾在《关关雎鸠》里演过仆人,让·勒费福尔主要是在让·吉罗执导的《幸运者》里面演过一个短片,从《美国靓女》一片与德·菲奈斯合作过之后,两人一起演了约六部片子。年轻的热纳维耶芙·格拉德曾在《弗拉卡斯队长》中饰演伊莎贝尔,她后来演克吕肖的女儿并在影片中演唱歌曲。弗朗斯·卢米伊在《幸运者》一片里演了德·菲奈斯的女儿,这次她在《警察》系列影片中演克洛提尔德修女。影片找到了一些经验丰富的演员来配戏,形象地展现出圣托佩的豪华生活。这些演员有克洛德·皮耶普吕,他拍过《直捣黄龙府》,马莉亚·帕科姆在《奥斯卡》一剧中饰演他的妻子,还有一群从巴黎戏剧学校招的年轻人,他们扮演纨绔子弟。达尼埃尔·库西负责日常指导与管理工作。在这群年轻的演员中只有饰演痴情求爱者的"尼基"帕特里斯·拉丰后来成为电视明星。

里夏尔·巴勒杜西首先设计了人物与场景,路易·德·菲奈斯贡献了很多点子,再加上雅克·维尔弗里德和让·吉罗加的喜剧感,他们一起合作创作出这个剧本。大家都坚信这部电影将超越常规的喜剧片。路道维希·克吕肖中士是一名乡下警察,他升职调任到圣托佩。在那里,他遇到的一班由上士热尔贝指挥的警察(由米歇尔·加拉布吕饰),他们是:让·勒费福尔饰演的中士富加斯,克里斯蒂安·马兰饰演的梅洛,吉·格罗索饰演的特里卡尔以及米歇尔·莫多饰演的贝尔利科。圣托佩警察局唯一的忧心事便是如何根除公共海滩上的那些天体主义者。上士热尔贝亲自指挥了几次行动，但是都以失败告终。没想到克吕肖来了之后一出手就漂亮地解决了这个难题，这完全可以成为他晋升的功绩。不过他的女儿妮可却和一群来圣托佩度假的纨绔子弟们混在一起，还骗他们说自己是一位美国亿万富翁的掌上明珠，她父亲的游艇就停在码头上。这天晚上，让-吕克（帕特里斯·拉丰饰演）跳上停在游艇前的福特野马车，握住方向盘，载着她去乡下。半路上汽车翻入深沟……第二天早上，她的父亲把她救了出来。此时，他发现车上有一幅被盗的名画。实际上，那艘游艇是一位国际黑帮头目的。45分钟的喜剧-侦探情节之后，群殴场面出现了。在这个过程中克吕肖变身为蒂埃里·拉弗隆德，该人物是当红电视剧里的主角，强盗们最终都被捕了，下士长升任军长，并在圣托佩港口进行的游行中乘坐敞篷汽车进行大阅兵。

1964年6月5日，该片在圣托佩拍摄外景。之前，电影的部分场景预计在尼斯的维多琳摄影棚里拍摄，但让·吉罗从本质上是赞同新浪潮导演们的理念的，即电影应该远离由几个工人努力再造出来的摄影棚，在实景中拍摄。此时，亨利·韦纳伊与让-保尔·贝尔蒙多的片子《碧血长天》也在敦刻尔克开拍了，同时开拍的片子还有在西班牙取景的《丁丁与蓝橙子》（巴利阿里群岛）、根据保罗·肯尼知名小说改编的《科坡兰警长的FX18号秘密》……没多久，8月的时候，路易·德·菲奈斯在罗纳河口省拍摄《方托马斯》外景时，全法国共有23部电影正在拍摄制作中，而且没有任何一部是在摄影棚里拍的。摄影棚纷纷倒闭，法国电影公司却迎来了短暂的春天：1964年夏天三个月内共摄制32部影片，1962年同期拍摄数量是24部，1963年则是25部。电影行会的报业对影片平均预算的增长感到欢欣鼓舞。

让·吉罗的剧组并非是第一个驻扎在圣托佩的剧组。自1952年保尔·帕维奥在这里（与皮埃尔·布拉瑟尔、朱丽叶·格雷科、米歇尔·皮考利合作，根据达尼埃尔·热兰读过的鲍里斯·维扬写的评论改编）拍摄了短片《圣托佩，假日必游圣地》之后，多部电影都到这个世界闻名的港口来拍摄。但对于这个城市而言，没有任何一部电影比德·菲奈斯的这部代表作更具代表性了。后来，这个系列的电影在拍摄过程中形成一个惯例，就是开机先拍影片结尾在港口阅兵的场面，即热闹的军乐队方阵、女兵方阵、圣托佩民俗团体、沿街站满喧闹的人群等。

　　实际上,自里夏尔·巴勒杜西因自己相机丢失去警察局报案之后,真正的警局已经搬迁了。影片让位于布朗奇广场上刚被警察们遗弃的小楼重新耀眼起来。这幢小楼之前是市警局的办公楼,现今已成为一个小型的电影博物馆。吉罗的剧组跑遍了整个小城及其近郊为影片取景,最后电影有一半以上的镜头都是外景拍摄的。不过,该片的首席摄影师对于影片的色彩问题忧心忡忡。其原因是影片开头在上普罗旺斯-阿尔卑斯省拍的镜头因天气原因变成黑白两色,而后面的镜头色彩都较为饱满,这一对比有损片子的连贯性。

　　整个剧组工作人员相处融洽。让·吉罗工作进度很快,他放手给演员自由发挥。由于技术准备到位,他每天可以轻松完成 3 到 5 分钟影片的拍摄工作。他拍摄的时候喜欢尽可能照亮场景,取景的时候总是留出一部分空白,以便演员在表演时不会受到场地的限制。他同时也并不认可剧本神圣不可改动这种理念,很多幕场景在拍摄过程中都加了很多新的想法、即兴表演以及演员们的建议。比如说,玩滚铁球这一幕戏最初并未写入剧本,也根本没有克吕肖对福格斯与梅洛发火的具体情节。这完全是在拍摄时路易·德·菲奈斯自己加的台词:"我现在很冷静地告诉你们,你们会为此付出高昂的代价。代价不菲。走着瞧!"另外,他在布朗奇尼奥勒剧团时的老把戏成了片中克吕肖的招牌动作,即双手十指在眼周挥舞、声嘶力竭地说:"你们好好看看我!"

　　片中六位警察的扮演者定期一起看工作样片,讨论哪组镜头最好、哪段表演应该怎样表现更好。加拉比与马兰也证实有些场景在集体讨论过后又重新拍摄。不管怎样,这部片子对于大家来说是一部小制作电影,并未对票房有较高期许,大家心态都很好。大部分演员之间的关系很好,大家都享受演戏的快乐。德·菲奈斯大概是演员中最年长的一位了。但是,即使他比其他演员的戏份、镜头多,他也不会霸住整个画面,他经常和其他警察一起出镜。可以说,他在表演时更愿意采用拍《关关雎鸠》时的办法,即集体演出。这样他的戏在对手的配合之下能更好地演出来。在《圣托佩的警察》片场,所有人都喜爱这部富有喜感、语言诙谐、动作滑稽的片子。不过,当时没有一个人想到在蔚蓝海岸拍片的这几个星期是一个传奇故事的开始。

7月8日,《圣托佩的警察》杀青之后,路易·德·菲奈斯并没有给自己放长假。7月15日,他就到布洛涅摄影棚开始拍摄《方托马斯》。该部电影也是他与安德烈·于奈贝勒合作的第七部片子。通俗片大师于奈贝勒此时已68岁,他根本没有想到眼前拍的这部片子是他拍片生涯中最赚钱、最经典的制作。

如果说时至今日"方托马斯"这个名字还广为人知的话,那么有相当一部分原因得归功于安德烈·于奈贝勒与路易·德·菲奈斯拍的三部电影了。不过,他最初并没有想到让德·菲奈斯与让·马兰一起演这部片子。制片人的初衷本是请法国电影界最好的50岁演员布尔维尔来演这部片子。因为他已经拍过两部大获成功的侠客片,即他与让·马兰合作拍摄两部古装片之前拍摄的《驼背与教官》以及《狼的奇迹与巴黎的神秘》。《方托马斯》很想再让两位演员在片中聚首。可是布尔维尔拒绝了片方的邀请,他这个夏天唯一参加拍摄的片子是一部对他来说全新的电影,那就是与路易·德·菲奈斯合作的、由热拉尔·乌利执导的《暗渡陈仓》。

据悉当年好像是让·马兰建议安德烈·于奈贝勒把皮埃尔·苏维特和马塞尔·阿兰合写的惊险系列小说改编成电影的。生于1889年的诗人让·科克托很欣赏他们笔下的这些离奇冒险故事,他也极力主张将该系列拍成电影。1911年2月到1913年9月期间,法国电视上播放了讲述这位"犯罪天才"奇遇的电视剧,"方托马斯"立刻风靡整个法国。借用当代的术语来说,《方托马斯》系列之所以自第一部就引发公众热捧并获得巨大成功,是因为它赢得了当时众多知识分子的崇拜:纪尧姆·阿波利奈尔与马克斯·雅各布共同组建了名为"方托马斯的朋友"的第一公司,布莱兹·桑德拉坚信该系列小说是当代《埃涅阿斯记》,画家勒内·马格利特在自己的画作中多次暗喻该系列小说,罗贝尔·德诺写了让人惊异的《方托马斯的挽歌》,不久,库特·威尔还为其配上了音乐……

自1913年4月上映首部由高蒙公司出品、勒内·纳瓦尔主演、路易·费雅德掌镜的《断头台阴影下的方托马斯》后,共计有79部电影拍摄方托马斯的故事。该系列的最后一集罗贝尔·威尔奈的《方托马斯智斗方托马斯》1949年发行。在法国电影史上,根据《方托马斯》系列改编拍摄的众多影片可以排成一条长龙了。与还在世的作者马塞尔·阿兰(另一作者皮埃尔·

12. 非凡的夏天

苏维特于 1914 年去世)沟通并不顺畅。由于他对某部根据同名小说改编的电影不甚满意,因此这位连载小说家也变得格外挑剔。1960 年 10 月 17 日,他终于同意把《方托马斯》系列的所有小说(即 42 集,其中有 32 集是与苏维特一起创作的,另 10 集为阿兰独自完成)的电影改编权以 4 万法郎的价格全部签给雅克·孔帕尼兹电影公司,并于同年 12 月在合同上附加了一个条款,即收取每部电影受益的 3%。一年之后,改编权重新被卖给"涵电影制作公司"。该电影公司曾出品过丹尼·德·拉帕特里埃尔根据米歇尔·奥迪亚尔写的剧本和对话拍的一部电影,以及请马塞尔·布吕瓦尔担任制片的一部电影。也就在同一时期,未能获得《方托马斯》系列版权的乔治·弗朗居退而求其次将目光投向另一部经典电视剧,并于 1963 年根据亚瑟·贝尔奈德与路易·费雅德于 1916 年写的剧本翻拍了《犹德士》。

1962 年初,高蒙电影公司买下了《方托马斯》系列的版权,据说由勒内·克莱尔负责影片制作。1963 年 8 月,奥迪亚尔的计划流产,他的合约与前期投入的 27 万法郎于 1964 年初转为投拍《大胡子密探》,后来该片为乔治·洛特奈赢得了巨大的声誉。直到 1964 年 5 月,高蒙公司才与安德烈·于奈贝勒的拉帕克电影艺术制作公司正式拟定合约,内容明确提出让·马兰与路易·德·菲奈斯参与剧本改编工作,7 月 15 日开始拍摄等。

剧本的改编自然是落到了让·阿兰身上。他本人也在媒体面前说过自己的想法,并解释说"最好的方法是不要背离马塞尔·阿兰的本意,与其选一部小说出来改编,还不如保留原有人物,但把他们放在全新的情境之中。另外,必须确定是拍一部感人、残酷的影片还是拍一部动作喜剧片。我们比较偏爱喜剧片,因为于奈贝勒和我们习惯拍一些轻松的片子"。原作者的想法如何呢?"我们已经得到他的同意。他不会为自己笔下的方托马斯变得更现代而感到不快。"之后,他宣布:"尽管路易·德·菲奈斯是吉弗警长,但是他不会用'德·菲奈斯'式的招牌动作来演绎这个角色。恰恰相反,他将会表现得相当严肃,面对一系列遭遇时也是如此。"由此可见,首部电影在角色定位上是模糊的。

因为,影片从开始拟大纲时,就已定位是插入喜剧元素的动作片,就像于奈贝勒前一年拍摄的《愤怒的 OSS117》那样,在冒险故事中糅入些笑料,或者像好莱坞詹姆斯·邦德系列影片那样。另外,人们还在报刊上读到于奈贝勒之前还请过西恩·康纳利饰演方托马斯。显然，康纳利拒绝了这一邀请。

剧本的灵感源自电视剧，之后编剧便自由发挥了。苏维特与阿兰天才般的想象力没法完全搬上银幕，让·阿兰构思了一个符合安德烈·于奈贝勒想法的故事，由同一个演员分饰方托马斯及其死对头——记者方多尔。这位分饰两角的演员便是让·马兰。

"让诺"与安德烈·于奈贝勒相识已久，但于奈贝勒这位老朋友的决定有时会让他感到一丝苦涩。实际上，最初便是让·马兰建议他拍摄制作让·布鲁斯的《愤怒的OSS117》，他在提出建议时也暗自期望自己能够饰演于贝尔·博尼瑟尔·德·拉巴特。然而，于奈贝勒本人却选中了凯文·马修斯。邀请让·马兰饰演方托马斯也许是对他的一种安慰。让·马兰后来没能亲自为该角色配音，雷蒙·佩尔格兰完成了该角色的后期录音。后来证实，这也是对佩尔格兰的一种补偿，因为他很早之前就建议于奈贝勒拍摄方托马斯系列电影，但也未能出演方托马斯一角。此外，在拍摄方托马斯与方多尔对峙的所有场面中，让·马兰的替身克里斯蒂安·托马（他演过吉弗警长的一个手下）饰演方托马斯。

这位犯罪天才不再穿着他在路易·费雅德时期初登银幕的老派男式齐膝紧身衣、戴着风帽斗篷出场了。此时的方托马斯穿着时髦引领时尚：他的礼服是深蓝色的，剪裁贴身，长度及髋，纽扣一直扣至打领带处（该设计是让·马兰熟识的设计师安德烈·巴多的作品）。这身打扮在当时是典型的花花公子装束，也是未来名设计师山本耀司与蒂埃里·穆格勒喜爱的男士风采。

我们知道让·马兰本人也是画家和雕塑家，他自己设计了方托马斯的面具：面具由厚的合成皮制作，呈绿色，左右不对称，且总是挂着嘲讽的微笑。道具师热拉尔·科根依据他的设计草图采用合成材料制作成不透气、在高温下很快可变形的面具。他制作该绿色面具以及让·马兰和路易·德·菲奈斯的多款面具时，给电影公司开出了4万法郎的发票。在拍摄《方托马斯的反击》时，剧组到意大利拍外景，恰逢高温酷暑天气，戴着面具的让·马兰在其职业生涯中第一次丧失理智，大发雷霆。

正式开拍之前，媒体的注意力都集中在他和年轻的女主角米莱娜·德蒙若身上。米莱娜是位聪明伶俐的金发女郎,她轮流参加商业片和艺术片的演出,她既参演了1957年一手发掘她的雷蒙·罗洛的《萨勒姆的女巫》,也演了贝尔纳·博尔德里的《三个火枪手》系列电影。电影一开拍,媒体立刻就有报道:7月19日《巴黎快报》上刊登了一张米莱娜·德蒙若的照片,该报道丝毫未提及路易·德·菲奈斯;8月4日的《费加罗报》上登了一张马兰与德蒙若的合照;8月8日的《巴黎日报》上有一篇题为《马兰:预备百张新面孔,饰演方托马斯》;8月17日的《战斗报》上发表长文《在安德烈·于奈贝勒的导演下,让·马兰与米莱娜·德蒙若痴缠方托马斯》……电影上映前的几周,《巴黎快报》上刊登了让·马兰的一系列照片,并配文《看看他是谁,你们一定认不出他来》以介绍他在戏中所扮演的"百变"方托马斯,文章说:"马兰至少演了不下八个人物。他们分别是上了年纪的唐璜、催眠师、精神病医生、疯子、监狱守卫、冷酷的银行家和好爸爸。"

显然,对于电影编剧来说有一个限制,那就是让51岁的让·马兰变身成为他的死对头——爱打抱不平、健硕的记者方多尔。在阿兰与苏维特笔下,方多尔的年纪是介于15到30岁之间(在第一集《方托马斯》中,方多尔是一个18岁的小伙子),随着情节的发展,他乔装打扮成海斯-威马国王,或者是变身成为乞丐、皇家广场上的一名职员甚至是一具尸体。在影片中,易容是方托马斯的特权。让·马兰很喜欢这个"百变"的角色,还没想到也许过于百变会给他造成不便。他后来说道:"那时,为了让观众不认出我来,我和化妆师都把自己逼疯了。甚至是当方托马斯装作方多尔时,我们都试图让人觉得那个人不是我,这就要化上两三个小时的妆。等到电影上映时,却常有人问我'方托马斯到底是谁演的?'"

整场演出让人叹为观止。让·马兰也再一次凭借自己精湛的演出、一连串让人惊艳的变身吸引了法国观众的目光。不过,这并不意味着他一人的演出为制片方节约了不少资金,其实制片方聘了不少专业的替身演员负责替让·马兰演出攀爬、跳楼等镜头。马兰说自己没那么爱运动,也不喜欢锻炼,不过他的表现还是让人赞不绝口,特别是与强健的让-保尔·贝尔蒙多令人炫目的特技表演配合时。

影片一上映,让·马兰无论是在剧中还是在媒体眼里,又或是在签订合同时,立刻成为《方托马斯》一片中绝对的一号人物。他的片酬是30万法郎

（支付48天的拍摄,并需要从中扣除付给经纪公司的1.5万法郎),路易·德·菲奈斯的总收入约计20万法郎(其中14.25万法郎支付36天的拍摄片酬,影片上映后获4.75%利润分成,共计4.75万法郎,还有支付给经纪人的报酬7500法郎及佣金2500法郎)。再对比一下其他演员的收入,米莱娜·德蒙若的酬金预算是3.3万法郎,雅克·迪南(他饰演吉弗警长的下属贝尔特朗探长,之前他很巧合地在1947年版、由让·萨夏导演的《方托马斯》里演过一个小角色),当时的女主角——年轻的西蒙娜·西涅莱片酬是1.2万法郎。可见,让·马兰的收入比路易·德·菲奈斯多50%以上。

薪水优厚,拍摄条件不错。安德烈·于奈贝勒和他的好朋友们常说电影制片公司就是一个大家庭:制片-导演的儿子负责写剧本,他第一任妻子打理服装,他拍的片子里都是他的老友……所有的一切都是为了让拍摄进行得顺利些。米莱娜·德蒙若说:"于奈贝勒明白,要让演员有好的表现,就得让他们感到高兴。于是我们拍摄结束后常去餐馆吃饭,工作的安排也很合理,拍摄条件从没有什么时候让人觉得不妥……当然,这不是好莱坞,但是已经非常好了。"

这肯定不是好莱坞,但是导演梦想着拍一部"现代"的动作片。首先,方多尔开始挑战方托马斯:他根本不相信世上真有方托马斯这号人物,他觉得这只不过是吉弗警长创造出来的一个神话,以解释他面对犯罪的无能;他发表了一篇挑衅方托马斯的文章之后,就被方托马斯绑架了。此时,吉弗开始抓捕一个小偷,该小偷在位于香榭丽舍大街的马尔蒂尼宫里面举办的高级珠宝展中偷了很多价值连城的珠宝。方托马斯成功地把方多尔和吉弗警长送进监狱,因为他在作案时把自己装扮成他们俩。之后,他再把他们一一解救出来,以获得他们的崇拜,好汇集一群对他盲目服从的人。不过,这两人成功地从他手中逃了出来,并且跟踪追捕他——从巴黎到几百公里之外的蓝色海岸。他们一路乘汽车、摩托、火车、直升飞机、摩托艇、潜水艇、充气艇等等,数十种交通工具出现在影片最后20分钟里。

吉尔·德拉马尔带领他的团队负责影片中的所有特技镜头。当埃莱娜和方多尔全速追赶方托马斯时,米莱娜·德蒙若驾车从两辆大卡车中穿过,这时汽车刹车坏了,于奈贝勒让她待在车内。"当时的情况给我留下了深刻的印象。车厢内部的拉杆可以拆散所有部件。我完全信任他们。"在摩托车上拍的大部分特技镜头都是由摩托车场地障碍赛的赛车手、也是初入影坛的雷米·朱利安那完成。德拉马尔需要一位专业人员来协助拍摄方托马斯与方多尔-吉弗这两队人骑着从摩托车手那里借来的部件演追逐的长镜头，于是他找到了雷米来演这几幕戏。雷米演了警察、犯罪天才以及在后面追捕的两个人。值得一提的是，他还化装成德·菲奈斯，拍了一系列吉弗警长双手紧抓方多尔，身体几乎平行"飞"在摩托车后的镜头，可惜这组镜头在剪片时被删除了。后来，雷米·朱利安那成为法国电影界最著名的特技专家，他还多次与路易·德·菲奈斯合作，在《虎口脱险》中，他在追赶逃跑者们的雪铁龙卡车时，头上还被他们砸了一个南瓜。

路易·德·菲奈斯在这个改变自己命运的夏天里，依然从容地做好演员这份工作。米莱娜·德蒙若一到片场就完全融入剧组，她在那里又见到了许多她以前演小配角时合作过的演员：雅克·迪南，多米尼克·扎尔迪，亨利·阿塔勒，以及其他演员朋友……她后来回忆说："大家在片场都很欢乐。他在我们身上测试他的各种想法。演舞台剧，我们马上就可以从大厅里观众的笑声中得到反馈。在电影中追求喜剧性是更难的。在拍摄的时候，需要数一下技术人员、置景人员笑的次数，还得在和其他演员排练时不断尝试新的方法……"

显然，在拍摄的时候有力挺德·菲奈斯的"菲菲党"，也有另一组支持让·马兰的"让诺党"。让·马兰与路易·德·菲奈斯两人的关系不算亲密，但是两人的关系也不至于紧张。据米莱娜·德蒙若说："那时路易正在蜕变成为大明星。让·马兰早已成名多年，但路易还不是大明星。请别忘记所有的法国姑娘在看完《永远归来》之后，回家都织了一件中世纪的毛衣。我想德·菲奈斯也很想让自己像别的大明星一样，但是他所信奉的天主教和西班牙的道德都不允许他那样做。"

现在回头看看，可以说《方托马斯》系列电影是两大巨星（让·马兰与德·菲奈斯）面对面竞争的平台。不过，在当时，路易·德·菲奈斯是完全顺从剧本与导演安排的。他甚至在《出租车、大篷车和混斗》里亲自跳过一大队车海，完成一些"合适"的特技，比如说吊车吊着他去追逐方托马斯。他这么做真是找罪受，这场特技拍摄导致了严重的后果：因为需要从不同机位来拍这组镜头，所以反复拍了好几次，他就这样被吊车吊了几个小时，所有身体的重量全靠手臂和肩膀去支持。当天晚上和第二天,他根本无法抬手。他做医生的儿子帕特里克后来在回忆录里写道:"长时间的吊挂,让部分躯干过度紧张,最终引起了肩部肌肉麻痹。"德·菲奈斯花了好长时间才让肩部肌肉逐渐恢复过来。多年后,他自己还在忍受为此而留下的后遗症。

安德烈·于奈贝勒觉得制片方的反应和意愿比导演的想法和品位更重要。他想拍一部融合动作、悬念、喜剧等元素、和英美同行们相媲美的影片。也就是说他想拍一部以前和让·马兰、布尔维尔一起拍的那种侠客片,比50年代乔治·西德尼签下的美国前辈们的影片更诙谐的影片。剧中人物必须具有典型性:男主角必须得年轻、爱冒险,他的同伴是个搞笑、话少的人,女主角得年轻漂亮。尽管让·马兰年事渐高,但若他能继续演自己从1947年拍《舒昂党人》起就驾轻就熟的角色,米莱娜·德蒙若也能安心地演好单纯金发女郎的角色("我向于奈贝勒和阿兰提了不下百次的要求,希望他们能让我的角色更加丰满一点,但是他们总是坚持说每个演员都按编排好的戏演。"),路易·德·菲奈斯就可以稍微改动下他饰演的人物。目前,他常常被动地跟着情节走,没法发挥他在肢体上的表演特长,典型例子便是剧末追捕的那组长镜头。不过,有时,在某几场戏中,他还是稍微发挥、展示一下他的才华和灵感。比如说在著名的审讯的片段中,气急败坏的吉弗警长费了很长时间审问狡猾的方托马斯。不过,尽管路易·德·菲奈斯的演出贯穿全剧,而且正是有了他片子才变成喜剧片,但《方托马斯》最终还是像预告片所说的那样,是一部让·马兰领衔主演的惊险片。影片在《圣托佩的警察》放映后不到两月的时间里就上映了,票房和评论界都肯定了德·菲奈斯的演出。

1964年8月30日,《暗渡陈仓》开拍。路易·德·菲奈斯还没来得及休息一周便又投入工作。《方托马斯》是于9月7日关机的,那时已经没有德·菲奈斯的戏了。11日,他在热拉尔·乌利与布尔维尔的陪同下到巴黎的七个影院参加《圣托佩的警察》的首映。新出炉的影片也揭示了60年代通俗电影徘徊在低调与手段、工业技术与社会边缘的尴尬地位。数家影院获得了影片的首轮独家放映权,如马尔伯夫、奥贝尔宫、季风影、黄金国影院、梅里、丹东、天猫。不过,《自由巴黎人报》起初只登了一条小评注介绍新上映的电影。等到第三天,该日报发表了一篇热情洋溢的评论表示对影片的关注,评论说:"这是休假后复工以来的一个大惊喜,一部诙谐而又不装模作样的法国片,影片沐浴着假日的阳光,并将欢乐的反光照到我们身上!有趣的情境,优秀的演员,笑料丰富,编排合理,幽默的氛围让观众倍感惬意,而不会将其视作纯粹的娱乐片。影片带来的欢笑应该能抵御批判的思想。再说,挑剔又有什么意思呢?"

罗贝尔·沙扎尔在《法兰西晚报》上根本没必要宣称"早已胜券在握",批评界的调子令人大感意外,都让人倍感惊喜。《巴黎快报》指出《圣托佩的警察》是"一部特别真诚的作品:影片目标不高,但是绝不降低要求。拍摄过程中,剧组不断提醒自己切勿好高骛远,同时也尽力做到最好,最终取得了超出预期的好结果。……对白不粗俗,尽管有时候模仿托佩三教九流的表演有点幼稚,但是仍然能赢得观众的阵阵笑声。"《法兰西文学》评论说:"让·吉罗的这部片子并不能带给我们什么大的启发,但是我们却可以毫不费力地感受到片子带给我们的快乐、欢笑,一种自然的节奏。"

《费加罗报》注意到,德·菲奈斯"尽管在别的片子中多次担纲男主角,但鉴于剧本和人物并不是那么地适合他,他在该片中的表现比以往的演出都要收放自如",并把影片的成绩归功于他。对此,《震旦报》也说"这个非常滑稽搞笑、满嘴口头禅的人物叫路易·德·菲奈斯",《解放报》认为他做的"鬼脸非常好笑"。

不过,即使是在最正面的报道里,仍可以看到评论界高傲的姿态,如《最后一小时报》里说:"《圣托佩的警察》是一部好玩的片子,而且也不庸俗。里面傻乎乎的童子军与捉弄人的桥段还是很有新意的";布鲁塞尔的《晚报》说:"可以看出,让·吉罗通过塑造圣托佩一群气味相投的家伙来勾勒喜剧的轮廓,只不过滑稽的情景更能吸引观众的注意力。"还有少数评论从卢道维奇·克吕肖中士上场开始就不停地表达他们反对路易·德·菲奈斯的运动(我们将在第 15 章详细叙述该运动)。

《圣托佩的警察》以 61127 观影人次的票房成绩,稳居榜单首位。影片的上座率惊人,在奥贝尔宫高达 53.8%,这也是因为同周上映的其他影片并无竞争力。但第二周,乔治·洛特奈与保尔·牟里斯合作的系列影片之三《苦笑的单片眼镜》上映了,娜塔莉·伍德与斯蒂夫·麦昆的《遇见》也上映了,披头士的《风中的四个男孩》也上线了。不过,《圣托佩的警察》仍有

57227观影人次，依然占据榜首位置。直到第三周，才将榜首让位于分别在雷克斯影院、诺曼底影院、圆顶影院放映的约翰·弗兰肯海默与伯特·兰卡斯特合拍的战争片《列车》，该片汇聚了一批优秀的法国演员，如让娜·莫罗、米歇尔·西蒙、苏珊娜·弗隆等人。与此同时，《圣托佩的警察》也开始在外省上映，在里尔和图卢兹，影片票房登上了榜首，在里昂排名第三……在首轮独家放映影院取得的票房成绩与影院的规模并无关联：《圣托佩的警察》下线时，以7周260463观影人次的票房成绩排在1964年巴黎独家放映电影票房榜的第12位。这个成绩足以载入历史，无论对于公众还是业内人士而言，一个经典人物已经深深印在脑海之中了，就像达里·考尔在《三轮车》中塑造的粗心大意的大舌头，费尔南代尔在《于松夫人的玫瑰》里饰演的傻子。此时，路易·德·菲奈斯不仅是以演戏为生了，他还创作了一个众人认可、熟悉的代表人物。几周之后，他以吉弗警长的身份出现在《方托马斯》一片中，不过对观众而言，他们看到的仍然是克吕肖中士。他自己也好别人也好，都没想到，就在1964年的秋天，他成为了巨星。《圣托佩的警察》不是昙花一现的影片，而是载入电影史的经典之作。

11月3日，当《方托马斯》的首映礼在香榭丽舍大街的特使影院举行时，路易·德·菲奈斯刚从意大利回来。这天晚上，在特使影院门口，上百名手持邀请函的观众被拒绝入内，这是电影大受欢迎的一个信号。影片中的女演员都打扮得光彩照人。米莱娜·德蒙若身着黑色的小腰身女式大衣，马丽-埃莱娜·阿尔诺（她在剧中饰演撩人的贝尔坦夫人）穿了深紫色水貂皮天鹅绒礼服……米歇尔·奥迪亚尔仍不住地说："我应该参与这部电影的拍摄。"不过，我们不知道他是表示遗憾还是表示对让·阿兰的批评。

业内人士的评论基本上是令人满意的。《自由巴黎人报》说："他们毫不费力地演好小偷、警察。我们希望每周都能看到新的一集。"《震旦报》说："这种电影的观众是没有年龄界限的。年轻人很高兴知道有方托马斯这个人，而上了年纪的人则发现他们年轻时候的偶像变得时髦了。"那么德·菲奈斯呢？《巴黎快报》认为他的表演"通过吉弗警长装腔作势的样子表现出一种不温不火的笨拙"。评论文章还详细解读说："路易·德·菲奈斯饰演了一个笨警察。他的脸因愤怒而扭曲，一会儿喜笑颜开，一会儿眉头紧锁。他说话的时候，一会儿鼻音浓重，一会儿又亮出嗓门。他捶胸顿足的时候就像一只张牙舞爪的老公鸡。还有他抓痒的方式也很特别,让人印象深刻。但凡遇到一点儿小事儿,他就立刻临阵脱逃。大厅里的观众都很高兴,笑声不断……还有几幕戏,本来要表现荒诞、焦虑的,最后也让大家狂笑不已。"《法兰西晚报》的罗贝尔·沙扎尔认为"这也许是德·菲奈斯喜剧生涯中的最佳创作",《巴黎日报》的雅克·尚塞尔也认为是他演的"最好的角色",《世界报》觉得他演活了一个"倔强而快活,无论是恐惧、激动还是生气,情绪总是很高昂的人物,一个不同于过往此类角色的范例,即菲奈斯-吉弗混合体。他在剧中让人目不暇接的表演体现出他精湛的演技,同时也给电影定下了基调,片中的笑料、幽默场面以及编排紧凑的追捕镜头完全摒弃了以前老片子中最重要的浪漫主义色彩和神秘的桥段。"

1964年11月4日起,《方托马斯》在三个影院(特使、黎塞留、蒙鲁日)联合上映,每场总计可接纳4404位观众。片子在首周上映时,就以65722观影人次的票房成绩荣登周冠军,把同期在三家影院(每场可售5984个座位)上映的阿尔弗雷德·希区柯克的《艳贼》远抛在身后。第二周,《方托马斯》仍获得了傲人的票房成绩:63822观众人次。直到第三周,榜首冠军才换成克洛德·夏布罗与罗歇·阿南合拍的(让·阿兰参与写作该剧本)《老虎最爱吃鲜肉》。该片的上映情况较特别:同时在9个影院上线,每场可接纳9000观众。《方托马斯》在波尔多、里尔、里昂等地都占据票房榜榜首位置。在马赛,直到《圣托佩的警察》上映,《方托马斯》才从票房冠军的宝座上下来。此时,路易·德·菲奈斯刚随《暗渡陈仓》剧组从意大利回来,再辗转到圣莫里斯摄影棚继续第十三周的拍摄工作。看到这样喜人的票房成绩,他本人也很高兴。另外,《法国电影》专栏《爱丽舍俱乐部见闻》也报道了德·菲奈斯、热拉尔·乌利、米歇尔·摩根及其《方托马斯》中的拍档米莱娜·德蒙若。人们还发现,德·菲奈斯非常罕见地与安娜-马丽·佩松、让·塞贝尔、塞尔吉·甘斯布等人一起出席娱乐圈的社交活动。

12月10日,《暗渡陈仓》关机。在业内人士眼里,路易·德·菲奈斯接连主演两部票房大卖的影片,他的地位已经今非昔比。鉴于他拍的片子成了当红影片,他也被多方肯定,被看作是非常有价值的演员。对此,该年度巴黎所有最佳首轮独家放映影院的评分榜也可以佐证:1964年1月1日到1965年1月1日期间,所有首轮独家放映的影片中,《方托马斯》位列第3

名,《圣托佩的警察》第 11 名,《已经入土》排在第 58 位。同年上映的《直捣黄龙府》和《男人堆里一靓妹》因票房成绩不佳,未能上榜。在这个夏天之前,他拍的三部不知名的小制作电影票房都不理想,而他演艺事业腾飞期里拍的头两部电影几乎攀上了顶峰。

从利用年末节庆、家庭观影人次较多的角度来看,《方托马斯》似乎上映得早了点。圣诞节前一周内,先后上映了亨利·韦纳伊与让-保尔·贝尔蒙多的宏伟战争片《碧血长天》、华特·迪斯尼公司的《魔法师梅兰》、贝尔纳·博尔德里《安琦丽珂:天使们的侯爵夫人》以及乔治·洛特奈的《大胡子密探》。不过,从圣诞前夕到元旦前夕这段时间里,《方托马斯》的上座率仍然很高,在巴黎每周超过 35000 观影人次。在外省票房榜上也表现不俗。在布鲁塞尔,该片票房第一。2 月,电影下线时,共计放映持续了 14 周(首轮独家放映为 11 周,之后 3 周继续悄悄地在高蒙影剧院、电影世界剧院放映,每场接纳 790 观众人次),共计吸引了 409630 位观众前来观看。

《圣托佩的警察》首轮独家上映之后观影人次达 260463,路易·德·菲奈斯认为接下来上映的片子不会再延续好运继续大卖了。然而事实并非如此。对于很多演员来说,连续出演两部当红影片之后,需要等待多年才会迎来第三部卖座影片。然而对德·菲奈斯来说,片刻之间就迎来了第三部大热影片:1965 年 3 月《暗渡陈仓》上映。

13. 值得重视的商业片
——《暗渡陈仓》，1964—1965

经过路易·德·菲奈斯的劝导之后，热拉尔·乌利认真思考了拍摄主题沉重的影片《犯罪无酬》的事宜。最后，他在德·菲奈斯的激励下，决定拍喜剧电影。但这并不是说只要他加入拍摄标准化喜剧的导演行业协会就行了。他本人曾承认，自己之所以想要当导演，主要是想要引起他仰慕的女演员米歇尔·摩根的注意。所以，他转拍喜剧片并非是改变自己的理念，转投技术与思想都更为平庸的商业电影。他对自己的首部喜剧电影有较高的要求和期待，在阅读了一批无趣的剧本之后，他自己根据安热尔万事件编了一个故事。

雅克·安热尔万是电视节目《巴黎俱乐部》的主持人。他于1962年1月21日在纽约被捕。原因是他从法国勒哈弗尔港上游轮时，在自己托运的别克车两侧藏了52公斤纯海洛因。他是各夜总会、俱乐部的常客，以1万美金的价格揽下走私的活儿。他和同伙都觉得以他的名人身份可以免除怀疑。不料，事情被一匿名者告发了，美国警察严密监控他和他的汽车。随着他和背后主使的落网，法国毒品交易受到了有力打击。1963年，安热尔万被判入狱6年，随后他于1967年被释放，转行做地产经纪。1971年，威廉·弗里德金根据安热尔万的经历拍了比《暗渡陈仓》更为写实的片子《法国贩毒网》。

在乌利的剧本中，纽约并没什么轻松的差事，也没有提及地下跨越大西洋的贼帮。他说："我更愿意相信安热尔万是无辜的。"他笔下暗渡陈仓的傻瓜是个勇敢的小伙子，他开着一辆凯迪拉克从那不勒斯出发前往波尔多，车上载有海洛因、黄金、珠宝，还有一个举世瞩目的巨钻。为了保证汽车能够达到目的地，这桩买卖的幕后老板利奥波德·萨洛瓦扬暗中全程尾随他。

不过，消息还是走漏了，他们的对手想要截住凯迪拉克和车上的货。枪战、追捕、悬疑还有各种传奇冒险、浪漫故事就在意大利夏日阳光下上演了。

热拉尔·乌利和马塞尔·朱利安一起花了很长时间修改剧本，之后再和擅长对白编写的乔治·安德烈·塔贝一起逐句推敲。他21岁的女儿达妮埃尔也旁听了多次工作会议，时不时会插几句嘴。她提出很多建议，其中就有在萨洛瓦扬的车上装电话。要知道在那时，电话还是个稀奇的玩意儿，这一设计，后来成为影片的一大亮点，而且还大大增强了喜剧效果。此时，她还没有正式成为一名编剧，也没想到日后会成为达妮埃尔·汤普森导演。

1963年夏末，热拉尔·乌利向路易·德·菲奈斯介绍了他的拍摄计划，并且邀请他出演幕后老板萨洛瓦扬。没想到德·菲奈斯异常羞涩，不过他还是陪乌利去找布尔维尔推荐影片。他喜欢影片双线发展的布局，喜欢法国人在意大利度假胜地遭遇的历险记，也喜欢貌似老实、实则老奸巨猾的角色设计……他还很喜欢这部喜剧片突破习惯，直接拍摄成彩色片。

此时在电影圈里，人们对于乌利的新片窃窃私语。因为喜剧电影的拍摄周期很短，大家都不会花很多时间在剧本和筹备上面。而且，他们还觉得导演乌利找了一个特立独行又大胆的制片人：罗贝尔·多尔夫曼。他做过这个行业的所有工作，一步步成长为制片人。他19岁时做过马扎麦影片的海报张贴工，他爸是该片的经理。后来，他花了不到五年的时间进入电影制作公司并成为电影史上响当当的人物。他担任制片的电影有：安德烈·卡亚特的《裁判终结》（获1950年威尼斯影展金狮奖），勒内·克莱芒的《禁忌游戏》（获1952年威尼斯影展金狮奖），雅克·贝克的《别碰钞票》（该片为让·卡班赢得了1954年威尼斯影展得渥勒比奖），勒内·克莱芒的《洗衣女的一生》（该片为马丽娜·谢尔赢得了1956年威尼斯影展得渥勒比奖），马塞尔·卡尔内的《年轻的罪人》（获1958年电影大奖）……他有着敏锐的专业洞察力，同时他也关心电影是否按照初始的意愿完成拍摄，并没被细枝末节限制，导演也没有纠结于是否超时、超支。他在《暗渡陈仓》的拍摄过程中，非常有大家风范，热拉尔·乌利完成拍摄后超出预算50%，但是他没有因此指责过导演一句话！

不过，人们马上会问为什么他给乌利那么多时间写一部喜剧电影呢。剧本写作期长达一年，正式开拍之前花了9个月筹备。当时，在法国，有的喜剧片就是花上两周编辑一个剧本,制片人花费不多就能租借几个星期的摄影棚供拍摄使用,路易·德·菲奈斯可没少拍这样的片子。多尔夫曼的反驳大体是这样的:查理·卓别林可是花了四年时间、200万法郎才拍出《摩登时代》这样的作品,无论是时间上还是在资金上,该片的投入都足以让不少好莱坞的工作者瞠目结舌。多尔夫曼的信条非常简单:"关于电影,有一条可靠失宠定律。如果片子没有质量的话,那么也不会有观众的。"

热拉尔·乌利也很赞同他的这条推论,该推论是建立在现实之上的。60年代上半期,有些法国大众电影正在消亡。影院工会的抱怨没能阻止上座率的下降以及影院结业。1965年,法国共卖出2.59亿张电影票,而1955年的时候,则卖出了3.95亿张票。影票销售减少了34.4%,这大大打击了电影从业人员。不过,与同时代德国的情况(减少了62%)、英国的情况(减少了73%)相比,法国的情况还不算太差。在这些国家,上座率大幅下滑导致多家电影制作公司破产。其实,法国减少电影制作是给电影人留出时间进行调整、改变。

上座率下滑导致很多影院关门。但是,影院的倒闭不具有任意性:据1950年1月1日的《本周巴黎演出》周刊统计,巴黎城内有299家影院(303个放映厅,有几家影院有多个放映厅),该周刊的继任刊《演出人员》于1964年1月1日公布调查结果,巴黎当时依然有301家影院(302个放映厅)。不过,在此期间,有些街区影院关闭了,有些盈利较少的小影院以及一些丧失观众的大影院也无法依靠附近客源生存了。这类影院有:意大利人大道上的卡梅奥影院、乌尔斯街上的节日宫影院、雅典娜街上的农夫影院、欧也尼-瓦尔兰街上的瓦尔兰宫影院、贝尔维勒街上的美丽城影院和天堂影院、布鲁纳特将军大街上的多瑙河影院、菲尔波上尉街上的特里亚农-甘必大影院……以前,人们习惯下午、晚上或是周末到这些影院中来消磨时间。但现在,随着电视的普及,这些影院首当其冲地面对电视的竞争及被其淘汰的命运。影院里放映的是些粗制滥造的次等影片,这类过时的短片无法和电视上播放的悉心制作的节目、剧集相抗衡,而且对观众来说,更无法抵制的诱惑是舒服地待在家里享受这些画面。1964年夏季年假之后,巴黎87个独家放映厅的收益占总票房收益的59%(上座率仅为41%),而街区232个放映厅分掉余下的41%票房收益(出票率为59%)。现实是,一道道的价格监督法令促生了票价壕沟:独家放映厅的一张电影票平均为5.38法郎,而街区放映厅则只有2.57法郎。

小成本影院衰落之后,则是高投资、高盈利的独家放映影院崛起。50年代末,每倒闭一家过时的小影院就意味着在不久的60年代初会有一家崭新、豪华的影院开张。百代电影发行公司在距离高蒙宫影院(该影院放映厅座位高达5000个,于1970年结业,并于两年后被拆除)几十米远的地方买下了一个放映厅及其旁边餐馆的部分地方,以改建为现代化的影院。1956年,改建完成。拥有1660个座位的百代维普乐影院开张了。1959年开张的全景影院放映厅只有850个座位,但是厅内长达24米的银幕为西欧独有。该厅采用苏联放映技术——同时投影三个电影胶片以覆盖银幕,只放映经典佳片。1962年初,帝国影院重新开张,内设1200个座位,影院也采用在40平米的银幕上同时投影三个电影胶片来放映美式宽银幕全景电影。这些大型影院都希望影院现代化的设备和良好的营运(在帝国影院,内设香槟吧和威士忌吧)能带来丰厚的回馈,同时也要求放映的影片符合影院设备要求。

然而,有相当大一部分法国制作的电影是靠街区影院、大区首府影院而活的。这些影院每周放好几部片子,且每场连放两部影片。50年代初期,路易·德·菲奈斯曾经合作拍片的让·拉维龙一家、克洛德·卡里旺、莫里斯·克洛什、让·巴斯蒂亚、拉乌尔·安德烈都是这些连锁电影院的供应者。其实,一部电影首映时在巴黎放映了两周就下线了,这也没关系,电影的投资会慢慢从街区影院或者是小镇影院的收益中收回。我们一起回顾下,让·拉维龙的电影《穿得又薄又短》在巴黎上映时,票房惨淡,但是最终还是通过在外省的放映收回成本。但是现在,人们改看电视了。

随着法国乡村的城市化进程、郊区人口的飞速发展,越来越多的法国人不再热衷于看电影了。在克雷泰伊,1954年的时候,电影院里的每个座位可接待观众17人次,1962年上升到可接待61人次;与此同时,在萨尔塞勒,尽管新开了一家影院,可接待观众人次由17上升到42,;在布朗-梅斯尼尔,可接待人次从16升至65⋯⋯这一时期,拉塞尔圣克鲁镇的人口增至四倍,但是唯一的一家影院却倒闭了。

也就在此时,国家电影中心所做的常规调查显示"去电影院看预先选好的电影"的法国人数在增加。换言之,只有印了碧姬·芭铎或者是约翰·韦恩的海报才能把观众吸引到电影院。人们不再像以前那样连名字也不问就直接买票进影院了。大家把这种无区别消费的方式用到了电视上,渐渐养成每天都开电视的习惯。因此,整个电影业迅速萎缩,有些电影就不再有存在的必要了。从制作人的角度而言,投资电影的观念也颠覆了:宁愿注入较多资金给能够在林荫道上的大影院首轮独家上映长达数周、吸引较多观众的大片,也不再缩减预算投资一些需要到小城镇长时间巡演才能收回成本的影片。

拍摄这种新型的影片,是不可能用流水线、不计产出的方式来制作的。也许这可以解释为什么从 60 年代起让·里夏尔就不再出现在 70 部长片的演员表上了,要知道他在半数以上的影片中都是男一号。他于 1947 年在《消磨六小时》影片中初露头角,他第 17 次也是最后一次在银幕上与路易·德·菲奈斯相逢是在 1965 年拍的片子《大贵人》中。他饰演主角的光环其实是靠拍片数量积累而来:让·里夏尔在很多相同题材的小成本电影里出演同一类型的男主角,有时这些电影都在街区影院放映,比如说让·巴蒂斯塔导演的三部曲《我们在尚皮尼奥勒的其他人》、《尚皮尼奥勒的警察》、《尚皮尼奥勒的头目》;其中,在酒吧里被创作出来的主角克劳迪斯·比诺什和让·里夏尔成为铁搭档,直到他出演——也是以数量累积口碑的第 88 部电视电影里的迈格雷专员,两人才停止合作。剧本毫无笑意、预算紧张、以流水线方式拍摄的影片因其销路越来越窄,显然已经被淘汰:陈旧的街区影院正在消失。

罗贝尔·多尔夫曼与热拉尔·乌利和电影圈的一些名人持同样观点,他们都认为法国人只要有了电视、汽车(1963 年法国销售了 100 万辆全新的汽车),就不会去昏暗、刻板的电影院看电影了。他们觉得需要拍摄更高质量的电影才能吸引人走出家门去影院看片。无疑,这是具有革命性的抱负。该愿望合乎逻辑,也符合行业内媒体对现状的反思。这一理念还与好莱坞减少拍片产量、增加单部影片的投资额度、提高收益的发展模式相符。1945 年,美国共制作了 350 部影片,之后 1955 年共制作了 254 部,到了 1966 年就减产至 156 部电影。

电视普及之后,随便什么影片都会在上面播放。到 1961 年时,好莱坞以高价把1948年之前拍的1万部电影卖给美国的电视频道。1961年后，1948年之后拍的片子就只能"减价出售"了，原因很简单，就是各制片厂只留下有资格"第一轮"放映新片的影院而卖掉了所有不会有作为的街区影院，它们败给了播放好莱坞老片的电视频道。濒临破产的影院经理还得面对接下来的恶性循环……

而位于大西洋对岸的法国，人们的习惯也在迅速改变。法国人发现电视剧里也包含重重悬念、浪漫情怀，就像克洛德·巴尔马与朱丽叶·格雷科拍摄的四集电视剧《卢浮魅影》一样，连戴高乐将军也在公众面前表示对片中的神秘事件颇感兴趣。1963年，法国国家电视台出于自身需求，独家或者与其他公司合作制片，并以50多部长片以及越来越宏大的电视剧产出量成为法国最大的制片公司。电影制片公司在影院经营困难和电视台对电影的极度渴求之间寻求生存之道。也就在1963年，法国电视屏幕上演出了106部影片，其中可以在《贪得无厌》、《毕比·弗里克汀》、《轻骑兵》这三部片子中看到路易·德·菲奈斯的身影。当时，各种类型的电影都走进了电视荧屏：美国西部片《佐罗和他的军团》，电影爱好者们的至爱《公民凯恩》、《北方旅馆》、《被诅咒的人》等片。1964年，电视台刚开始只有一个频道放电影，从4月开始，又加了一个频道一起放电影，最后全年一共放映了224部电影。我们可以在以下影片中看到德·菲奈斯初涉影坛时扮演的角色：《爸爸、妈妈、佣人和我》、《爸爸、妈妈、老婆和我》、《巴尔先生的怪愿》、《出租车先生》、《不可思议的门房先生》、《消磨六小时》、《毒药》、《神不知鬼不觉》、《来得不巧》。

1965年1月16日下午2点，塞纳省商业法庭审理法国电影协会状告法国广播电视局不正当竞争一案。电影公司的经理们都希望执行法官能够延长上一个禁播令。事实上，1963年1月6日周日，电视台播放路易斯·布努埃尔的影片《纳扎林》时，恰逢该片于同一晚上在巴黎第5区的梦游人影院与居雅思电影院上映。距离影院不远的"厚壁啤酒杯"咖啡馆还是和往常一样，在咖啡馆里打开电视机给顾客看，客人们无需买票进影院就看了影片。影院经理对这种不正当竞争感到愤怒。然而，法庭驳回了电影协会的上诉，只承认"酒店业与电影业现行的规章与税收体制之间的确存在较大差异，该差异不可避免地导致从经济层面上可被定义为不正常的竞争"。影院经理希望借该诉讼让商业法庭确认法国广播电视局存在不正当竞争行为，而安装在酒吧、咖啡、酒店大堂、餐厅的 2 万部电视机并无过失。

然而这一切都徒劳无果。法院并不会中止电视迈向胜利的脚步。尽管《法国电影》的专栏里多次从法律与道德层面阐明论据，电影业还是不能依靠自身与电视越来越激烈的行为抗争。

于是，罗贝尔·多尔夫曼向热拉尔·乌利提供了真正的解决方法。费尔南代尔的大片，即法国最贵的喜剧片，在不到 8 周的时间内拍摄完成，而《暗渡陈仓》却需要 12 周的拍摄时间。除此之外，乌利还希望尽可能地亲力亲为，这在当时与其他导演的做派极不相符，绝大多数导演喜欢完成后期录音所带来的便利。

对乌利而言，最理想的情况是能够在 1964 年 8 月初开机，并前往意大利进行为期 10 周的拍摄。可是布尔维尔坚持自己的原则，即他 8 月份要和家人度假。于是，剧组只能在 8 月 31 日的时候在罗马开机。80 多个技师和演员出发了，同时出发的还有一辆配给萨洛瓦扬的绿色捷豹车，一辆给元帅开的白色卡迪拉克，一辆给拍摄追捕镜头的演员的红色奥斯汀车。绿、白、红三辆车的颜色也象征着意大利之行。可是，正式开拍的前一夜，大家口中的"绿车"不见了。后来，警察找到了它，车子在罗马的一条街上遭遇车祸，被撞得不成形。电影首席助理的儿子是个 15 岁左右的年轻人，他夜里把车子"借"出去兜风，结果却酿成祸事：他的腿在车祸中断了，警察发现车子挂了一个假牌照也很震怒。而且，剧组不得不把车送回法国修理。乌利回忆道："那时必须得重新制定拍摄计划。在等待修理绿车的时间里，我们就主要拍摄白车。驾驶白车的是布尔维尔。我还干了一件蠢事儿：两周之后，当胶片从巴黎冲洗好送回罗马之后，我邀请剧组全体成员去观看样片。"

整个剧组都坐在罗马的一个放映厅里看样片，大家看到片中布尔维尔有几十个镜头，而德·菲奈斯几乎就没什么戏。他太太和他一言不发地走出放映厅。第二天早上，德·菲奈斯把乌利叫到一边，然后给他看了一叠稿子，里面用彩色笔做了很多标记。"他整夜都在重新看工作计划和剧本，他用绿色的标示标出布尔维尔所有的演出场次，也用红色的标出了自己的演出场次。显然，绿色远远多于红色。我向他解释鉴于布尔维尔表演喜剧的方式，他的台词和出场更多，同时我也强调当绿车修好返回之后，德·菲奈斯单独表演的场次也是很多的。不过我的解释显得苍白无用。菲奈斯受伤了。他对我说，'我不演了。'这句话很有意思，也很孩子气。"接下来，他真的没演。第二天，他只完成该做的事情，绝对不多做。他的表情在罢工，摄像机捕捉到一张毫无表情的脸。热拉尔·乌利说："现在我回头再看这部电影时，每看到他面无表情地穿过罗马的宫殿大厅时，我都会百感交集。"

路易·德·菲奈斯的罢工就持续了一天。很快，乌利扭转了局面。他在剧本上加了一些戏，然后向德·菲奈斯讲述了回法国拍摄淋浴戏的想法。比斯坦元帅在露营地里，萨洛瓦扬到澡堂洗澡。在他旁边洗澡的是一个健美先生，他看到矮小的萨洛瓦扬，便在洗澡时不停地卖弄浑身的肌肉，并在镜子里对萨洛瓦扬使眼色，他的所作所为激怒了萨洛瓦扬。乌利找到被选为1963年欧洲先生的摔跤运动员罗贝尔·杜朗东来演健美先生。他的演出只有几十秒钟，但却为他的银色之旅打开了大门。之后他参演了《雅各布教士历险记》，饰演一个在奥利机场工作的共和国保安警员。洗澡的这一场戏，成为该片的一个亮点，剪片的时候得以保留。而菲奈斯罢工之后的几天在罗马郊区与米歇尔·摩根拍的一些片段因过于矫揉造作，剪片时没有留存。

德·菲奈斯在他的职业生涯中，只和热拉尔·乌利的妻子拍过一场对手戏，两人在戏中装模作样地假冒名流。德·菲奈斯饰演的萨洛瓦扬的汽车被米歇尔·摩根的汽车挡住道了，萨洛瓦扬正想让她让一下的时候，觉得她很面熟，并马上想到这是一个电影明星，可是他还是没能想起她的名字，只能很尴尬地叫她"夫人……夫人"。后来，他向她索要了签名，可还是没能通过字迹辨认出她的姓名。这下子，他更尴尬了，而一旁的女明星依然睁大自己那双家喻户晓的美目，带着光彩照人的微笑，注视着他。其实，这一幕戏的灵感源自大部分电影明星自身的真实经历。对于当时的观众来说，他们看到这里的时候也会发出会心的微笑。不过，乌利在剪片的时候把这一段给去掉了。

剧组在交替拍摄德·菲奈斯与布尔维尔的戏份中（一天拍菲奈斯，一天拍布尔维尔），慢慢返回法国。当剧组回到芒通镇，准备拍摄回到法国的场景时，让娜·德·菲奈斯亲自叫格罗索和莫多来陪丈夫一周，因为她自己要离开剧组回巴黎看看孩子们。这两位曾经和乌利合作改剧本的演员，穿上

13. 值得重视的商业片

了在《大圆舞曲》里的海关军装,与元帅和萨洛瓦扬在边防检查站重逢了。

接下来,在圣莫里斯摄影棚里,路易·德·菲奈斯对自己在拍摄热拉尔·乌利所说的"在写剧本时有想过,但是在拍摄现场才想好了的"戏时的那种疯狂、层次感强的表演感到满意。场景是这样的:他先在意大利蒂沃利城埃斯特家族的别墅里打了个惊天动地,之后跳到卡迪拉克上重新发动车子。这组没有对白的镜头在罗西尼写的塔兰托拉舞曲《奇妙小店》的烘托下,成为片中的经典镜头,也真实地展现出路易·德·菲奈斯肢体、模仿的喜剧表现力。

不过,菲奈斯却显得忧心忡忡。布尔维尔的表演已获得观众的认可,而他的表演却仍未像布尔维尔一样获得大众承认。无论是在拍摄过程中,还是后期剪辑影片时,他都怕这位著名搭档的光环会掩盖住他的表演。不过,乌利自从罗马放映厅事件之后,尽可能地均衡两个主演的戏份。布尔维尔代表的人物是法国人喜欢的传统角色:简单、天真、碰到女人的时候又很害羞,有时浪漫、淘气……而与之相对的德·菲奈斯塑造的人物粗暴、神经质、生硬、情绪化,尤其是他与"小口吃"(威南蒂诺·威南蒂尼饰演,后来还在《虎口脱险》中出镜)合作演出的追捕场面中,这些性格特质得以淋漓尽致地体现出来。

乌利还有一些别的担心:10月份的时候,剧组在距离罗马150公里的地方拍摄,此时正值雨季。连续不断的雨天造成了历史性的灾难:洪水、停电、交通中断。电影拍摄工作因此也中断了几日。也就是这个原因,《暗渡陈仓》的预算超支了:350万法郎的预算超至530万,即超支了50%!此时,巴黎的电影圈对此表现同情或冷笑,没人想到罗贝尔·多尔夫曼能够创造奇迹。此时,制片人继续保持沉默,从未要求导演迅速拍完或者删减剧情。最终,电影放映时间为1小时50分钟,乌利在执导《暗渡陈仓》时,"从来没有规定自己这一幕戏该拍多久,按照剧情,该拍多久就多久"。

11月初回到巴黎时,剧组出席了《方托马斯》的庆功会。12月7日,剧组在先贤祠后面拍了最后一组镜头,这也许是全片最著名的镜头。这一幕是撞车的镜头,元帅与萨洛瓦扬也在此时碰面。布尔维尔驾驶的那辆雪铁龙从蒙田-圣-热内维埃夫路一疾驶出来就撞上了德·菲奈斯驾驶的宾利。影片的特技师皮埃尔·迪兰准备了一辆由几百个可爆螺杆支撑的汽车,以保证在 4 秒钟之内拆散车身。

　　拍摄撞车这一场戏时，布尔维尔与德·菲奈斯的演出和台词都必须一次通过。现场布置了多个摄像机以保证拍摄。之后，他们在雪铁龙车的残骸里完成了其余的对白。不过，正式开拍时，两车相撞的一刹那，两个演员都有点忘词了。因此，影片出现了一点小小的不连贯，热拉尔·乌利在剪辑时也没法修改这一幕：萨洛瓦扬站在报废的车子前面，递了一张名片给元帅，同时对他说："这是我的名片，我的保险经纪会联系您的。"然后他连对方地址等个人信息也没问就离开了现场。后面，当元帅到他办公室时，德·菲奈斯却说道："我今早给您打过电话。"

　　幸好，也没有什么大碍。法国最受人尊敬的剪辑师阿尔贝·于尔根森负责剪辑热拉尔·乌利拍摄的海量镜头。《暗渡陈仓》宣布将在 1965 年 3 月 24 日上映。此时，没有其他大片上映，巴黎有 7 家影院放映此片，每场共能提供 4978 个座位。热拉尔·乌利的电影无论是在巴黎还是在波尔多上映时都位列票房首位（波尔多是除巴黎外唯一一个首周同时上映该片的外省城市，其原因是安东尼元帅与萨洛瓦扬的历险旅程最终在该市结束）。波尔多的奥林匹亚电影院以 6 天 12322 观影人次的记录打败其他影院，雄踞榜首。

　　评论界直接对《暗渡陈仓》表示好感。《世界报》率先表示该片是"一个令人愉快的惊喜"。当然，也有相当一部分媒体指责该影片名称过于隐晦。不过《绑鸭报》的总结如下："一部优秀的商业片，也是一部旅游休闲片。里面有很多动作、美景，还有两位大美女。当然，还有一对绝配的死对头。"

　　《电影手册》回顾了路易·德·菲奈斯近年来演的影片，认为影片的开头部分具有"美国喜剧大片的高效率和准确性"，并认为是"一组法国贫瘠的喜剧片中罕见的绝佳镜头"。不过，该篇评论也表示很遗憾镜头的表现力没能跟上电影情节的发展。还有，热拉尔·乌利把电影类型搞乱了。"想要逗笑、娱乐、感动、煽情、引起怜悯或同情的话，那么《堂吉诃德》就可以了，《暗渡陈仓》显得过犹不及。喜剧片既不能太节制，也不能太过火，它需要一种过火的介质，这是挑战感官的原动力。"当然，片子不可能获得所有人的赞誉。

　　不过，让大家始料未及的是，《暗渡陈仓》的上映带来了在法国电影史上

13. 值得重视的商业片

独一无二的现象：在一个月之内，到独家放映厅看片的观众人次在不断增加。第一周共计 71274 观众人次，第二周有 71359 人次，第三周有 80241 人次，第四周增至 81922 人次。这与让·德·巴隆塞利在《世界报》上称该片是"令人愉快的惊喜"相呼应。片子的口碑奇佳，越来越多本来不喜欢布尔维尔，或者是不喜欢路易·德·菲奈斯，又或是不喜欢这种搞笑片的观众都渐渐被吸引到影院去了。除了两位大明星所发挥的号召力以外，片子之所以大热还得归功于热拉尔·乌利、罗贝尔·多尔夫曼以及他们坚持的、符合大众文化发展的电影理念。挑剔的电影爱好者批评《战斗报》的亨利·沙皮耶在电影刚刚上映的时候只简单评价说是"一部值得重视的商业片"，而未品评电影的其他方面。

一周周过去了，《暗渡陈仓》打败了不断上映的新片，它们是：克里斯蒂安-雅克与让·马兰合作的《来自可可迪的绅士》，皮埃尔·肖恩多夫的《三一七分队》，罗歇·阿南的《官员 K8 的外交护照》，罗贝尔·奥森的《杜塞尔多夫的吸血鬼》，山姆·佩金法的《邓迪少校》，克洛德·奥当-拉腊的《白衣女人的日记》，让-吕克·戈达尔与艾蒂·康斯坦丁的《阿尔伐城》……《暗渡陈仓》在外省上映时也取得了破记录的好成绩；该片在波城最大的影院贝阿恩放映时创下了超过四周的上映记录，与该记录相似的情况还出现在圣洛的龙头船影院、在波尔多的俱乐部影院、勒芒的 ABC 影院；而在奥尔良、昂热等地上映第一周时就创造了新的票房记录……发行方趁热打铁，趁势做了 72 个拷贝送往法国各地影院。直到第八周，《暗渡陈仓》才让出巴黎上座率榜首的位置，皮埃尔·布拉瑟尔的警匪片《沙粒》、雷克斯·哈里森与让娜·莫罗、雪莉·麦克雷恩合作的单元喜剧片《黄色的劳斯莱斯》都超过了它。不过，《暗渡陈仓》仍然吸引了 30850 位观众，最终 8 周收获 516284 观影人次。

此时的路易·德·菲奈斯正处在职业生涯的巅峰（他本人刚开始在摄影棚开始拍摄《警察在纽约》），他的名字首次出现在法国电影年度最佳名单上面。该评选活动由媒体组织，已经连续举办了十二年。两类投票决定结果：《法国电影》邀请的各电影院经理，《费加罗报》和《电影世界报》上刊登的观众选票。每个投票者都要向六个奖项投票：最佳外国影片，最佳外国男、女演员，最佳法国影片，最佳法国男、女演员。影院经理们认为，路易·德·

菲奈斯在《圣托佩的警察》一片中的演出非常精彩，理应当选1965年最佳法国男演员。而观众们则在相同奖项中，把选票投给了《方托马斯》的主演让·马兰。公布得奖结果的那期《法国电影》用整整一版的页面刊登广告"让·马兰将于7月26日开拍《方托马斯的回归》"，但对路易·德·菲奈斯只字未提。

《暗渡陈仓》良好的票房成绩一直保持到秋天，也让德·菲奈斯的事业再上一层楼。7月初，片子上映15周后重新回到票房榜第二名的位置；到8月上映21周时还排在第三位……《暗渡陈仓》的票房成绩远远超过007系列名片《金手指》上映25周832879观影人次的票房。9月23日，该片以在巴黎首轮连续放映27周获915097人次的成绩下线。报纸上说该片在法国共获得3000万的票房收入——有600万左右观众观影。截至1966年12月31日，共有771.1万位观众观看了《暗渡陈仓》；到1967年12月31日，观众总人数达到851.7万；1968年12月31日，总计收获906.9万观影人次。在影片被电视台购买播放之前，法国共有1174万观众人次观影。无论是对热拉尔·乌利，对布尔维尔或是对路易·德·菲奈斯而言，这个惊人的记录直到《虎口脱险》上映才被打破。

14. 告别黑白电影

——从《大贵人》到《总统失踪记》,1965—1966

其实,路易·德·菲奈斯在这年夏天发挥才华连续拍摄三部大热影片之前(《圣托佩的警察》、《方托马斯》和《暗渡陈仓》),就与乔治·洛特奈有过愉快的合作经历。洛特奈邀请德·菲奈斯出演他还在制作黑白电影时就想拍的一部小电影。这是一部围绕某一主题拍摄多个单元短片再合而为一的影片,就像《恶魔的十个指挥》和《幸远者》一样。米歇尔·奥迪亚尔围绕代表妓院的红灯笼写了三个故事。第一个故事是这样的:1946 年马尔特·里夏尔法令颁布,一所妓院关门了;里面最有天赋的年轻妓女想象自己把刚从门廊上摘下的红灯笼挂了上去。第二个故事中,两个小贼潜入曾经当过妓女的男爵夫人家中行窃,他们偷走了红灯笼,却因此被审判。第三个故事说的是,布尔日一个勇敢的保险经纪,深夜时在街上搭救了一位美丽的女子,之后他收留了这个女子以及她的一个女伴。因工作关系,他应公司董事会之要求每周回家一次。然而,在不知不觉中,他家里慢慢发生一些改变,屋顶三角楣上挂起了红灯笼。

路易·德·菲奈斯扮演剧中的有产人士,天使般的爱罗伊斯则由米雷耶·达尔克扮演,贝尔纳黛特·拉丰扮演她的女伴,让·里夏尔扮演董事会的成员,这也是他与菲奈斯合作的第 17 部电影(也是最后一部)。乔治·洛特奈自 1965 年 1 月 15 日起就开始进棚拍摄他负责的单元短片。"路易是整个故事的推动者,他演得非常随意。一开始,他表现得很严肃、高傲,最后他打扮成皮条客的样子,只不过仍然保持着有产者的矜持。"米雷耶·达尔克还记得"这是一部有很多即兴演出的电影。大家都觉得很自由,无拘无束,都放手演"。的确,路易·德·菲奈斯在拍摄期间心情很好。他在说米歇尔·奥迪亚尔写的台词时,边说边进行各种模仿、扮鬼脸、做出高兴或痛苦的表情，变化极其丰富。

此时，《大贵人》一片需要找个负责欧洲发行的公司。在业内报纸上，人们提到找乌果·托格纳茨和让·克洛德·布里亚利来发行这些短片。在后来的几个月里，影片的拍摄工作似乎停滞不前。最后两个单元短片的拍摄工作直到9月底才完成。路易·德·菲奈斯主演的最后一个单元短片上映时将会遭遇到强劲的票房竞争对手。在此期间，《警察在纽约》一片也在拍摄中。

早在《圣托佩的警察》拍摄伊始，主创人员就想到可以继续拍出一个系列片。里夏尔·巴尔杜奇、让·吉罗与路易·德·菲奈斯都认真考虑了拍摄的可能性。从电影上映开始，制片方就在考虑如何挖掘影片的潜力。让警察去别的国度？他们想到墨西哥、东京等地。不过，巴尔杜奇比较了解纽约，能够横渡大西洋、象征国民骄傲的最大邮轮——法兰西号客轮一直都在寻觅原创广告……克吕肖和他的那班警察手下之所以选择去纽约，还因为世界各地的观众都知道、熟悉这个被称为大苹果的城市。电影新公司因发行警察系列第一部片子而大赚了一笔，要知道该片是法国电影界近十年来票房收益最好的片子之一。1965年夏纳电影节期间，勒内·皮涅埃尔自豪地宣布该片仅在法国本土上映的7个月内就获得了1200万的票房收入。总票房收益还得加上在布鲁塞尔独家上映26周、在蒙特利尔上映23周、魁北克市14周以及出口到苏联、香港、巴基斯坦、拉美、欧洲各国和美国的收入。而且，警察系列的下一部片子在开拍前已经卖给了多家外国发行公司。

《圣托佩的警察》于1964年9月11日上映，《警察在纽约》是在1965年4月底开机的：由此可见两片间隔时间非常短。这是路易·德·菲奈斯职业生涯中最后一次可以在时间表上排出几个月来拍摄一部电影。雅克·维尔弗里德与让·吉罗很快编写出剧本，不过后来剧本中的许多场景都没有拍摄，比如警察们前往勒阿弗尔港口登上法兰西号之前，曾在巴黎短暂逗留游览名胜这一情节就被删除。

圣托佩的警察们被选为代表参加在纽约举行的国际警察总队会议，于是这队警察们高高兴兴出发了。克吕肖的女儿妮可一直梦想着去纽约旅行。她像偷渡客一样悄悄地爬上了法兰西号游轮。不过，在她登舱时，一名记者发现了她，她谎称自己是个孤儿。不知情的记者邀请妮可参加录制一个电视节目,恰巧该节目组也请了圣托佩的警察们来录影。妮可看到父亲撒腿就跑,克吕肖急忙追赶,一场追捕便在纽约的大街小巷上开演。一路上,发生了一连串令人惊讶的故事,德·菲奈斯也不断地乔装打扮、跟踪追击。当然,一切进展顺利,剧本中加入了对当时许多热门话题的影射。所以,我们可以看到克吕肖接受精神分析诊疗,还有在《西区故事》启发下编排出的芭蕾舞(不过,这是路易·德·菲奈斯职业生涯中为数不多的一次,他本人没有参与舞群一起跳舞,只是置身于舞者中央)。

拍摄开始,和往常一样,从影片结尾处警察们在圣托佩港口游行的场面开拍。然后,整个剧组于5月5日移师登上法兰西号游轮,将在五天内拍摄警察们横渡大西洋的戏份(其中包括他们与意大利代表团之间的小争斗、学习英语等多幕戏)。在这几幕戏中,克吕肖通过一系列的表情完美地表现出自己在上级面前卑躬屈膝、唯唯诺诺,在下级面前颐指气使、斤斤计较的嘴脸,而这些纯粹是演员的个人发挥,剧本中并无要求。

尽管包括路易·德·菲奈斯在内的剧组大部分人都晕船,但是整个横渡大西洋的旅行还是很愉快的。当游轮颠簸得厉害,剧组却不得不进行拍摄时,大家都学着水手,随时在烤箱里放一两个土豆。制片方预定了多个房间和客厅,以保障较好的拍摄条件。工作日一切正常,拍摄完成之后,技术人员与演员都好好享受到了游轮所提供的便利。制片公司还向游客播映《圣托佩的警察》。

然而,让·勒费福尔与让·吉罗之间发生了激烈的争吵,随后让·勒费福尔就离开了剧组。这个意外迫使雅克·维尔弗里德修改剧本。这也可以解释为什么片中福格斯因病住院缺席了警队在纽约的活动……剧本改动之后,变成这样:福格斯一下出租车就把腿摔断了并因此住院。这组镜头和他在医院中的所有镜头都是剧组从纽约回来后补拍的。除此之外,打棒球和在纽约意大利区的场景其实都是在法国拍的。

演员们都觉得这样拍摄非常舒服。这还不是后来有人描述的在警察系列后几部片中的那种半悠闲状态。也许是因为在圣托佩拍摄的时间较短。不过现如今的拍摄条件和拍摄第一部时相比已经是天差地别了。演员片酬至少都翻了一番。

在纽约拍摄期间,根据工会条例,剧组必须再雇佣一个当地的技术团队,但实际上,该技术团队并没拍什么东西。在美国拍摄的这一个月进展很顺利。这并不是说《圣托佩的警察》被大西洋以外的市场接纳了。其实,1965年夏天,当该片在美国上映时(与此同时,《警察在纽约》刚刚在法国杀青),好莱坞最著名的周刊《综艺》认为该片是"可以接受的一部喜剧片,主要是因为德·菲奈斯本人比他的角色更有才华"。

然而,1965年10月底时,当警察系列第二部影片上映时,路易·德·菲奈斯却对围绕他而起的两片之争倍感无奈:《大贵人》将于周四28号开始独家上映,《警察在纽约》则把放映档期定在29号。制片方与发行公司互相推诿影片撞期的失误,两部影片的同时上映也可以说明:近几个月来,路易·德·菲奈斯个人在票房上有着极其重要的贡献。无论是负责《警察在纽约》发行的电影新公司还是《大贵人》的科罗娜电影发行公司都不肯让步,于是两片只能同时上映,德·菲奈斯自己和自己打擂台了。其实早在拍摄期间,两片就已经在互相比赛拍摄速度,格朗吉耶与洛特奈努力追赶吉罗(他的片子于7月10日关机)。《大贵人》中的最后一个单元短片是9月23日拍完的,为了赶上10月28日的首映,影片的拷贝在10月27日刚刚制作完成。路易·德·菲奈斯认为两部电影的上映档期之间至少应该间隔两周,这样才能保证双方获利,然而他却未能争取到这个必要的间隔期。一向宽容的罗贝尔·沙扎尔整理了自己对两片的评论,写了题为《双赢》的文章,不过他的功夫白费了。档期相撞这一矛盾越演越烈。德·菲奈斯真正成了炙手可热的明星。1965年10月的最后一周里,16家巴黎影院内张贴着他的海报:6家影院上映《警察在纽约》,4家影院放映《大贵人》,5家影院继续放《圣托佩的警察》,1家电影院放映《方托马斯》。德·菲奈斯的这一记录只被约翰·韦恩与布尔维尔两人分别以22家影院与18家影院的放映记录超过。

《警察在纽约》首场上映时,观众里有人是自费买票观影的,也有人是获得片方邀请前来观看影片的。德·菲奈斯不仅出席了首映,还在巴尔扎克影院连续参加了两场播放,以便掌握观众真实的反应。安德烈·胡内贝尔出席了首映并告诉媒体记者他之前较为担心观众不喜欢警察系列第二集,但现在他对该片充满信心。他自己本人刚同德·菲奈斯完成《方托马斯》第二集的拍摄工作。评论界持两种意见,后来这一习惯延续了多年才改变。

《费加罗报》的路易·肖韦很直接地说:"根本没必要批评这部片子,因为公众都很喜欢该片。道德家团体将会激起更多的口诛笔伐。"事实上,这个"团体"抱怨多多,比如《战斗报》的亨利·沙皮耶说:"让·吉罗认为一部《圣托佩的警察》还不足以好好展示法国电影的愚蠢,于是他在一错再错的制片商的支持下……"

《大贵人》一片让传统习俗的捍卫者们勃然大怒,他们觉得片中女事主的几段话过于尖刻较为不妥。《震旦报》、《战斗报》甚至是《绑鸭报》上,人们都在大谈道德,这让洛特奈与奥迪亚尔非常高兴。不过评论界谈及影片时,表现残酷:影片中的头两个单元短片被抨击,只有第三部单元短片还勉强入眼。路易·肖韦在《费加罗报》上说:"德·菲奈斯在米雷耶·达尔克的陪衬下,更好地发挥出喜剧效果。他所表现出来的诙谐值得为数不多的、轻视他的人心平气和地学习和重视。"

这些天以来,真正的问题是需要弄清楚,路易·德·菲奈斯自己与自己在票房上对决的情况如何。结果是《警察在纽约》比《圣托佩的警察》更具竞争力。警察系列新片在 6 个电影院(巴尔扎克、海尔德、斯卡拉、维维恩、德朗布尔、艺术影院)上映,每场共计可售出 4170 个座位。新片最后以 68585 观影人次的成绩超过十三个月前在 7 家影院(每场可售 6195 张票)上映并获得 61127 观影人次的《圣托佩的警察》。《警察在纽约》在每周票房排行榜上位居第八。《大贵人》共收获 37224 观影人次,该成绩优于洛特奈与德·菲奈斯合作的前一部影片《已经入土》(该片 1964 年 5 月第一周上映时获 29830 观众人次)。该片发行过程中有一创新:75 个电影拷贝同时在法国与比利时发行,第一周可供 70 万观众观影。

《警察在纽约》在巴黎上映第二周时就从榜首的位置上下来了。另一部新登上榜首的片子是克洛德·夏布罗与罗歇·阿南合作的《老虎爱用炸弹洒香水》,该片联合了 8 家影院上映,每场可提供 8658 张票(这个数据是《警察在纽约》的两倍!)《警察在纽约》在巴黎的首轮放映共持续了 15 周,共有 439706 观众人次,它在全法国首轮放映的总观众人数是 630 万人次。至于德·菲奈斯拍摄的最后一部黑白片《大贵人》的成绩很快就滑落到票房榜榜尾:上映 7 周,共有 118557 观众人次。路易·德·菲奈斯在随后的 6 年里拍完 15 部电影后才再次创下如此低的票房成绩。总而言之,他后来再没有参演过这类小成本小制作的电影了,都是以第一主角的身份参演影片。

安德烈·于奈贝勒的第一集《方托马斯》上映几个月后,他就想到继续挖掘人物、拓展故事,不过他仍未决定拍成一个纯喜剧片。他告诉媒体自己正在构思一部新片,"当然,是请让·马兰和米莱娜·德蒙若来演。电影的名字是《方托马斯大战国际刑警》。片子将充满异国情调,故事可能会发生在位于撒哈拉沙漠的一个石油国家里"。在第二集《方托马斯》的拍摄计划中,"路易·德·菲奈斯"与"喜剧"都没有被提到……不过,就在此期间,德·菲奈斯成为票房的保证。实际上,他本人比让·马兰更积极投入筹备剧本、拍摄等等,这也就不难理解他为何比让·马兰合作的其他演员更受欢迎。1965年4月,克里斯蒂安-雅克的《来自可可迪的绅士》上映时,恰逢《暗渡陈仓》票房大卖、红极一时,片方只好哀叹时运不济。

在《方托马斯的反击》的剧本中,吉弗与方多尔将携手合作,因为方托马斯又回来了。江洋大盗方托马斯在上一集剧末时顺利逃脱了,一年之后,当吉弗正在领取荣誉勋章时,方托马斯宣布他回来了。他绑架了一名原子学专家,企图迫使他为自己研制一种新型武器,来称霸世界。同时,他必须带走让·勒费福尔教授,因为教授的研究成果与专家的研究互补。这时,方多尔化装成教授,希望方托马斯能把他绑走,这样在罗马出席研讨会的时候就可以正式逮捕方托马斯。没想到计划失败了,原因是方托马斯自己也装扮成教授,而真正的教授的确去罗马开会了。于是方托马斯带走了埃莱娜与她刚旅游回来的弟弟米舒。之后发生了许多匪夷所思、让人哭笑不得的事情,吉弗与方多尔几乎在方托马斯的贼窝里把他逮个正着,可是这个犯罪天才仍然顺利跳到一辆可以变为飞机的雪铁龙汽车上,飞上天逃走了。

让·阿兰在搞笑场景,特别是没有让·马兰的场景中,演得恰到好处,很好地衬托了路易·德·菲奈斯的表演。他建议德·菲奈斯乔装打扮成流浪汉在方多尔家楼下监视。至于让·马兰,每天要花很长时间化装成勒费福尔教授以及装扮成教授的方托马斯和装扮成教授的方多尔;路易·德·菲奈斯前后摇身一变成为滑稽可笑的意大利上校、希尔顿饭店的管家、卧铺车厢的职员、主教、海盗等等。马兰的变装在德·菲奈斯千奇百怪的变身对比之下相形见绌。吉弗在谍战片的熏陶下,信任并配置了多项现代化装备,如雪茄烟枪,内藏冲锋枪的假木腿,配有假手的风雨衣(真手可以藏于衣服内操控假手的活动)。

　　高蒙电影公司参与《方托马斯的反击》的拍摄制作,这部令人欣慰的影片耗资并不算巨大。10 周的拍摄耗资 550 万法郎:5 周在摄影棚中拍摄,1 周在法国的自然布景中拍,3 周在意大利拍摄,还有 1 周进行透明拍摄(便于后期制作出在交通工具上行驶的场景)。两个参加共同制作的电影公司各出资 140 万。所有的项目预算都略微提升,因为第一集影片共投入 330 万法郎。当然,演员们的片酬都比演第一集《方托马斯》要高。让·马兰的合约是 48 天收取 35 万法郎,"等增加了 10% 的电影成本逐步回收后,可再加领最高不超过 5 万法郎的 50% 的净收入","之后等成本全部收回后,他领到了 5 万法郎,并另外分得 5% 的利润"。路易·德·菲奈斯完成 48 天的拍摄后可获得 20 万法郎的片酬,以及分得"最高不超过 5 万法郎的 5% 的票房收入"。换言之,如果电影票房成绩理想的话,让·马兰可获得 40 万法郎附加 5% 的额外利润,而路易·德·菲奈斯最多可领取 25 万法郎。在第一集中,一号男主角比吉弗的收益高 50%,而在这一集新片中,不计"5% 的额外利润",他就比菲奈斯多 60% 的收入。

　　的确,电影圈里人的等级划分得很奇怪:雅克·迪南扮演与吉弗一起执行任务的探长贝尔特朗,他的片酬是 2 万法郎。而奥利维耶·德·菲奈斯首次触电的报酬是 2000 法郎,罗贝尔·达尔班在剧中饰演《每日热点》报纸的老板,他有一些零星的镜头,其报酬也是 2000 法郎。比多米尼克·扎尔迪和亨利·阿塔勒的片酬少一半。20 年前,路易·德·菲奈斯在《巴比松的诱惑》中扮演露脸不多的看门人,那时报酬是 200 法郎;20 年后,他在《方托马斯的反击》中扮演吉弗警长,报酬是 20 年前的 1250 倍。

　　《方托马斯》系列是安德烈·于奈贝勒拍摄的系列片之一。他 69 岁的时候,自 1965 年 2 月 1 日起,花了 15 周的时间拍摄《OSS 117:巴伊亚之怒》(有一半时间在巴西拍摄),再花了约一个月的时间完成后期剪片和拷贝制作。7 月 2 日该片上映时,票房不俗(在巴黎首轮独家上映延续了 12 周,共有 302361 人次观影)。没过多久,他开始拍摄第二集《方托马斯》。业内报纸上预告说《方托马斯大战国际刑警》将于 7 月 19 日开拍,《方托马斯回来了》将于 7 月 26 日开机。最后,《方托马斯的反击》于 8 月 2 日在摄影棚开机。

在首先拍摄的几个场景中,有一组剧中人乘火车从巴黎到罗马的镜头:米舒走入假勒费福尔教授的车厢里,他看到方多尔与埃莱娜正在拥吻,于是便对他们说:"好吧,年轻人们,有借口是不错的,不过只有爱情和水能够养活我。我们今晚去哪里吃饭呢?"方多尔脸上顶着化成老科学家的浓妆回答他说:"好吧,过来再帮我制造出一个美女吧。"

米舒是15岁的奥利维耶·德·菲奈斯初涉大银幕塑造的第一个角色。12年之后,他哥哥帕特里克参加电影《巴尔先生的怪愿》的拍摄。不过,该片谈不上是摄影棚内拍摄的优秀之作。后来,他在给弟弟的信中写到自己在父亲身边演戏的感觉:"1965年,他建议我在暑假时和他一起拍片,就演一些他身边的小角色。他丝毫没有强迫我的意思,只是觉得我不应该让机会从身边溜走;无论如何,作为路易·德·菲奈斯的儿子,有很多事情还是容易的。那时我不用自己去找,演出机会就自动送上门来,而且我还能获得细致的建议。"奥利维耶·德·菲奈斯随后和父亲一起演了6部电影,它们是《方托马斯的反击》、《总统失踪记》、《悠长假期》、《冰冻人》、《乐队指挥》和《落在树梢》;他还在拍摄《宪兵情缘》时担任让·吉罗的助手,演完舞台剧《奥斯卡》之后,他就转行了,成为一名飞行师。其实,他在意大利拍摄《方托马斯的反击》时,才第一次飞上空中。

同父亲一起拍戏之后,他才发现作为演员的父亲每天真实的工作情况。父亲是一个遵纪守时、对搭档和技师都很热情的演员。他同时发现父亲很享受表演,每天早上高高兴兴地去摄影棚开工。他还注意到父亲也会有焦虑、缺乏安全感、忧虑的时候。

奥利维耶·德·菲奈斯在演与让·马兰、米莱娜·德蒙若合作的第一场戏时,格外焦虑。不过,很快他就发现这两位演员都非常友好,他们会尽可能地让和自己搭戏的演员感觉舒服自如。很多年后,他这样总结自己的职业生涯:"我在演喜剧的过程中获得了很多快乐,但我觉得自己也承受了更多的焦虑。总的来说,我还是很幸运地获得了多位导演的眷顾,父亲也一直在旁边支持我。也因为他,我没有被任何人轻视:大家都知道和一个可以带来百万收益的人产生纠纷损失会很惨重。"

拍摄第二集《方托马斯》的时候,大家工作的氛围很好。绝大多数时候,德·菲奈斯与米莱娜·德蒙若以及饰演配角的一大堆演员在一起吃饭、聊天、排戏等。充分的排练也打破了路易·德·菲奈斯以前的工作节奏:这一次,他轻轻松松拍一两条就过了。然而,他也因此与布尔维尔之间时有争执。具体原因是,德·菲奈斯拍摄时追求全情投入、几条片子就通过,可是让·马兰的习惯却恰恰相反。米莱娜·德蒙若也介绍当时的情况说:"菲奈斯和我们一起排戏,他基本上排到第二、第三次时就能表演到位了,有时甚至是第一次排练就表现完美,然后让就习惯多拍几条、慢慢琢磨表演。当让想要换一种方式再演一次,要求于奈贝勒重拍一条时,路易就会故意搞破坏,比如说突然发出笑声等。"

饰演方托马斯打手的多米尼克·扎尔迪和两位大明星都很熟,他让大家注意到"让·马兰看待事物的眼光和表达方式特别让人惊讶。他以前和德·菲奈斯合作多部电影时总是告诉他'路易,别那么过火','路易,这可不是联合装载机'……他能感觉到自己的好友于奈贝勒完全接纳德·菲奈斯所塑造的处处碰壁的吉弗警长。让根本没有意识到路易的才华"。

1965年12月8日,电影上映。显然,媒体对该片审视的严格程度远远高于第一集。大家都明白,第一集的成功必有后续,可能还会带来该系列影片的拍摄。《绑鸭报》认为"于奈贝勒第二战也赢了",但这一论调并未阻碍该报的评论员米歇尔·杜朗讽刺讥笑导演及其剧本"可以子孙后代一直拍下去。唯一的困难是当德·菲奈斯、让·马兰与米莱娜·德蒙若老到不能继续演下去的时候,该找谁来接替他们呢"。据《震旦报》评论,于奈贝勒很好地"制作出了一部可以与同类型外国电影媲美的作品"。《快报》则认为方托马斯"只不过是这位来自圣托佩的警察身边的配角"。除了少数电影狂热爱好者的批评(有时甚至有点尖锐)以外,总体而言,媒体对新一集《方托马斯》是较宽容的。得知电影预先获得40万法郎的资助,即占电影总预算7.27%的资金之后,亨利·沙皮耶在《战斗报》上愤怒地控诉该片,并说:"需要给这种愚蠢的故事,想要给大家洗脑的电影以及路易·德·菲奈斯的鬼脸以资助吗?"

当《方托马斯的反击》上映时,《警察在纽约》和《大贵人》的首轮独家放映期已经到第七周了,后一部影片也是路易·德·菲奈斯拍摄的最后一部多单元短片组成的电影。对于成百上千的观众而言,碧姬·芭铎与让娜·莫罗主演的片子《江湖女间谍》是周票房排行榜的冠军。第二集《方托马斯》

首周收获 61852 观影人次，相对 1964 年 11 月第一集首周 65722 观影人次的成绩而言，这次的票房有所下滑。而且，自上映第二周起，声势浩大的 007 系列之《雷霆万钧》上映了，于奈贝勒的片子票房成绩就滑落至排行榜第四位。所幸，年底很多家庭观众利用节假日走进影院，影片票房慢慢回升了一些：在巴黎，两周内该片有 142074 人次观影，该成绩落后于《雷霆万钧》242119 观影人次的票房。在波尔多、里尔、马赛，该片在票房排行榜上的位置与在巴黎的相同，但是在南锡和土伦，路易・德・菲奈斯的表现领先于肖恩・康奈利。

中间间隔 7 周上映的《警察在纽约》与《方托马斯的反击》以相继间隔 5 周的时间结束各自的首轮放映期。1966 年 2 月 10 日，警察系列第二部《警察在纽约》累计共有 439707 观影人次。3 月 17 日，吉弗警长与方多尔以 456077 观影人次的总成绩下线。尽管《方托马斯的反击》上映时不如第一部那么风光无限，但是影片下线时，成绩仍然超过了前者。

一夕之间，路易・德・菲奈斯好像变得街知巷闻，他的身影也无处不在。当一手发掘雅克・布雷尔的雅克・卡内蒂、乔治・布拉桑斯或吉・贝阿尔 1965 年发行第一张唱片时，电台推出一个游戏：播放由鲍里斯・维扬创作的幽默歌曲《亚瑟，你把身体放哪儿了》时，主持人要求观众猜一猜该首歌曲由哪位电影演员演绎。歌曲响起，塞尔吉・雷吉亚尼的演唱开始，但绝大多数的听众认为这是路易・德・菲奈斯的声音。

《暗渡陈仓》之后，电影制片商、电影院经理每次例会开始都要互相通告当下最红最有影响力的影星。尽管他的几部片子没法和观众见面了，但是我们得知他将在剧院舞台上出演马塞尔・米图瓦的《法兰西猎人》。该剧剧情大概是这样的：被情妇五度索要财富终至破产的钻石商人在某著名周刊的征婚启事上想找一个富婆结婚。

路易・德・菲奈斯成为欧洲电影界举足轻重的演员：《警察》系列与《暗渡陈仓》开始在国外发行，法国制片商很容易就能找到国外的合作伙伴，充裕的资金缓解了制作成本的压力，也降低了投资风险。当然，盎格鲁-撒克逊国家并不买账。1966 年春，《方托马斯》横渡大西洋，见惯了好莱坞大手笔影片的评论界对此反应冷淡。《纽约时报》认为这是一部"老派"的电影，其"喜剧性较匮乏"，最后直截了当表示说："法国人应该拍出比安德烈・于

14. 告别黑白电影

奈贝勒的《方托马斯》更好的片子,这样才能与英美的同类型影片竞争,如哈里·帕尔默拍摄的 007 系列,弗林特拍摄的《我们的男人》等等。"但无论是在意大利、德国还是在东方国家,路易·德·菲奈斯几乎和在法国一样拥有同样的票房号召力。

1965 年岁末节庆时分,多部影片都在短期内赶拍出来抢占黄金档期。比如说:1963 年 11 月 20 日《关关雎鸠》上映,1964 年 2 月 26 日《直捣黄龙府》上映,1964 年 5 月 6 日《已经入土》上映,1964 年 7 月 17 日《男人堆里一靓妹》上映,1964 年 9 月 11 日《圣托佩的警察》上映,1964 年 11 月 4 日《方托马斯》上映,1965 年 3 月 25 日《暗渡陈仓》上映,1965 年 10 月底《警察在纽约》与《大贵人》同时上映。两年时间 10 部电影。尽管他本人自认为还不具备成为法国电影界顶级明星的资格,但也就是在这两年里,路易·德·菲奈斯成为了一位大明星。这两年里,他出席了许多活动,也积累了许多财富,但是他日常的生活节奏也完全被打乱了。1966 年初,他手上有两个最重要的计划。其一是热拉尔·乌利建议找布尔维尔一起再创《暗渡陈仓》的辉煌,其二是德·菲奈斯从现在起具备足够的能力,完全按照自己的意愿,拍摄制作电影。第一项计划后来成为 12 月 7 日上映的《虎口脱险》,第二项则是《总统失踪记》。

《总统失踪记》的构思由来已久。1958 年 6 月,路易·德·菲奈斯还在拍摄《出租车、大篷车和混斗》时,《法兰西晚报》上登出一则传闻,据称"他在今年冬天将自编、自导、自演《总统失踪记》这部影片"。我们知道,他在《艾普松绅士》一片中亲自出演任意指使手下的饭店老板加斯帕尔·里潘,跳了一段芭蕾舞。

他根据自己的观察与表演的经验反复酝酿如何塑造一位对顾客卑躬屈膝、对手下玩弄手腕、在主厨面前又唯唯诺诺、对服务生蛮横死板的饭店老板。剧中每个人物都由德·菲奈斯自己亲自设计。这是他从业以来首次自己写一部电影。60 年代初,他曾与让·拉维龙合作写剧本,但后来却不了了之。

现在,他在几周内就把导演雅克·贝纳尔、负责编剧和写对白的让·阿兰、曾为于奈贝勒配了 18 部电影(其中包括《出租车、大篷车和混斗》音乐的作曲家让·马里荣等人集中到自己身边。阿兰和贝纳尔两人分别是安德烈·于奈贝勒的儿子、助理导演,是完成某种大众电影的"历史渠道",其功效在《方托马斯》与《方托马斯的反击》中得以发挥。贝纳尔迄今为止还未签下导演合同,但他很清楚德·菲奈斯在这方面已提前进入状态了:避免拍摄效率低下,多拥有一点自由发挥的空间。这些想法与惯常的做法,与于奈贝勒的爱好、意愿等都存在分歧。

让·阿兰根据路易·德·菲奈斯构思的人物组织了剧情。首先,他为主人公取名为塞维鲁先生,这便是后来的塞普蒂姆。路易·德·菲奈斯他们这一代人在学校学的历史课上都讲到12位独裁者。剧中主人公取名为塞普蒂姆,其实就是借用了古罗马的塞普蒂米乌斯·塞维鲁王朝。

片中,这所位于香榭丽舍大街上的饭店老板好似古代暴君一样对员工进行高压统治。他总是想尽办法欺压、惩罚手下员工,不断讨好有钱的客人。有一天,他化装成一个客人想要当场抓住膳食总管、服务生等人的疏漏,然后再乘机强迫他们做事。此时,到法国进行友好访问的南美某共和国独裁统治者诺瓦莱斯总统(福尔科·吕力饰)微服出行,到塞普蒂姆的饭店用晚餐。当餐厅熄灯推出为贵客特意准备的蛋糕时,没想到里面藏着一个炸弹,还当场引爆了。烟雾消散后,人们发现总统不见了。从那时起到第二天,塞普蒂姆就承受着来自各方面的重重压力:负责调查的警察(贝尔纳·布利耶饰)怀疑他参与这起绑架案,一起被怀疑的对象还有总统迷人的女合作者(马利亚·罗莎·罗德里盖兹饰)、总统的保镖头(华伦天奴·华伦蒂尼饰)……真正的南美阴谋家们正悄悄地采取行动。

在营造喜剧氛围这个问题上,德·菲奈斯的观点是演员的肢体表演与情境的安排比单纯的台词更有效、更重要,因此他坚持与一起配戏的演员们在开拍之前先进行排练。而媒体也破天荒地首次报道德·菲奈斯以演员身份一起打造影片。《战斗报》在一篇报道中宣称:"路易·德·菲奈斯把《虎口脱险》当作自己的美学宣言。法国电影界身价最高的喜剧演员开始参与导演的工作。"德·菲奈斯补充说:"我要抛弃我以前演电影时的各种表情,力求更好地演出。二十年来,我一直追求一种朴素的状态,以便让自己的表演更真诚。"

在筹备和拍摄电影期间,剧组请了一位真正的厨师坐镇提供咨询。影片中的餐厅是在香榭丽舍大街的勒杜瓦扬餐厅里拍摄的,身高1.85米的餐

14. 告别黑白电影

厅老板吉尔贝·勒热奈强调自己绝对不会和客人坐同一张桌子,也绝对不会用"喂"把下属呼来喝去。影片中的塞普蒂姆都有这些习气,有时他甚至"只用一个眼神"来指挥下属。

拍摄工作应该在 1966 年 2 月 7 日开始,1 月 21 日《法兰西晚报》上刊登了一篇采访路易·德·菲奈斯的文章。菲奈斯介绍了《总统失踪记》的拍摄计划、他与朋友们一起写剧本的情况。其间他还特别提到正在围绕计算器设计一些表演桥段:"因为我不会算账,别人就把计算器作为圣诞礼物送给我。可是当我用手指按数字键算账时,情况更糟。我想把计算器加入电影场景中,只是我还没想好设计什么动作好增添点笑料。"最后,计算器并未纳入影片。

他还在采访中回顾了自己的职业生涯。此时,路易·德·菲奈斯尽显霸气:"十八年来,我一直演龙套角色,人人都可以叫我'做这做那',我好像是被耍的猴子一样。但是,凭什么导演有权利命令演员呢? 导演应该负责指引演员,将其扶上轨道,然后让他发挥自由表演。"实际上,这一看法既指出让·吉罗导演的几部片子的缺憾,也是他与爱德华·莫利纳罗之间关系变紧张的原因。

德·菲奈斯还负责安排演员角色,他把熟识的演员朋友召集在一起,他们都是多次合作的老友了。至于塞普蒂姆餐厅的一位熟客——部长这一角色,他本人属意多年老友诺埃尔·洛克韦尔(俩人自从 1947 年合拍《幸福的设计》之后,一起演了 21 部电影)。洛克韦尔因血管梗塞已经近一年未拍片,德·菲奈斯建议他接拍摄制时间短的角色,慢慢重返银幕。尽管他在片中仅仅是昙花一现,但是他的名字仍然排在第七位,出现在片头主演名单中,而且在《总统失踪记》预告片中,他就排在领衔主演路易·德·菲奈斯后面,甚至在贝尔纳·布里埃前面!

影片的前半个小时显然是路易·德·菲奈斯构思的。之后,《方托马斯》的编剧让·阿兰自由发挥,慢慢理顺片子中的跟踪、汽车追击以及武打场面,设计出警匪片的常规情节。除了他乔装成假顾客的那段载入表演史的演出之外,德·菲奈斯在饭店实景拍摄时还添加了不少精彩的小动作。当他向贝尔纳·布里埃和另外两个来自德国和意大利的同事解释苹果蛋奶酥的配方时,他脸上被画了著名的阿道夫·希特勒发型与胡须。这一场戏是他一天晚上返回摄影棚的时候，首席摄影师突然灵感闪现，给他做了这个造型，导演很快就完成了拍摄。后来，影射德国盖世太保的这场戏成为全片的一大亮点。

路易·德·菲奈斯最用心演的一组镜头便是他极力主张让餐厅工作人员一起跳芭蕾舞。塞普蒂姆和他手下7个工作人员排成两行，先在罗歇·卡西亚弹奏的钢琴曲伴奏下起舞。之后乐曲节奏加快，全班人越跳越快都跳到发癫，最后塞普蒂姆粗暴地打断音乐并高声反对这种"集体的疯狂"。他的朋友科莱特·布劳塞负责编舞，之前她曾经负责编排《大圆舞曲》内的两段西班牙舞。后来，她说："别的人跳这段舞需要两周的排练时间，而他只要三天。"的确，他在舞蹈方面确有天赋，他甚至还给科莱特提出了几点编舞特的修改意见。直到七年后拍电影《雅各布教士历险记》时，他跳了犹太哈西德舞蹈，才超越《总统失踪记》中的这一段精彩芭蕾舞。

几个星期的拍摄期内，他和许多熟识的演员亲密相处、合作无间（让·欧泽奈饰演生活在塞普蒂姆疯狂统治下的饭店主管，雅克·勒格拉饰演警长，弗朗斯·卢米伊扮演男爵夫人）。因摄影棚场地限制，有些场景未能拍摄。有一幕是这样的，罗歇·卡西亚向路易·德·菲奈斯解释完必须要演奏国歌的原因——向诺瓦莱斯总统致敬——之后，他急忙用手掩住嘴巴。两个演员即兴发挥了很多动作完成这一分钟左右的拍摄，使之精彩绝伦，尽管卡西亚忍不住笑场了，但是这一段片子在剪辑过程中得以保留。

同样，因为经常笑场、增加即兴表演、技术上的细节等原因，路易·德·菲奈斯与保尔·普雷布瓦花了两天时间拍摄一段简短的对话，其内容不过是塞普蒂姆抓住刚从酒窖中走出来的饮料总管，并从他身上嗅出酒气。在这一幕约一分钟的表演中，他尝试了多种焦距、多种视角、多种对白、六位演员的不同配合等方式来拍摄。可是，反复拍了十几回，这一条片子仍然未能通过，究其原因是演员们不断笑场，保尔·普雷布瓦和路易·德·菲奈斯也乱开玩笑，还有就是因为不断尝试新的表演方式很多演员走位上都出错。

《总统失踪记》也是路易·德·菲奈斯与他的儿子合作拍摄的第10部影片。奥利维耶·德·菲奈斯饰演能干的总厨拉乌尔·德尔福斯的教子。这个小家伙眼神凶狠、恶声恶气，他自认为是大厨之一（有几场拍摄时专门给他脚下垫了小板凳，来强调他和路易·德·菲奈斯两人的身高差距），嘴上虽然没说什么,但是对塞普蒂姆表示出一种深深的敌意,他与饭店大厅里完全服从塞普蒂姆的工作人员截然不同。在几个超过 1 分钟的长镜头中,他竭力表现出该人物的性格:后来,奥利维耶·德·菲奈斯在自己的书中强调他父亲在演配角的时候也是相当重视的,也只有这样,才能学会真正的表演。

1966 年 9 月 7 日,《总统失踪记》上映。《自由巴黎人报》与《费加罗报》上的评论文章指出影片虽然达到让观众捧腹大笑的目的,但是路易·德·菲奈斯的卖力演出似乎较为拖沓。一道道寓意丰富的菜式从设计到烹饪都和剧本一样经过严格的评定。(《人道报》评论文章认为"尽管'这个大饭店'的某些菜品的酱汁过于油腻,但是这里的美食可谓是米其林一星级水准"。)《法兰西晚报》的罗贝尔·沙扎尔的评论适度又不失赞誉之词:"大家在笑的时候常会想到,如果《总统失踪记》里的笑料再丰富多变些,那么大伙儿会笑得更开心。"

影片上映时选择的影院较为合理:5 个影院,每场 5723 个席位。头两周,影片票房成绩稳居榜首(第一周收获 70819 观影人次),第三周却排在新上映的影片泰伦斯·杨执导的《鸦片行动》以及让·贝克与让-保尔·贝尔蒙多联合执导的《小混混》之后。上座率的下滑(每周约 3 万观影人次)导致影片在首轮独家上映时从五个影院转移到另外两三个规模更小的影院上映。1967 年 1 月 31 日,也就是影片上映约 20 周后从首轮上映下线时,《总统失踪记》共吸引了 424029 人次观影。唯有影片的质素可以解释这个票房成绩:当上座率开始下滑时,路易·德·菲奈斯已在电影史中有重要的一席之地。1966 年 12 月 7 日,《虎口脱险》公映。

15. 知识分子与驼背丑角

——评论界与路易·德·菲奈斯

对于路易·德·菲奈斯来说,我们现在这个时代是非常温和宽厚的。我们这个时代不仅主动遗忘德·菲奈斯在世时所遭受到的质疑、攻击与耻辱,还主动遗忘德·菲奈斯所遇到的问题:因为演出"容易的"、商业、大众电影,他便成为口诛笔伐的靶心。无论在报纸上还是各人所持的意见也好,评论的暴力主要是从政治与伦理道德方面批评他,有时评论直接以残酷的方式呈现。例如,1976年11月让·卡班过世时,电视上再次播出《名画追踪》,该片被在法国短期出版过的毛思想喉舌《人民日报》认为"完全建立在反动思想上、哗众取宠的蹩脚演出"。对占领时期以及美国社会黑暗面的表述充斥在影片中,写下这几行评论的作者70年代时还是一名中学生,他清楚地记得老师把路易·德·菲奈斯的影片归类为"法奸电影"。

显然,不管说到什么,通常是些贬义的议论,德·菲奈斯的名字都会被牵扯上,他也倍感无奈。克里斯蒂安·费什内从拍摄《美食家》一片起就担任他的制作人,他在1976年时说:"当他(德·菲奈斯)买好报纸在读之前时,总是扯掉有关演出的那一页扔垃圾箱里。他害怕读到严重诋毁他的文章。"

当他50多岁成了大明星后,读报纸时,仔细翻找对他饰演的次要角色简短的肯定之词,或是在名人专栏里面查找评论他对待事业非常审慎的报道。突然,1964年,所有文章的笔调不可避免地全部变得尖锐异常。其原因是在这个宣扬"一切皆政治"的时代,路易·德·菲奈斯成为这场争战的关键人物。

有一例。1964年9月,《圣托佩的警察》上映时,《战斗报》的亨利·沙皮耶并没有指责演员:"表演方面没有任何不妥,特别是路易·德·菲奈斯的表演,有点像家里的笨笨熊。这样的角色对得起现在的观众了,而反之亦然。"他所关注的,是"分解影片的各种组成部分",并从其中找到,正如他的评论题目所言"法国社会的投影"。《震旦报》看到的是"一出没有抱负的喜剧";《费加罗报》认为该片是"一幅讨喜的速写",这一左派评论的代表报刊惯常刊登的多是根据让-保尔·萨特的《境遇种种》、罗兰·巴特的《神话》所出的字谜栏,报纸把《圣托佩的警察》看作是一个直接隶属镇压机器的宣传手段。基于此,沙皮耶的评论明确表示从社会与政治的层面看,该电影主题更为宽泛:"人们所称颂的傻事儿既呆板又令人窒息。大家努力维护这位天真的警察的名声。真可谓是社会秩序的力量!这些所谓的社会秩序不仅让大家以为整个巴黎是个风气自由的巨大监狱,还在银幕上做出可爱的样子要大家支持这种秩序。显然,这根本没有什么好高兴的,完全是法国社会的真实写照!大家都明白这类电影深受当局恩宠。该娱乐政策能够很好地教育一群萎靡不振的人民!"

几周之后,即1964年12月《方托马斯》上映时,米歇尔·库尔诺在《新观察家》周刊上提到"大众传媒中的太阳德·菲奈斯先生总是做着各种鬼脸、说着含糊不清的话语、搞些老小孩般的恶作剧,还躲在放映厅角落里眨着眼睛,大伙儿都很满意。不对,不是所有人都满意。有些人会觉得很尴尬。我就看到这样的人。他们感到恶心。无疑,他们还感到羞愧。……在此期间,戈达尔在影片《已婚妇人》中不只是以创作者的身份出现,还志愿成为公众的卫道士"。由于路易·德·菲奈斯扮演敌人,在那个时代,相当一部分欧洲舆论认为敌人就是指社会秩序、政府家长制作风、资产阶级思想以及资本主义经济。

然而,需要注意的是,讥讽警察并不等同于讥讽社会秩序,嘲笑老板并非攻击资方……大家指责路易·德·菲奈斯的表演模式化、漫画化、歪曲事实。几年前,该题材的电影被认为是对社会现状之争论毫无新意的表述,但现在,影片把几代人之间的矛盾冲突变为天体避暑者与制服警察之间的追逐。这样便卸下了压力,也卸下了《圣托佩的警察》和《退休警察》时期将"社会秩序"与"年轻"对立起来的争论等重负。无论他饰演的是警察还是有产者,从客观上来说他最终都成为警察和有产者的同伙。1970年,《自由比利时报》评论说:"在喜剧的面纱下,该人物的蛮横专制引导人们歌颂谎言、控告,并且从总体上颂扬对个体自由的完全蔑视"。

评论界中,对路易·德·菲奈斯持批评意见的部分媒体的主要论据是认为他误入歧途,拍了一些无论是剧本还是制作都大大限制其发挥、根本不适合他的作品。当然,德·菲奈斯也有一些忠实的追随者,比如说《法兰西晚报》的罗贝尔·沙扎尔、《费加罗报》的路易·肖韦,他们认为路易·德·菲奈斯比他演的那些电影有价值多了。即使是最热爱电影的评论者,也会认为该观念太过极端,因为这种想法只肯定了演员而否定了他的作品。《警察在纽约》上映时,让-路易·科莫利在《电影手册》上撰文说:"尽管德·菲奈斯被安排在一个塞满各种机械化笑料的环境中,但是看到浑身上下充满喜剧细胞的他无所事事、玩着大拇指、等着让·吉罗想出什么点子来的样子时,还是觉得替他感到悲哀。最糟的不是拍了一部愚蠢、无聊的电影,而是浪费、糟蹋了——人们经常说的——没受到过什么打击的法国唯一的喜剧演员。"

在《电影手册》中,人们还可以读到一些同意杰瑞·刘易斯观点的评论文章。显然,这种狂傲的基调(让-吕克·戈达尔、弗里茨·朗、杰瑞·刘易斯被认为是电影爱好阵营的铁三角)激起了成千的讽刺挖苦,但是这些评论凭借其无人质疑的权威性,在美学、政治及道德方面仍然起了作用。1964年,克洛德·奥利耶在他的长篇评论《杰瑞博士与爱先生(痴呆教授)》中写道:"令人厌恶的大杂烩迫使演员走到蜕变的最后阶段,继幽灵、死尸、半人半猿、狼人之后,他蜕变成为综合普雷斯利、安卡、白兰度三人之优点的最富魅力的雄性了。这就需要他既是一个伟大的小丑又是一位伟大的喜剧演员才行。尽管杰瑞·刘易斯让人倍觉惊讶,但是总体而言是具有说服性的,每个小细节都是不可辩驳的。"

路易·德·菲奈斯在媒体上激起了论战。我们已经引述过《费加罗报》路易·肖韦的评述了。1965年11月《大贵人》上映时,他说:"德·菲奈斯在米雷耶·达尔克出色的配合之下较好地凸显了影片的主旨。那些极少数轻视他的人应该虚心学习他演喜剧的表演手段,承认他的重要性。"两天后,肖韦如是评论同一周上映的《警察在纽约》:"我们的道德家越是指责他对公众展示的趣味低级,他就越不吝啬地表现出来。自电影圈的知识分子们开始抨击商业'滑稽剧'开始,他们有偏向性的评论就更加明显了。"至于杰瑞·刘易斯,《费加罗报》的评论家再三强调说:"电影展现出的具有塔什林风格、杰瑞·刘易斯演绎的独特想法和效果,完全能倾倒一小撮电影爱好者,获得他们的赞誉。"

矛盾的是,很少有人质疑路易·德·菲奈斯的表演。相反,当阿兰·德龙和让-保尔·贝尔蒙多的商业片大卖时,有很多人批评他们的演技。1980年,《巴黎晨报》的评论员米歇尔·佩雷兹的文章是个例外:"我个人从未被路易·德·菲奈斯的喜剧表演功力征服(他在布朗齐尼奥尔剧团时期的演出还像回事)。我总觉得,如果他走另一条路的话,他是可以成为一位天才演员的。我觉得《吝啬鬼》的戏剧冲突是建立在误会之上的。德·菲奈斯版的《吝啬鬼》中,我只看到一个非常用心的演员不断通过令人发笑的对白、滑稽的动作,各种拟声、笑声来维持国民喜剧演员的形象。其实,如他能摈弃这些令人震惊的表演,那么他的演出会更具说服力。"

路易·德·菲奈斯凭借已取得的成功跻身享有特权的明星,即成为一名免受评论界的议论或者面对评论时坦承自己无能为力的明星。正如亨利·沙皮耶所描写的那样,1965年末,当《方托马斯的反击》上映时,沙皮耶被气得脸色发青,他说:"鉴于我的评论对安德烈·于奈贝勒粗制滥造的电影根本起不到什么作用,也因为他的《方托马斯》不过是有可能永远不会结束的系列电影当中的第二集,我把评论的权利留给影片的追随者们吧。我的话肯定不会减少于奈贝勒的观众,要是《方托马斯》的观众担心会读到不负责任的评论,那么我敢肯定的说是不会发生那样的事的!"特里斯坦·雷诺在《法国文学》上的评论较为温和。1965年,爱德华·莫利纳罗的《奥斯卡》上映时,他曾经抨击克洛德·马尼耶的剧本太过于平庸、缺乏想象力(他还总结说"惰性太强")。不过,他最终总结为:"如果说莫利纳罗还算尽责的话,那么《奥斯卡》一剧的成功就可主要归功于路易·德·菲奈斯了,他在剧中非常亢奋、表情多变,给我们演了一场独角戏。不管我们喜不喜欢,我们都不能否认他的能力。但这可不属于电影本身。"

喜不喜欢德·菲奈斯是不是不重要呢?其实,这也变相说明他本身的光芒已经盖过了那些"普通"的电影以及"普通"的演员。德·菲奈斯是被排除在受评论界欢迎的演员之外,比如说声名远扬的让-皮埃尔·梅尔维尔或者是英格玛·伯格曼,电影评论圈面对这些人的时候就很好地"履行他们的职责",即坚定、及时、充满感情地维护他们的影片。路易·德·菲奈斯的电影作品则以大众性见长,其高度的辨识度让最挑剔的评论员也目瞪口呆。1969年9月,亨利·沙皮耶在《战斗报》上就《冰冻人》一片发表评论说:"只要(德·菲奈斯)动起来,跺脚、皱眉,观众就会爆发出笑声,整个影院变得像儿童乐园似的。不管人们喜不喜欢这种类型的电影,不能否认的是它的大众性。这就是典型的法国演出,所有的一切都是为了搞笑而设置,彻底忽视了在电影艺术方面的探索。"

1966年12月,新上映的《虎口脱险》无论是在政治方面还是审美方面都成为新的靶心。批评的阵营认为:乌利、德·菲奈斯、布尔维尔把法国被德军占领的时期拿来当作笑料,是把严肃的历史变为庸俗的事件,而且是一种不怀好意的恶搞。让-路易·博里在《新观察家》上面表现了他满腔的愤怒:"看到路易·德·菲奈斯这么有才华的演员居然糟蹋自己的才华去演这种片子,我真是被气疯了。"克洛德·佩内克在《艺术》里也没能忍住心中的怒火:"比粗俗更糟糕的是:资产阶级。正如费尔南代尔在《车轮滚滚》中所言,在幽暗而悲剧的岁月里,德军占领法国的这段时期却被表现为隆隆的打呼声、喷嚏声、斜视的主人公,还有一个个大南瓜。如此庸俗的演出完全扼杀了笑意,热拉尔·乌利不知道通过什么秘诀,成功地用平庸毁了所有演员。"

不过,《虎口脱险》也让某些评论家转变了态度。《战斗报》的亨利·沙皮耶总是认真地审查德·菲奈斯的电影,他好像承认了影片中有种文化意识形态的革新。他说:"《虎口脱险》让电影爱好者从探索电影的'孤立'中走了出来,并且融入观众中,仅仅为追求天真、无辜的乐趣。目前的法国电影制片总是在落入俗套和高处不胜寒之间左右为难。针对这一现状,它可以改变很多事情。但愿那些推崇'纯粹与高深'的顽固派们能够及时地明白:《虎口脱险》是个娱乐片,而《狂人皮尔洛》则是个艺术实验片。"

《电视纵览》的吉尔贝·萨拉沙报道了德·菲奈斯个人的成长经历,这些内容对所有记者与观众都是有价值的:"和大家一样,我也曾担心过,对拍这种片子心生疑虑甚至还觉得颇为丢脸。不过,事实证明,我错了!"《绑鸭报》的米歇尔·杜朗似是对他的同仁说:"全家老小甚至是电影界的知识分子、头头脑脑们可以一起去看的电影万岁。"

15. 知识分子与驼背丑角

相当一部分评论家态度的转变——论战双方都认可的德·菲奈斯主义——并未能影响电影界最顽固的消极派。《电影手册》的米歇尔·马多尔继续对乌利及其同仁穷追猛打:"这应该是本年度最不需要花什么钱、最平庸的影片了。只有非常天真的人才会相信该片耗资 15 亿旧法郎。影片抄袭儿童动画片《游击队的火枪手们》,笑料老套,在出现一刻钟之前就被人识破。肥头大耳的德国佬们又蠢又笨。马里·杰克为法国解放后从《勇敢的公鸡》中删除'笑料'感到抱歉,当时整个巴黎还深陷一种糟糕的氛围中。然而 20 年之后,乌利的歉意又在哪里呢? 还有评论界的歉意呢? 他们就只会谄媚地拍这个令人沮丧、落后的笑话的马屁。"

借用马多尔的术语来说,最受瞩目的评论家让-路易·博里也表现得很谄媚,不过不是拍该影片的马屁。他不仅是《新观察家》电影评论的笔杆子,因为经常上法国国内电台参加录制《面具与笔》,他的声音也代表着电影爱好者主流的评价(他才华横溢。在该节目中,他与《文学新闻》的乔治·沙朗索尔的精彩争论至今在法国文化圈内没人能与之媲美)。几年来,阅尽众片之后,他从沮丧的对电影的不信任转变为毫无保留地全情投入。不过,针对《虎口脱险》,他还是站在反对菲奈斯的阵营之中。他的评论毁坏了乌利、德·菲奈斯以及电影想要表达的政治意图、言下之意。"无论怎么说,片中还有笑声,值得赞赏且有益身心的笑声。之后,还有些笑话,一些庸俗的笑话,非常粗俗、不堪入耳。最后变成一个巨大的笑话,一个令人'尊敬的'笑话。这个笑话不仅涉及到我们当下和以往的道德、习俗,还有我们的习惯——并没冒犯什么,什么也没冒犯,小心翼翼地谋取高回报!——影片还尊重所有的陈词滥调,这些老一套的笑料已经被用了成千上万遍,其效果当然不显著。比如一组组没完没了的旅馆房间镜头,让人自动想到费多的戏剧,然而却又没有什么效率和细节,也就是说根本不及费多。大家知道我说的是《虎口脱险》。对了,节日期间应该停止争吵。影片的包装可谓是一流的,称得上斥巨资,必须承认的是剧组在直升飞机、德国军队——对不起,应该说德国鬼子等几项花费上毫不吝啬,大家知道(自 1870 年以来),德国鬼子的形象便是滑稽可笑、贪吃、大腹便便、还很容易上当。这部片子是一部奢华的苦难、富有的平庸之作。我很生气看到路易·德·菲奈斯这个如此有天赋的演员演这种闹剧,他简直是在糟蹋自己的才华。"

一年之后拍摄《悠长假期》时,德·菲奈斯与剧组再次遭受到了抨击,有评论反对他们的电影和想法。让·吉罗的电影在雅克·贝纳尔与让·勒费福尔的电影《四号实验室的怪人》放映一周后上映,让-路易·博里将两部片子相提并论:"无论是雅克·贝纳尔的《四号实验室的怪人》还是让·吉罗的《悠长假期》,你们想想大家是不是会根本不把它们放在眼里。从贝纳尔和吉罗开始说。他们两人就是在夸耀两个成品,即勒费福尔与德·菲奈斯。我们说的这两部片子的确能引人发笑。就像煤气一样。片子的放映,自然是在被伪装成电影大厅的煤气室里放映:人们只看到了火苗,然后就疯狂燃烧起来了,真可怜啊。实事求是地说他们都从厅里出来了,但是他们状态如何呢?完全被麻痹了。准确地说是处于安静的状态,直到下一场次电影开始才结束这种状态。这可真是一件好事儿啊。这可不是痴人说梦,是用各种脸部表情做到的。让人安静的嬉笑逗乐,就是这种法子。表面的改动会影响脸部的特征,把它们变得过于呆滞或是表情过度。迟钝或是癫狂。小牛肉冻或是雷酸盐。勒费福尔或是德·菲奈斯。"

1972年初,乌利与德·菲奈斯似是通过《疯狂的贵族》扳回一局。后来,他们终于明白,让-路易·博里希望他们做到的好像是:"幽默、诙谐、荒唐其实不重要,而且距离好的幽默感、善意、乐观主义较远。前者甚至与后者相反。这是头等重要的要义,不应忽略。"证据是热拉尔·乌利好像听进去了。《疯狂的贵族》与《虎口脱险》《暗渡陈仓》的调子完全不一样。这个面向公众消费者的重磅商品的新意是其潜在的进攻性,一种若有若无的不尊重,而热拉尔·乌利过去的作品对此是严防死守的,就好像是防鼠疫一样。驼背丑角的拿手好戏依然是咆哮,随时准备揍人,我们对路易·德·菲奈斯的这种表演已经习以为常了,他已摆脱林荫道戏剧的影子,完全失去了理智。他饰演的人物非常可恶,是一个充满野心的驼背丑角,一个渎职、玩弄阴谋诡计的部长,吸着人民的血汗。这些特点助他塑造出一个和往常不同的夸张的、野心勃勃的贪婪形象。"

德·菲奈斯变得令人尊敬,甚至是从政治角度看也值得人们尊敬。

路易·德·菲奈斯的喜剧表演本质——总体而言是用行动表明的——是大部分评论家的评论对象。长期以来,人们坚持不懈地从中感知一种时代的风潮,一种对现状的笑声。1967年,《电视纵览》的克洛德-让·费利普说:"《悠长假期》在某种程度上是非常有启示性的。今天让人发笑的,是过度劳累。看着德·菲奈斯行动,跳上黑色汽车握住方向盘,向家人、朋友、仆人发号施令……他挖掘出形形色色表现紧张的笑料。每过十五分钟,他都会停下演出,让太太给他按摩下额头。说到底,这事儿非常搞笑,大家通过看一个演员紧张而劳神的演出来放松心情。"

路易·德·菲奈斯与他当时所处社会之间的关系促使《战斗报》的亨利·沙皮耶转变态度,盛赞《雅各布教士历险记》。他在《新观察家》上撰文写道:"对影片的绝对掌控,在布景与人物的疯狂之间聪明的平衡,天才演员路易·德·菲奈斯自如地演活了一个起初没有同情心的种族主义分子,后来在扮演法师过程中慢慢变得正直宽容的人。大家都知道他肯定会把我们逗笑,我们也不应该怀疑他会让我们落泪。""他肯定会把我们逗笑"这句话标志着评论的转向,或者说也标志着一种真诚审视的开端。

鉴于路易·德·菲奈斯的喜剧表演有着超长的生命力,我们以当代的眼光来看待他,就可以发现鲜有评论可以讨论他与之前法国电影前辈们的区别。说真的,在电影评论圈中仅有一人,即文化周刊《艺术》的评论员皮埃尔·马卡布鲁深入细致地分析了德·菲奈斯、他的演技以及他的喜剧表演方式。1965年10月,针对《警察在纽约》和《大贵人》两部片子,他写下了如下评论:"这是驼背丑角的复活。别无其他。路易·德·菲奈斯并不是一个驼背。他根本不需要变成驼背。他只需要表现得没有人性即可。"

德·菲奈斯初入影坛,没演几部作品之后,就有篇评论短文写到他,题为《驼背丑角德·菲奈斯》。该短文是建立在作者初步的直观印象上而写成的。的确,1957年,皮埃尔·马卡布鲁就萨夏·吉特利的剧作《让我们做个美梦吧》就在评论中提及"驼背丑角的滑稽之处"。在年轻的记者看来,路易·德·菲奈斯不属于喜剧的荣誉世系,而是属于更古老的一种原型,即17世纪意大利即兴艺术喜剧中的原型。

无论时间、空间或是艺术形式如何变化,在他绝大多数的演出中,驼背丑角总是具有双重的矛盾情感:这个人物既可恶又可怜,若说他本质坏,但他搞的蠢事儿又让他变得无害。当他打什么坏主意时,他自己造的孽又把他变得十分可笑。要是他破口大骂、发起疯来(在古代即兴艺术喜剧中,这类人物总是不停地放屁、打嗝),最后往往被其他人物战胜。他如果试着去偷、去骗、去杀人的话，那么事情总是以他被揍一顿或者是沦为对手手下的败将而告终。从中，我们可以看到克吕肖警长、乐队指挥斯坦尼斯拉斯·勒福尔、企业老板维克多·皮韦尔等人的影子：恼羞成怒、心怀鬼胎，命运和人们总是能识破他的诡计，结局是以驼背丑角的眼泪告终。

　　路易·德·菲奈斯从古代的喜剧中汲取了表演的灵感和方法。古代的喜剧中娱乐的部分无需遵循20世纪文化产业商业模式的条条框框，即坏人也是令人感动的，他的卑鄙让人同情。驼背丑角是不幸的，因为他还要逗笑观众，让他们充满人情味。我们总是以路易·德·菲奈斯塑造的人物之不幸取乐，但我们没他们那么残忍。恰恰相反，我们发现在迟钝的警察、自私的种族主义者身后有着和我们类似的一种人道主义精神。亨利·拉比奈也有同样的感觉。1973年，他在《十字架报》上评论《雅各布教士历险记》时说道：“我只想为他细腻的表演鼓掌，不仅是因为他塑造了一个让人忍俊不禁的人物，而是像漫画一样表现出我们身上的双重性……”

　　1973年，《自由巴黎人报》的剧评家乔治·莱米尼耶在关于《斗牛士圆舞曲》的评论文章中，将眼光转到即兴艺术喜剧的另一人物身上。他在让·阿努依的剧作中看到"有让人无法抗拒的圣-吉的舞蹈，他便是让人既可怜又好笑的潘塔隆（古时意大利喜剧中穿细小裤管上台的老丑角）"。潘塔隆是即兴艺术喜剧中的一个人物，他是一个吝啬的威尼斯老头，好色、愚蠢又古怪。他总是被女儿哄骗、被仆人欺瞒，自己又年老气衰。他小心看着自己的财物却又被周围的每个人骗，后来，这个人物变成莫里哀笔下《屈打成医》、《司卡班的诡计》、《吝啬鬼》中的人物了。

　　普尔钦奈拉与潘塔隆、驼背丑角与潘塔隆：路易·德·菲奈斯所饰演的人物身上缺少的一个原型会在他下一个角色中补全。克吕肖警长老是被女儿骗得团团转；在《奥斯卡》一剧中贝特朗·巴尼耶试图把女儿嫁出去；《冰冻人》中的于贝尔·德·塔尔塔斯，无论做什么都受到家人、医生、部长甚至是自己的反对……驼背丑角这一族谱中，从意大利喜剧中的原型人物到身具可恶与脆弱、疯狂与不安等双重性的人物……自几个世纪以来，强大的潘塔隆都输了，失去了成功的资产阶级外表下蕴藏的一切……

　　路易·德·菲奈斯继承了这个传统，让观众同时体会到他塑造的人物所带来的厌恶与怜悯这种双重激情。这也让他的表演不再是减弱喜剧性的盲目搞笑。

坏脾气的警长也好,企业老板也好,都不是一成不变的人物原型。无论如何,他的表演可以与费尔南代尔塑造的迷糊而又慷慨的傻瓜相媲美;和让·里夏尔刻画的与现代社会和现代意识脱节的狡猾乡下人不相上下;与雅克·塔蒂饰演的不切实际、发疯的诗人相提并论;与达里·科恩拿手的没头脑又古怪的人物一样生动耀眼……不过,路易·德·菲奈斯的喜剧表演好像时间性不强,即未能即刻引领他所处的时代的风潮,当然也没有因此像旋风一样消退。当上文所提到的四位当代喜剧名家——他们也是路易·德·菲奈斯的竞争对象——或多或少体会一夜成名的爆红与电影圈的沉浮时,德·菲奈斯则在自己生命的最后十八年里一直位于演艺生涯的巅峰期,去世之后仍留下了非凡的影响,这在法国电影史上是前无古人、后无来者的。也正是因为他是最受大众欢迎的演员,他后来推出了让其声名远扬、屡破各项记录的《虎口脱险》。

16. 17267607 观影人次
——《虎口脱险》,1966 年

　　故事发生在二战德军占领法国时期。莉莉与露露是对双胞胎姐妹。莉莉是修女,露露则是个妓女。两姐妹分别得想办法把执行任务时飞机在巴黎上空被打落的英国空军运送到解放区。莉莉带着第一队人马从修道院出发了,她要求同行的英军必须和她一样过一种苦行僧的生活;而露露带的另一批英军则从妓院出发,对他们而言这可不是件苦差,只不过危险性很大,因为那时候,德国官兵也常到这种地方找乐子……

　　这个故事并没有引起大家的注意。60 年代初期,热拉尔·乌利与让-夏尔·塔凯拉写的这个剧本大纲最后成了佛朗哥伦敦电影公司制作人亨利·德奇梅斯特的财产。乌利甚至已经和出演莉莉和露露的演员——来自意大利的双胞胎姐妹花皮耶·安吉丽与马丽萨·帕娃签下合约。姐姐是在好莱坞开始涉足电影圈的,并演过女一号,非常迷恋詹姆斯·迪恩,不过她1971 年就不见踪影了。妹妹穿梭于大西洋两岸欧美等地拍片,后来嫁给法国演员让-皮埃尔·奥蒙。两姐妹从来没在一起演过戏,因此把她们聚在一部片子里也算是一种吸引眼球的举动。然而,制片人没能找到认可该计划的发行公司,也没能筹到资金拍摄这部名为《莉莉与露露》的影片,剧本只能待在抽屉里了。

　　几年之后,1965 年 3 月 25 日,《暗渡陈仓》上映,影片大卖。这一成功肯定了路易·德·菲奈斯的直觉:热拉尔·乌利是位优秀的喜剧片导演。罗贝尔·多尔夫曼也进一步肯定了他的信念,认为乌利的作品能够引起喜剧电影的一场革新。另外,由于布尔维尔与德·菲奈斯两人都做好准备拍摄同一位导演的新片,制片方紧逼乌利想出一个新的拍摄计划。尽管《暗渡陈仓》的结尾处为拍摄续集埋下伏笔,但是制片方马上宣布不会拍《暗渡陈仓》的续集，比如《回到法国》或者《傻瓜在纽约》之类。这时，就只有挖掘莉莉与露露的故事了。接下来得让德奇梅斯特转让拍摄权。乌利首部片子《暖手》的制片人开出了非常诱人的价格要求其转让剧本的改编权。当时，他还没想到双胞胎姐妹花莉莉和露露最后会变成路易·德·菲奈斯与布尔维尔。

剧本的具体工作于1965年5月在蔚蓝海岸卡里塔修女们的别墅里开始了（该别墅在《虎口脱险》拍摄期间还用作演员的化妆室）。这是一项艰巨而细致的脑力劳动，在六个星期的时间内每天花8到9小时来完善剧本。热拉尔·乌利给马塞尔·朱利安新招了一个搭档达妮埃尔·汤普森。她是导演的女儿，23岁，刚从美国回来，之前编写《暗渡陈仓》剧本时，她"很不识趣地提出自己的建议"，影片演职人员名单上却没她的名字，所以这次她干脆直接参与编写《虎口脱险》的剧本。

代替莉莉与露露出场的人物是奥古斯丁·博韦和斯坦尼斯拉斯·勒福尔。前者是在一幢建筑物外脚手架上粉刷的油漆工，来自兰开斯特执行轰炸任务的英国空军成员随降落伞一起落在其工作的脚手架上。后者是巴黎歌剧院的乐队指挥。是一个发生在普罗大众和有产者之间的故事，只不过这一次有产者是位艺术家，因为路易·德·菲奈斯会弹钢琴（这一技能最后没派上什么用场）。第一稿剧本中，电影就从此开始，之后的发展主要是围绕如何逃出巴黎及被德军占领的法国。但是仍然没有想到两人之间的追逐，主要原因是编剧不想重复《暗渡陈仓》中的桥段：即两个法国人结伴行至西班牙。乌利与全剧组的人沟通了他的想法，从德·菲奈斯和布尔维尔那里得到的不同意见很有趣，那就是两人一致认为他们在剧中应该是一对欢喜冤家。

当乌利、朱利安和汤普森回到巴黎时，电影大纲基本已经定下。7月，剧本里又加入了路易·德·菲奈斯的两个老友：吉·格罗索与米歇尔·莫多，两人除了完成自己的演员工作之外，还乐于提供各种各样的笑料。当他们写到有个德国士兵因饱受斜视的折磨，看不清眼前出现的是大木桶还是修女时，莫多马上表演给热拉尔·乌利看。于是，他当场就被请入剧组一起演电影。吉·格罗索的表演没有对白，他饰演斯坦尼斯拉斯·勒福尔指挥的乐队中一个走神的乐手。过完夏日假期之后，9月返回剧组开工时，乔治与安德烈·塔贝兄弟加入剧组，负责完善没有写完的对白。

在定稿之前，故事整整酝酿了一个秋冬。在这几个月内，三位编剧让逃犯走遍整个法国。热拉尔·乌利告诉我们，"这样会让影片长度超出20分钟"。剧情的发展会变得重复，场景停滞不变，灵感枯竭，影片好像没法收尾。最终，影片决定在解放区的边境结束。时间上，故事发生在1942年11月之前，法国完全被德军占领。这个最后的决定源自偶然：初冬时，剧组在阿尔卑斯山上进行初步定位，滑雪追捕或者乘坐雪橇的长镜头最后还是被剪。雪地上10到15分钟的电影片段需要剧组在极端的天气条件下进行为期几周的拍摄，而且预算无法估量。基于此，《虎口脱险》最后采用了滑翔机。

1966年3月1日，原创剧本完稿。执行任务的英军被德国轰炸机击中，机上的飞行员只能跳伞逃生，并相约尽快在巴黎市内的一个土耳其浴室碰面。奥古斯丁·博韦正在重新粉刷巴黎一家酒店内院墙上的铁丝网，酒店里刚好来了一个纳粹头号人物，他拿出武器的时候，飞行员彼特·坎宁汉就降落在博韦站着的吊篮上。一罐油漆跌落到院子里，把盖世太保们浇得浑身白漆，于是他们连同附近房屋一起搜查。在一位叫朱丽叶的金发美女的帮助下，博韦与坎宁汉终于逃脱德军的搜查。此时，巴黎歌剧院里，乐队指挥斯坦尼斯拉斯·勒福尔不得不打断排练：一顶降落伞落到了歌剧院顶上，德国人正到处搜捕。然而，当指挥回到房间时，赫然发现飞行员阿兰·麦肯特什就藏在里面。博韦与勒福尔在巴黎的土耳其浴室里面接上了头，他们都是被各自的飞行员派来找"大胡子"的，此人是他们的中队长瑞吉尼亚德·布鲁克。阿克巴赫副官已经发现乐队指挥把英国人藏在屋里了，因为一位纳粹高官会出席音乐会，他同意勒福尔照常指挥晚上的乐队演出。法国的抵抗组织策划了一起炸弹谋杀，但却未能成功。结果是所有人（两个法国人，三个英国人）都乘乱逃走了。

朱丽叶和他们约好在勃艮第的默尔索见，然后从那里一起穿过边界进入解放区。然而，事情并未像预期的那样顺利。坎宁汉在火车上被捕，其他四人只好从公路逃跑。途中发生的一系列曲折事件让飞行员走入修道院，接受嬷嬷们的照顾。此时，两个法国人找到了朱丽叶，想让她帮助他们，装扮成德国人越过边界线。然而他们被抓住了，还被关入德军司令部，恰好坎宁汉也被关在里面。布鲁克与麦肯特什藏身于地窖内。在马丽-奥迪勒嬷嬷的陪伴下,他们一同踏上了逃亡之旅。最后,嬷嬷带他们来到藏着滑翔机的仓库,帮助他们逃到解放区。

《虎口脱险》是一部动作片,并且具有美国西部片的特征。影片从抵抗组织的事迹当中寻找素材。不过每个情节、每次转折、每次戏剧化的情况出现都充满喜感,只有坎宁汉在火车上被捕的场面例外。中队长瑞吉尼亚德·布鲁克、阿克巴赫副官等人物都是非常典型的喜剧人物,一看就知道是从连环画《游击队的三个火枪手》里走出来的人物,马里杰克的这本连环画是在德军占领时期悄悄问世的,战后获得了巨大成功。两小时的影片突出了由观众熟悉的布尔维尔和德·菲奈斯两人演绎的博韦和勒福尔两个人物之间一连串的搞笑碰撞。前者天真纯朴,是个天性善良的左派人物;后者则脾气暴躁、自私自利、毫无耐心。没钱的老好人与坏脾气的有产者之间的对比在《暗渡陈仓》中较隐晦,而在《虎口脱险》中则是显而易见的,这两人对整个出逃队伍都有着举足轻重的影响力。当时的形势突出了两人间的强烈对比,并且迫使他们团结一致、脱离险境。

在冬天完成的剧本中,乌利保留了一些场景,比如说演员表演出剧中人物碰到英、法、德三种语言后产生的误会。电影还采用英、法语混合的方式给影片取名,比如"虎口"用英语写,"脱险"则写成法语。此外,德·菲奈斯还按照他的习惯,在英法混合的法语中大做文章。要知道,他这一代人并没有经历过像60年代那样被迫学外语的时代。还有,当斯坦尼斯拉斯与奥古斯丁在土耳其浴室找"大胡子"时,两人之间还是用法语讲台词。

除去剪下的574组镜头以外,《虎口脱险》全片共有1313组镜头。另外还有一些镜头没有完全按照剧本拍摄。在追捕过程中,这群"逃犯"从修女嬷嬷那里偷的卡车里面装了很多箱鸡,为了阻止德军的追捕,他们把这些鸡扔向后面跟着的德国兵。他们还把煤气锅炉给拆了,把里面燃烧着的煤炭倒在沿途的马路上,这样终止了最后一个德军的穷追猛打。在《虎口脱险》中,勒福尔与博韦乔装打扮成德国兵,从着火的德军司令部最高一楼的窗户跳进消防员的洒水车里,然后又跳到到马丽-奥迪勒嬷嬷的小车里赶快逃走。当他们到达藏有滑翔机的旧车库时,发现滑翔机坏了。修女嬷嬷即刻脱下她的修女帽,用做帽子的布料修补滑翔机机翼上的洞。当他们三人踏上逃亡之旅时,另外两位兰开斯特的机组成员分别降落在香榭丽舍大街上和军事学院,里面的德军正在举行军事典礼。

在正式开拍几天前,最后一次修改过的剧本提交至电影公司。1966年5月13日,公司回复的意见是:应该有一名英国飞行员降落在一群身着制服、在夏约宫参观游览并听导演讲解宫殿建筑特色的德国"游客"中(剧组拍摄过该段落,但在剪片时未采纳);在巴黎歌剧院走廊追逐的时候应该有一群化装成浮士德的抵抗分子冲进来;还有在格洛博旅馆过夜时,剧本在水管上做文章,创作了一段小幽默情节,该片段主要是发生在德·菲奈斯身上,他洗澡时全身都擦满了肥皂,然后使劲拧水龙头想要开大水流,结果用力过猛把整个水龙头拧下来了,导致水漫浴室……

在电影剧本定稿的同时,导演还开始物色合适的演员。"大胡子"应该由特里-托马来演,他在英国本土有较高知名度,其招牌便是他的大胡子和豁着的两颗大门牙。他演出的电影——肯·安纳金的《飞行器里的好小伙儿》让他声名远播,并致使他的片酬猛涨。这也成为多尔夫曼满足乌利要求的唯一障碍。布尔维尔与特里-托马后来于1970年合作拍摄了另一部描写法国被德军占领时期的影片《大西洋壁垒》,该片的对白由马塞尔·朱利安编写。

至于其他飞行员,麦克·马歇尔是扮演阿兰·麦肯特什的理想人选。他是米谢勒·摩根与导演威廉·马歇尔的孩子,也是热拉尔·乌利的女婿。麦克为岳父的影片提供了些意见。电影《暗渡陈仓》在拍摄凯迪拉克车的特技时,他建议萨华扬把钻石珠宝藏在电池里。另一个飞行员彼特·坎宁汉则由克洛迪奥·布鲁克扮演。布鲁克在墨西哥出生,父亲是英国人,母亲是法国人,他深受路易斯·布努埃尔的喜爱,后来他因演出美国南部的恐怖片而成为一名巨星。

助人为乐的修女嬷嬷马丽-奥迪勒的扮演者是安德烈娅·帕里西,她与路易·德·菲奈斯自拍摄《后楼道》后已经合作了多部影片(她在该片中饰演他的女儿),在现实生活中,她是罗贝尔·多尔夫曼的妻子。博纳镇收容所的院长嬷嬷(在片中帮助他们穿越到解放区,但后来失败了)由热拉尔·乌利在巴黎音乐戏剧学院的老师——德高望重、让人印象深刻的马丽·马凯(生于1894年,身高1米80)饰演,她高兴地加入了这部传奇喜剧片的拍摄。之前她演过保尔·克洛代尔的《缎子鞋》,并且喜欢尝试各种各样的片子。马丽·杜布瓦演朱丽叶,她和布尔维尔曾在《大盗智多星》中合作过。格洛博旅店老板娘热尔曼娜夫人由科莱特·布劳塞饰演,她之前曾与热拉尔·乌利合作过,这次很高兴再次与路易·德·菲奈斯携手演出。

贝诺·斯泰森巴赫扮演德军阿克巴赫副官。该人物名字源自编剧们淘汰的一个笑料:这位酷爱古典音乐的军官被设计成为常常会心醉神迷地赞叹"啊,巴赫!"。在剧院中,他是德军阵营中第二活跃的角色,拍摄《虎口脱险》时,他已经50岁了,然而该片为他重新赢来了职业生涯的第二个高峰,甚至在他的祖国,他之后都常被邀请饰演一些脾气暴躁的人物。热拉尔·乌利还请他在《王中王》中再次饰演一位德国军官。

热拉尔·乌利在电影作曲家的选择上并不是专一的:四部电影用了莫里斯·雅尔、安德烈·奥森、乔治·德勒吕三位作曲家。他请乔治·奥里克为《虎口脱险》配乐。这位20年代的革命家为近百部影片配过乐,其中有让·科克托、勒内·克莱尔、奥托·普雷明格、约翰·休斯顿、朱利安·杜维维耶、亨利-乔治·克卢佐、马克·阿莱格雷、泰伦斯·杨、让·德拉努瓦等人的影片。乔治·奥里克曾担任法国音乐作曲人及编曲人协会会长、研究所成员,几年前开始还是巴黎歌剧院、巴黎喜剧歌剧院的负责人。乌利与他取得联系,并且告知他剧本、人物、电影主旨等等,之后再向他提出在巴黎歌剧院的剧院大厅、后台、走廊等地方进行拍摄。之前从未有电影在歌剧院内取景,乌利又没有想过搭建一个摄影棚来拍。奥里克不愿做决定,特别是他本人还参与电影工作。他让乌利去找文化部负责音乐舞蹈的官员埃米尔·比亚西尼。3月2日,乌利找到他并向他"推介"自己的电影。比亚西尼同意了,《虎口脱险》将在巴黎歌剧院取景拍摄。

坐满了装扮好的群众演员的巴黎歌剧院,多部滑翔机、两队摄制组(第二队人马负责高处俯拍、空中场面以及追捕镜头)、火车、占领期的火车站、大牌云集的演员表……据《法国电影》描述,《虎口脱险》创造了"法国独立制作影片的耗资记录:13亿法郎(当然是旧法郎)[①]。从未有电影有如此庞大的预算,连接近的都没有"。实际上,电影的投入不是13亿旧法郎,而是高

[①] 译注:1新法郎相当于100旧法郎。

达 14 亿。

尽管他们之前的合作取得了成功，路易·德·菲奈斯在票房上的影响力也与日俱增，在出演《虎口脱险》时，他的片酬还是与布尔维尔一样。我们并不知道他片酬的具体数目，但是知道在合同中有项特殊条款，这是在他整个职业生涯中都极少见的，那就是他接受分红。行业工会的报道披露除了1500万法郎的利润之外，布尔维尔和德·菲奈斯还将领取 1.4% 的分红。

制片人罗贝尔·多尔夫曼坦承《暗渡陈仓》的成功让他可以投资许多其他影片，并不是非得乌利—德·菲奈斯—布尔维尔这个铁三角的影片不可。当宣布投拍《虎口脱险》、面对极其庞大的预算时，他手头并没有拍摄所需的所有资金。为了保障拍摄，他做了一件在当时颇大胆的事情：向影院经理求助。他和一家家影院谈，用《暗渡陈仓》所获得的利润作例子，向他们提议预购电影。为了说服他们，他让影片的三位主演路易·德·菲奈斯、布尔维尔、特里-托马到戛纳走了一圈。晚会上名流云集，现场气氛热烈：多尔夫曼筹到1300万预算中的 700 万现金。而这 700 万法郎已经超过《暗渡陈仓》的全部预算了。

去完戛纳一周之后，路易·德·菲奈斯与布尔维尔于1966 年 5 月 16 日到韦兹莱镇做好开机的准备。头一天晚上，150 多人就已经在中世纪小城阿瓦隆镇的宾馆里安顿好了。早上 9 点钟，在连接韦兹莱镇与科尔比尼镇的 958 号省级公路上，拍下了第一组镜头：奥古斯汀·博韦与斯坦尼斯拉斯·勒福尔两人换鞋子穿，它后来成为该影片中最著名的一组镜头。在此后的一周内，他们都在这条公路上进行拍摄：两人的数次争吵，远远落在英国人后面，德国摩托车巡逻队，跳进深沟里，与飞行员们重逢……

在拍《暗渡陈仓》时，两位演员在表演节奏上的差距并未让热拉尔·乌利感到为难：萨华扬与元帅只是在影片开头和结尾有对手戏。在《虎口脱险》里面，他们两人在几百组镜头里演对手戏。剧本、台词都是围绕两个不同性格人物之间的碰撞而编写的。乌利告诉我们："其实什么都没有改变：布尔维尔总是很快就能入戏，路易则需要先演几次然后才进入状态。不过他们两人能协调好，不影响整个影片的拍摄进度。"其实，无论是两个演员之间还是他们与导演之间关系都非常良好，没有什么问题。

实事求是地说，在拍摄《虎口脱险》时，布尔维尔乐天派的性格创造了很多精彩片段。当路易·德·菲奈斯早晨拉着个脸、谁也不搭理地出现在拍摄地的时候，了解的人都说暴风眼快要来了，大家伙就会看到他的搭档布尔维尔围着德·菲奈斯唱着《小蜜蜂》的副歌"嗡嗡嗡，小蜜蜂"。德·菲奈斯最后会忍不住笑起来，整个人放松了，接下来的拍摄也就顺利多了。布尔维尔的好脾气不仅仅帮路易·德·菲奈斯放松，还有助于剧组的合作。有一次，德·菲奈斯离开剧组，走到附近乡下去闲逛，他完全忘记了拍摄的地点。直到晚上，一个助理终于在省级公路上找到走得兴致勃勃的德·菲奈斯，并把他带了回来。这个插曲是几年后才被披露的，布尔维尔知道这件事如果被剧组中的某几个人知道，事情就变得麻烦了，于是他没把这件事告诉别人。

在一个富饶、物产丰富的地方拍戏时，大家都会忍不住尽情享受美味佳肴，但这导致路易·德·菲奈斯有几个早上起不来，于是他发誓说拍摄期间不再喝酒，只喝矿泉水。在勃艮第拍摄的几周内，剧组在阿瓦隆镇的一个小影院内回放样片。电影院经理为了延长幕间休息的时间——以便延长售卖紫雪糕和小甜点的时间，便把投影仪调校成每秒放 27 张胶片，要知道正常速度是每秒 24 张，这样使得样片变成默片时代的打闹休闲片了。由于放映厅里有一个小小的屏幕，也因为布尔维尔最初是从乡村电影院开始喜剧演员演艺生涯的，他即兴表演了几个拿手的杂耍歌舞，把整个剧组都逗得开怀大笑。

乌利对自己的工作构想是非常清晰的，"我从来没有放手让别人在我认为独属于自己的领域里乱来"。但是，他是开明的，专注且愿意交流。几个月的时间内，剧本改了又写，写了又改，开拍后他的手写体还继续出现在剧本上。"基本上，路易是一个非常有分寸的演员。刚开机时，他会提出一些大而泛的建议，之后随着故事的发展，他还会带来很多贡献和建议。我会说'买账'或'不买账'，其实和他交流还是非常顺畅的。"当他们拍摄奥古斯汀把斯坦尼斯拉斯拉入黑暗中藏身以躲避德军巡逻小分队时，乌利想要加一句剧本上没写的对白，"我想让路易说'谢谢'。我当时真应该坚持。他对一切没有喜剧效果的内容都缄默不语。"

总之，在《虎口脱险》中，德·菲奈斯演的很多场景都与剧本所写不同。比如说，按照剧本所写，乐队指挥斯坦尼斯拉斯·勒福尔在排练的时候对笛子演奏者大为不满。他吼道："后面有许许多多的野花，吹出'野花'的感觉来!"然后抢过笛子演奏者的笛子展示怎么演奏出许多"野花"的感觉来,之后他又用同样的方法对待黑里康大号乐手。这些场景全都没有在电影里出现。不过,关于斯坦尼斯拉斯化妆间里的假发引发的笑料(乐队指挥用一个别针把假发固定在模特的假头上,然后他轻轻地摸摸模特的假头,好像是缓解下别针带来的刺痛)似是路易·德·菲奈斯的创作。还有,当法国人发现可以乘着滑翔机逃跑时,剧本里的台词是"可惜没有螺旋桨!",而奥古斯汀的回答显然是在拍摄现场临时加的。

特别值得一提的是,后来成为经典的在格洛博旅馆过夜的镜头基本都是路易·德·菲奈斯的创意。剧本里原来写的是房间里有两张小床,而他却建议让剧中人物睡在大床上。热拉尔·乌利起先默不作声,但是布尔维尔马上表示赞同老搭档的想法,他就只好改了剧本。阿克巴赫副官如雷般的鼾声也是天才路易·德·菲奈斯的即兴发挥。这组镜头突显了贝诺·斯特森巴赫饰演人物的动物性。两个演员的表演互相启发着对方,他们越演越兴奋,电影镜头也越来越精彩。德国军官野兽般的鼾声和乐队指挥家愤怒地拍打床的金属架这一有趣的场景并不是剧本中有的。按照原来的剧本,第438组镜头是:"斯坦尼斯拉斯近景。乐队指挥忍不住开始发出嘘嘘声。鼾声稍微消停了点,马上又响起。斯坦尼斯拉斯又吹出嘘嘘声,然后爬起身来坐在床上,双手交叉抱在胸前,知道自己今夜根本无法睡觉了!"还有更后面的镜头,德·菲奈斯对于穿着睡衣爬出去的设计不太满意,这一条是第455组镜头,在拍摄时,他加入了嘘嘘声来诱骗野兽一般的阿克巴赫,同时表现得小心翼翼,因受惊过度而眼珠骨碌乱转。

热拉尔·乌利后来承认,在拍摄过程中,他常常忍不住笑出来,很难表现得和以往一样严肃。布尔维尔超出剧本限定的出色发挥也给《虎口脱险》增添了不少精彩之处。比如:当这两个法国人穿上纳粹国防军的军服,试图越过边界线到解放区时却不幸迷路了。途中,奥古斯汀回想起他在巴黎的平静生活时濒临"崩溃"。在这一幕为数不多的严肃场景中,路易·德·菲奈斯演得非常有气节,热拉尔·乌利和编剧都未曾这样设计;此外,还有一个重要的细节,当斯坦尼斯拉斯使劲翻墙时,一旁的奥古斯汀忙着对付狗,原始剧本的构思是让他们一个摔在另一个身上(剧本里甚至还详细披露如何在地上设置床垫完成拍摄)。接下来的情节是这样的:摔下来之后,两人又赶快戴上掉下来的头盔,因为过于匆忙,他们戴错了,却意外发现错戴的头盔大小更合适;两人大眼瞪小眼,出于礼貌又交换了头盔,布尔维尔的头盔太小而德·菲奈斯的却大得压到眼睛。

6月24日,德·菲奈斯在走位拍摄的时候建议翻墙时不要摔在布尔维尔身上,而是他骑在布尔维尔肩上。然后剧务就拿了一个板凳过来,斯坦尼斯拉斯踩着板凳坐上了奥古斯汀的肩膀上,他一爬上去两人就演了起来。无论是动作表情还是神态语气,所有的一切都完全符合两个演员一个多月以来演出的角色。他们的对白是在现场根据当时的情境写的。这样,德·菲奈斯自然而然地敲着布尔维尔的头盔说:"这又是什么?"还有,德·菲奈斯骑在布尔维尔肩上时,很自然地负责看路望风。

第二天,《虎口脱险》剧组必须结束在外省的最后一阶段拍摄,即剧组在阿韦龙河旁边的蒙彼利埃老城的拍摄工作。两位演员有了新的创意,摄制计划随之做了些调整,原定两人在乡下游荡的镜头被改成了他们弄了些树枝来掩护自己。斯坦尼斯拉斯骑在奥古斯汀肩上的画面以人们没有料想到的方式很好地概括了两个人物之间的关系。电影在法国和海外上映时,都采用他们俩这个造型的剧照作为海报:他们身上的军服说明了电影类型,另一层深意也点明了剧情(观众都明白德·菲奈斯与布尔维尔是不会正儿八经演陆军的),两人脸上各自的表情都明显地表现出支配者与被支配者之间的滑稽关系……

《虎口脱险》的拍摄是很奔波的,而且枯燥、花费不菲。拍摄工作是在从韦兹莱镇到阿瓦隆镇的公路上开始的,但是片中最引人注目的用南瓜阻挡德国兵追捕这组镜头则在康塔尔的公路上耗费了几周才拍成(春天时法国根本没有南瓜,片中的南瓜是通过福雄餐厅从国外订购回来特供电影拍摄的)。影片中位于默尔索格洛博旅馆的大门其实是位于瑟兰河畔努瓦耶的和平咖啡馆的正门。当奥古斯汀和斯坦尼斯拉斯到那儿时,他们刚从德国巡逻队的眼皮下逃出来(在韦兹莱镇拍摄的)。两人穿上德军军服继续逃亡之旅的镜头分别是在阿韦龙省的蒙彼利埃老城和约讷河畔的皮埃尔-佩迪斯镇拍摄的。德军位于默尔索的司令部其实是科多尔省一个小城的市政厅。不过司令部的内景以及格洛博旅店的内景都是在摄影棚里搭建的。滑翔机起飞的机场在洛泽尔省的芒德市,不过部分飞行是在阿尔萨斯省拍摄的。

5月16日到6月25日期间，影片的外景拍摄工作结束。6月29日，内景拍摄工作在摄影棚里开机。这一部分的拍摄是整个过程中最经典、最有成果的，有时候，一天的拍摄可以完成四五分钟"有用的"的镜头。还有很多场景要在巴黎、火车东站或者是清真寺前拍摄。而且在巴黎歌剧院内就有200个镜头需要在歌剧院大厅、走廊、包厢、化妆室、后台等地方摄制完成。

对于路易·德·菲奈斯本人来说，最大的考验来自于7月27日上午的拍摄。那天，他站在乐队指挥的乐谱架前，对面是一百多位古典音乐演奏家。这些演奏家并不都是巴黎国家歌剧院乐团的成员，这个时候相当一部分乐团成员都在休年假。不过，参与拍摄的大部分演奏者从巴黎音乐戏剧学院毕业后都曾在不同的乐团担任乐手。这个临时乐队要真的在路易·德·菲奈斯的指挥下演奏柏辽兹的《浮士德的沉沦：匈牙利进行曲》。

当然，德·菲奈斯曾从事过和音乐有关的工作，只是他那时做的事情和眼前的完全不同。这位曾经的酒吧钢琴师不识谱，确切地说是不会看总乐谱，更谈不上指挥一个乐队了。他花了几周的时间和歌剧院乐队的小提琴演奏家罗贝尔·贝内代蒂一起排练。贝内代蒂是歌剧院工会负责人，他帮忙解决了很多问题。音乐家们自懂总乐谱了，他们早就等着捉弄指挥的那一天：在既无摄像又无麦克风的一场排练过程中，他们打算跟着德·菲奈斯的"指挥"演奏。电影圈的每个人都深知古典音乐家们和扮演指挥家的演员开的玩笑有多残酷。1948年，蒂诺·罗西在影片《美丽的磨坊女主人》中扮演弗朗兹·舒伯特时深刻体会到和乐队合作多么艰难。路易·德·菲奈斯在指挥方面好像一张白纸一样，他站到了指挥台前，拿起指挥棒然后开始指挥。当奏完《匈牙利进行曲》最后一小节音乐后，全场肃静。片刻之后，演奏家们通过用琴弓敲打提琴或是轻拍乐器来向德·菲奈斯致敬，表达赞赏之情。这是一群从事音乐的专业人士在摄像机面前毫不掩饰地向另一位专业人士致以敬意。

路易·德·菲奈斯激动得热泪盈眶，他向热拉尔·乌利致谢，坦承刚才那段经历是他职业生涯中最紧张的时刻之一。热拉尔·乌利回以感谢，并对刚才的拍摄表示满意，要知道这是影片中最重要的场景之一。主演德·菲奈斯终于对自己的指挥能力放下心来，现在他可以在镜头前一一展现他所扮演的人物性格中的方方面面了:斯坦尼斯拉斯·勒福尔的威严感,他享受音乐时的愉悦与放松,他面对乐队时的高度警惕,他的不耐烦,他指挥时沉浸到作品中的样子……

路易·德·菲奈斯对该人物的表演设计是非常合情理的:他在指挥的时候丝毫没有什么搞笑的动作或是神态。白色的假发足以表明这是一部喜剧。然后,他再演出该人物一贯的做派:责骂乐队。

对德·菲奈斯来说,乐队排练时阿克巴赫带着他的人冲进来打断排练的那一场戏,还有宴会那一幕的拍摄是非常紧张的。特别是后一场戏,乐队指挥身后的背景是上千名身着德军军服和晚礼服的群众演员,这对乌利和整个剧组来说也是最难掌控的一个场景。他们还遇到了一个突发状况:当摄像机在仰拍指挥家及其朝空中挥舞的手势时,镜头里绝对不能拍到歌剧院顶部巨大的天花板,该天花板由夏加尔在1964年绘制完成,也就是说在影片中的故事发生之后很多年才有。

路易·德·菲奈斯和布尔维尔完成了15周的拍摄后于8月31日离开《虎口脱险》的内景摄影棚。这天,他们拍完了自己在影片中的最后一组镜头——和特里-托马一起登上滑翔机飞走,获得了自由。几十年来,法国的透明拍摄技术日臻完美,当需要拍摄演员在车上或在别的交通工具上的场景时,只要在交通工具后安置好风景背景即可。这次电影公司在法国电影圈内首次采用蓝色背景完成透明拍摄。

9月12日,热拉尔·乌利拍完了最后一条片:在一列行进的火车中,坎宁汉被德国军官搞得不知所措。然而这并不意味着电影已经完全拍完:剧组里的第二队人马还要拍摄德军汽车落入有很多鸭子的水塘的场面,还有一些滑翔机的镜头要拍,10月中旬还有兰开斯特飞行队跳伞的镜头——这可是整个故事的开头……

不久,布尔维尔和安妮·科尔迪一起参加音乐轻喜剧《哇,哇》在法国各地的巡回演出。而路易·德·菲奈斯正在筹备重返工作之后将于9月7日上映的《总统失踪记》。他在拍摄该片期间——那时还没有《虎口脱险》——接受采访时谈到自己未来的拍摄计划。不管什么电影院的经理听到都会激动不已,他说:"至少有四部电影:新的《方托马斯》,莫利纳罗的《奥斯卡》,还有与让·吉罗和丹尼·德·拉帕特利埃尔合作的两部喜剧。"实际上,《方托马斯大闹警察厅》是于10月20日开机的。此时,媒体和整个电影圈都迫不及待地盼望着《虎口脱险》上映。显然,该片的上映已经成为年末盛事了。12月7日的首映时间是很早以前就定好的。

从未有一部法国片如此受期待。影片上映之前的宣传和以往的惯例完全不同。还在电影开拍之前,《法国电影》里有几页版面专门报道乌利、德·菲奈斯、布尔维尔和多尔夫曼这四位曾合作《暗渡陈仓》的老搭档马上要展开的冒险四重奏,报道还描绘了《虎口脱险》这部影片的故事梗概以及诸多精彩场面的筹备和拍摄工作。各路记者完成片场采访之后(每家报纸均有权派记者采访)以全新的猜谜方式来吸引读者的关注,比如说《自由巴黎人报》上登的连环照片等。

12月7日周三,《虎口脱险》的首映式在高蒙-特使影院举行。电视台现场直播布尔维尔、路易·德·菲奈斯与剧组走红毯的过程,风靡巴黎的美国连续剧《不朽者》的主角罗贝尔·斯塔克也出席首映。放映厅里还有国防部秘书伊冯·布尔日、CNC的老板安德烈·奥洛、广告商马塞尔·布勒斯坦-布朗谢、院士马塞尔·阿夏尔与马塞尔·帕尼奥尔、历史学家暨戛纳电影节创办者费利普·埃朗热、埃德维吉·弗耶尔、利诺·文图拉、伊夫·蒙当、柳德米拉·切里纳、弗朗索瓦丝·法比安、达里达、康迪斯·贝尔让、让·德拉努瓦、弗朗索瓦·伦欣巴赫、罗贝尔·奥森以及许多电影界名流,这些人从德·菲奈斯入行时就与他携手并肩直至见证他攀上事业巅峰。他们是:达妮·卡莱尔、安妮·科尔迪、亨利·韦纳伊、贝尔纳·布利耶、弗朗西斯·布朗什、穆斯塔什、费利普·尼科、亨利·热奈斯、让·勒费福尔、雷蒙·罗洛、艾蒂·康斯坦丁。这一晚是社交界盛事。整个过程气氛热烈:每个人都觉得好像在参加加冕仪式。还有一些人发现路易·德·菲奈斯表现轻松、应对自如。此外,这也是他几个儿子第一次见到布尔维尔的孩子们:这两位在工作中紧密合作的搭档居然从未邀请过对方到自己家里做客。

观众在电影放映过程中捧腹大笑。当影院内的光线又亮起来时,乌利、德·菲奈斯还有布尔维尔花了半个小时才从放映厅中走出来。路上,观众把他们团团围住道贺,记者们争先恐后地把话筒递到他们面前。被众人认为最具发言权的伊夫·蒙当只说了一句:"非常棒。"

评论界的意见显得比较含糊。当然,有预期的、也有意料之外的溢美之辞;《绑鸭报》宣扬"我们肯定法国拥有世界上最好的双人喜剧组合:温和的布尔维尔与急躁的德·菲奈斯",《战斗报》非常严苛的亨利·沙皮耶表示喜欢"这个美好又欢乐的故事";《电视纵览》断言"可以自豪地说电影非常成功";在《费加罗报》上,人们发现德·菲奈斯"表演得游刃有余,非常滑稽可笑",而且在电影里还可以看到"费多、木偶戏、马克斯兄弟们、麦克·塞纳特、杰瑞·刘易斯等人的影子,都是纯法式的喜剧"……当然,也有不少尖刻甚至可以说恶毒的批评。《电影手册》内部负责报道"主流"媒体给影片评分的委员会(《世界报》、《法国文学》以及《电影手册》内部三分之二的票数)认为该片的推荐指数为四颗星,即"必看";当然《新法兰西报》、《新观察家》周刊等报的不推荐指数为三颗星,即"不必看"。

电影同时在巴黎的六家电影院(特使、贝利兹、丛林、影像影院、蒙巴拿斯、百代-奥尔良影院)上映,每场次可接待 6473 人次。上映首周票房成绩斐然:获得了 105789 观影人次,即超过《暗渡陈仓》3 万多人。《虎口脱险》的票房成绩超过排在第二位的影片(泰伦斯·杨的谍战片《双重间谍网》)两倍有余。显然,影片的票房成绩令人瞩目,但仍未达到创造新历史记录的水平。大家没有想到的是,在整个 12 月里,电影的票房成绩不断攀升,直到第四周创下该月最好成绩。这个现象是极其罕见的,该成绩也不能完全归功于年末假日。其实 1967 年 1 月 1 日是周日,对于电影业来说,如果元旦是周日的话其实并没什么益处。然而节假日时期,影院的上座率奇高无比:特使影院的上座率高达 93.1%,贝利兹影院 86.9%,影像影院 83.8%……

也就在此时,德·菲奈斯同时有 8 部电影上映。这是前所未有的。人们可以看到印有他头像的海报张贴在 23 家影院门口:《虎口脱险》在特使影院、贝利兹影院、丛林影院、影像影院、蒙巴拿斯影院、百代-奥尔良影院上映;《暗渡陈仓》在影子影院、圣-拉萨尔电影工作室上映;《方托马斯的反击》在普罗旺斯影院上映;《爸爸一伙》在艺术影院、伏尔泰影院、芒波舞影院上映;《直捣黄龙府》在巴黎西奈影院上映;《警察在纽约》在大都会影院、中心影院上映;《总统失踪记》在圣-米歇尔影院、圣-拉萨尔·帕斯基耶影院、三角洲影院、皇家奥斯曼影院、狂欢影院、泰尔奈影院上映;《复仇》在里约歌剧院上映(该片同时在外省的十几个城市上映,影片在阿尔及尔上映时受到观众的热捧;《关关雎鸠》在林荫道影院上映。与此同时,人们"只"能在 12 家影院看到另一位重量级演员布尔维尔，其中有8家影院放映《虎口脱险》和《暗渡陈仓》，其他影院则是放映他演的《大货箱》、《杂乱无章的三个孩子》、《黄油烹饪》等三部片子。

　　1967年1月开头几天，电影圈的业界人士意识到这部电影创造了很多特例，片子只用了4周的时间就升至1966年巴黎电影上座率排行榜的亚军位置。位于冠军位置的片子是克洛德·勒卢什的《一个男人与一个女人》，该片在戛纳电影节上摘取了金棕榈奖，并获得好莱坞的两项奥斯卡奖，可谓是这一年的年度大片。

　　借《虎口脱险》的光，乌利的其他片子掀起了第二轮热卖。《虎口脱险》上映时，《总统失踪记》已在奥贝尔广场影院放映了几周了，但仍未下线，12月7日这一周内有4182人次观影，第二周攀升至21701人次。1月31日，雅克·贝纳尔的片子下线，首轮独家放映共持续了20周，观影人次达424029，而《虎口脱险》在上映8周内已收获783542观影人次。

　　在两个多月的时间内，没有一部新片可以超越《虎口脱险》的票房成绩。《日瓦格医生》、《战争与和平》、《美女与流浪汉》、《柳媚花娇》、《专业人士》等片的最好成绩不过是挤上亚军的位置。《虎口脱险》上映11周后离开了冠军宝座，让位于尤·伯连纳的美国西部片《七天回归》。两周之后《虎口脱险》又取得了前所未有的票房成绩，也就是说影片在上映13周之后又回到上座率榜首。1967年3月15日，当《方托马斯大闹警察厅》上映时，乌利的影片仍然稳居巴黎电影上座率排行榜的季军位置！一周之后，该片甚至还超过了于奈贝勒影片的票房成绩。4月25日，《虎口脱险》结束首轮放映，在最后一周即上映第20周时仍收获24300观影人次，该片在巴黎6家影院首轮放映总票房成绩是1295937观众人次。之后，电影继续第二轮放映，最后在31周的放映期内共有1483479人次观影。

　　尽管这一年有不少影片问世，然而整个电影市场仍然很萧条：不少影院倒闭，影片的上座率也在下滑……专家们坚称《虎口脱险》并非是救市的典范。连一向乐观的《法国电影》的社长莫里斯·贝西也在1967年6月期的杂志上发表社论表明前景不乐观："在电影史上最灰暗的一年里，法国电影界却凭借《虎口脱险》获得了惊人的、创纪录的票房收入。这群争先恐后追捧《虎口脱险》的观众却越来越不愿到影院去看一些有质量的好片子，这是很奇怪、不合乎惯例的事情。一个特殊的制度建立之后,惊讶、过分、超好的形式逐渐凸显出来,且超出了传统的范畴。"

然而,《虎口脱险》在其他城市里取得的票房成绩好得让人难以置信:人口共有 46643 的瓦朗谢讷镇的观影人次高达 55716;共有 38670 人口的蒂永维尔市的票房达 36400 人次。该片成为全法国 1966—1967 年度最红影片,观众人次共有 1300 万。这一成绩打败了 1952 年上映的朱利安·杜维维耶与费尔南代尔合作的《唐·卡米洛的小世界》所创下的 12790676 观影人次,成为新的记录。随后,新的记录不断被美国片打破:《飘》(1950)、《101 斑点狗》(1961)、《十诫》(1958)、《宾虚》(1960)等片的观影人次都超过了 1300 万人次。但是《虎口脱险》并没有彻底离开影院。1967 年夏天起,无论是在巴黎各区电影院还是在海水疗养胜地,影片都成为节假日重新上映的经典作品,观众对此也很支持。在这一年里,仍有 400 多万观众观影。到上世纪 90 年代,《虎口脱险》一片的影院观影人次共有 17267607,即在法国电影史上该片保持了 30 多年最卖座的记录,只有在 1998 年时被詹姆斯·卡梅伦的《泰坦尼克号》超过。随后"入影院观看人次最多的电影"称号又保持了 10 多年,直到 2008 年被丹尼·伯恩的《欢迎来北方》再次超过。

不过,别忘了还有电视。自 1976 年 1 月 1 日在法国电视 1 台播放《虎口脱险》以来,该片已经在该频道被重播过 13 次了,在法国电视 2 台重播过 11 次,在其他频道也被重播过 10 多次。因缺乏具体的数据,我们不能确定《虎口脱险》一定是法国各大电视最爱播放的影片。但无论如何,该片取得了辉煌的成绩,其影响力延续至今。自 1976 年后,电影每年播放吸引的观众都不少于 800 万到 1000 万。

17. 稳居榜首
——从《方托马斯大闹警察厅》到《小泳者》，1967—1968

路易·德·菲奈斯因为《虎口脱险》的迅速走红而变得焦躁，有位记者还问他为什么会有如此显而易见的焦虑。此时的德·菲奈斯不能再抱怨自己不受欢迎或是近期的艰辛了。"我是为工作而感到忧虑，我希望暗无天日的日子已经过完了。以前，我总是很担心，觉得自己在走钢丝，现在我知道自己已经稳稳地到达终点可安心坐在扶手椅上了。"1967年，这个扶手椅好像是他的皇位。自年初起《虎口脱险》就取得了惊人的票房成绩，之后便是《方托马斯大闹警察厅》上映。

路易·德·菲奈斯提前7周结束《虎口脱险》的拍摄，并于1966年10月20日到圣-莫里斯工作室开始拍摄新一集的《方托马斯》。安德烈·于奈贝勒给新片设计了未来主义风格的布景和一些小道具，他觉得要给方托马斯系列的第三部影片注入新意。让·阿兰修改了剧本，然后在春季的一个采访中说："我们将放弃詹姆斯·邦德式的方托马斯而回归传统，即马塞尔·阿兰小说中的方托马斯。"他要一个原创的奇特故事，里面有死而复生的尸体和双重的阴谋诡计。

方托马斯这次决定让有钱人——有钱的官员和一些大盗都为他们的生命缴纳高额税款。马克·拉什利爵爷（让-罗歇·科西蒙饰），方托马斯想要绑架敲诈的对象。吉弗警长给大家发出警告，方多尔与埃莱娜来到了富翁的城堡。从第一晚开始，吉弗警长就成为方托马斯捉弄的对象，方托马斯把一具吊死鬼放入警长房间里，又把吊死鬼弄走。马克·拉什利爵爷认为吉弗警长神经错乱，而方托马斯和爵爷巧妙地调换了身份。此时，爵爷的秘书（亨利·赛尔饰）、爵爷夫人（弗朗索瓦丝·克里斯多夫饰）正打算除掉这位百万富翁。方多尔与埃莱娜发现现在的爵爷就是方托马斯，当他们正要逮捕方托马斯的时候,吉弗警长冒冒失失地冲了进来,结果让犯罪天才逃脱了。空军也加入了追捕的行列,并且还摧毁了火箭,此时方托马斯静悄悄地骑自行车跑了,他偷来的价值百万美元的钻石就随便挂在行李架上被带走了。

这个故事恐怕是整个方托马斯系列中最离奇的,不过里面有不少精彩演出都是由路易·德·菲奈斯完成的,如:影片中吉弗经常奔跑、吼叫、眼睛睁大、装扮成鬼魂、穿上苏格兰短裙、被绑在可远距离操控的床上运至方托马斯的贼窝等。让·马兰与米莱娜·德蒙若演了十几分钟的冒险家。因剧本中有一个追捕的场景,让·马兰就携他的马儿第七次上镜头。可是《方托马斯大闹警察厅》的拍摄对让·马兰来说是一件苦役。方多尔在片中并不是很重要,与吉弗警长身上发生的离奇事件相比较而言,他的常规镜头显得平淡多了。方托马斯这一角色的戏份主要由让-罗歇·科西蒙完成,面对如耍杂技般的表演让·马兰显得越来越力不从心了,特别是在马背上的镜头。

米莱娜·德蒙若说:"我觉得让·马兰在拍摄中非常受罪。他曾是位极受众人呵护的名演员……可是怎么和德·菲奈斯令人难以置信的力量抗衡呢? 还在拍戏的时候,大家就忍不住大笑不已。"和以往一样,电影在拍摄过程中加入了很多新的点子,这些创新并不都是路易·德·菲奈斯及其后援团——特别是饰演爵爷城堡里的仆人马克斯·蒙塔冯和让·奥泽奈——的功劳。比如说,现场的一段即兴表演:当贝特朗、雅克·迪南在吉弗的床单下搜寻他们打扫房间的工具时,面对这种污染,吉弗勃然大怒。

影片中苏格兰的景色是在巴黎附近地区拍摄完成的,而爵爷的城堡其实是波尔多附近的洛克塔亚德城堡。除了在贡比涅森林拍摄的时长约 20 分钟左右的追捕场面外,主要的动作都是内景拍摄。让人觉得不解的是,比前两集拍摄更简单的第三集方托马斯预算(640 万法郎)还更高。

此次影片 21.25% 的预算都用来支付演员的片酬。而上一集中,演员的片酬占预算的 14.5%。的确,路易·德·菲奈斯对票房的影响力有较大幅度的提升。1966 年秋,《法国电影》宣布开拍《方托马斯的复仇》时(之前剧本上写的片名是《方托马斯的骑术表演》,这些名称都是《方托马斯大闹警察厅》的前身),路易·德·菲奈斯排在演员表的第三位。然而,实际的排序情况正好相反:在电影预算清单上,支付让·马兰 60 天拍摄的酬劳是 40 万法郎,其中还包括给他经纪人的酬金(马兰将先领取28.5万法郎的报酬,经纪人获1.5万法郎,之后等影片收回投资之后马兰可再拿到9.5万法郎的酬金,而经纪人也可以拿到5000法郎),路易·德·菲奈斯的酬劳是50万法郎。显然,他的报酬高于前两部《方托马斯》系列电影主演的片酬。

这一新的片酬分配没有逃过媒体的眼睛,他们很乐见这样的新闻,想都没想就说:"让·马兰只不过是路易·德·菲奈斯的配角。"(见《十字架报》)"方托马斯逐渐让位给吉弗警长。这也是大势所趋,因为现在德·菲奈斯是法国影坛的头号大明星……我肯定能从一堆围着这位大明星的人里面认出让·马兰来的。"(见《绑鸭报》)"吉弗警长比方托马斯更好笑,方多尔只会发抖,这部新片主要走搞笑路线了。"(见《法兰西晚报》)

至于其他综合性报纸的评论未将话挑明。《世界报》的让·德·巴隆塞利写道:"这部电影根本不需要人们为它辩护:电影本身就能为自己辩护。"《费加罗报》的路易·肖韦将《方托马斯大闹警察厅》与《虎口脱险》进行比较之后得出结论:"其实可以用更体面的手法来娱乐大众。"显然,评论界对该系列剧本和影片都不感兴趣,不过路易·德·菲奈斯的表演还是受到追捧,同时也顺便表扬下让·马兰的表演。

1967年3月16日《方托马斯大闹警察厅》上映,这是路易·德·菲奈斯继《虎口脱险》之后的第一部新片。首轮独家放映定在巴黎6个并不是特别有名的影院进行(墨丘利、节日、马克斯·林代、季风、普尔曼客车、奥利公众影院),每场可接纳3653位观众。上映首周的共收获54691观众人次。电影未能登上票房排行榜榜首。不过在随后的几周内,影片凭借《虎口脱险》的良好口碑,还是取得了不俗的成绩。首轮上映持续了10周,共有285102名观众观看了该片。之后,影片还保持了一段时间的良好成绩。最后《方托马斯大闹警察厅》的总票房是上映14周内共获344990观众人次。与《方托马斯》上映14周获409630观影人次以及《方托马斯的反击》13周内获456077人次的成绩相比,该片的票房不甚理想。电影在法国的首轮放映表明该系列影片日渐萎缩:《方托马斯》吸引了450万观众,《方托马斯的反击》获得了420万观众,《方托马斯大闹警察厅》则只有350万观众。

以后不能再拍《方托马斯》了。电影首映时,让·马兰对《法兰西晚报》的记者谈到他觉得路易·德·菲奈斯非常有喜剧天赋,他打算找他演自己执导的第 14 部电影,"也许会在莫斯科拍"。但其实,他根本就没这个意愿,特别是他作为影片的主角完全被吉弗警长的风头给盖住了。而德·菲奈斯肯定也不愿意逼自己和一个缄默的搭档一起上海报,再说还是演一系列需要体力的片子。

和以往的大多数情况一样,在总结《方托马斯大闹警察厅》时,路易·德·菲奈斯已经在拍另一部影片——《奥斯卡》了。自 2 月中旬以来,他与克洛德·马尼耶的剧作三度相遇在电影拍摄场地上。该片的拍摄可谓是精益求精,但对德·菲奈斯来说,这是一次压抑、困难但同时也是幸福的拍摄。

的确,他与爱德华·莫利纳罗在一起本身就是矛盾的事情。导演解释说:"我职业生涯的最大成就便是拍了些喜剧片,如《奥斯卡》、《冰冻人》、《虚凤假凰》等等。然而大家会发现其实我不是很喜欢这些喜剧片。我拍这些片子主要是为了能从事这个行业,来筹集资金拍一些我真正想拍的片子——通常是些不太成功的片子。我拍《奥斯卡》和《冰冻人》时是保持理智的,它们不是让我全情投入的片子。"

爱德华·莫利纳罗是一个低调、有点羞涩的人,他不是一个伶牙俐齿的导演。1967 年,他有 39 岁,已经拍了几部较有名的片子,如与碧姬·芭铎、安东尼·帕金斯合作拍摄的《一个迷人的小傻妞》,还有与让-克洛德·布里亚利、让-皮埃尔·卡塞尔合作的《亚森·罗宾大战亚森·罗宾》。他入行时曾做过让·拉维龙的助手,他是一个一丝不苟、追求精确、高效率的导演。在整个职业生涯中,他一直轮流拍摄通俗片和"高质量"的影片。

这位后来拍摄了《虚凤假凰》、《我对你有兴趣》等多部影片的导演首次坦承想要通过改编路易·德·菲奈斯的经典舞台剧《奥斯卡》拍摄一部票房大卖的商业片。然而很蹊跷的是莫利纳罗本人并没有看过这出舞台剧。"该戏初演时,我曾经和皮埃尔·蒙迪、让-保尔·贝尔蒙多一起去看过。如果那时看到的舞台剧是由德·菲奈斯演的话,我不知道自己是否还有勇气把这出戏改编拍摄成电影。我不知道他在里面能做些什么,有时他的行为反而会限制了我的创作,当然并不总是这样。"他不愿把片子拍成电影版的舞台剧。他建议阿兰·普瓦雷和路易·德·菲奈斯在观念上有一个彻底的转变,即用他的话来说,就是要"让戏剧再次变得戏剧化"。他解释说:"《奥斯卡》是一部三幕剧,中间有两次幕间休息,时间的简化符合舞台之外动作的发展变化。我想要所有的一切把德·菲奈斯团团围住,让他变成瓶中的苍蝇。在时间上,我不想有任何的简化,电影中的时间严格随剧情的发展而定。后来,我还根据舞台剧改编拍摄过一部片子《晚餐》,这在电影中是极少见的——像阿尔弗雷德·希区柯克的《夺命索》,还有《正午》那样……"

电影的筹备工作有条不紊地开始了。莫利纳罗和德·菲奈斯开了几次工作会议来制订布景草图、商讨拍摄地点、场景设置等问题,并解决了如何在封闭环境和真实时间里进行拍摄以避免影片与舞台剧的冲突。莫利纳罗从头整理了一遍剧本,尽量让故事集中在一个地方展开,也尽量解决德·菲奈斯在布景中(扶梯、公用楼道、多个房间)随心所欲穿梭的问题。他找了乔治·瓦克艾维奇负责布景,他是舞台布景和电影布景的头号人物,曾负责马塞尔·卡尔内的《夜间来客》、伊夫·阿莱格雷的《恐慌》、路易斯·布努埃尔的《女仆日记》等多部影片的布景工作。他为莫利纳罗的片子设计了完全连在一起的一体化布景装置:天井花园周围是三层楼的建筑,有玻璃隔板、连在一起的房间,该设计便于摄像机无需怎么移动就可以捕捉到路易·德·菲奈斯的所有表演,同时也让观众更明显地看到一个彻底陷入疯狂的家伙。

这个设计理念非常符合爱德华·莫利纳罗对路易·德·菲奈斯喜剧表演所做的分析:"他的天赋是一目了然的。他的每个细微表情,哪怕是稍纵即逝的表情,都是以即时、放大的方式表现出来的。人们对此了然于心,不用去猜他在想什么,而正因为此他的表演都能逗乐大家。"在乔治·瓦克艾维奇的布景中,在没有简化的叙事过程中,他生动的表演还有大起大落的事件定会让观众看得头晕脑涨。

路易·德·菲奈斯坚持要让·阿兰参与影片的筹备工作,这并没有妨碍到爱德华·莫利纳罗,只是让他觉得有点多余。"这个人很好,但很不起眼,完全派不上什么用场。我压缩了《奥斯卡》中的时间。电影的其他部分就跟舞台剧一样。我还记得,在拍摄前,他参与商讨布景草图,但是我想不起来他有什么建设性的提议。"不过,在《奥斯卡》片头演职人员表上显示,安德烈·于奈贝勒的儿子负责"补充对白"的编写工作。

演员角色的分配当然也是和德·菲奈斯商讨后定下的。德·菲奈斯推荐西蒙娜·瓦莱尔饰演他的妻子。十五年前,他曾在拍摄《我的老婆了不起》一片时与她相识。由于她没有档期,后来便找了克洛德·让萨克演他的

17. 稳居榜首

妻子。拍完《不拘礼节》和《老实人的一生》两部戏后,他们几乎没怎么见过。直到拍摄《总统失踪记》时,他才看到她在《马克西姆西餐厅里的贵妇》中的演出(与皮埃尔·蒙迪、马克斯·蒙塔冯、让-勒·普兰等多位路易·德·菲奈斯的银幕搭档合作)。后来,她回忆说:"影片散场后,他对我说'我没想到你会演喜剧'。"几天后,一起拍戏的莫里斯·里施——他同时也在拍雅克·贝纳尔的一部片子,帮路易·德·菲奈斯带了个口信给克洛德·让萨克:她想在《奥斯卡》里面演菲奈斯的妻子吗?那时,她根本就没意识到自己碰到了这辈子属于她的角色:在银幕上成为法国头号喜剧明星的妻子。她演得非常逼真以至于很多观众都以为生活中她也是德·菲奈斯的伴侣。其原因是,在拍《奥斯卡》之前,她在《悠长假期》中将要成为路易·德·菲奈斯的妻子。后来,他们这对"夫妻"还演了《宪兵情缘》、《冰冻人》、《退休警察》、《乔》、《警察局里的女兵》,克洛德·让萨克还演了《美食家》、《吝啬鬼》与《天外来客》。

至于饰演《奥斯卡》片中主角的女儿科莱特·巴尼耶的人选,共有15个年轻女演员来试镜,但只有一位演员按时到达并且熟知她的台词。她叫阿加塔·纳坦松,是法兰西喜剧院的分红演员,由于她完全符合导演和德·菲奈斯的要求,于是立刻被定下演出德·菲奈斯的女儿。马里奥·达维德与热尔曼娜·德尔巴分别扮演他们以前在舞台剧中演的角色:按摩师费利普、女管家夏洛特。至于克里斯蒂安·马尔丹这个角色,由于吉·贝尔蒂勒到美国改行了,实在是无法继续扮演。爱德华·莫利纳罗提议请克洛德·里奇来演,几年前,他曾在《诱惑的艺术》中和这位演员合作过,认为其能够胜任克里斯蒂安·马尔丹这个人物,能表现出人物身上那种混合着天真的狡猾。德·菲奈斯之前只和他一起拍过《神不知鬼不觉》的几组镜头,不过他仍然同意了导演的提议。当时,没人料想到这两位演员的关系会变得那么紧张。

其原因是德·菲奈斯完全没想过用另一种不同于以往的表演方式去演《奥斯卡》。除了责备吉·贝尔蒂勒动作慢之外,他还经常以自己1961年演出舞台剧时的搭档克洛德·里奇的表演为例来表明意图。莫利纳罗对此一点儿都不松口:"克洛德之前的表演非常精妙,我想要的就是两个演员互为对比、不同风格的表演,这绝对比两个都用失去理智、疯狂的表演方式来演出更有意思。"

多年后,克洛德·里奇终于说出当时两人的关系已经紧张到一触即发的状态了。由于路易·德·菲奈斯与爱德华·莫利纳罗之间出现了严重的分歧,导致在拍摄某一场景时进度严重滞后,而且拍摄的第一条片子还不能让大家满意。德·菲奈斯讲了一句以"吉·贝尔蒂勒"开头的话。随后里奇的动作反应非常激烈,他手上拿着香槟酒杯,砸到角落里的家具上。他紧紧地咬住牙齿,手上插满了杯子的碎片,然后回答他的搭档:"吉·贝尔蒂勒,怎么了?""他说'没什么''没什么',然后我们又重拍了一遍。"

根据导演的委婉措辞,"拍摄时候并非总是剑拔弩张的"。但其实《奥斯卡》在自1967年2月13日开始进棚拍摄内景以来,气氛一直都很紧张。造成这一状况的根本原因是莫利纳罗与德·菲奈斯两人个性的差异。导演自己也承认说"我并不是一个非常开朗的人"。爱德华·莫利纳罗不像乔治·洛特奈、热拉尔·乌利那样会当面开怀大笑,他很少表露自己的感情,他甚至会克制住自己的情绪,"我经常会转过身不看演员的表演,以避免笑出声来让这条片最后没法用。"(正如全行都知道的一样,这种不幸的遭遇在拍摄《虎口脱险》时发生了很多次,工作人员的笑声导致拍摄作废。)莫利纳罗的冷静影响了整个剧组,德·菲奈斯感觉所有演出都失败了,因为在摄影棚里都没人笑。同一出剧,为什么在圣-马尔丹门戏院演就大受欢迎,而在片场却波澜不惊呢?

爱德华·莫利纳罗说:"有一天,我们真的发火了,因为多米尼克·帕吉饰演的小女仆戴了一顶正常的帽子,可是路易想要让她戴一顶上面插着羽毛的非常夸张的帽子。我认为笑点并不在帽子上,而是在情境中。他呢,则是追求一种即刻就有反应的喜剧效果,于是就坚持要顶可笑的帽子。"这顶帽子引起了片场的一场轩然大波。德·菲奈斯指责莫利纳罗毫无喜剧感,还当面说:"您不是导演。"拍摄中断了。阿兰·普瓦雷不得不来到片场进行调解。他费了很大劲,施展了"外交"手段才重新说动德·菲奈斯。最后,此事以多米尼克戴一顶滑稽可笑的帽子而告终。

后来,普瓦雷说他当时还要求一向认真、耿直的莫利纳罗推迟拍摄计划一周。实际上,德·菲奈斯抱怨导演每拍完一条都看看表,他觉得这是导演迫不及待想要早点收工的表现。然后,普瓦雷建议说就不要管时间了,就当时间不重要就行了。高蒙公司的老板一直都很关注该片的拍摄。莫利纳罗说:"我和阿兰·德龙拍摄《大忙人》时,也有过这样的经历。对于一个导演来说,很难忍受演员的经济效益。导演只不过是打上引号的艺术总监:因为能吸引公众的是演员,而不是导演。"

现在,导演不再隐瞒他的感情了:"我对该影片没什么美好的回忆,这片子也不比《冰冻人》好。因为德·菲奈斯是一个非常难相处的人,在我看来,他是一个焦虑的人,他不能控制住内心的不安,他必须把这种不安释放出来。有时候,冲着合作的同事乱发火。鉴于他对自己不是很有信心,他总是不停地四处寻找。当他感觉大伙儿没和他一起去寻找,他就变得很难相处。他不是一个好沟通的人,不管怎么说,我和他说不到一块儿去。他内心有种煎熬,也许是值得人同情的。不过,他得学会和人沟通。"

平时,导演和德·菲奈斯之间的交流绝非易事,"当他对自己正在演的这幕戏感到不满时,他总会想方设法地让拍摄停止。他不会直接说'不,这样不行',而是老抱怨别人干扰了他,或者是突然无缘无故地大笑起来。不管怎么说,这些片子在剪辑的时候都没法用。有时候,我要他表演的时候做某个动作,他极其不情愿地按照我的要求演了几条片,然后就按照他自己的想法加了些戏,他的确很自我。当时和他一起合作真是不易,不过我觉得他的所有表现源自对这个职业的恐慌。他总是处于被众人推到摄像机前面,然后对他说'来吧,让我们哈哈大笑吧'这样的境地……他怎么会不焦虑呢?"

据说莫利纳罗没有看过德·菲奈斯主演的舞台剧《奥斯卡》。不过,他肯定听说过戏中德·菲奈斯在打电话给男爵、发现箱子里面大有文章时,在太太、女儿、按摩师面前歇斯底里的表现。他先模仿奥诺雷脸上发疹子,然后又夸张地突出奥诺雷鼻子的长度,这些表演大大超出剧作家的设想。德·菲奈斯捏住一个假想的鼻子,然后像拉橡皮一样地把它拉得很长很长,他用脚踩住长鼻子,然后再把它绕到腰部,打好结,把它当大提琴来拉……舞台剧版《奥斯卡》中第三幕的这一段疯狂的表演成为该剧的一个经典片段,整个行业对此议论纷纷,把这段长鼻子的大段独白与《西哈诺·德·贝热拉克》相媲美。

从第一段模拟表演、第一个动作、第一节哑剧表演开始,演出越来越精彩,演员与观众好像是这出戏的共同缔造者。德·菲奈斯在接受采访时说:"一开始我很偶然地那样演了,后来我就继续这么演下去了。"他本人惊异于这些简单甚至可以说过于简化的手势能取得如此巨大的喜剧效果:"我们创作了一幅图像,就这样,图像留在空中了。"

由于之前舞台剧版《提心吊胆》中惹得观众捧腹大笑的精彩片段拍成片子后效果很一般,路易·德·菲奈斯并不想把舞台上狂放的表演搬到大银幕上。爱德华·莫利纳罗说:"他不想把这段歇斯底里的演出搬到影片中。因为,很奇怪的是,路易其实很害羞,他得好好地调整自己在摄像机前的状态以便演出新的效果。"他要拍好多条片才能有最疯狂的创作或者说是演出。而且,对他来说,无论是对着"公众"即兴演出还是熬夜拍片子,他都难以做到平静地表演。多年后,他觉得自己在《奥斯卡》整出戏中最放松的表演是无法在镜头前再现的。德·菲奈斯向莫利纳罗解释说这种极端的表演方式需要公众的参与。然后导演建议他说:"我们大伙儿把摄影棚围起来变成一个小的舞台,周围放些长凳给观众坐,然后再把手头上没事的技师、群众演员、工人和其他演员叫过来看。找观众并不难,唯一的条件是他们必须得不笑出声,这样这场戏就不会被破坏了。我们在现场安置了两部摄像机,很快,德·菲奈斯便开始演长鼻子这一段了。"克洛德·让萨克、阿加塔·纳坦松、马里奥·达维德三人看到德·菲奈斯演技突然大爆发,令观众十分错愕。后来,年轻的阿加塔说:"在拍摄这一幕时,我们每个演员也都很震惊。"

在路易·德·菲奈斯的职业生涯中仅有一次表演是在鼻子上大做文章。与他常用的摹拟表演和追求的喜剧效果不同,我们从未见他在50年代演出的十多部影片中在鼻子上找笑料。热拉尔·乌利在他的回忆录中说到在1948年演出《热月》的后台上看过德·菲奈斯类似的表演。曾在500多部长片中饰演配角的多米尼克·扎尔迪——他与路易·德·菲奈斯合作了12部影片,提供了另一种解释:"我与亨利·阿塔尔这个疯子合作了很长时间,他和我一样,演了很多小角色:匪徒、流氓阿飞、警察条子什么的。他曾让人帮他做了个假鼻子,然后他就接着做三个动作:先紧捏住鼻子,然后拇指放鼻孔下,其他手指放鼻梁处。路易看到他做这样的动作便问我:'他怎么了,阿塔尔,他做这个动作干嘛?'路易在此基础上还做鬼脸,把鼻子越拉越长,以至于能碰到脸盘……后面的动作便是他在《奥斯卡》里的表演了……"

确切地说,路易·德·菲奈斯的《虎口脱险》获得巨大成功之后,他并没有立刻乘胜追击,迅速拍片,而是花了几个月的时间来筹备下一个工作计划。剧本将由雅克·维尔弗里德负责,但大家都清楚:主演(德·菲奈斯)给剧本提了很多建议。预计年底上映的《悠长假期》是一部老少皆宜的影片。1967年,青年请愿以及代沟等问题在法国备受关注。53岁的路易·德·菲奈斯自己有两个正处于青春叛逆期的孩子,他对此也较为关注。于是他把自己要饰演的人物安排在家庭危机之中,并由此导致一系列令人啼笑皆非的结果。

夏尔·博斯基耶以铁腕手段掌管一家被戏称为"会考中学"的私立学校。他的长子费利普(弗朗索瓦·莱恰饰)以语言交换生的身份到英国留学,此时他的小儿子热拉尔(奥利维耶·德·菲奈斯饰)留在家里,与同哥哥交换学习的雪莉(马蒂娜·凯利)做伴。可是费利普并没有上飞机,他让好友米肖奈(莫里斯·里施饰)代他去交换学习,自己则登上一艘帆船沿塞纳河旅行,巧的是没多久他居然遇见了雪莉。博斯基耶得知真相后,立刻去追赶这群逃兵孩子们,想要把他们带回家。不过费利普和雪莉相恋了,两人逃到苏格兰乡下,并准备在那儿结婚。

对路易·德·菲奈斯而言,拍摄该电影的乐趣之一便是他的儿子奥利维耶在该片中的角色比他在《方托马斯的反击》和《总统失踪记》中的角色都重要。此外,正如他的父亲总离不开专横强势这种类型的角色一样,奥利维耶总是扮演宝贝儿子的角色,他后来还在《冰冻人》和《乐队指挥》中继续演这类角色。他塑造了一个令人讨厌的人物:天使面孔下面藏着一个非常虚伪、矫饰、不道德的灵魂;他自己很享受这演的过程。很多人觉得这个虚伪的人物是他父亲一手一脚设计策划的(博斯基耶说:"虚伪、假装虔诚、打小报告;我极其厌恶这类人,厌恶至极")。其实,德·菲奈斯从自己与儿子的对话中获得很多塑造博斯基耶这个人物的灵感。奥利维耶特别跟他聊到自己的一个中学同学,他每周在校时,在教自然科学的老师面前以他的植物图集为掩护偷看《花花公子》或是《舞乐 & 民乐》,此人便是小热拉尔的原型。

奥利维耶·德·菲奈斯不仅演戏还在父亲博斯基耶做噩梦的那场戏中露了一手——他的打击乐水准颇高。路易总是扮演狂爱音乐的角色,三年后,他在《乐队指挥》中的角色亦是如此。路易·德·菲奈斯在公开场合总是以沉默寡言的父亲形象亮相。他向《法兰西晚报》的让·马卡比解释说:"我以前不想让孩子当演员……可我妻子发现奥利维耶身上有当艺术家的潜质,不停跟我说。不过我要求他要考完会考。以后嘛,再看情况。"其实,当时拍片时,这位年轻演员的拍摄档期中预留了一段时间给他参加会考。

5月24日,布洛涅摄影棚,影片开机。德·菲奈斯和儿子拍第一个镜头时放声大笑了一阵,其实这是经验丰富的老演员为了让一起搭档的新演员放松而采用的老办法了。最初的几场戏先拍摄了法语版本,然后又特意为英美市场拍摄英语版本。不久,尽管德·菲奈斯的发音不错,英语障碍也不大,但是他还是抛弃了这样的拍摄方式(因为他在和对手说台词时发明了英法混合的语句)。

影片拍摄进展顺利,克洛德·让萨克再次扮演路易·德·菲奈斯的妻子,他的一些老朋友也在影片中客串露露脸,比如说雅克·迪南扮演一名烧炭党,博斯基耶抢过他的卡车来驾驶时,他被吓得浑身发抖。德·菲奈斯兴致勃勃地即兴演出,如:他对女仆(克里斯蒂亚娜·穆勒饰)多次重复"快去睡吧",剧本上只写了一次;又或者是他的妻子看到他戴着海军帽突然跳出来时,根本没认出他来,反而被吓得大喊大叫("啊!这不会是您!")……

莫里斯·里施说:"我们拍的一条片是这样的:他到达英国以为找到患病的儿子了,没想到却发现躺在儿子床上的是米肖奈。剧本上写的是英国人问'米肖奈,这是什么?'然后他回答'是小时候的费利普,是缩小版的'。路易加了一句话'费利普小时候就已经这么高了'。大家听了就笑了起来,再也忍不住了。这是我继《总统失踪记》之后参演的第二部片子,路易告诉我说:'看好了,您马上就有好戏看了。'他演得很好,当时是晚上7点半,制片人来到片场看看情况。不过,他什么都没说:电影已经卖出去了,钱已经赚到手了,大家就随路易去发挥。第二天,又继续拍摄了十几条片,我觉得被存下来的片子中,肯定可以看到有条床单在抖动,实际上是我躲在里面笑。"

从5月24日到9月初,剧组拍了内景(最早在布洛涅摄影棚,7月份时移师到埃皮奈摄影棚)和外景(莱米罗镇、鲁昂、勒阿弗尔港以及奥弗涅镇),主要是因为影片中的苏格兰四周环绕着多尔高地、桑西山。影片的结尾,也

17. 稳居榜首

就是皆大欢喜的婚宴便是在这里拍摄的,众人欢快地跳起了"苏格兰"舞蹈,路易·德·菲奈斯又故意对克里斯蒂亚娜·穆勒拿腔拿调地嚷嚷"快去睡吧"。影片还有另一版本的结尾,里面甚至还构思了一个水怪。实际上,按照第一稿的剧本,马克法莱尔和博斯基耶争吵的时候,大门突然倒了,他们像两根稻草一样各自抱着一个空的酿酒桶顺着河流漂到著名的尼斯湖里。以下便是剧本中的相关节选:

第767场:全景。博斯基耶和马克法瑞尔两人一边抱着酿酒桶一边对打。尼斯湖的水怪出现在湖面上、两个空酒桶之间,把他们两人分开了。

第768场:中景。水怪出现在两人中间。两位父亲挥舞着拳头打向水怪。从后面拍摄这两个顽固分子和平静的水怪。远景是优美的风景。打上字幕"剧终"。

水怪是这样设计的:30米长,7米高,6个舷外发动机,造价5万法郎。还在电影开拍前,水怪的造型照片就登上报纸了。但最后,片子里还是没有出现水怪。剧组改用有奥弗涅镇优美风景和苏格兰风笛手的大团圆结局。

《虎口脱险》拍完后,制片人罗贝尔·多尔夫曼马上就请路易·德·菲奈斯拍下一部片子。他觉得罗贝尔·德利手里有一个本子,他们可以依据此进行上千种的视觉创作。剧本大纲如下:造船厂的一位工程师(德利本人饰演,科莱特·布劳塞饰演他的妹妹)刚带着他的轻型帆船原型"小泳者"号取得了在意大利举行的比赛冠军。在此之前他设计了另一艘船,不过很不幸的是该船在部长出席的初航中沉没了。船厂老板(德·菲奈斯饰演)立刻把他解雇了,当时他还不知道工程师设计的"小泳者"号获奖,给他带来了无数订单。得知获奖信息之后,他花了整整一个周日想方设法地召回"小泳者"号的发明者。此时,他遭遇到意大利商人的竞争,并由此引发了一连串荒谬的波折。

德利还想出了很多新的点子:神甫布道时教堂里的主教座塌了,德·菲奈斯驾驶的拖拉机突然不受控制成了脱缰野马,安装在方蓬小船上的房子可以变成摩托艇,可以顺水漂流的盥洗室……最后,他对带来喜感的物件的偏爱是通过主角一系列稀奇古怪的发明创造得以实现的,比如说发明了用腿划的独木舟。有些物品并未在影片中亮相,比如说第一稿剧本中提到的飞艇及其比利时籍的驾驶员等。和以往一样,他把自己的电影手记拿给朋友、合作者们看:剧本的"合作改编"一栏上的签名有皮埃尔·切尔尼亚、米歇尔·莫多、让·卡尔迈、克洛德·克莱芒,甚至还有法国电影界技艺最超群的剪辑师阿尔贝·于尔根森的名字(他是热拉尔·乌利的忠实合作者,他们一起完成的影片有《暗渡陈仓》、《虎口脱险》、《疯狂的贵族》,他也同阿兰·雷乃、伊夫·布瓦塞合作过)。

德·菲奈斯很高兴可以有机会同初入行时合作的老友们一起工作。很多以前一起拍《啊!美丽的仙女!》和《大圆舞曲》时的老搭档都参加演出(雅克·勒格拉、罗歇·卡西亚、皮埃尔·托纳德、罗贝尔·罗利等)。此外,还有忠实的米歇尔·加拉布吕(他将饰演科莱特·布劳塞的丈夫,他成天到处诉苦,还连遭不幸),亨利·热奈斯与皮埃尔·达克饰演发言浮夸空洞的部长。富尔肖姆工业家虚荣造作的妻子由安德烈亚·帕里西扮演,她曾在《虎口脱险》中饰演乐于助人的修女一角儿。她还在1954年拍摄的《后楼道》一片中演过路易·德·菲奈斯的女儿。她公开表示说自马塞尔·卡尔内在《年轻的罪人》里挖掘出她的悲剧面孔之后,就没能多拍些喜剧作品,对此她倍感遗憾。

现在,路易·德·菲奈斯参演的片子可谓是万事俱备了:罗贝尔·德利不仅拥有一支由75名技师组成的团队,还有充裕的条件拍摄《小泳者》。在罗贝尔·多尔夫曼大方邀请到拍摄现场采访的众位记者面前,整个剧组配合默契、其乐融融。最夸张的是德利解释这次拍摄条件如何奢侈,德·菲奈斯对此反而有些不安。因为以往他较习惯在非常有限的条件下完成拍摄。然而,德·菲奈斯一不留心在《快报》的记者面前道出了些许实情,他说:"在德利实现他的超级计划时,我是被迫欺骗他的,不过不是出于吹嘘,而是为了让我饰演的人物有血有肉,而非一个木偶。"实际上,他们两位之间的关系自开拍以来就急速恶化,其原因不仅仅是德·菲奈斯的特写镜头拍得不多。

和以往一样,德利请德·菲奈斯发挥即兴演出的才能,并且公开肯定他的表演,然而片场的整个氛围已不同于拍摄《啊!美丽的仙女!》或是《美国靓女》时期:德·菲奈斯不太能接受批评以及导演为了平衡影片而做的决定。《小泳者》里不单有《虎口脱险》里的大明星的演出,和德利执导的其他片子一样,该长片中还有一些其他演员的精彩演出:红发卡斯塔涅一家闹出的一筐笑话、米歇尔·加拉布吕的拿手把戏等等,常把路易·德·菲奈斯挤到边上的位置。他当然是影片的主角,但他绝不像在"方托马斯"系列片中那样从头到尾都处于中心位置。很快,火药味越来越浓。路易·德·菲奈斯在片场大发雷霆,毫不掩饰地阻挠拍摄进度,经常性地质疑导演的决断,并且强求在原本没有他的场景中出现……罗贝尔·德利后来说,在拍一场破坏"小航海家号"的戏份时,路易·德·菲奈斯真实地表现出他好斗的本性来。

其实,德利拍的是一部属于德利的电影,而德·菲奈斯则是来拍一部属于德·菲奈斯的电影。他忍受不了电影情节没有完全围绕着他展开,特别是他还知道自己在电影海报中占最显眼的位置。制片人罗贝尔·多尔夫曼不得不在拍摄过程中出现并澄清一些事情。此外,《小泳者》一片还有赖于技术力量与组织管理的支持。多个水上镜头在不同的水面、运河、港口上开拍,使得整个剧组不断在阿格德、纳博讷、土伦、阿卡雄以及布洛涅摄影棚之间奔波……持续的奔走并未能缓和剧组紧张的气氛,特别是拍摄已超出原定计划几周的时间了:1967 年 9 月 16 日开机(即《悠长假期》拍完刚两周后),圣诞节前几天才关机,整个拍摄期共 15 周。

德·菲奈斯自信地认为自己是最好的喜剧效果专家之一,他经常会提出一些需要额外出资完成的场景。这样,当中断拍摄他驾驶的拖拉机失控乱开的场面时,按照剧本的指示,他应该是从座位上跳出来,双脚落地时踩到泥潭里。在他的坚持下,泥潭被挖得很深,以便他整个人都能陷进去。周围的人忙着把他从泥潭里拉出来,德利在把他拉出来之前用浆测量了泥潭的深度。摄像机拍摄时,该场景要求德·菲奈斯留在泥浆里长达几分钟(当时拍摄时已是秋天),他依靠一种管子来维持呼吸。时至今日,米歇尔·加拉布吕开着玩笑说"啊!我可不愿拍!"

幸运的是,德·菲奈斯与德利还是经常能找到默契,比如说在路易-费利普·富尔肖姆赶走安德烈·卡斯塔涅的那场戏中,德·菲奈斯充满活力地挥舞着造船厂里沉重的铲子——这可不是别的演员要求的用铝做的仿制品。德利模仿很着急的样子,抓紧用来装图纸的纸筒,猛地一下拔起筒盖,这时发出了一声闷响。他的搭档当场呆住了；此时产生了一个意外的喜剧效果。在几分钟内，他们在驱赶卡斯塔涅的芭蕾舞中添加了一连串插曲，航海设计师和他的老板试了好几种纸筒，就为了找到打开时能发出"嘣！"一声的纸筒，富尔肖姆说，"我留下这两个纸筒了！"

拍摄快结束时，有一场拍老板临终的戏，片场所有演员都忍不住笑个不停。多年来，德·菲奈斯都乐于学罗贝尔·德利的样子："让娜阿姨的眼泪"，其实是模仿斯坦·劳莱尔流泪的样子。让富尔肖姆倍感同情的卡斯塔涅的眼泪完全就是德利哭的样子！德利威胁他不许再学他，好好入戏，然而德·菲奈斯做鬼脸的同时很难接好台词。

电影一关机，两人的友谊又恢复过来了，但是他们后来再也不一起演电影了。1968年3月22日，该片在贝利兹影院首映时（这是历史上著名的3月22日，就在这一天，68年五月风暴在南泰尔学院拉开序幕），德·菲奈斯打电话给到斯特拉斯堡演出《怪夫妇》的德利，与他共享电影的成功。之后德·菲奈斯接到了布尔维尔的电话，这位老搭档一直都捧老友的场：《暗渡陈仓》、《虎口脱险》的首映他都来了。

1967年10月11日，《奥斯卡》一片上映，此时，路易·德·菲奈斯正在拍摄《小泳者》。《虎口脱险》问世10个月后，德·菲奈斯创造的另一次辉煌和观众见面了。大家都认为该片会和《悠长假期》一样票房大卖。有的评论将《奥斯卡》与克洛德·马涅在圣-马尔丹门戏院上演的剧作相提并论，从热烈称赞到宽容接纳，文字中不乏溢美之词。《震旦报》认为该片"喜剧效果骤增且对公众有较强冲击力"。《绑鸭报》说，"构思与布局精良的场景因电影幅面较广而有所折扣。不过，莫利纳罗控制住了损失。"《费加罗报》觉得"影片再现了舞台剧的效果（……）只不过我担心他们没有舞台上那么搞笑"。

无论如何，德·菲奈斯的胜利被同一种调子报道：《绑鸭报》说他是"男子世界纪录保持者"，《电视纵览》的标题是《献给德·菲奈斯》，让·德·巴隆塞利在《世界报》上发文说"要换另一个演员演一定会让人受不了。但德·菲奈斯就不会。要是他放弃了我们现在刚开始熟悉的把戏、狂放的表演等，我们就看不到一种清晰、精准的表演尺度。没有任何一种疯狂可以像他的那种一样被控制得恰到好处。"莫利纳罗可以对他的许多选择感到满意了，特别是他请了克洛德·里奇，他总是能够巧妙地从路易·德·菲奈斯掌控全局的场面中脱身出来。但后来,这两位演员的职业生涯不再有交集,里奇还拍过莫利纳罗的《讽刺》与《晚餐》两部片子。

《奥斯卡》在 5 家影院联合上映,每场次共可容纳 4010 位观众(墨丘利影院、ABC 影院、马德莱娜影院、赛莱克-百代影院、蒙巴拿斯影院)。然而上映结果却让人心生小小的失望:柯克·道格拉斯与约翰·韦恩主演的西部片《前线队伍》和 007 詹姆士·邦德系列的《雷霆崖谷》的观众人次都超过了德·菲奈斯新片的 53050 观影人次。不过,评论界与公众的口碑反响都不错:影片第二周有 52030 观影人次,第三周 61660 人次,第四周 62360 人次,第五周 50750 人次……《奥斯卡》首轮上映到第二周时登上了巴黎西奈影院排行榜首位,然后是第四名,再到第七名。11 月 29 日,莫利纳罗的影片上映到第八周时被《悠长假期》给打败了:路易·德·菲奈斯战胜了路易·德·菲奈斯。

评论界对于路易·德·菲奈斯垄断票房的情况感到厌烦。不过,大家还是心悦诚服地承认尽管《悠长假期》并非一部不朽的经典之作,但也算是一部上乘佳作。《费加罗报》认为"令人厌恶的弱点源于剧本",《法兰西晚报》觉得这是一部"欢乐的法国片(……)也许该片并不能让我们享受一个悠长的假期,但至少让大伙儿得到了片刻的放松"。针对缺乏优秀影片的现状和演员本身的超凡能力,克洛德-让·费利普在《电视纵览》上写道:"说到底,德·菲奈斯需要的是一个莫里哀,要是他演阿巴贡、斯加纳海勒的话,那真是妙极了,为什么不找他演一个现代的阿尔克提斯呢。"

与高蒙公司为《奥斯卡》选择 5 家影院上映的安排相比,让·吉罗的影片发行者瓦洛莉亚的运作更大手笔:她同时在 6 家影院(特使、贝利兹、丛林、影像、蒙巴拿斯、百代-奥尔良)安排《虎口脱险》的首轮独family上映。尽管《悠长假期》上映第一周就以 78394 观影人次的成绩荣登票房榜首,乌利的电影上映首周获得 105789 观众人次。不过,影片在第四周时(圣诞节)离开了冠军位置,其原因是让位给 12 月 20 日上映的深受观众喜爱的《阿斯泰利克斯历险记》。但是这两部电影依然努力站稳各自在排行榜上的位置。《悠长假期》转到外省继续上映时仍然是巴黎电影排行榜的第五名——该成绩在历史上绝无仅有。《奥斯卡》上映 14 周获 538645 观众人次,《悠长假期》16 周获 648081 人次。

1968年3月20日,当《小泳者》在巴黎上映时,后一部电影依然还在巴黎西奈影院放映中。新片一上映,立即占领榜首位置。消息灵敏或是洞察力强的罗贝尔·沙扎尔在《法兰西晚报》上写道:"并非因为滑稽可笑才拍此片,不过这个片子还是很好玩的。"《人道报》对《小泳者》的批评较为尖刻,幸好观众都很喜欢由罗贝尔·德利表演的一连串笑料。《费加罗报》评论说:"好像也没发生什么事。但是各种机械发明却不听使唤,演员们被这些装备搞得团团转,他们的反应引得大家哈哈大笑。我们祝贺布朗奇尼奥勒剧团重组,值得一提的是路易·德·菲奈斯(据《电视纵览》,"这是他演过的最好笑的溜须拍马的角色"),这一次他以团队的一份子面貌出现——这一精确描述也点明了他在影片拍摄过程中倍感难受的原因。

《小泳者》是路易·德·菲奈斯第三部同时在6家影院(特使、贝利兹、丛林、影像、蒙巴拿斯、百代-奥尔良)上映的影片;,每场次可接待6399观众人次。该片首周票房总收获86335人次,比《悠长假期》成绩好,但是仍不及《虎口脱险》。影片有4周时间位列票房榜首位,上榜时间长达数月。15周的首轮放映结束后,巴黎地区观众人次为552958,该成绩确立了德·菲奈斯在法国电影票房的绝对地位。他的三部片子在1967—1968年冬春季中,占了巴黎首轮上映电影排行榜前四名中三个席位,只有肖恩·康纳利的《雷霆谷》能稍微与之抗衡——排名第三位。这样的成绩在电影史上从未出现过,无论是费尔迪南、让·卡班甚至是皮埃尔·里夏尔、让-保尔·贝尔蒙多、热拉尔·德帕尔迪厄都没有取得这样辉煌的成绩。路易·德·菲奈斯是真正的王者……

18. 另一个老板
——《名画追踪》,1968 年

　　丹尼·德·拉帕特利埃尔刚完成了科佩尔尼克电影公司的一部长片,该公司也是莫里斯·雅甘的制片方。让·卡班、乔治·拉夫特、克洛德·布拉瑟尔参演的《巴黎群架》曾取得了不俗的成绩,因此制片人想要继续与拉帕特利埃合作,并建议导演找让·卡班和路易·德·菲奈斯来拍新片,两位演员都同意在电影海报上放上他们的头像。联手法国电影界最伟大的演员和票房最受欢迎的演员的主意很不错。也许这并非是每位法国制片人或是导演的梦想,但是如果有机会的话,没人会拒绝拍这样的电影。莫里斯·雅坎和路易·德·菲奈斯很熟,因为他曾经单独制作过《悠长假期》,后来还和罗贝尔·多尔夫曼一起制作《小泳者》。而且,他还制作过让·卡班主演的三部片子。拍摄的具体日期已定,影片源自阿方斯·布达尔的小说《文身的热惹那》,讲的是一位画商想要购买一个社会边缘人背上的文身,据说是意大利画家莫迪格里阿尼的手笔。

　　布达尔本人动手将小说改成了剧本初稿,改编时他已知道想请这两位大明星来演,并充分考虑到两人看到剧本的反应。勒格兰以前曾是一名外籍军团士兵,当画商提出以帮他重修乡下祖屋为价来购买他身上的文身画时,他同意了。不过时间很紧迫,因为画商已经把莫迪里阿尼的这幅作品卖给几个美国画廊老板。当画商费利西安·梅泽雷来到乡下看到祖屋时,才发现原来是一座破损的、巨大的中世纪古堡,而且勒格兰原来是蒙蒂尼亚克家族的最后一位伯爵……

　　然而最初的剧情与我们如今熟知的电影不同。外籍军团士兵勒格兰与画商梅泽雷两人之间关系并不好:两人刚到蒙蒂尼亚克古堡时还称兄道弟,但剧终时却互不理睬。剧本上写的各种剧情突变非常火爆:梅泽雷接受了外籍军团士兵严苛的带武器训练；侵入城堡的掠夺者们遭遇了冲锋枪、塑性炸弹的阻击（城堡的一边侧翼没能经得住火拼，最后塌了）；勒格兰出其不意地进入了梅泽雷家里，并且还被画商的孩子们说服接受了嬉皮士……一天，对巴黎生活心生厌倦的画商出发去找他的文身朋友，他还说以后永远不回巴黎了。他梦想的就是一种乡村的生活方式，整个剧本多次提及这种生活方式的象征就是一种美味的兔肉酱，其制作配方是由蒙蒂尼亚克家族代代相传。不过，军人伯爵还是经管对他说："你到那儿不出一小时准想打电话了。明天，你就会招来一个秘书……两个……三个秘书……"片中有几组镜头确认了他的预言：梅泽雷在古堡旁边造了一个巨大的工厂，其流水线上生产的真是"军人肉酱"。蒙蒂尼亚克对此深恶痛绝，他只能开着他的老爷车跑了。之后，他就不见了……

这样写出来的第一稿被卡班和德·菲奈斯否决了，不过两位演员否定原创剧本中的内容各不相同。卡班一直都不太喜欢他要塑造的人物——一个愤世嫉俗、总是缅怀过去的流浪汉形象，与我们现如今在《名画追踪》里看到的凶悍角色不同。德·菲奈斯则想要减少他的人物的台词以加强肢体表演，特别是想要突显面对梅泽雷多变的性格时他哑口无言的样子：狂妄而贪婪的画商被一名军人牵着鼻子走，然后情绪低落、沮丧，直至剧末转变成坏人……

整个电影业都听闻该影片的困难。2月2日发行的《法国电影》新闻栏里是这样报道的："《名画追踪》这部影片中的一部分分镜头剧本获得了德·菲奈斯的首肯，而另一部分分镜头剧本则由卡班拍板。"制片人转而求助于小说家重写剧本，但布达尔拒绝了。事情陷入了死胡同：两位演员是由科佩尔尼克电影公司出面在开拍前几周签下合同的，然而现状是签约后却没有剧本供拍摄了。

德尼·德·拉帕特利埃说："我几乎找到了解决方法。我建议请卡班拍一部根据巴尔扎克小说改编的电影，请德·菲奈斯拍他梦寐已久的《吝啬鬼》。他们两人都同意了，合同也如约履行，制片人不会有什么损失。以后有机会时，将会请卡班与德·菲奈斯合作拍摄另一部电影。不过同时负责影片发行的雅坎与许多戏院经理都有联系。当他把这个解决方案一一告知他们时，所有戏院经理都告诉他说要好好宣传两人合拍的片子，而且应该不

18. 另一个老板

惜一切代价促拍该片。既然卡班与德·菲奈斯都留有档期,我们又不能推迟拍摄计划,因为他们之后有其他的工作安排,于是我们就陷入了一个奇怪的境地,制片人让我们所有人都准备好拍摄《名画追踪》。"

于是,剧组向曾为卡班写下《先生》、《青春期》、《上帝惊雷》等电影剧本的剧作家帕斯卡尔·雅尔丹求助。德尼·德·拉帕特利埃开始执导时,手中只有刚写好的最初的几场戏:"彻底疯了!这几场戏的剧本在开拍前夜才拿到手,时间勉强够助理安排布景、配饰。"因此,这部电影是按照剧情发展的时间顺序先在布洛涅-比扬古摄影棚拍摄,后转战多尔多涅继续拍,最后回到摄影棚拍完的。

剧情发展到梅泽雷与勒格兰到达蒙蒂尼亚克古堡时就停滞了。不过,故事的结局并没有写好,很多具体情节都没有确定,片子都拍了好几周,故事梗概还是不清不楚。最要避免的便是初稿剧本中的硬伤——两位主角在相当长的时间内都没有交集(此时,德·菲奈斯与卡班都被认为要以二人组的形式演出),最后还以两位主角分道扬镳收场。他们给片子设计了多种结局,甚至在报刊上谈到要找一位17岁的天真少女来给这两位演员配戏。

1968年2月15日周四,片子如期开机。上午11点30分,记者们看到让·卡班的车子停在布洛涅摄影棚的G片场。三分钟之后,路易·德·菲奈斯的欧宝汽车也到了。大家都知道两人的片酬不同:卡班的是1亿,德·菲奈斯的是1.5亿。拉帕特利埃解释说:"卡班在片酬上基本没做过多的要求。他说如果把钱都花在演员身上,那就没有资金来拍片子了。"德·菲奈斯则不同,他能吸引的观众最少是100万人,《虎口脱险》和《奥斯卡》的票房成绩都是例子。"而且他在谈的过程中并不太愿意降低片酬,就我所知,他要求并获得很大收益,可他对收益分红的方式不太感兴趣,其实这样可以带给他更多的收益。"

德·菲奈斯参加《名画追踪》的拍摄与他加入热拉尔·乌利或让·吉罗的剧组一样,都让人不太舒服。"我们没法掩饰:剧组差不多可以说是'卡班的剧组'。我和很多一起拍摄《巴黎群架》的技师、工作人员重逢了,并非是因为我知道卡班喜欢和熟悉的人一起工作,其实是觉得制片公司是同一个,两部片子的间隔非常短……"此外,德尼·德·拉帕特利埃还与让·卡班合作拍过《名门望族》、《巴黎的街》和《上帝惊雷》等片。他知道这位老演员对他有信心,能在他的执导下自如地发挥。后来,1972年他们还一起拍过《凶手》。

德尼·德·拉帕特利埃用了十年的时间从电影圈最底层的片场工人开始一级级往上爬到执导自己的第一部电影——由米歇尔·德·圣-皮埃尔于1955年出版的小说改编而成的电影《贵族》。1950年末,他还在做学徒的时候,在肖蒙高地摄影棚结识了德·菲奈斯,那时,他与费尔南代尔一起正在参加莫里斯·拉布罗执导的《梦游人博尼法斯》的摄制工作,他当时是第一助理——"只有一天的拍摄。"1955年,当德·菲奈斯在"艺术剧院"演《波比》一剧时,拉帕特利埃与他的交往还多些,导演回忆说:"不过我们在专业领域上没有再合作过,因为我从来就没怎么演过戏。"

其实,路易·德·菲奈斯与让·卡班之间,并不是像他和布尔维尔一样直到合作拍《暗渡陈仓》才认识的,他们一直都认识对方,只是两人的关系较为疏远。从职业的角度来讲,德·菲奈斯以前在海报上出现的位置都远远次于卡班。如果说现今他的头像出现在《穿越巴黎》的DVD封套上,那是因为事后来看"坡利沃街45号"的一幕成为了经典场面。同样的情况还发生在《艾普松绅士》一片的海报上。尽管德·菲奈斯在《总统失踪记》中开场的个人秀非常惹眼,但是他仍然不是主演,与卡班的地位大相径庭。当然,我们说的不包括萨夏·吉特利的《拿破仑》一片,路易·德·菲奈斯饰演士兵的剪影比卡班饰演的元帅要大上很多倍……

让·卡班是法国在世的最伟大的演员。当然,他并不是最能"印钞"的演员,他也不吸引"新浪潮"导演们的目光,有时他的表演和塑造的角色甚至还引起后辈们的争议,但是他本人就是一座电影史上不朽的丰碑。德·菲奈斯攀上最受观众欢迎、最受制片人器重的顶峰还只是一时之间的事情。别忘了,当他还在跑龙套的时候,卡班就已经是法国电影界的一线人物了。他们在拍《名画追踪》之前的最后一次合作是拍《艾普松绅士》,当时两人相处愉快,即使在拍《名画追踪》时,德·菲奈斯在影坛的地位还是和他相距甚远。

传媒很快就洞悉了他们两人组合的特殊性以及这次合作的风险。于是就有了如下报道:《嘉人》杂志肯定地说卡班和德·菲奈斯很熟,以"你"来称呼他,还叫他"菲菲",与此同时德·菲奈斯用"您"称呼卡班,还叫他"卡班先

18. 另一个老板

生"。2月底在布洛涅-比扬古摄影棚的片场里,《世界时装之苑》周刊也对两位主演进行了采访并提了类似的问题。新闻媒介的传统思路曾引起路易·德·菲奈斯和布尔维尔的热议,后来伊夫·蒙当对此也有颇多感悟。两位演员是分开接受采访的,从他们对第一个问题的回答就可以明显看到两人关系有些紧张。提问:"假如您是导演,您会给他安排什么角色?"让·卡班答:"我不是导演。我是一名演员。对了,如果有一个角色适合他的话,那就是路易十四。"路易·德·菲奈斯的回答是:"让他演冈布劳纳将军,只是卡班现在年纪太大了。他演的话,应该是滑铁卢战争之后的冈布劳纳将军。"卡班是个爱发牢骚的人,关于搭档的作品,他承认自己只知道两人早期合拍的片子《穿越巴黎》和《艾普松绅士》。德·菲奈斯最大的优点?"我觉得他是个伟大的哑剧演员。"记者问:"在拍摄间隙,你们最爱聊什么呢?"让·卡班答:"您想让我们聊什么呢?他待在他那边儿,我在这儿。他话不多,我的也不多。我们之间没有很多可谈的话题。"德·菲奈斯答:"他爱跟我说吃的东西,炖菜、汁鲜味美的菜肴。他喜欢这些东西。"他们的不和够明显了,两个演员都不怎么掩饰对彼此的反感……

然而,当时并没有人采取什么措施来缓和两人之间的关系。后来,路易·德·菲奈斯告诉他的制片人克里斯蒂安·费什内当时就没人想到请两人一起午餐,或者是安排他们在拍戏前到制片公司的办公室里进行一次正式的会面。甚至是在拍摄过程中,片方也没努力让两人之间的关系变得简单些,例如剧组乘火车到外省拍摄时,制片方给两位演员预订的包厢也分别位于不同车厢。

不过两人还是努力接近对方、和对方处好。刚开机拍摄时,剧组来到巴黎的拉德方斯广场附近的亭阁路,那里被设定为老兵勒格兰的住处。电影报刊专员、德·菲奈斯的老朋友欧仁·穆瓦诺描绘了当时的情形:"休息的时候,我和路易聊起房子的台阶来,而卡班却转身回到他的房车里。他出来的时候对路易说'我有话要跟你说'。半个小时或三刻钟后,德·菲奈斯从卡班房车里出来了,他说'聊得很愉快'。"

第二天或是第三天,德·菲奈斯坚持剧组拍完后要留下,其实是要在拍摄完成后庆祝圣-卡班日,那天恰好是2月19日(他还号称自己并不知道)。刚开拍时,两位演员相处愉快,配合默契,比如在拍梅泽雷请勒格兰吃饭提出帮他修复祖屋以交换身上的文身画的那场戏。拉帕特利埃回忆起来说道:"我当时觉得没法拍完这场戏了。他们两人轮流笑场。因为是两人有对手戏的镜头,我们根本没法让他们分别拍再剪辑。两人目光一对视就忍不住又笑了起来。"

影片刚开机那阵子,媒体总是报道两人不和,过了几个星期转而报道两人在片场和解了。3月底,在出外景之前,正好在拍布置古堡场景,《巴黎日报》以"德·菲奈斯与卡班终于和好如初!"为题进行了报道,该日报还说:"在一张床上拍摄一个滑稽可笑的场景让两人暂时和好了。不管怎么说,当两个男人在同一被单下,他们的羞涩早已不复存在。"

其实,真相正好和报道相反。德尼·德·拉帕特利埃说:"一开始两人还一起笑媒体的报道,在我们的拍摄过程中有说有笑。可是随着时间的推移,他们就不再把各自在片场的休息椅子放在一起了。其实,两人的脾性还是很不同的……"

尽管电影圈的人都知道卡班脾气火爆,但是他在拍片时是心平气和的。他的习惯是哪怕没有他的戏,也会待在片场或者是尽可能不走远,他在拍《名画追踪》时就是这样做的。而德·菲奈斯在没有自己的戏份时,则更喜欢回到他的房车内。但他经常会让导演到他那儿去,并给他一些自己写好的建议。拉帕特利埃后来回忆说:"我从未见过有哪个演员在拍片时像他那样紧张。我当时觉得好像是看马戏团里的一个杂技演员爬到杆顶时却在喃喃自语说'我会摔死的'。他没法决断。那时我每天收工时会收到第二天要拍摄的剧本。然后我每天晚上都和德·菲奈斯见面,第二天一早又和卡班见面。晚上告别时,路易都同意我们的讨论,然而第二天一早他就变卦了,有时甚至意见和头天晚上完全相反。有时候,他差人给我送信说他改变主意了。当时真是太艰难了。"

德·菲奈斯如此紧张的另一原因是他的妻子让娜不怎么来片场。众所周知,卡班很不喜欢演员们的家属出现在拍摄现场,而且拉帕特利埃也要求他一个人完成大部分的拍摄工作。这与他的一贯做法十分不同,他也就没法和妻子讨论他的角色和表演,特别是拍一部连剧本都没有拍板的戏时,他根本没有足够的时间揣摩剧本设计表演。让娜·德·菲奈斯和卡班的妻子克里斯蒂娜除了参加丈夫同意她们出席的一些社交活动外,两人还常常见面,这样的情况还真够讽刺的。

最后,路易·德·菲奈斯对于自己那双蓝眼睛在片中镜头的纠结也加剧了现场的紧张气氛。早在拍摄让·吉罗的影片时,除了《巴比松的诱惑》外与德·菲奈斯前后合作过 8 部影片的首席摄影师马塞尔·格里尼翁注意到他那双眼睛有着纯正的蓝色而且很明亮。当时根本没有现今这些可以随心所欲修饰画面的数码科技手段,于是一些拥有漂亮蓝眼睛的明星要求在拍摄时,整个画面从装饰到光都要校准好与他们的眼睛颜色相衬。在数码科技出现前,这一处理方式有时会导致影像失真,而且还因为要考虑到电影明星的眼睛颜色而大大限制了布景装饰。圈内有些人还悄声议论说乔治·瓦克艾维奇应该考虑到颜色搭配的问题,把爱德华·莫利纳诺的影片《奥斯卡》中墙面的颜色换掉。

当剧组还在布洛涅摄影棚拍摄时,每天晚上 7 点半时大家都会参加头天或者是上午拍摄片段的看片会。起初,让娜·德·菲奈斯也参加了一场看片会,她突然大叫道:"路易,你的眼睛!"实际上,德·菲奈斯的瞳孔颜色在几个镜头中有些发红。自此,本来就不缓和的气氛更僵了。喜剧化妆师阿纳托尔·帕里斯及其妻子马丽-马德莱娜的话也证实了这一情况。他们是路易、让娜·德·菲奈斯夫妇的老熟人,自《关关雎鸠》的初次合作后(从《关关雎鸠》到《吝啬鬼》阿纳托尔一共与他合作了 16 部影片),拍摄之余他们也会请这对夫妇到家里来小聚。

卡班在一旁说:"如果你想要在镜头上出现的是蓝色眼睛,那么生活中你的眼睛也该是蓝色的。"《名画追踪》的首席摄影师萨夏·维耶尼,即后来与彼得·格里纳韦合作拍摄了《建筑师之腹》、《枕边禁书》等片的那位,他就对德·菲奈斯的蓝眼睛没什么印象,他也不太记得卡班脸上的红血丝。主要是因为这位法国电影界的头牌不愿意自己的双颊在片中显得绯红。拉帕特利埃的助手、25 岁的副导演贝尔纳·斯托拉回忆道:"长此以往,维耶尼的麻烦越来越大了:等他调整好色调能把卡班的脸拍得苍白些时,德·菲奈斯的眼睛又不再是蓝色了。等他把蓝眼睛拍出来时,卡班又变得脸红红。"

从根本上说,两位演员的不和其实是由他们对喜剧不同的认知造成的。早年曾演过轻歌剧的卡班早就抛弃通过动作、神态来逗笑的表演方式了:自他入行以来,他就与同期的皮埃尔·布朗夏尔、皮埃尔·理查-威尔姆的演出大为不同。他的特色是一种冷漠、精简、克制的表演方式。他唯一几次涉足喜剧片全因剧本够好，这与德·菲奈斯轻对白的观念是背道而驰的。从《名画追踪》的几场戏中，也可以看出尽管启用了法国电影界的两位重量级演员，但是该片不好演也不好拍：卡班总是皱着眉，举止拘束，很难找到自己表演的节奏，因为他惯常的表演是从自我的冷峻与情节的碰撞之间产生一种喜感；采用大量模拟表演的德·菲奈斯这一次身体却不那么灵活了……

显然，让·卡班需要用台词来塑造一个性情粗暴的老兵，与此同时德·菲奈斯饰演的人物却不停地跑来跑去、紧张兮兮，台词对他而言没那么重要。作为补偿，他想在拉帕特利埃这里用以前在吉罗、乌利那里奏效的方法：他直接来到拍摄现场，提出建议：一个新动作、一个新场景……然而这一切却大大地激怒了卡班。"要说卡班唯一讨厌的事情，便是在拍摄时现场讨论剧情。他通常很专注，不需要拍好几条热身，特别是他每一条拍出来并无太大改动。"正如他自己所说，他常感到"苦恼"。德·菲奈斯总是提出如何如何做来"改善"一场戏，然后就要些时间来解决；卡班让大家也注意到早前给他写的戏又不合适了……然后拉帕特利埃又得解决新的问题。

渐渐地，情况越发恶化。在多尔多涅省的一次电视采访中，大家被路易·德·菲奈斯毫不掩饰的坦率惊得目瞪口呆，他说："我得赶快脱身，因为让·卡班可不好相处，因为我们两人性格完全不一样，这让我觉得不太舒服。我们最后会顺利结束拍摄吗？我根本不知道。到现在为止，我们所拍的一切都很好，不过是以耐心、还有很多事情为代价的……我真是很想从中解脱出来。我更喜欢和一些熟悉的朋友合作，哪怕是大家的角色平分秋色。"

的确，《名画追踪》的拍摄对所有人来说越来越是一件苦役。幸好没有什么喧闹。贝尔纳·斯托拉说："在那个时代，这种工作氛围并不少见。我曾做过《神机妙算》一片的助理，这个剧组里也发生了差不多的事情：大明星们带着他们的化妆师、服装师都各自为阵，大家都互不往来。"负责该片的制片人德尼·德·拉帕特利埃也体会到一种深深的挫败感："我们有足够的时间，也不缺乏技术支持，拍摄条件一直很好。唯一缺的就是一个站得住脚的剧本，但是也及时写好了。"可惜没有谁有足够的时间对各个场景的戏份、各个人物作成熟的考虑和设计，这也解释了根本的不平衡源自何处。媒体

18. 另一个老板

专员欧仁·穆瓦诺在《名画追踪》上映时与评论界联系时就发出这样的感慨:"当时,大家没有注意到的是德·菲奈斯演的角色最后沦为受害者。"实际上,剧本是逐步颠覆画商独裁、粗暴、让人反感的姿态的——这是德·菲奈斯饰演的典型人物,该人物最后受到粗暴的对待,变得摇摆不定和顺从很多。剧末,两位主角在城堡里边享受边保护城堡,德·菲奈斯饰演的人物以失败告终。关键的问题并非像小孩子们常说的那样"他最后失败了"(其实他根本没失去什么),只不过是到了剧末,他演的这个人物变得柔和多了,也不再有存在的必要了。就好像是脱下制服的警察去货架上小偷小摸地去偷几个苹果……

所有这些都说明德尼·德·拉帕特利埃对该次"大家真的都很不舒服"的拍摄记忆深刻。的确,这是一次迫不得已的拍摄,一部从一开始就是个错误的电影。无论是对卡班还是对德·菲奈斯而言,他们都觉得拍摄过程是一种忍受而非期盼。导演说:"错误的情况。我应该一早就拒绝掺和进去。大家都没有能力去完成这件事。"路易·德·菲奈斯因此对让·卡班印象不好,之后他要求后来成为场记的女儿弗洛朗斯·蒙科尔热加入《警察智斗外星人》与《吝啬鬼》剧组时,含蓄地把过去的情况告诉过她。

1968年9月18日,电影在巴黎的5家影院上映(特使、贝利兹、影像、蒙巴拿斯-百代、百代-奥尔良),随即马上占领票房榜首位,制片方在《法国电影》上登了一页的广告,宣称"打破所有记录":第一周时,《悠长假期》(1967年12月)收获71594观众人次,《小泳者》(1968年3月)获79415观影人次,《名画追踪》(1968年9月)80040人次。然而,实际情况并没有完全如广告所说那样:《名画追踪》在榜首只停留了三周的时间,第四周时就被罗贝尔·昂里科与让-保尔·贝尔蒙多合作的片子《哦!》打败了。

在媒体那边,德·菲奈斯得到了一些盟友如罗贝尔·查扎尔的坚实支持,后者在《法兰西晚报》上写了题为"卡班与德·菲奈斯的较量:笑者为胜",还有《自由巴黎报》说:"节奏轻松,演出精彩、高雅,毫无粗俗之处。让·卡班与路易·德·菲奈斯的相遇激起了很多火花最后点燃了熊熊烈焰。这对明星双人组的精彩表演绝对不输布尔维尔与德·菲奈斯的二人搭档。"除此之外,《法国电影》也给出了热情的评论,认为该片是一部"剧本布局精巧平稳的娱乐片"。总的来说,批评声也较温和,如《费加罗报》说该片

"迂回、沉重地表现这种娱乐性"。乔治·沙朗索尔眼光敏锐,他在《文学新闻》上发表的评论中指出他根据报界的评论推测该片:"可怜的导演不断在两位主角之间协调。结果是,拍了一部非常沉闷的电影,里面两位大明星也很不自在。卡班最终变得非常暴躁,而德·菲奈斯还是把这次的人物塑造成他以往饰演的本质不坏但受环境限制的人物。"

几个月后,德·菲奈斯在接受布鲁塞尔《晚报》的采访时说:"这是一部很糟糕的电影。我不该拍这部片子,所有的问题都是我的错误,我毫不否认:是我而不是别人想出来与卡班一起拍部电影的。结果内,三天之后,卡班对一个记者说'德·菲奈斯,是谁?'在拍摄过程中,我们一句话也没说过……其实,这都很正常,因为卡班对电影根本就不感兴趣。"

后来,《名画追踪》的票房还过得去。德尼·德·拉帕特利埃承认说:"制片人们都收回了投资成本,甚至还稍有盈利。不过,他们之前预计收入应该更高。"法国电影两大票房保障的这次合作并没有取得预期效果。当然,这也不能说该片失败了,不过这是自《暗渡陈仓》之后,路易·德·菲奈斯第一部没有达到预期票房的片子。而且,他选择接拍该片的目的就是突破他惯有的演出角色,而不再是在《宪兵情缘》、《冰冻人》中演类似的角色了。

19. 困难时期

——《宪兵情缘》与《冰冻人》,1968—1969

　　让圣托佩的警察结婚这一想法并不算新鲜。早在 1966 年的时候,报上就有报道提到一美国富家女在克吕肖就职的度假胜地举办婚礼……警察系列的头两部片子让路易·德·菲奈斯成为一位法国人最喜爱的演员,编剧也深知他的婚事将会被百万法国家庭议论。于是,圣托佩的整班警察们出席婚宴的安排被提到日程上来。结束了困难重重、紧张压抑的《名画追踪》的拍摄之后,接下来拍摄《宪兵情缘》将是一件非常幸福的事情。

　　自《奥斯卡》一片以来,德·菲奈斯找到了一位非常理想的银幕妻子,她将成为圣托佩警察的妻子。雅克·维尔弗里德与让·吉罗一边设计人物,一边自然而然地受到弗朗斯·德·克洛德·让萨克表演的启发:克吕肖未来的妻子将是一位上校的遗孀(她背后有高层的关系,还有一大笔财富,就像我们在《退休警察》开头看到的那样),通过这次联姻,他不仅获得社会地位的提升,还将在职业中也有所发展。

　　德·菲奈斯与整个警察班重聚了,热纳维耶夫·格拉德饰演他女儿。他找了伊夫·樊尚来演上校。1949 年时,伊夫曾推荐他演雷蒙·罗洛的《欲望号列车》,德·菲奈斯并没有忘记他。这位演员身姿挺拔且具有贵族风范,在《退休警察》中饰演同一角色,此外还在《冰冻人》中有演出。

　　扎实的剧本,熟悉的角色分配,忠心耿耿的技术团队(奥利维耶·德·菲奈斯还担任让·吉罗的助手):一切都井然有序。电影预计在圣托佩拍摄 8 周并于酷暑和度假人群到来之前的 6 月底关机。只不过出现了一点点让人肾上腺素上升的论战萌芽:《警察在纽约》之后,有一些退休警察写了请愿书四处投送。新闻部部长伊冯·布尔热不得不正式回应政府会不会对路易·德·菲奈斯的影片下禁止令。也许,这几十位退休警察是因嫉妒克吕肖及其同事们家喻户晓的历险记而提出请愿的。后来《宪兵情缘》与《退休警察》放映时，在演职人员表之前就先放出如下警告："该片向您展示非警察'系列片'的新历险故事，纯属虚构。我们借影片向为国家服务的公职人员致以敬意，感谢他们的冷静与发挥的所有作用。"

影片于1968年5月20日周一开机。此时，开机之前几周涌起的学生运动已转化成为全国几百万员工罢工的社会主要矛盾。一开始，影片还慢慢拍摄一辆在明媚春光下行进的火车。但有一天，突然发现法律禁止剧组封路拍摄。于是，每次到路上开工时，就会看到真正的警察带着他们的步话机，在路上拦车检查过往车辆及其驾驶人员的证件。《法兰西晚报》报道说该路检甚至让警察抓住了一位在逃两年的盗贼。

然而，这一年的5月，在整个法国的土地上人们手拉手一起向旧世界宣战，或者说至少是要求获得大幅的加薪，《宪兵情缘》的拍摄也难以逃脱历史上的这一浪潮。弗朗索瓦·特吕弗、让-吕克·戈达尔、克洛德·勒卢什还有路易·马勒等人为了支援学生运动，在戛纳领导电影工作者反对举办电影节。5月19日，他们赢了诉讼，第21届戛纳国际电影节停止。无论是在巴黎的摄影棚内还是在法国各地的外景地，置景工、技师、演员都投入到狂潮之中。22日，法国演员工会的命令一提出就受到由阿兰·德龙、雷蒙·热罗姆、雅克·达基姆主笔的公告的质疑，并获得了不问政治的其他演员如克洛德·里奇、莫里斯·比罗、雅克·杜比的支持。公告的签署人说："鉴于无节制的罢工对示威者根本无任何实际利益，演出活动对于整个民族而言也非必需，那么就要创建一个与政治无关的行动。"

23号，巴黎地区各摄影棚里的拍摄都停工了，电影院也由于法国总工会要求电影放映工罢工而关门了。不过，影院经理对待停业都很谨慎，其原因是索邦大学附近的3家影院在学生示威游行时遭到了毁坏。

《宪兵情缘》片场出现罢工了吗？路易·德·菲奈斯根本不愿意听这方面的议论。对他来说，就是有一部片子要拍，别的没什么。右派们每周仍去教堂做弥撒，然后继续遗憾法国国王早被推上了断头台，他们并没感受到席卷全国的运动已经发展到何种程度。不过，激烈的讨论延续至工作时间以外，有些技师已经罢工了。最后，终于在一所制片方盛赞其海景迷人的豪华建筑内召开会议了。

19. 困难时期

克里斯蒂安·马兰说:"剧组所有成员,包括演员都到齐了。大家各抒己见……突然,有位置景工站起来说:'我们正在经历的,并不仅仅是一次全国运动,而是一次国际运动。'然后,他坐下去了。那个时代……不一会儿,德·菲奈斯说了几句话,好像是'我呢,也不太清楚。如果你们罢工的话,我也罢工;如果你们不罢工,我也就不罢工了。'然后他太太说'路易!'并做了个手势让他别说了。"

带德·菲奈斯入行的老朋友达尼埃尔·热兰来到圣托佩并鼓动他停工。《宪兵情缘》是当时为数不多的还在拍摄的影片之一,或者说是最后一部正在拍的片子。最后,德·菲奈斯停止拍摄了。整个法国因为罢工而交通瘫痪,剧组因为汽油匮乏,放映设备与摄像机最后在圣托佩停机了。五月的太阳下,罢工来了。

米歇尔·加拉布吕说:"这次罢工很舒服,所有费用都由制片人支付。"摄影师让-保尔·施瓦茨也证实说罢工伊始剧组气氛很好,几日后才转淡,其原因是罢工者缺乏明确目标。克里斯蒂安·马兰说:"在巴黎的雷霆万钧和圣托佩的从爱好出发之间,我们在海滩上度过了很多时光。在此期间,德·菲奈斯好像非常激奋。甚至有消息说制片人想把所有演员送到意大利去,以便能顺利拍完片子而无需管法国技师。"其实另一些美国制片人就是通过一次投票通过,就把原本安排在法国的拍摄转到别的地方去了。

5月30日,戴高乐将军的讲话让法国回到"复兴"的路上,然而剧组却没有立刻重新开机,即便当时在圣托佩运动的声势早就式微了。在巴黎,首轮放映的影院看到他们的票房被"运动"毁了,各区的放映厅却利用罢工打败了电视,这对路易·德·菲奈斯的片子来说可是获益颇多。6月6日,《宪兵情缘》的罢工停止了(46票对26票赞成复工),尽管德尼·德·拉帕特利埃带了一队人来请求大家尊重工会的决定。其实,直到6月9日,电影业从业人员加薪的谈判才在巴黎结束。6月10日,其他多部片子的拍摄才复工,如乔治·克吕佐的《女囚犯》、让-皮埃尔·莫凯的《奇怪的海盗》、阿兰·卡瓦利埃《狂乱》……

《宪兵情缘》片场,大家都明白罢工结束后将会有很多人涌入蓝色海岸来度假,这样外景拍摄就更难完成了,于是都齐心协力地追赶进度。坦率地说,路易·德·菲奈斯对最后几场戏有些不快。让-保尔·施瓦茨很直接地说:"不少技师以后都不和他合作了。其实,只有场记科莱特·罗班和我还继续同他合作拍摄以后的片子。"

7月初时,拍了克吕肖在港口被"降级"的场景。为了拍摄警察参谋部及其摩托小分队抵达的场面,就得把附近看热闹的人赶远一点,然而,除非是一大早来拍,否则是绝无可能的。但这也对沿街商铺住宅也有损害,因为剧组要在天亮前就来安装技术设备。《宪兵情缘》的内景后来移至比扬古摄影棚,整个摄制拖至8月底才完成。

罢工之后,路易·德·菲奈斯很不在状态,他很难重拾以往的拍摄节奏,很多场戏重拍了多遍才通过。不过他的这种紧张状态也给影片带来了欢乐。第121条片中,当他面对省长倍感尴尬时,剧本上写的对白是:"向您致以敬意,省长先生!"重拍很多条后,他却不经意地说成:"向您致以省长,敬意先生!"整个剧组都笑了起来。这一幕保留了下来。自此,他就在电影中常把台词调换来说。

在米歇尔·加拉布吕的配合下,他现场发挥做了些新的表演。这样,当克吕肖被任命为军士长时,他就让从此成为他下属的热尔贝重复他的新军衔。这两个人在演叫对方"长官!"的这场戏中,再度现场发挥,几近歇斯底里。还有,当克吕肖在警察总部初遇约瑟法时,他听到自己的身份时激动得快痉挛了。和热尔贝不同,他一直喃喃自语问"她还在吗?"副官连连摇头。克吕肖边做鬼脸边含糊不清地说:"我失禁了,什么?我失禁了。"这又是他的现场发挥。

通常剪辑片子的时候,有些镜头会被删除。如:有一场戏中,富加斯被罚打扫警察大院;妮可监视着他,和他聊天,他们的谈话都快变成马里沃剧本中调情的话了,她后来从父亲处获得同意解除了惩罚,该场景断断续续地拍了几分钟。除了警队其他人的集体冒险之外,还有另外几场戏,是让·勒费福尔演的角色的经历,也被删除了。可问题是,演员通常没有被预先通知,直到1968年10月30日首映时才发现自己的镜头被剪了。勒费福尔勃然大怒,他的声音惊动了路易·德·菲奈斯,后者在放映结束后就悄悄溜走了,并没有留下参加传统的鸡尾酒会。勒费福尔身边聚了一群记者,他详细地描绘了一番富加斯被删掉的情节。他控诉路易·德·菲奈斯要求删去他镜头。而德·菲奈斯选择了沉默。好几天以来,勒费福尔热情地回答记者们的所有问题,并且不断攻击路易·德·菲奈斯与让·吉罗。

失望的勒费福尔肯定他的镜头之所以被删除完全就是主演的要求。电影圈内部还流传着一些别的说法进一步验证甚至是夸大了勒费福尔的话。自此,德·菲奈斯的名声就是:要是其他演员的表演盖过他的风头,他就会把他们的镜头统统剪掉。然而,此时的德·菲奈斯仍旧保持沉默。一直到十多天后,让·吉罗在《巴黎日报》上发表了一封公开信驳斥让·勒费福尔的种种指责。他很干脆地说:"勒费福尔先生自认为是世界上最会衬托主角的配角。但愿他现在还是。他说我既无礼又很愚蠢地删除了'他完全有机会压倒菲菲的镜头'。我个人认为自己帮了他一个大忙,避免他在菲奈斯面前被比下去。当德·菲奈斯先生在片场时,他一场戏要重复拍上十次、二十次、五十次。勒费福尔先生抵达片场时给我们整个技师团队的印象极糟,大家觉得他之前根本没有读过剧本。你们可以自己判断!总之,我可以向勒费福尔先生保证,他的愿望会实现的。以后,在新的警察系列片里,不会再有富加斯这个人物了,吉罗先生也不会再帮助一位他曾经看重现在却让他非常失望的演员了。"

的确,这两位演员相识已久:路易·德·菲奈斯在演《不拘礼节》之前,勒费福尔在 1950 年时演过维尔弗里德与吉罗的第一部戏《爱情,总是爱情》。没多久,事情渐渐平息。两位演员在"富凯饭店"时偶然碰到了:他们碰巧坐在隔壁桌。德·菲奈斯发誓绝对没有要求剪过他的镜头,勒费福尔也同意停战。后来富加斯又回到了下一集警察系列片。

不过评论界还是注意到让·勒费福尔真正的不满。《费加罗报》、《震旦报》、《日内瓦论坛报》用了同样的字词注明路易·德·菲奈斯"让周围的人都避开他"。至于其他,人们不再生这位"大家公认的喜剧演员"的气了(《费加罗报》)。《法兰西晚报》不停地说"看了还想再看",《震旦报》从中只看到"不超过 30 到 40 分钟的滑稽场面"。这场盛大的聚会在不同影院举行,到处都是人头涌动,足以显现路易·德·菲奈斯的票房影响力:10 月 30 日,《宪兵情缘》上映时,《名画追踪》还没有结束首轮放映。让·吉罗的新片轻松登上周票房排行榜榜首,德尼·德·拉帕特利埃则是第七名。《名画追踪》的发行商 SNC 英佩里亚公司照老方法联合了 7 家影院(马克斯·林代、海景、季风、帕拉蒙-蒙马特、奥利公众)放映该片,每场放映共可接纳 4777

名观众,《宪兵情缘》的发行商普洛迪斯公司除常规的5家影院(特使、贝利兹、影像、蒙巴拿斯、百代-奥尔良)外,还选了丛林影院一起联合上映该片,每场次可接纳6408位观众,该接待观众数量是当时法国首轮独家上映影片之冠。《宪兵情缘》在周票房榜上连续三周蝉联冠军位置后才慢慢下滑,最后以上映19周、共有583860观众人次的成绩结束首轮放映。德·菲奈斯的这两部新片分别占领了位于林荫大道、香榭丽舍大街及其他文化生活热闹区域的多家影院。与此同时,巴黎各区的小电影还在反复放映他的老片子。

其实路易·德·菲奈斯对于不断重放他的老片这事很是愤怒。比如说,他曾在《愚人节》中演过一个小角色,然而现在他的头像重新印在电影海报上,他的名字甚至被放在主演布尔维尔的前面。1968年春,他在一次采访中说:"这是欺骗公众。我对此非常生气。"他还不经意地透露:"制片人还欠他5万旧法郎。"夏天,1964年就上映但不是很受欢迎的片子《男人堆里一靓妹》摇身一变成为《怪头目》,在片中与路易·德·菲奈斯戏份相当的达妮·萨瓦尔和莫里斯·比罗的头像在新版的海报中就变得微乎其微。影片在3家影院放映了2周,然后又在一家影院放映了5周,7周放映共计有39494观众人次。媒体的注意力集中在《名画追踪》上。

1968年7月,德·菲奈斯在拍摄《宪兵情缘》时,看到《法国电影》的头版居然被《一击成功》买下发广告,顿时勃然大怒。电影是十年前拍的,在法国只有内部放映过。现在他突然出现在电影海报上,名字还在另外的主演之上。更糟糕的是,他在海报上的照片还不是电影里的造型,而是他近期的一张照片,经后期制作帮他加上胡子,搞得好像是电影里的形象一样。而且参与合拍此片的法国制片人名字"科摩朗"也不翼而飞,只见意大利、西班牙合作伙伴的名字"吕克斯"等。更有甚者,吕克斯还状告德·菲奈斯"以欺诈的形式中止合同",以求德·菲奈斯能履行十年前的义务即完成该片法语版的配音。此时,路易·德·菲奈斯也反击该制作人"曲解合同"。这时,发行商不得不指明该片于1958年摄制,且使用以前的照片来宣传,电影胶片也是那时候在摄影棚里拍的。这些法律纠纷最终导致影片定于1969年9月24日公映,也就是《冰冻人》上映2周后放映。这部陈年旧作不再由意大利的吕克斯发行,而是由美国的朗克公司发行。《一击成功》本该在蒙特卡洛影院、丹东影院、天猫影院……联合上映,但最终好像并没有上映。实际上,该片根本未出现在 1969 年任何的电影统计表格中。直至 2005 年,该片才以 DVD 的形式发行。

高蒙公司的阿兰·普瓦雷正在为路易·德·菲奈斯甄选剧本,以期在《奥斯卡》之后乘胜追击。此时,曾于 1965 年就已经同德·菲奈斯提议过的《冰冻人》电影改编剧本走进了他的视线。故事脱胎于让·贝尔纳-吕克的一部舞台剧,该剧曾于 1957 年在雅典剧院演出过,并受到了肯定。剧中,65 年前,一个年轻人在北极冰川地带遭遇了海难,他的身体就被冰封在那里。让科学家们惊叹不已的是,当他们把他带回常温环境后,他的器官居然恢复了正常功能。大家都不确定这位自 1905 年就沉睡过去的人现在醒来后发现一个全新的世界会不会有什么严重后果。当局怕他承受不了环境改变带来的刺激,就把他运至家中进行唤醒,还把家里布置成他当初离开时的样子。而这对他的后代来说简直是一场灾难,因为他们得撒一个弥天大谎(装作活在世纪初的样子),从而陷入一团乱麻中。

留给路易·德·菲奈斯的角色是冬眠者女儿的丈夫于贝尔·德·塔尔塔,冬眠者的到来把他旅馆的经营、工业企业的事务搞得乱七八糟。影片的剧本也有多个版本,第一稿改编是由德·菲奈斯的老朋友雅克·维尔弗里德执笔的。电影脚本还没有确定之前,尽管在拍《奥斯卡》时爱德华·莫利纳诺与主演之间意见不合,但是这次导演工作还是由他负责。《奥斯卡》的成功说明:自 1967 年 12 月起,德·菲奈斯接纳普瓦雷的建议,又请同一位导演一起共事,要知道莫利纳诺还是绝佳的技师和善于处理商业电影的能人呢。

爱德华·莫利纳诺回忆说:"大概和制片人谈过一次。我同意导《冰冻人》这部片子,以便能和雅克·布雷尔合作完成我一直念念不忘的一部片子《本杰明叔叔的冒险之旅》。当时德·菲奈斯想要我们再修改下电影脚本。然后,在开拍前夕,居然有七个不同版本的剧本。"有时,电影好像侧重载歌载舞的豪华场面,有时又变成在密室里的滑稽歌舞剧……不过,电影的筹备工作不是很难弄。被评论界冠以在影片中垄断表演的路易·德·菲奈斯坚持认为刚苏醒的冬眠者和自己儿子的未婚妻之间的一段情较为重要。他很高兴终于有一个角色可以让他有多种装扮:世纪初的优雅、男护工、戴风帽的修道士、大胡子等等。尽管德·菲奈斯很信任雅克·维尔弗里德，他还是想让他的老搭档让·阿兰加入剧组，即便爱德华·莫利纳诺说"不能确定他能对影片有什么贡献"，他仍然坚持。于是，演职人员表上写道："由雅克·维尔弗里德、让·贝尔纳-吕克、路易·德·菲奈斯与让·阿兰根据让·贝尔纳-吕克的作品改编而成。"剧终时，就有问题了。在原版剧本中，冬眠者将变成满足科学家和媒体好奇心的研究对象时，悄悄地从于贝尔·德·塔尔塔的秘书手中逃走，还对他82岁的老朋友耍了个把戏，让他相信自己的衰老是"正常"的。经改编后的电影剧本有好几个结局，其中至少有一个让人觉得场面很壮观⋯⋯里面还有不少政治暗示。

各角色的分配直接由路易·德·菲奈斯决定。克洛德·让萨克演他的妻子，保尔·普雷布瓦演男仆，奥利维耶·德·菲奈斯演他儿子。至于冬眠者的扮演者，爱德华·莫利纳诺选定一个刚获得巴黎音乐戏剧学院奖项的新人贝尔纳·阿拉奈。"我需要一个英俊、清瘦的年轻人演《本杰明叔叔的冒险之旅》，在选定他演冬眠者之前，我让他试了几场扮演子爵的戏，因为我觉得他具有可塑性。"路易·德·菲奈斯接受了这个决定，后来在整个拍摄过程中，他对贝尔纳·阿拉奈都很亲切。后者回忆说："他对我绝对热情，负责所有反打镜头，还给我很多实用的指导，要知道，那时候不是所有大明星都这么做的。特别是有一些我得表现出吃惊的镜头，他对我反复叮咛说，'尽量把眼睛睁得圆圆的'。"

1969年2月17日，影片如期开机。很快，莫利纳诺和德·菲奈斯在拍《奥斯卡》时的老矛盾又出现了。更糟糕的是，拍了一两周后，根据一些人的回忆，德·菲奈斯把莫利纳诺叫了过来并向他宣布第八稿剧本不再符合他的要求了。"我花了整整一天拍一些没意义的镜头，什么房子的外景啊、于贝尔的汽车停在路上啊⋯⋯"最后，德·菲奈斯想重新回到第一稿剧本。自《名画追踪》后，他再也不想拍自己也觉得不妥的戏了。确切地说，这也不是什么大问题：当然，有些已经拍的镜头用不上了，但大部分的工作没白干。现在得做好那些镜头的"衔接"工作，再给两个版本的剧本写些需要补拍的镜头，再添加些新人物，如克雷潘-若雅尔夫人，她是于贝尔儿子未婚妻的母亲、也是他合伙人的太太。这个人物在剧中宣布女儿订婚的场面时并不会和她先生一起出场，剧组得很快定下演员。贝尔纳·阿拉奈的母亲是一位演员,也是雅克·法布里剧团的成员,于是他就向剧组推荐了自己的母亲。路易·德·菲奈斯采纳了他的建议,安妮克·阿拉奈就进《冰冻人》剧组了。后来,舞台剧版的《奥斯卡》重演时,她被请去代替马利亚·帕科姆,完成了这一季的演出。

在接下来的拍摄过程中,电影在两个不同版本的剧本之间摇摆不定。故事的结尾显然会在剪辑中确定下来,尽管剧组花了不少时间拍摄一些镜头,如漂亮的埃弗利娜(是埃里耶特·德迈唯一演过的电影角色)开着跑车带冬眠者外出兜风时他发现现代巴黎的场景等,但剪辑时这些镜头终未与观众见面。

换剧本导致德·菲奈斯与莫利纳诺之间的关系愈发紧张。导演开诚布公地和制片人阿兰·普瓦雷说不想拍了。《冰冻人》的拍摄逾期多日,莫利纳诺得要去拍《本杰明叔叔的冒险之旅》,因为该片的主演布雷尔下一部戏的开拍时间已经定好(最后他因为过于劳累取消了该片的拍摄计划)。莫利纳诺说:"那时,德·菲奈斯和我的关系很糟,不过他仍然坚持要我这位导演负责拍摄有他演出的那些场景。"拍片时莫利纳诺和德·菲奈斯也逐渐得以解脱。首席助理皮埃尔·科松负责拍摄的场景有:片头有关浮冰层的镜头,塔尔塔家附近仿造世纪初搭建的外景,以及几个没有德·菲奈斯的镜头。

在整个拍摄过程中,德·菲奈斯因有疑虑而变得很纠结。在拍《奥斯卡》时,他还有舞台剧演出可以作为参考,但拍《冰冻人》时,他心里就根本没底:莫利纳诺不苟言笑,他所欣赏的镜头与德·菲奈斯的想法又不同。鉴于德·菲奈斯最后对剧本彻底失去信心……所以他觉得特别难受,以至于他让好拍档米歇尔·加拉布吕到片场来陪他拍一天的戏,表示精神支持。不过,导演和演员在片场并未表现出两人不和。贝尔纳·阿拉奈还回忆说:"爱德华是位绅士,路易的修养也很好。尽管暗流涌动,但表面仍风平如镜,大家都彬彬有礼。只有在办公室或者是住所,两人的不满才会流露出来,片场上是看不出什么来的。我好像记得有一次,莫利纳诺的助手费利普·莫尼耶去敲德·菲奈斯的门,因为他迟到了两小时还没到片场。"

当然,大明星时不时地会发挥一下他的才华,莫利纳诺对此也是很佩服的。"执导路易的片子时,不能把功劳都归到自己身上,他对影片的贡献是很重要的。不过《冰冻人》是一部新的片子,不像《奥斯卡》是他已经演过的戏。"影片得益于他的发挥和即兴表演,如与教授会晤的那场戏中,他因紧张而无法自控只会不断摇摆,这段精彩的表演成为片中的一大亮点。

影片的重头戏是向冬眠者披露实情的场面。莫利纳诺说:"这场戏很难拍。拍摄当天,我们拍了几条,可路易不在状态。过了一会儿,他要我们停一会儿,因为他实在没感觉。"还被剪掉的几组镜头中,有他对男仆大吼大叫道'滚开,不然我要揍你了'。"贝尔纳·阿拉奈回忆说:"拍不下去了,我们所有人下午3点就收工了。"

莫利纳诺说:"第二天,我们拍了其他的场景。他要求第三天重拍,拍了几条之后,他的灵感如泉涌般爆发了。"路易·德·菲奈斯放开手脚,滔滔不绝地讲他的台词,还即兴加上了剧本上没写的肢体表演,和往常一样一遍遍拍下来,直至他的情绪达到最兴奋的状态。当他对着冬眠者大叫"您是您母亲也就是我太太的外公。另外,她不叫克莱芒蒂娜,而叫埃德梅!"然后他拔腿就走,还接连重复了十五次他太太的名字,这一幕成为他职业生涯中最精彩的表演之一。他用介于疯狂与暴躁的语气和目瞪口呆、不想一直都那么严肃的贝尔纳·阿拉奈演对手戏。后者回忆说有一场戏,他四分之三的背部对着观众,忍不住大笑起来,当时德·菲奈斯正对着镜头,只要慢慢回放镜头,大家就能猜到发生了什么。几天前,在拍德·菲奈斯对冬眠者说自己妻子去世的这场戏时,阿拉奈和他也起了冲突。"他最后一句话是'她一点儿都不难受,一点儿也不'。剧本里可没有这句话。当时听到身后传来阵阵笑声,我就忍不住在导演喊'卡!'之前笑了起来。"

拍摄前后一共14周,一直延期到5月底。莫利纳诺去拍《本杰明叔叔的冒险之旅》了,这部片子是6月9日在勃艮第开机,德·菲奈斯去克莱蒙度假,皮埃尔·科松多花了3周多的时间拍完了《冰冻人》的余下镜头。德·菲奈斯和导演在剪辑片子的时候才又碰面。莫利纳诺说:"他也不是每天都来,只是经常来。让人惊讶的是,他完成没有拍摄时的那种坏情绪了。有时甚至还提出一些很有建设性的建议。"

但是就像导演所说,"我们开始拍一部片子,然后又接着拍了一部"。尽管《冰冻人》算是路易·德·菲奈斯近十年来最受观众喜爱的片子之一,莫利纳诺还是觉得"该片不太成功。我们尝试了好几种方法来讲这个故事,也安排了好几个结局,但是我花了好几年的时间才发现我们犯了一个和舞台剧版《冰冻人》一样的、最根本的错误,就是没有把冬眠者当成主角。我们应该在这个角色上做文章,并让路易来演。"

1969年9月10日,《冰冻人》上映。罗贝尔·沙扎尔在《法兰西晚报》上发表文章表示欢迎,并认为《冰冻人》上映是自然规律一样再正常不过的事情了:"一切都按规律发展,收假了,孩子们都上学去了,巴黎大街上继续堵车,德·菲奈斯又出现在大银幕上。"有的媒体对该片兴致不高(《世界报》说:"比想象的要更好笑一些"),还有拿电影里其他演员开玩笑的(《十字架报》说:"周围看不到什么人"),或者还有夸奖所有演员的(《战斗报》说:"每个演员的表演都很棒,值得喝彩"),不过总的基调还是:该片是为突显德·菲奈斯的才华而拍的,而且目的也达到了。票房成绩也证明:该片首周在6个影院(特使、贝利兹、丛林、影像、蒙巴拿斯影院、百代-奥尔良影院)联合上映,每场可接纳共6408位观众,每周放映35场次,共收获56894观众人次,并把两周前刚上映的票房榜冠军塞尔乔·莱昂奈的《西部往事》拉下榜首。然而,该片的口碑并没有那么火:影片之所以在巴黎的排行榜上高居首位(占据榜首共5周,10月15日被另一部西部片——山姆·佩金法的《野蛮游牧部落》夺走冠军位置),是因为降低了上座率的缘故。自第二周起,百代-奥尔良影院的上座率就降至12.9%(1559人次)。在很多家庭以及逐渐不满的电影爱好者眼中,成功的代价是:不会在下午场去看德·菲奈斯的影片,而是周末或周四去看。《冰冻人》第二周票房有51300观众人次,6家影院平均上座率为22.79%,比《西部往事》第四周29%的上座率低。

外省的观众是路易·德·菲奈斯忠实的追随者:当《冰冻人》来到大城市上映时(首轮放映结束后随即在接下来的两月到外省各城市上映),和以前一样登上票房榜首,打败了在里尔同时上映的安德烈·卡亚特的《加德满都之路》,超过了里昂上映的《瓢虫之爱》、在尼斯上映的《野蛮游牧部落》以及图尔上映的《摩尔人》……

11月26日,《冰冻人》首轮放映到12周时,爱德华·莫利纳诺的另一部电影登上了巴黎电影票房排行榜的榜首。《本杰明叔叔的冒险之旅》在商业和评论界都取得了不俗的成绩,首轮上映共延续了13周,加上后续的上映共获355445观众人次,《冰冻人》则是在18周内收获499199观众人次。这一季巴黎地区表现抢眼的影片主要是《江湖龙虎》和《神机妙算》。在喜剧领域，德·菲奈斯被颠覆传统的美国人罗贝尔·奥特曼的《陆军野战医院》、米歇尔·奥迪亚尔与安妮·热拉尔多根据弗莱德·卡萨卡小说改编的影片《她不喝酒、不抽烟、不勾引但是……却爱唠叨》超过了。阿兰·德龙同时出现在两部占据榜首的电影海报上，他成了法国电影票房之王。

德·菲奈斯刚拍的四部电影反映出一个问题：让·吉罗的《总统失踪记》和《宪兵情缘》几乎都没给他使用看家本领的机会，德·拉帕特利埃和莫利纳诺的片子也没能让他顺利地自我突破。他没有考虑彻底转变，只是做好尝试新事物的准备。也许是一次再创作……

20. 休 息
——从《乐队指挥》到《落在树梢》，1970—1971

　　正如我们看到的那样，对路易·德·菲奈斯来说，68年五月风暴不过是拍摄工作受到令人不悦的干扰而已。但是他不会不知道，一种缓慢而不可抗拒的演变正使得周围的世界发生变化，法国社会如同一块旧布料，被突然撕破。他不会不知道，自己所拍的影片，无论从题材、布景、情节，还是就创作意图而言，并非始终走在现代的前沿。

　　《名画追踪》和《冰冻人》的艰难拍摄，无疑也让他感到有必要改变一下。电影界此时也处在动荡之中。在巴黎，影业的格局继续深入变化。首先，巴黎城市规划发生演变，影院的拆建此起彼伏。坐落在杜威路、靠近克里希广场的"艺术影院"被拆除，原址上盖起邮政大楼以及邮局。"艺术影院"于第一次世界大战之后落成，曾经是20年代巴黎电影生活的中心，专业和媒体专场都大多数安排在此放映。据报道，三座在建的大型购物中心（马恩-蒙巴拿斯、意大利广场和蒙特勒伊-克鲁瓦-德-夏沃）将于1971和1972年开张，里面都配有电影院。更为甚者，大型影院的数量日趋减少：13年前落成的维普乐-百代影院在1969年5月关闭，1660个座位的放映大厅被分为两个小厅。国民公会-高蒙影院停业数日，将1700座的大厅改为两个分别为400座和700座的小厅。马里尼昂-百代影院对放映公司很有吸引力，于是在1968年，1670座的大厅一分为二……总计1690个座位。这家影院在1967年售票387000张；而在1969年，两个新放映厅的售票上升到777000张！

　　此外，欧洲电影进入性亢奋时期，狂热到如今难以想象的程度，其中原因不一而足。事实上，观众们很乐意大量消费色情或者淫秽电影。在1974年《艾曼妞》获得巨大成功（截至1985年，观众总数达到890万）以及1972

年在美国上映的《深喉》成为传奇之作之前,色情影片实际上很走俏。1968年初上映的德国"性教育片"《埃尔加》吸引了400多万观众。1970年出现了被称为"首部性感西部片"的《灼热的靴刺》以及"首部性感侦探片"《邪恶的故事》……这类电影似乎成为法国电影院上座率罕见上升的主要原因:1969年,只有771座影院的上座率超过1968年,占法国影院总数的18%。色情电影给电影生产带来的另一个后果,或者说反映其分量的另一种征兆,就是在1969年上映的影片中,36%属于限制上映的影片;16.5%的影片为13岁以下不宜观看(不含性行为或"性暗示"的裸露镜头),19.5%的影片为18岁以下不宜("正面裸露",直接的性行为)。限制上映原因不一定总是与色情相关,有伤风化、暴力乃至政治内容都可能导致某部影片的上映受到限制,但是电影的色情倾向是显而易见的。联邦德国的限制比例达到令人诧异的地步,居然有84%的新影片属于16岁以下不宜。

无独有偶,1970年春季,"10频道"——法国首家私营电视频道——宣布即将成立,每年播出5500个小时的节目。新增节目当然令电影行业人士忧心忡忡,一筹莫展。电视咄咄逼人,不断抢走电影观众,影院上座率再次下跌:1968年出票为2.03亿张,1970年跌至1.84亿张。最后一直等到1984年Canal+成立,私营电视频道才真正问世。但是电影观众的减少并没有停止。

在这种背景下,路易·德·菲奈斯的心情和五十来岁的电影同行们一样:忐忑不安,但是没有因此就考虑不顾一切地改变自己的戏路。好莱坞总体上也持这种态度:1968年底,好莱坞思想有所开放,不再只允许在成人片使用"放屁"一词,普通影片也可以使用。

路易·德·菲奈斯对制片人阿兰·普瓦雷表达了与年轻导演合作的愿望。1969年春季,塞尔吉·科尔贝接到高蒙公司老板的一个电话,说路易·德·菲奈斯想跟他拍片子。塞尔吉·科尔贝述说道,"他当时正忙着拍《冰冻人》,于是我给爱德华·莫利纳罗通了电话,爱德华对我说,'千万别要他!他会给你添麻烦的,这家伙很烦人,什么都看不惯。'不过我还是去见了他。"塞尔吉·科尔贝抱着不同意合作的想法,来到布洛涅-比扬古摄影棚。"德·菲奈斯把我视为新浪潮派导演。他的初衷是找年轻导演拍片子,他对我拍的《巴黎傻瓜》一见倾心。"

20. 休 息

塞尔吉·科尔贝那年 32 岁,两年前为高蒙公司拍了这部根据勒内·法莱小说改编的喜剧片,达妮·卡莱尔、让·勒费福尔(初次在影片中扮演主角)以及贝尔纳·布利耶等演员加盟。塞尔吉·科尔贝不愿意被别人划入喜剧片导演之列,于是就根据詹姆斯·哈德利·蔡斯的同名侦探小说,再次邀请达妮·卡莱尔,拍了《轻佻女子》。就在这部片子之后,阿兰·普瓦雷建议他找路易·德·菲奈斯拍电影——"这不对我的套路。"高蒙公司老板从抽屉里拿出匈牙利导演吉泽·凡·拉德瓦尼亚的一份构思。后者曾经在 1953 年《巴尔先生的怪愿》中担任导演,指导路易·德·菲奈斯与米歇尔·西蒙演对手戏。这份构思的题目是《巴黎蝴蝶》:"三张纸,也许出高价买的,可是没有什么价值。我对普瓦雷说:'这东西有什么用?'故事发生在一家利都风格的夜总会里。唯一好玩的地方,就是把德·菲奈斯请来,拍一部音乐喜剧。大家当时都很兴奋。"

果然不出所料,初次见面,德·菲奈斯就觉得这个点子十分巧妙。塞尔吉·科尔贝先找到马塞尔·朱利连,请他深化吉泽·凡·拉德瓦尼亚的脚本。朱利连是《虎口脱险》的剧本作者之一,同时也是作家、普隆出版社社长以及电视系列剧的编剧,不料他两个月后便放弃了,由让·阿兰续写《巴黎蝴蝶》,后来改成《小步,小步》,最后定名为《乐队指挥》。

在拍完《名画追踪》和《冰冻人》之后,路易·德·菲奈斯想找一个扎实的剧本,如果能帮他走出自《关关雎鸠》以来重复扮演的角色和戏路,也未尝不可。在接受采访时,他已经多次说过"生怕观众们腻味德·菲奈斯"。《乐队指挥》的主角不是夜总会总管,而是一位编舞。这个人物有权有势,脾气暴躁,性格固执,跟路易·德·菲奈斯以前塑造的人物相比,并没有太大的新意。伊万·伊万思编舞新潮,但是对剧团的女演员却严加管束,就像一个醋意十足的父亲。他不许男性接近她们,严禁女演员结婚。在巡演途中,他在卧室发现一个婴儿,然后又发现一个……不禁大惊失色。剧本包含大量轻松喜剧的成分,摔门发飙,惊慌失措等等。但是那些年头反抗成规、为一切自由喝彩,一个艺术家的角色——哪怕他有家长作风、大男子主义、思想守旧——也比宪兵或者企业老板更迎合潮流。

与跟德·菲奈斯合作过的其他导演相比,塞尔吉·科尔贝享受到罕见的优待:德·菲奈斯请他入住克莱蒙城堡。"他把我和妻子、儿子一起请来。

我要跟他在这儿住上十天,他知道我喜欢美食,专门找来一位厨师。头天晚餐之后,他带我来到他的16毫米放映室,说道:'我给你看一部我很喜欢的片子。'他把一盘拷贝装上放映机,一看片头字幕,我就知道是《一个傻瓜在巴黎》,不用说,我在剪辑室已经看过几十遍了。我说:'这部片子我看过了,是我拍的。——是的,我知道,不过我实在喜欢它,想跟您一起再看一遍。'过了一刻钟,他说累了,自己习惯早睡。结果我和妻子留在放映室,看我自己拍的影片。"

科尔贝逗留克莱蒙城堡的这段时光过得十分惬意。俩人无话不谈,在城堡花园和四周徜徉。"我们常趁她夫人不注意,偷偷来到卢瓦河畔的小酒吧喝白葡萄酒。"他们当然说到待拍的新片,不过谈得相当少。"我很快意识到,路易想给拍片留下即兴发挥的余地。"

"我们见面后,我发现他不是一个非常学究的人。比如说,他几乎从来不看小说。我曾经给弗朗索瓦·特吕弗当过助理,他就认为我属于新浪潮派——其实一点都不沾边,我拍的片子都十分传统——我就将错就错,顺着他的说法了。我问他是否读过菲茨杰拉德或者米勒的书,我发现他惊慌起来。原来,在'知识分子'面前,他有一种自卑感。于是,每当我发现他在片场上感到紧张的时候,我就跟他说多斯·帕索斯,一切都会恢复平静。尽管如此,我们始终保持非常友好的关系,从来没有骂人或者吵架。"德·菲奈斯和科尔贝互相用"您"字尊称对方,这位导演一再强调从个人交情上说,他跟德·菲奈斯合作的两部影片顺利得"宛若梦境"。然而他也坦言道,"从来没有完全心平气和过。他老是沉着脸,相当内向,绷得很紧。让娜不在的时候,我们常去酒吧喝一杯,那时候他才会放松些,甚至还很闹腾。但是在片场就不这样……"

科尔贝跟德·菲奈斯度过的时间超过任何其他导演。德·菲奈斯对年轻导演很有好感。爱开玩笑的德·菲奈斯把自己的某些名人习惯透露给他:"他当然没法坐地铁出行,可是又讨厌自己开车。于是,拍摄影片过程中,如果剧组不给他派车,他就常常叫出租。他用支票来付车费:因为他知道司机们不会为了50法郎支票,专门跑一趟银行,而会把支票当作名人亲笔签字保留下来。他告诉我说,毕加索也是这么做的。"

尽管在拍片之前享受着逗留克莱蒙城堡的优待,塞尔吉·科尔贝对

20. 休 息

德·菲奈斯的名声仍然放心不下。"莫利纳罗曾经跟我说过,让娜会给我添乱子的。可是,无论在片场还是看样片,我都不记得她露过面。她几乎没有到过拍摄现场。"当时盛传德·菲奈斯夫人只看重丈夫碧蓝的眼珠。"我不想惹麻烦,跟摄影师让·拉比耶说了。他准备了一台小射灯,贴上蓝色玻璃纸,每次拍摄时都瞄准德·菲奈斯。由于他的眼珠是深蓝色的,所以效果很好。"

德·菲奈斯这次一反自《圣托佩的警察》走红之后的常态,由导演自行选择演员。当然啦,奥利维耶·德·菲奈斯将扮演伊万·伊万思的侄儿,担任乐队的鼓手。弗朗索瓦兹由他在《来得不巧》和《神不知鬼不觉》的老搭档诺埃尔·亚当来扮演,在戏中担任舞蹈领队的助手。"我在美国呆了几年,刚从那儿回来,还没有回到法国电影中来,路易把她强加于我。我已经35岁了,舞蹈队的姑娘们才20岁。"唯一经常光顾德·菲奈斯这个松散型剧团的演员是保尔·普雷布瓦,他将扮演罗马的酒店经理,会在片中再来一些小小的即兴发挥,他在《奥斯卡》和《冰冻人》中扮演仆人时,曾经用过这种手法。

在剧本杀青之前,塞尔吉·科尔贝已经开始跟青年作曲家、高蒙公司的新星弗朗索瓦·德·鲁贝合作了。后者以具有流行风格的作曲以及独特的录音方式,为这部电影创作与众不同的声响和音乐特征。那时候,作曲家们都要求使用最顶尖的录音棚,而他却把录音棚搭在自己家里,不断做试验。这位年方30的作曲家直接与比自己年长20岁的笑星让·阿兰探讨创作,提出一些旋律、声响、噱头来衬托甚至激发剧作家的奇思异想。鲁贝叫来一些音乐伙伴录制电影原声带的样带和舞蹈音乐片段,结果常常成为大伙自娱自乐的即兴发挥。科尔贝回忆道,"我有一次带德·菲奈斯来这儿。他和鲁贝很合拍,居然弹起钢琴,跟他一起即兴娱乐起来。"然而,这并没有让编剧想到在《乐队指挥》中发掘路易·德·菲奈斯的音乐才华。倘若让父亲弹钢琴,儿子担任鼓手,想必一定很有趣,但是塞尔吉·科尔贝今天承认,自己没有想到这么做。不过,导演让德·菲奈斯唱了歌。他和侄子一起哄婴儿的时候,父子两人有一段很动听的二重唱,略带道德说教的味道,《小宝宝》这首歌由让·阿兰、弗朗索瓦·德·鲁贝和勒莫·福尔拉尼作词。歌词写道"当你哼着曲子,啦啦啦,啦啦/你要想想后果/这一切很有趣/但生活并非儿戏。"高蒙公司不考虑为这首歌灌制45转密纹唱片,让塞尔吉·科尔贝非常失望。

弗朗索瓦·德·鲁贝和奥利维耶·德·菲奈斯属于同龄人,有共同的语言,喜欢同样的音乐。这位年轻演员在《乐队指挥》中不仅将发挥击鼓的才华,作曲家还为他找到一展歌喉的机会。当游艇的浪漫场景需要歌曲烘托时,那帮业余爱好者谱写曲子,由奥利维耶·德·菲奈斯来演唱,黑人爵士般的嗓音相当感人。作曲家德·鲁贝与这位年轻朋友还将继续交往,几个月之后,人们在电影《稍稍地,非常地,热烈地》的原声带中听到了奥利维耶·德·菲奈斯的声音。这部电影是由罗贝尔·昂里科拍的。

经常执导各类电视综艺节目的勒内·格里亚负责舞蹈编排,加盟影片的舞蹈演员的排演也归他领导,其中包括诺埃尔·亚当。德·菲奈斯连续几周跟着格里亚排练,充满一丝不苟的职业精神。正式开拍前一个月,德·菲奈斯必须跟全体舞蹈演员作初次排练,他忐忑不安,来到现场后非常礼貌地向姑娘们逐个打招呼……排练居然没出任何差错,姑娘们自发地报以阵阵掌声。

阿兰·普瓦雷在回忆录(《阳光下的200部影片》,郎塞出版社,1988年)中叙述自己与德·菲奈斯谈财务的复杂过程:"路易多疑,多疑得令人害怕。很多演员都是这样。他们一再扮演淳朴幼稚的角色,却忘了自己在谈生意的时候是多么让人难以对付。他们漫天要价,如愿以偿之后,依然真诚地确信别人设法骗他们(我不会这么尝试)。当一切修改、讨论完毕之后,路易并不签字。"无奈之下,高蒙公司的这位强人想出了让德·菲奈斯签字的诀窍:他假装有要务在身,但必须等合同办妥后才能启程。这时候,礼貌压倒了疑心,为了不使阿兰·普瓦雷难堪,德·菲奈斯才会在合同上签字。

但是有一天,两人的关系闹僵了:德·菲奈斯签了三部影片之后发现,与高蒙公司在《宪兵情缘》之后跟他商定的片酬相比,这次开价相差十分悬殊。他跟阿兰·普瓦雷提出要修改合同。阿兰·普瓦雷一口拒绝,但是答应增加片酬,而且是大幅度增加,不过从下一份合同算起。

塞尔吉·科尔贝讲述道:"路易认为,《乐队指挥》的片酬应该在200万法郎以上,也就是跟其他制片人拍片的酬金相同。但是阿兰·普瓦雷不愿意超过合同约定的50万法郎。一天晚上,德·菲奈斯怒气冲冲地打电话给我说：'我想，我们得花很多时间来拍这部片子。'原先预计拍摄需要 11 周时间，结果用了 22 周才拍完。"让我们纠正一下塞尔吉·科尔贝的话：这部片子从 1969 年 11 月 24 日开机，20 个星期之后即在 1970 年 4 月 10 日结束，仅仅（！）多拍了 9 周时间。

因为在 1970 年的时候，德·菲奈斯已经拍过 120 多部电影，经验丰富，有着数不尽的诀窍来大量拖延拍摄时间，更何况他是绝对的大牌明星，无所顾忌，谁都不敢吭声。塞尔吉·科尔贝描述道："每个镜头快结束时，德·菲奈斯就连连出错。而我们经常要拍 45 个镜头！但是，他非常狡黠，经常提醒我们别把前面的镜头送去冲洗，结果场记板归零。因此，正式统计来看，只拍了 10 个镜头。有时候，我们正准备开拍，路易就说'塞尔吉，这个镜头像这样，我感觉不太好。是不是可以从那个角度拍，您觉得怎么样？'那时候，为拍一个大场面，摄影师常常花 3 个小时布置灯光，我很清楚德·菲奈斯的用意：假如我把摄影机移动一两米的距离，光线都变了，又要花 3 小时去调整。令人难以置信。拍舞蹈排练、音乐厅、酒店等场景的时候，摄影棚里聚集两百个工作人员，还有巨型的背景等等，一拖再拖，无休无止……我们 11 月初开始拍片，直到复活节才结束，几乎晚了 3 个月。"

阿兰·普瓦雷并不让步，塞尔吉·科尔贝甚至摄影师让·拉比耶的一再恳求也不起作用。让·拉比耶已有 30 多部影片的经历，尤其跟克洛德·夏布洛合作过，在高蒙公司决策层有熟人。塞尔吉·科尔贝指出，"如果普瓦雷对德·菲奈斯作出让步的话，付出的代价应该低于拍片逾期所花费的几百万法郎。但是他非常傲气。每个在片场的人都心知肚明，可是在整个拍摄期间，僵局持续不变。"

然而，从总体上说，塞尔吉·科尔贝并不设法把自己的方案强加给德·菲奈斯。他更愿意让他去寻找、尝试、反复，一如既往地以影片的利益为重。剧本原来考虑伊万·伊万思在午餐的时候朗读行为守则，以此来教育舞蹈演员，然后在姑娘们入睡之后，他利用夜间查寝室的机会，继续在她们耳边重复这些道德格言。但是剧本并没有要求他在姑娘们就寝之前给她们讲故事。导演还记得，"拍片的那天清晨，他不知道该干些什么。他跟我说：'咱们做些尝试。'他让姑娘们围拢在自己身边，我们确定摆放摄影机的位置，拍了几个镜头，就大功告成了。"这段戏成为电影的经典时刻之一：路易·德·

菲奈斯做手势，吹口哨，期期艾艾地讲述《狼与羔羊》的故事。堪称神来之笔。

"与德·菲奈斯一起工作时，这也可能成为一个大问题。因为他有时候会把你卷入某些场景，无法与剧本设计的其他场景进行衔接，无奈之下只能重写前后相关的场景。当然，碰巧的情况也经常遇到，给姑娘们讲寓言故事就是其中一例。但是，他有一种倾向，就是有时候不把影片的连贯放在心上。而且他对衔接穿帮根本不屑一顾，右边、左边，胡乱上场，有时候闹得没法剪辑。"

拍完《虎口脱险》之后，杰拉尔·乌利又和布尔维尔合作拍了一部电影——《大脑》。布尔维尔与让-保尔·贝尔蒙多联袂扮演江洋大盗，他们遭遇一位绑票天才——由大卫·尼文扮演，屡屡失手。票房记录依然很高，观众人数高达554万，但是跟他与布尔维尔和德·菲奈斯拍的两部影片相比，还是低了一个档次。大伙都期待两位演员的再度合作。《虎口脱险》上映之后，布尔维尔说了一条思路："我想和德·菲奈斯合拍一部音乐片。在当演员之前，他曾经是钢琴师。而我呢，我是歌手。我敢肯定，我们俩能搞些有趣的事儿。"可惜当时谁都没理他这一茬。

乌利在绞尽脑汁寻找剧本创意，甚至想到了他自己在舞台上演过的角色。1960年，他在法兰西喜剧院演过唐·萨吕思，此人是雨果《吕伊·布拉斯》中一个渎职的大臣，王后一气之下将他流放。雷蒙·罗洛导演的这出戏当然跟风趣滑稽不沾边，但是从喜剧作者的角度看，他觉得这个人物妙不可言：他吝啬、不老实、恃强凌弱，策划阴谋，残忍地把自己的仆人推入王后怀抱，以达到让国王休妻的目的。如果处理得当的话，雨果笔下的悲剧可以成为一出滑稽诙谐的巅峰之作，《虎口脱险》已经证明乌利的确具备这种才干。他把自己1960年的直觉跟两位演员说了。路易·德·菲奈斯毫不费力地想象自己在唐·萨吕思身上能做些什么。布尔维尔将扮演一个非常笨拙而且头脑单纯的仆人，一旦被抛入金碧辉煌的宫廷，他主人有多么狡诈和贪婪，他就会多么浪漫而慷慨。两位演员兴致勃勃。杰拉尔·乌利、达妮埃尔·汤姆逊、马塞尔·朱利安携手将雨果的"剧本"改写成两小时影片。1970年，《暗色英雄》写完了。初步预计在1970年11月开拍，由阿兰·普瓦雷担任制片，因为自从高蒙公司老板出品《大脑》之后，乌利已经把他视为电影"兄弟"了。

与此同时，路易·德·菲奈斯仍在拍摄《乐队指挥》，千方百计地拖延时间……塞尔吉·科尔贝的这部电影拍得没完没了，从它结束到《退休警察》1970年5月11日在圣托佩开拍，中间只隔了个把月时间。上一部影片给他带来反复折腾试验的乐趣，接下来一部片子则是一场大胆的挑战，而且还是科尔贝导演，因此在两部影片之间，与老友让·吉罗重逢，与《警察》剧组全体成员相聚，让他很开心。

尽管一年半以前《宪兵情缘》上映时关系一度比较紧张，让·勒费福尔还是回到剧组了。剧本基本是围绕着他展开的：圣托佩警署的六名警察被勒令退休，他们很不适应，尤其是克吕肖和杰尔贝。他俩获悉富加斯追捕盗贼受伤而失去记忆，于是召集伙伴们，将富加斯带到圣托佩，想通过旧地重游，重温当年的冒险经历，给他带来有益的刺激，帮他恢复记忆；一连串的波折，使得他们遭到小城年轻驻警的追击，然后他们阻止了核弹火箭的爆炸；为了感谢他们所作的奉献，六人重新归队，继续服役。

米歇尔·加拉布吕、克里斯蒂安·马兰、吉·格罗索以及米歇尔·莫多也重新穿上警服，克洛德·让萨克、尼古拉·维尔韦再次扮演妻子的角色，法朗士·卢米伊饰演圣-万桑-德-保尔修院修女。克吕肖在属于妻子的豪华城堡中生活，无所事事，提不起精神，不过这为启用路易·德·菲奈斯别的熟人提供了机会，比如保尔·普雷布瓦演饶舌的马夫，多米尼克·扎尔迪演偷猎者，还有新入伙的克里·乔治雅迪塑造英国贴身侍从，此前他在《乐队指挥》中扮演音乐师，用口哨模仿鸟鸣来缓解伊万·伊万思的情绪。而克吕肖那边不再有姑娘了，热娜维耶芙·格拉德不想再加入冒险的《警察》系列。克洛德·让萨克和保尔·牟里斯在安托万剧场演出弗朗索瓦兹·道兰的《自私鬼》，不愿意放弃。每个星期天下午，18点开始的第二场戏结束以后，她跳上21点46分的蓝色列车，周一、周二拍片，直到17点登上飞机，赶去尼斯参加21点的演出。

为期八周的拍摄，在路易·德·菲奈斯看来，还是相当轻松的。他在片场颐指气使，比任何时候都厉害。那是克里斯蒂安·马兰所拍的最后一部《警察》系列片，如今他写道："底层警察越来越少"，与此同时"德·菲奈斯变得更挑剔"。有一天在潘普洛纳天体海滩拍戏，大明星姗姗来迟，口口声声说别人忘了通知他，然后穿上泳衣要下水游泳，而整个团队都等着他开始干活哩。克里斯蒂安·马兰应邀出演让·阿努依的戏，所以他不会数年之后重披警服参加《警察智斗外星人》的拍摄。

7月初，德·菲奈斯开始度假，塞尔吉·科尔贝忙于结束《乐队指挥》的剪辑，让·吉罗开始剪辑《退休警察》，它们都是暑假之后最令人期待的新片。《乐队指挥》于1970年9月18日上映。《费加罗报》写道，"影片内容空洞，犹如肥皂泡……但是这位演员足以令观众喜笑颜开，尽管他一反常态，出场很少"；《黎明报》祝贺"影片至少做了一次尝试，不仅给我们奉献了法国头号笑星，而且布景引人入胜，造型变幻无穷，舞蹈非常精湛"。甚至连左翼报刊的精英们也对《乐队指挥》赞不绝口，而此前他们对德·菲奈斯的批评从来都是疾声厉色的。别的报纸——比如《世界报》——指责导演把影片拍得"冗长，令人费解，有些场景毫无必要"。英国报界再次唱反调，依然盛气凌人地挖苦德·菲奈斯："即使是卓别林或者W.C.菲尔兹，都需要更扎实的条件才能胜任一个半小时的表演，更何况德·菲奈斯根本不及他们。"《先驱论坛报》一锤定音。

从影院方面而言，第一周的上座率并不火爆，尽管7个影院总共接待了51475人次，使得《乐队指挥》轻松地占据周冠军的位置，紧随其后是约瑟夫·里欧·曼凯维奇与柯尔·道格拉斯、亨利·方达合作的最后一部西部片《大逃脱》。但是有一点是骗不了人的：从第二周起，《乐队指挥》就被挤出《法国电影》公布的上座率参数排行榜前10名；《奴隶》在阿尔法影院的上座率为76.2%，《射马记》在圣日耳曼-阿谢特的上座率为60.3%……《伍德斯托克》在爱丽舍-林肯第一影院的上座率也有35.9%。《乐队指挥》在7个影院的最高上座率徘徊在30%左右。

观众人数在巴黎西奈影院领先3周之后，《乐队指挥》被伊夫·布瓦塞导演、米歇尔·布凯主演的《警察》赶超，落后大约12000人次。更有甚者，10月28日，当《乐队指挥》进入第七周公映的时候，路易·德·菲奈斯的《退休警察》上演，路易·德·菲奈斯与自己竞争，导致观众数量再次下挫。此外，作为《警察》系列的第四部片子，《退休警察》也没有实现出彩的票房：9家影院总共才接待76734人次，在周排行榜上仅占据第3名。让-皮埃尔·梅尔维尔的《红圈》连续两周占据榜首，阿兰·德龙、布尔维尔主演的警匪片

20. 休 息

受到一致好评。吉·卡萨里导演的喜剧片《初学修女》排名第二，碧姬·巴铎扮演修女，安妮·热拉尔多演妓女。然而，杰拉尔·贝图和他的影业新公司(SNC)却在业界报纸中插入专页扬言"破纪录！巴黎23家影院正在排片，独家上映影业新公司1970年出品的影片"，其中7家影院上映布尔维尔领衔主演的《大西洋壁垒》，7家影院上映爱德华·莫利纳若主演的《臀部自由》，9家影院播映《退休警察》(墨丘利影院、ABC影院、歌剧院-节日、克吕尼宫影院、百代-精选影院、丛林-高蒙影院、德朗布尔影院、奥尔良-百代影院、西哈诺-凡尔赛影院)。这不啻是对阿兰·普瓦雷的嘲弄……令后者更为恼火的是，瓦罗利亚影业公司在同一天——10月28日——再次推出喜剧片《暗渡陈仓》。杰拉尔·乌利导演的这部片子在3个并不豪华的影院(蒙特卡洛、卢米埃尔-高蒙、蒙特利尔)上演，居然吸引了12436名观众，比《乐队指挥》少了2454人。

塞尔吉·科尔贝的影片在9周之后结束独家首映期，观众人数达到了260609人次。从11月18日起，它在4个客流较多街区影院(圣拉撒尔丛林、影子、皇家奥斯曼和银河)进入"立刻续映"阶段，每周大约有1500人次观看。与此同时，《退休警察》稳步前行，直到年末节日的结束，独家首映期到1月6日结束，然后进入4家"立刻续映"影院(圣拉撒尔丛林、影子、快活鲁舒阿尔、福威特)，12周之后，观众人数达到409118人次，比《乐队指挥》多放两周时间，观众几乎多出15万人次，而且影片投资少得多。《退休警察》与《乐队指挥》在外地独家首映期间的票房是无法相比的。

高蒙公司当然没有赔钱，但是普瓦雷无疑希望票房有更佳的表现。德·菲奈斯本人大概也在这么想……不过就在《退休警察》与《乐队指挥》经历不同际遇的这段时间里，他在考虑与塞尔吉·科尔贝的第二次历险，即拍摄《落在树梢》。影片已经在9月20日，即《乐队指挥》公映的第三天开拍。人们很快会发现，开机后最初几周，路易·德·菲奈斯没有在片场出现。9月22日夜晚，老友布尔维尔去世，他更加无心拍片了。

《暗渡陈仓》、《虎口脱险》老搭档的去世，对他显然是个沉重打击。他对几个记者倾诉了心中的悲痛，但是没有出席葬礼，委托杰拉尔·乌利向演员的遗孀转达他的悼念。在这种情况下，他避免去卡西斯是可以理解的，《落在树梢》正在那儿拍外景，媒体记者和心怀好奇的人很容易到达那儿。那几天,他只表示自己放弃《疯狂的贵族》。在他看来,这部影片已经失去存在的理由了。

"拍摄《乐队指挥》的时候,他问我接下来有什么打算。我当时在考虑一部名为《事故》的影片,伊夫·蒙当、安妮·热拉尔多已经原则上同意参加。一部扣人心弦的剧本。故事讲的是一男一女,他们驾驶的汽车偏离道路,从悬崖上坠落,结果挂在树杈上,悬在空中。故事全部发生在车子里面,外加一些政治影射,因为主人公是卷入一桩丑闻的议员。德·菲奈斯一听就来劲了,想自己来演。"

塞尔吉·科尔贝和他的合作编剧勒莫·福尔拉尼是根据皮埃尔·鲁斯唐推荐的梗概创作剧本的。他们把鲁斯唐在报纸上读到的一条社会新闻,演绎成一个扣人心弦的故事。这桩车祸发生在选举期间,因此有些政客希望这位议员能够脱离险境,另一些人则不想看到他爬上来……"德·菲奈斯说他可以拍出一部非常出彩的喜剧片,立刻希望在他车里的那位女子是搭顺风车的,而不是他的情妇。我就问他:'您想跟高蒙拍片子吗?——千万不要!'里拉影业公司是他选的,雷蒙·达农当然很高兴出品由路易·德·菲奈斯本人牵头的影片!"

实际上,1969年9月,《乐队指挥》尚未开拍,《法国电影》就刊登一则广告,在里拉影业公司的标志下方赫然写道"路易·德·菲奈斯主演《事故》(暂定名),塞尔吉·科尔贝导演",里拉公司也出品了由克洛德·索泰导演、罗密·施耐德和米歇尔·皮考利主演的《生活琐事》,由让·奥雷尔导演、碧姬·巴铎和莫里斯·罗内主演的《女人们》。

两部影片的摄制连贯进行。《乐队指挥》在1970年复活节结束摄影。8月底完成剪辑之后,塞尔吉·科尔贝开始筹备《落在树梢》。第一部影片9月18日上映,第二部影片在9月20日开机。雷莫·福拉尼不愿意将悲剧改写为喜剧,塞尔吉·科尔贝又找到了编剧让·阿兰。

随着《落在树梢》剧本的深入,《事故》中伊夫·蒙当、安妮·热拉尔多的双人组合,逐渐变成三人组合:汽车里多了一个小伙子(说不定会由奥利维耶·德·菲奈斯扮演),跟搭车女子发生了一段甜美爱情。科尔贝推荐自己极为赞赏的雪莉·麦克雷恩扮演女主角。他觉得,作为一位喜欢法国的演员,雪莉·麦克雷恩不可能不知道路易·德·菲奈斯的声望和才华。不出

20. 休 息

所料,她果然原则上同意了。但是这位美国女演员已经 35 岁,与奥利维耶·德·菲奈斯的年龄差距有些令人尴尬。塞尔吉·科尔贝说:"我觉得路易·德·菲奈斯抓住借口就要把她剔出除去。"果然如此,雪莉·麦克雷恩另有片约,希望将约定的日期挪动三周的时候,路易·德·菲奈斯便以自己签了《乔》合同为由,拒绝改期。无奈之下,科尔贝只能不无惋惜地放弃雪莉·麦克雷恩("我想,她在的话,那会是一部截然不同的电影,其他演员也不至于被德·菲奈斯压得这么惨"),转而推荐五年前主演《日瓦戈医生》而国际知名的杰拉丁·沙普兰。

《落在树梢》的拍摄工作是一场巨大的技术和人力挑战。按照科尔贝的方案,几乎半数以上的场景需要两次拍摄。首先将一棵松树固定在卡西斯悬崖(垂直高度 300 米,为欧洲之最)的半腰处,再把用聚苯乙烯做的假汽车拴在上面。所有的场景都由特技演员完成,从悬崖顶上或者静止悬空的直升机里进行拍摄。然后在摄影棚里,演员们模仿特技演员的走位和动作,再拍一遍。制片人雷蒙·达农同意了。

一家从事超常规工程专业企业——马赛大型工程公司——派出一支由登山高手们组成的小组,调用悬臂长 30 米的起重机和数架直升飞机,把松树和汽车固定在悬崖峭壁上。特技演员们得坐吊舱下降,一整天都呆在假车里面,通过对讲机接受从悬崖顶上传来的导演指令。但是第一天拍摄的时候,特技演员们拒绝下去。塞尔吉·科尔贝只能亲自出马,下到挂在假松树上的假雪弗莱-英帕拉轿车里面,让他们放心。雷蒙·达农来到现场的时候,只是伸了伸脑袋,想看下面的车子而已⋯⋯"他再也没有来过,"导演回忆说。

正如前面所说的那样,路易·德·菲奈斯没有到过卡西斯的拍摄现场。当他在比扬古电影厂的剪辑台上,看到塞尔吉·科尔贝的团队及其摄影师埃德蒙·塞尚所拍的那些令人目眩的镜头,惊愕得目瞪口呆。里诺·蒙德里尼在摄影棚里搭的布景也那么地令人震撼:地面被水淹没,玻璃镜子成 45 度角固定在墙上,形成远处是一片汪洋的效果。

那辆假的敞篷汽车从卡西斯运回来之后,架在几个千斤顶上面,可以活动。每拍一个镜头之前,三位演员在摄影棚的编辑机上观察特技演员的位移和动作,然后予以重现,用近景拍摄。塞尔吉·科尔贝通过两个小手柄,直接操纵道具车的移动。"德·菲奈斯特意叮嘱我,让我出其不意地晃动车子,以便他的反应能够保持其全部力度。"

路易·德·菲奈斯在《落在树梢》中的表演,跟他1964年以来所拍的其他影片相比,显得格外特别:他几乎是在反串角色。他一反常态,不奔跑,不在楼梯里上蹿下跳,不再使劲摔门……雪弗莱挂在树上,空间狭窄,他只能小心翼翼,避免任何激烈的动作、躁动和失控。当然,他的恐惧和慌乱构成了影片引人入胜的看点之一。这个处在光天化日之下的封闭空间,也许本该具有强烈的戏剧感染力,但是它的喜剧潜力实际上相当有限。奥利维耶·德·菲奈斯缺乏表演能力,杰拉丁·卓别林没有喜剧领域的经验,使得影片的主角陷入孤立无援的境地。不过片场的气氛依然很平静。德·菲奈斯的表演中规中矩,也许是信心不足,也许因为他无法施展自己表现幽默的潜力。不管怎么说,科尔贝照计划按时拍完了影片,与旷日持久的《乐队指挥》形成鲜明的对比。

几年之后,华特·迪士尼影片公司考虑翻拍这部影片,请丹尼·德维托担任主演。"我去好莱坞跟他们见面,说我们拍这部片子只花了10周时间,他们死活也不相信。"最后一场戏于1970年12月18日结束拍摄,让路易·德·菲奈斯有空回家过节。与此同时,《乐队指挥》外销的态势好得出奇。影片在西德大受欢迎,观众人数与法国几乎不相上下:路易·德·菲奈斯在本国的观众达到240万人次,在德国为200万。更加令人意外的是,在苏联,这部电影吸引了3300万观众。

尽管《乐队指挥》票房收入相当可观,但是它和《落在树梢》依然背上了"票房不佳"的黑锅,阿兰·普瓦雷也不予以反驳,因为那时候法国电影只看国内的收入,还没有把影片的海外票房也算进去。法国电影还想不到考虑开发故事片的衍生品,特别是专业报纸甚至连普通报纸都开始看好的电影录像。几年以后录像才成为公众的话题,此时人们谈的都是远距离播放,但是电影录像带(德卡公司、德律风根公司许诺在1972年推出12分钟的录像盘片,借助特殊的装片盒,可以在电视上播放2小时影片)在当时最令人兴奋。各大品牌家电纷纷开发自己的技术标准,选择磁带技术的品牌似乎领先于胶片技术。1970年10月6日,索尼公司创始人盛田昭夫来到巴黎,亲自介绍一年后将在日本上市的录像机系统。面对十几种竞争的录像格式和技术，索尼公司的 Betamax 录像机捷足先登，后来才被 JVC 公司的 VHS 技术所取代。但是在 70 年代初期，谁都说不准家庭录像机将以何种方式改变人们的电影消费。美国的 RCA 公司声称，在电影院上映和电视上播出的影片不应该制成录像，这种新的载体只能用于一些别的特殊产品，以免对好莱坞影片现有的两大播放渠道构成竞争。在法国，《法国电影》杂志也提到录像带所引发的令人目眩的自由："每个国家生产或进口无数录像带，销售给个人，我们想不出用哪种方式来加以审查。录像带是隐秘的（色情片和宣传片的作者们已经拍手称快了），我们也许因此走向有声影像的绝对自由，走向垄断的全部终结。"电影家协会在亨利·卡莱夫的主持下，就电影录像转让协议、导演和剧作家的酬金等问题展开前期谈判。

从电影界的评论来看，1971 年 4 月 12 日上映的《落在树梢》堪称路易·德·菲奈斯多年来最差的首映。虽然用不着承受先前几部警察片所遭到的严厉抨击，但是没有人使用他已经习以为常的夸张词语来为他的新片子捧场，这才更糟糕呢！有人评论说影片"水准不稳定，但包含一些相当匪夷所思的漂亮场景（……），是一部相当好玩的娱乐片。"（《法兰西文学》）也有人认为剧本和对话不够到位，幸亏他演技精湛才力挽狂澜（《自由巴黎人报》）。坦率地说，评论总体上令人扫兴……路易·肖韦在《费加罗报》上稍作挖苦之后，一如既往地善待路易·德·菲奈斯："我们希望不久之后出现一部更好的剧本，让这位影星恢复元气，扮演我们都十分熟悉的角色。我想，忠实的观众都会高兴的。"《法兰西晚报》的影评结论如出一辙，宣称他"必须为我们打一场复赛，以便不让我们心怀惆怅地缅怀《暗渡陈仓》、《奥斯卡》、《虎口脱险》或者某个来自圣托佩的宪兵。"

从商业角度来看，本片的收入大大低于德·菲奈斯的潜力以及影片的通常票房。此前一周，由让-保尔·拉博诺导演、让-保尔·贝尔蒙多和马琳·约贝尔主演的大片《乱世冤家》上映，《落在树梢》没能拔得头筹还说得过去。但是被同期上映的、由乔治·洛特奈导演、让·雅纳和米莱伊·达尔克主演的《华尔兹三人行》打败，那真是相当丢脸的。更有甚者，里拉电影制片公司在 1970 年五部影片（包括皮埃尔·格拉涅-德菲尔的《猫》和克洛德·索泰的《马克斯与拾荒者》）的广告中，《落在树梢》被最后提到。上映第四周，塞尔吉·科尔贝的这部片子在巴黎西奈影院观众人数排名仅为第 12

位。到了第五周,大势已去:该片仅卖出135902张门票,退出独家放映渠道。自从1965年和《大贵人》——该片7周卖座118557人次,而且那部片子不是他独挑大梁!——以来,路易·德·菲奈斯从未遇到如此糟糕的票房。公映结束的时候,《落在树梢》在巴黎西奈影院1970—1971年度票房占据第58位,名落孙山。《红圈》、《爱你到死》和《爱情故事》等占据榜首的影片安然无恙,《退休警察》也是如此,在5月初《法国电影》发布的季度排行榜上暂时排名第六。这说明什么呢?德·菲奈斯独霸天下的时代一去不复返了?或者这只是暂时的休整?

不过他依然镇定自若,履行为影片宣传造势的职责。《电影频道》在拍片结束几周后播放了对德·菲奈斯的采访,他依然是一副不知所措的样子,显然有些胆怯,又带有冷面滑稽般的本能的诙谐和讥讽。记者问他:"听说您会叫剪辑把一些东西剪去,是吗?"他目光中露出一丝腼腆,回答说:"太精彩的部分被剪掉了。然后我把剪掉的片子送给别人,让他们在家里看。"

但是在《落在树梢》上映的时候,是否与塞尔吉·科尔贝继续合作,德·菲奈斯已经拿定主意:时值4月,《乔》进入剪辑阶段。这是让·吉罗导演的第8部影片,德·菲奈斯与不少熟悉的演员重逢:克洛德·让萨克扮演他的妻子,米歇尔·加拉布吕、保尔·普雷布瓦也在片子中露面,克洛德·马尼埃写剧本……一言以蔽之,德·菲奈斯回到了德·菲奈斯的世界。塞尔吉·科尔贝如今评论说,"《乐队指挥》和《落在树梢》是德·菲奈斯的两部最不成功的影片,因为观众们看不到他们喜欢的诙谐。"塞尔吉·科尔贝知道德·菲奈斯为什么把《冰冻人》之后开启的大门给关上了。因为在这两部电影中,他扮演的角色、处境乃至喜剧成分都与他的习惯、观众的习惯脱节,从而对他在法国的卖座率造成后果。"我曾经是他的玩偶。拍第一部影片的时候,他接受了我;拍第二部的时候,他强迫我。拍摄《落在树梢》期间,有一天他对我说,'您让我拍的片子,换了别人,我是拍不成的。这让我很高兴。'他就此止步了。"

大众电影的一号男星

1970年4月:法国国家电影中心的《简报》刊登第一份详细研究法国电影卖座纪录的报告。报告以全国的卖座率作为研究的基础,大大超出独家

20. 休 息

播映期间的数据范围,令人耳目一新。数据涉及 1967 年—1968 年间上映的影片,累计直至 1969 年 9 月的全部票房。这些数据包含巴黎独家播映期间的卖座、某些外省大城市以及街区、县乡影院的放映数据,外加乡村巡回放映、夏季度假村影院,甚至包括某些借新片上映,利用明星效应,再次播放由该明星出演的老电影。

从中得出的第一个结论:1967 年出品的到 1969 年秋季累计观众最多的五部影片中,三部是由路易·德·菲奈斯主演的影片(《悠长假期》、《奥斯卡》、《方托马斯大闹警察厅》)。1968 年出品的影片表现也同样出色(《宪兵情缘》、《小泳者》、《名画追踪》),六部影片总共售票 2667.8 万张。第二个结论:踊跃观看路易·德·菲奈斯影片的观众远远超过巴黎独家首映期间的人数。其实,《方托马斯大闹警察厅》、《悠长假期》或《宪兵情缘》在巴黎首映之后的几周吸引的观众,分别只占前一部观众总数的 9%,后两部观众总数的 12%。这个统计数据不包括《雌雄大盗》(首映期间达到观众总数的 25%)和《炎热的夏夜》(首映期间达到观众总数的 24%)等故事片。在这个领域保持纪录的不是路易·德·菲奈斯,而是电影《砰砰》的女主角塞拉,巴黎首映其间只占观众总数的 2%。统计数字显示,路易·德·菲奈斯的观众主要来自平民百姓。这些观众受到电影广告和宣传的影响(3/4 的票房是在电影上映的第一年实现的),但是他们更偏爱影片的第二轮上映,票价比首映便宜,而且容易购买。最后,这些观众是铁杆迷,任何类型的片子——故事片、侦探片、动画片还是言情片——都无法与路易·德·菲奈斯抗衡。任何一位影星——无论是让·卡班、阿兰·德龙、利诺·文图拉还是他的朋友布尔维尔——都未能把如此众多的影片送上排行榜。

21. 失去布尔维尔

——从《乔》、《疯狂的贵族》到《奥斯卡》，1971—1973

恢复正常，步入常态吗？继《落在树梢》之后出现的《乔》，似乎标志着休息结束了，意味着言归正传，一段经历终结了。从人际角度而言，先前几部影片，路易·德·菲奈斯确实拍得很不容易。很显然，他把警察系列的拍摄当成喘口气的机会。《乔》使他与让·吉罗重逢，而且影片的主题是他自己选定的。

这部片子的题材来自轰动一时的英国戏剧《凉亭虚惊》，由阿莱克·库伯编剧。1960 年，好莱坞将它改编成电影《不听话的尸体》，黛比·雷诺斯和格伦·福特担任主演。《奥斯卡》的编剧克洛德·马尼埃受到启发，创作了影片《乔》。片中的主人公安托万·布里斯巴是剧作家，妻子是演员，有人威胁讹诈她。剧作家把那个无赖杀了，但是不知道如何处置尸体。此时一个警探来到他家，调查乔先生神秘失踪一事，此人一贯威胁敲诈，臭名昭著，他的笔记本上记录着与剧作家有约会。除了《凉亭虚惊》，马尼埃还大量借鉴阿尔弗雷德·希区柯克的《怪尸案》，那是变着法毁尸灭迹的不尽源泉，《冒泡之湖》已经笨拙地模仿过了。有人把这部戏推荐给路易·德·菲奈斯，他拍的《奥斯卡》已经为克洛德·马尼埃带去了剧作生涯中最大——也是最有赚头——的成功。不过那是他忙于拍《男人堆里一靓妹》、《圣托佩的警察》、《方托马斯》、《暗渡陈仓》的年代……于是，1964 年 10 月这部戏被搬上新潮剧场的舞台，罗贝尔·拉莫罗扮演安托万·布里斯巴。拉莫罗跟编剧马塞尔·阿夏尔意见不一，吵得不可开交，克洛德·马尼埃被迫签协议，拉莫罗获得在舞台上任意即兴发挥的权利。但他的表演并没有博得观众和剧评们的喝彩。

因此，经过漫长的 6 年之后，路易·德·菲奈斯才与《乔》重逢，他对这

21. 失去布尔维尔

部片子已经有着某些明确的想法。此外他必须有强烈的拍片欲望才行,因为他会违背自己恪守的主要原则之一,那就是绝不在银幕上做不道德或者应受谴责的事儿;而在这部片子中,他将破天荒地扮演罪犯,尽管是迫于夫妻之爱而杀人。

演员阵容由路易·德·菲奈斯熟悉的演员构成:克洛德·让萨克扮演他的妻子,米歇尔·加拉布吕扮演包工头,在花园中搭建小凉亭,安托万·布里斯巴把尸体藏在凉亭的地基中,保尔·普雷布瓦扮演宪兵军士,在影片中露面……其他角色几乎都由与路易·德·菲奈斯搭过档的演员扮演,在《宪兵情缘》中已经扮演警察的贝尔纳·布里耶,这次将扮演多疑的侦探杜克洛;克里斯蒂安娜·穆勒扮演女仆人,她在《悠长假期》中演过同样的角色;几年前曾演过《关关雎鸠》的吉·特雷简扮演主角的律师……

《乔》也是一部与让·吉罗真正重逢的影片:自从《悠长假期》之后,路易·德·菲奈斯与其他导演合作拍了六部影片,与老伙伴只拍了两部警察片。《乔》公映前几天,《法兰西晚报》刊登一篇精彩的人物专访,专门描写路易·德·菲奈斯和让·吉罗。这位导演深受明星青睐,有关他的文献不多见。一位女记者找到这位报刊不太感兴趣的电影人,特别请他解释他们硕果累累、令人好奇的合作是如何运作的:《乔》已经是他们 8 年来合作的第 8 部影片,而此前似乎没有任何东西能预示他俩之间会产生这种始终不渝的关系——"一位(德·菲奈斯)身高 1.65 米,好动,性情暴躁,老是忧心忡忡,充满想象力。而另一位(让·吉罗)则身高 1.90 米,沉着,乐观,豁达,"她写道。吉罗有一种精辟的说法:"路易是发动机,一台噼里啪啦作响、加速强劲的发动机;而我呢,我是制动器。我们常常吵架,就像彼此深爱的人们那样,从来没有冷淡过,无动于衷者才会冷淡。"

吉罗尤其解释了自己在片场上对德·菲奈斯的态度,与其他电影中通常的导演概念相差十万八千里:"路易的想法,我们没有办法拒绝,他灵机一动,能把不起眼的场景变成影片的高潮。必须给他即兴发挥的余地,让他去打造主题。千万别用习惯形成的小径去限制他,要给他一条高速公路,让他任意驰骋,哪怕原地打转,从来不进入背景。"

在他们的艺术互信中,吉罗和德·菲奈斯的个人关系起着不容低估的作用(德·菲奈斯是吉罗女儿的教父),但是关键不在于此。1952 年,吉罗创作的戏剧《不用客气》一败涂地,而他后来能为自己朋友拍出第一部真正走红的影片《关关雎鸠》及其生前最后一部电影《老爸的烦恼》,因为他知道路易·德·菲奈斯需要什么。我们已经提到过路易·德·菲奈斯关于理想导演的观点:"导演凭什么权利对喜剧演员发号施令呢?他应该仅限于引导演员,扶他上路,然后放手,他想干什么,就让他干什么。"让·吉罗有着同样的观点。许多参与拍摄的人都说,导演真的没有扮演插科打诨的角色。他擅于利用路易·德·菲奈斯的点子,经常听取他的想法。他欣然接受路易·德·菲奈斯的建议,哪怕这些建议会迫使他改变剧情和分镜头剧本。他精通电影技巧,保持剪辑的前后一致是他的唯一要求。因此他有时候会强烈反对路易·德·菲奈斯的演法,因为在某个镜头中他从左边出场,而在几天前拍的另一个镜头中,他是从右边上场的。但是为了在银幕上实现某种喜剧效果,他会同意修改数个场景。

此外,导演从来不忘记《乔》或者《警察》系列片的观众。观众看的是路易·德·菲奈斯的影片,而绝对不是让·吉罗的片子。因此,每个场景必须为明星服务,这种观点与《奥斯卡》的导演爱德华·莫利纳罗截然相反,他在电影中努力平衡路易·德·菲奈斯与克洛德·里奇的镜头;与德尼·德·拉帕特里埃也大相径庭,他在《名画追踪》中斡旋于路易·德·菲奈斯和让·卡班之间,搞得焦头烂额。弗洛朗斯·蒙考尔热-卡班曾经为让·吉罗的四部影片——其中包括《吝啬鬼》、《警察智斗外星人》——担任场记,因此有资格进行比较,她的话十分干脆:"德·菲奈斯自导自演。吉罗只负责技术方面的事。"《吝啬鬼》和《天外来客》的出品人克里斯蒂安·费什内则认为两人处在"支配与被支配的关系"中。

让·吉罗解释说"我将《乔》中60%的噱头归功于他",这句话揭示了他们融洽相处的秘密,同时也折射出德·菲奈斯与让·贝纳尔关系令人失望,与爱德华·莫利纳罗的关系紧张。他也间接地揭示了他们影片因循守旧的特征:既然德·菲奈斯扮演的角色都由德·菲奈斯本人定夺,所以德·菲奈斯丝毫不觉得有必要改变自己的戏路。塞尔吉·科尔贝曾考虑变换路易·德·菲奈斯的角色:他在《乐队指挥》中"毫不留情地"叫他跳舞,在《落在树梢》中则把他限制在狭窄的空间……

然而,尽管吉罗担任导演,演员又都是熟人,拍摄《乔》并不是一场欢乐

21. 失去布尔维尔

的聚会。德·菲奈斯显得紧张，浑身不自在。他迟迟找不到自己的节奏，没有一气呵成的感觉，跟导演缺乏默契，虽然整个剧组处处向着他，甚至崇拜他。导演和剧组动用一切手段，营造他想到的喜剧效果，比如在安托万·布里斯巴家里的长沙发下面安放装置，使得贝尔纳·布里耶总是比他高出一头，这套装置价值25万法郎。

吉罗不可避免地与他发生冲突，常常比以前拍片时更为频繁。掩藏尸体的雕塑在地上砸碎的时候，说实在的，谁都不知道布里斯巴夫妇具体应该怎么反应。一番激烈争论之后，路易·德·菲奈斯赌气躲进自己的休息间。好长一阵子之后，只见他回到片场，很快告诉克洛德·让萨克怎么演：布里斯巴夫妻俩想把已经僵硬的尸体藏在箱子里，而箱体的体积太小。这场戏在银幕上差不多持续4分钟，用三个摄影机同时拍摄，很大一部分为临场发挥，而且是一气呵成，除了细节衔接和他人穿过客厅的镜头之外。

次日，拍摄衔接雕塑碎片的镜头，克洛德·让萨克不慎踩在锯齿上，结果缝了两针。路易·德·菲奈斯则踩到地上的石膏碎片，滑了一跤，把脚趾扭伤了。第二天，他俩就改拍布里斯巴夫妻俩在床上谋划的戏。

从总体上说，路易·德·菲奈斯对影片的担心不是没有道理的。1971年9月8日首映后，《乔》激起的反响与路易·德·菲奈斯的大片不能相比。报界对这部影片甚至有些不屑一顾：一些周刊只寥寥数语一笔带过；有些日报则把文章登在边角版面上。除了某些尖锐的攻击之外，人们的总体感觉是看了一部毫无新意的片子，"只有喜欢这类演出的人才觉得有意思"（《世界报》），"所有这一切后面，感觉不到作者的风格，令人遗憾。"（《电视大观》）说到演技，《十字架报》则指名道姓，遗憾没有让罗贝尔·拉莫罗担任影片主角，就像在舞台上那样。此外，"除了他令人瞩目的体育才能之外"（《巴黎日报》），评论员们更注意到路易·德·菲奈斯忠于自己的角色和戏路，"一如既往地善于躁动、刻意的哄笑、吼叫"（《世界报》）。许多评论和往常一样，有褒有贬，对吉罗严词厉色，对德·菲奈斯宽容有加，赞赏他的感染力而讨厌他老一套的戏路。

老朋友路易·肖韦在《费加罗报》上写道，"人们指责他总是扮千篇一律的鬼脸，他深感触动，于是添了一种笑料：模仿发怒的猫，突然暴跳如雷。"此话是说影片中，扮演警察的保尔·普雷布瓦见到安托万·布里斯巴的妻子克洛德·让萨克,行吻手礼,布里斯巴看到他举止过分,嫉妒起来,于是像猫儿发怒那样冲着他俩叫……这在 1960 年拍摄的《小火车》已经出现过,夫妻争吵的时候,路易·德·菲奈斯就是这样让马德莱娜·巴尔比莱住嘴的。

两个月之后,《法国电影》组织了一次题目为"观众是否总是有理?"的问卷调查,请大众杂志的评论员对最近发行的 18 部影片进行打分,10 分为满分。此时,电影首映时的压力以及必要的婉转已经不复存在,直面现实的时候到了。《法兰西晚报》的罗贝尔·沙泽尔给《乔》打 2 分,《费加罗报》的路易·肖韦打 3 分,《巴黎竞赛画报》的尼古拉·德·拉博迪打 4 分。只有《自由巴黎人报》的埃里克·勒盖波兴奋地给了 9 分。

《乔》于 1971 年 9 月 8 日上映,当时《疯狂的贵族》还在拍摄。首映安排在 9 家影院进行(巴黎的雷克斯、隐居所、代尔斯塔尔、海景和卢森堡影院,凡尔赛的 C2L 影院,圣保治新城的阿尔泰影院,昂吉安的法兰西影院,加尔得-勒-戈奈斯的布朗什太太影院),非常低调,没有过多的宣传和推销。第一周占据票房榜首:68311 人次,雷克斯影院独家就几乎占据一半票房,可是上座率还没有超过 25.3%。不过与《乔》竞争票房的都是些小制作影片,只有前一周首映的、费利普·德·布罗卡导演的《逃跑》在顽强抵抗(64069 人次)。从第二周开始,票房排行榜的首位就被《红色太阳》夺走,《乔》开始走下坡路。首映期只维持了 8 周时间,观众总人数只有 272254 人,碰巧比《乐队指挥》还少好几十人。

8 年之后,路易·德·菲奈斯才与让·吉罗再度合作,拍摄《警察智斗外星人》。他俩将在各自生前的最后四部影片中找回久违的默契。

在其导演生涯的初期,杰拉尔·乌利全神贯注于严肃题材,没有下决心发掘一些油然而生的喜剧灵感。1960 年的时候,他生平第一次登上法兰西喜剧院的舞台演戏。他在雨果的《吕伊·布拉斯》中扮演唐·萨吕思。由雷蒙·罗洛担任导演的《吕伊·布拉斯》,不啻是一出戏,而是一场在幕后大打出手的拳击锦标赛。首先,主角罗贝尔·伊尔什跟导演大吵一番,在首演前十来天,声称不演唐·恺撒·德·巴赞了,经过院长莫里斯·埃斯康德出面恳求才答应收回声明。然后,他又在媒体上恶语中伤杰拉尔·乌利,后者怒不可遏,在幕后掐住罗贝尔·伊尔施的脖子。两位演员拳脚相向,打成一团,连劝架的导演、院长和数位门房都没少挨揍。不过,一切都将恢复平静。

21. 失去布尔维尔

1960年11月4日晚上,共和国总统光临《吕伊·布拉斯》首演,该剧还打破了法兰西喜剧院票房收入的历史纪录。乌利的表演得到普遍好评——略带悲伤、凝重、十分高贵,不过罗贝尔·伊尔施最终把角色让给了让·皮亚。此时,距离喜剧还是相当遥远……

但是,正因为如此,乌利已经往这方面考虑了。这出戏主要讲的是,一位被王后下令废黜的大臣,唆使仆人冒充自己从美洲归来的侄儿,以引诱王后。国王怒而休妻,让失宠的大臣官复原职。这是一个绝妙的喜剧题材。维克多·雨果用人物自杀来结束全剧,乌利则认为结尾可以搞成喜剧。当时他正那帮明星一起筹备《犯罪无酬》,展现令人毛骨悚然的罪行……

由此可见,开始跟德·菲奈斯和布尔维尔考虑第三部影片的时候,他就有了这个想法。乌利和女儿刚写完剧本,布尔维尔就去世了,路易·德·菲奈斯则开始拍摄《落在树梢》。因此,《疯狂的贵族》看来注定拍不成了。乌利不忍心放弃,可是怎样填补布尔维尔留下的位置呢?主人公布拉兹是专门为他而写的。况且路易·德·菲奈斯一再说,没有布尔维尔,他不能考虑拍这部片子,谁来接替布尔维尔呢?布尔维尔死后一周,杰拉尔·乌利应邀参加晚会,见西蒙娜·西涅莱也在场,就跟她说起了自己的难处。她指着背对着他们、正在和别人交谈的伊夫·蒙当说:"他也许可以。"就像任何好点子一样,导演先有些吃惊。不过仔细一想,虽然伊夫·蒙当通常出演严肃的、"立场鲜明"的影片(《招供》、《Z》、《红圈》等),但是他表现出来的喜剧感也是不容否认的,无论在好莱坞(乔治·库克导演、与玛丽莲·梦露合作的《大富翁》),还是与费利普·德·布罗卡的合作中(《引狼入室喜临门》)。

蒙当兴致勃勃。布拉兹这个角色应当如何演绎,乌利胸有成竹:在仆人的日常生活和与女性的关系中,必须淡化乡下人的质朴,少写他的天真纯朴,而要加强他自然的魅力。此外,蒙当崇拜路易·德·菲奈斯,跟他有某种相似之处;舞台经历使他特别善于跟观众相处。德·菲奈斯曾经陪乌利登门拜访布尔维尔,请他出演《暗渡陈仓》;蒙当也是主动登门,拜访未来的合作伙伴。后来,德·菲奈斯承认说:"他来见我,这样做是有眼光的。我是不会跨第一步的。我不敢这么做。"

一切都近乎完美,谁知此时西班牙独裁者佛朗哥登场了。影片计划在西班牙拍摄,因为西班牙是"皇家宫廷"的"天然"背景,乌利不能想象把它挪到别处拍摄。然而,1970年12月初,马德里开始审判"埃塔"组织成员。蒙当唾弃佛朗哥政权,强烈反对死刑。他告诉乌利,如果巴斯克人被判死刑,他就不去西班牙拍影片。换句话说,《疯狂的贵族》就拍不成了。12月28日,宣布判决:9名埃塔成员被判处死刑。三天之后,迫于国际社会的压力,佛朗哥赦免死罪。影片绝处逢生。

实际上,乌利在影片中不动声色地掺入许多带政治色彩的语句和想法。当然还没有到达《雅各布教士历险记》那种反种族歧视斗士的程度,不过《疯狂的贵族》中某些台词的激烈程度也足够令人惊讶,尤其当唐·萨吕思遭到驱逐时发自肺腑的呐喊:"我以后干什么呢?我是大臣,别的什么都不会。"在法国这句话倒是说在点子上了,人们觉得从1958年以来,法国的统治者跟他如出一辙,尽管换了共和国总统。向富人征税,布拉兹和国王对此兴高采烈,而他俩的一段对话,从蒙当的嘴里说出来,其弦外之音,令人寻味,因为他被视为法国电影左翼思想的代表。

唐·萨吕思:请您把帽子戴上!您是西班牙的大人物,大人物戴着帽子见国王。

布拉兹(撞到一行人):请您原谅。

萨吕思:您用不着道歉。道歉的都是穷人。有钱人就得蛮横。

乌利对人物作了某些充实,使之更为丰满。因此,他们的言行举止与专门为布尔维尔写的场景有些脱节。伊夫·蒙当扮演的布拉兹更加放纵其浪漫天性。剧本根据人物特点作了相应调整,某些细节充分考虑到伊夫·蒙当的体格特点,比如德·菲奈斯强迫布拉兹屈膝走路,因为他个子太高,不像仆人。

乔治·瓦克艾维奇负责布景。他布置古老的宫殿,在摄影棚里搭建房屋、城堡、狭窄的西班牙小径。人物服装显然受到委拉斯凯兹的启发,甚至不惜繁复夸张之能事:垂在帽沿下的绒球、令男子步态僵硬的皱褶领、铺张堆砌的女性装饰⋯⋯乌利要求摄影师亨利·德卡(他刚拍完《乔》,此前还拍了《暗渡陈仓》)大胆用色,强化色彩的对比⋯⋯《疯狂的贵族》第二摄影组的负责人则由《宪兵情缘》的导演雅克·贝纳尔担任!

21. 失去布尔维尔

拍摄工作于4月9日在西班牙的阿尔梅里亚开始,为期10周,然后返回巴黎,在摄影棚拍摄6周。辗转塞维利亚、格兰纳达、托莱多之间,对后勤和技术提出了严峻挑战。除了演职人员一百来号,还外带一个名副其实的动物园:一条圣-于贝猎犬、四条德国门犬、一只会三门语言的鹦鹉、十二头骆驼、若干桃红火烈鸟、一头驴子、五十匹马……因为黄金时代的西班牙常常酷似美国的远西时代,并且给影片的作曲出了一些难题。

乌利请米歇尔·波尔纳列夫为影片作曲。他擅长流行乐,风靡一时,但是这位冉冉升起的新星从未搞过电影音乐。他回忆道:"我觉得他看过让-路易·巴罗演的《拉伯雷》,我是这部戏的作曲。从影片开场的音乐开始,咱俩就吵开了。我的音乐与影片表现的时代截然相反,是美国西部片的风格,我觉得这样有助于增加影片的气势。乌利一再解释说,《吕伊·布拉斯》跟约翰·韦恩不是一回事。而我则反复说'可是,杰拉尔,我在给你写超级宽银幕音乐,我在拓宽你的银幕!'他最终接受了,这段音乐变得家喻户晓,以至于后来拍摄科吕什主演的影片《羽毛蛇复仇》的时候,乌利请我再写一段西部风格的音乐,用于该片的第一个镜头,我当然没这么做。"说到底,从视觉效果来看,波尔纳列夫拒不从命是有道理的,因为那些四轮马车疾驰或者策马追逐等场面中的背景,同时也用于泰伦斯·杨执导的西部片《群龙英雄》,夏尔·布隆松、阿兰·德龙和三船敏郎参加演出。

《疯狂的贵族》的演员来源非常多样化,这是杰拉尔·乌利的一贯风格。除了保尔·普雷布瓦,跟路易·德·菲奈斯拍过电影的寥寥无几。从未演过喜剧的悲剧女演员爱丽斯·萨普里奇在《疯狂的贵族》中崭露头角。她在影片中扮演监督少女言行的陪媪,结果却堕入情网,疯狂地爱上了布拉兹,这个角色使她一举成名,改变了她的演艺生涯。

乌利、朱利安和汤普森又写了一部引人入胜、笑料百出、场景变化多端的影片。这部片子将长达1小时50分钟,拍摄过程充满意外,十分复杂。某些镜头在银幕上持续几秒钟,却需要作旷日持久的调整,演员们拍得筋疲力尽。蒙当把萨普里奇推入花园水池的时候,根据不同的镜头,必须给她外加20至30公斤的重荷才行:她的长裙、宽大的衬裙、高耸的发髻、各种饰物,衣服下面藏几个灌满水的水袋,还有60米长的细管子,上面扎了几百个小孔,她坐下来倾听布拉兹说话时,水就会形成无数细小的水束喷出来……

在萨普里奇跌进池子之前,皮埃尔·迪兰,也就是《暗渡陈仓》中摆弄2马力小车的那个人,将几百升热水注入潜水钟,以提高池水的温度。一般情况下,乌利叫"开拍"前一刹那,潜水钟被拉出水池,池水在几十秒钟内不应该冷却。谁知事与愿违……水冷掉了!结果爱丽斯·萨普里奇泡了个冷水澡。而在随后的几个镜头中,她浑身湿漉漉的,躲在灌木后面偷听布拉兹,别人却用喷水壶朝她身上浇温水,整整浇了一天。

她在影片中最出彩之处,无疑是在伊夫·蒙当的床前,忘情地脱衣舞蹈、大肆色诱的那场戏。拍戏前几周,这位悲剧演员就跟巴黎疯马夜总会的艳舞专家——索菲·帕拉迪奥姆——学脱衣舞。学习进展神速,她脱衣时的神态和妩媚姿态让导演喜出望外,但是独缺乌利格外看重的"屁股舞",即摇摆臀部,左右颤动,让布拉兹看得目瞪口呆。拍了一次,两次,三次,四次……动作始终不到位。萨普里奇确实不懂怎样用臀部把炫耀、勾引、果断等意思表达出来。不过制片方有办法:一个电话过去,索菲·帕拉迪奥姆第二天就从巴黎赶到摄制现场。她穿上爱丽斯·萨普里奇蓬松的三角裤,"开拍!"杰拉尔·乌利拍了两次,"屁股舞"就到手了,尽管两位演员的体态不尽相同。电影公映之后,在影院里的放映效果很棒,观众们看不出任何异常。如今 DVD 已经问世,可以逐格播放,很容易就能看出,令布拉兹不知所措的臀部,前后的尺寸不一致。

拍摄与伊夫·蒙当的对手戏时,出现了影片中为数不多的一次意外:爱丽斯·萨普里奇应当搂住蒙当的脖子,然后咬他的耳朵。由于不习惯演爱情戏,对自己的激情把握不当,拍到第四遍的时候,她不慎把对手的脖子抓破了,流了血。蒙当顿时大发雷霆。第五遍不拍了。后来,剪片的时候就采用抓破脖子那一段。

反过来,路易·德·菲奈斯与伊夫·蒙当配合默契,没有丝毫的不悦。尽管俩人性格不同,一个开朗,另一个则比较内向,但是有着同样的工作态度,都是一丝不苟,有耐心,非常严谨。蒙当和德·菲奈斯一样,在影片中有些舞蹈戏,他心甘情愿地上几周舞蹈课,以求用尽可能自然的舞姿,向王后表达心中炽热的情感。

尤其值得一提的是,两位演员在片场上节奏相同,都要拍几遍之后才能找准语气和完美表演。但是他们即兴发挥得却不多,有点出人意外。此外,唐·萨吕斯被布拉兹翻动金币的声音吵醒("这是金币,老爷!")这一场戏,传说是两位演员的即兴之作;其实不然,剧本原先就是这么写的。而且,在乌利跟德·菲奈斯合作的影片中,《疯狂的贵族》也许是演员最遵守剧本、自由创意最不明显的一部影片。说实话,乌利之前没有拍过如此复杂的电影。他根据与德·菲奈斯的两度合作的经验创作剧本,而且频繁地征求他的意见。

四个多月的拍摄工作于8月底结束了。剪辑师阿尔贝·于尔根森已经投入工作,开始其职业生涯中最复杂的一个工程。主持影片宣传的乔治·克拉韦纳巧舌如簧,吊足了媒体的胃口,导致媒体频频加压。杰拉尔·乌利拥有雄厚的物力财力,看得媒体头晕目眩。不过这是良性的眩晕。《人道报》称之为"穷影院中的富电影,不惜工本,要把观众从电视沙发里拽起来",就很说明问题。这份共产党的刊物为《疯狂的贵族》在120家影院同时上映(史无前例的壮举),享受到适当的宣传"而感到高兴,"让观众产生重返电影院的兴趣,这是'胁迫'观众的一种方式"。

"费多来到了委拉斯凯兹的故乡,"罗贝尔·沙泽尔在《法兰西晚报》上赞叹道;"在插科打诨方面,鲜有出其右的作品,"克洛德·加尔松在《震旦报》上喜滋滋地评论道;米歇尔·杜兰在《绑鸭报》上写道:"娱乐大片,辅以大众笑料,凡是想得到的伎俩、滑稽逗趣一应俱全,非大笔资金不成。"《文学新闻》颇有影响力的乔治·沙朗索尔指出,伊夫·蒙当"丝毫没有被搭档路易·德·菲奈斯压倒,不难想象,做到这一点已经堪称壮举了"。某些评论甚至一笔带过路易·德·菲奈斯,把笔墨留给伊夫·蒙当,称赞其演技之细腻和奏效。别的评论家,比如在《快报》撰文的弗朗索瓦·努里西耶,则对人物作了相当新的解读:"他一如既往地叫骂、走动、踩脚、嘟囔、苦叹、说笑话、咬牙切齿、低三下四、阿谀奉承、威胁,甚至——尤其——成天做梦……无论当权有势的大臣,还是盗用钱物而被扫地出门,萨吕斯没干别的,做梦而已。他梦想发财、复仇、耍阴谋诡计或者再次飞黄腾达,视情况而定。"谈到乌利和他的演员,他添了一句,"他眼看就要成为大牌明星,让他再次攀登,超越自我,让他在滑稽逗趣方面更上一层楼,实在是一种值得尊敬的抱负"。

但是某些文章将信将疑,给剧组泼了一瓢冷水。路易·肖韦在《费加罗报》上写道:"德·菲奈斯略显局促,没有施展令人叫绝的拿手好戏,但是

(……)该做的都适时做完,符合人们的期待",结论是:"路易·德·菲奈斯铁杆戏迷们,肯定会乐得前仰后合。铁杆戏迷以外观众会有什么反应?天知道。"《世界报》的让·德·巴隆塞利寻思道:"与影片内容相比,电影场面是否太繁琐了?"他提醒说,"人间最美妙的焰火,也需要一簇火花才能点燃,而在《疯狂的贵族》中,那朵火花未能始终闪现,其实这部影片什么都不缺,完全能够取悦观众。"

此外,《电视大观》别出心裁,采用一种较罕见的做法:两位评论员互相交锋,他们文章的观点截然相反,一褒一贬。此前先刊登对导演的采访,杰拉尔·乌利侃侃而谈,坚定地阐述自己所信奉的大众电影理念。听到有人指责他在拍商业片,乌利导演不慌不忙地反驳道:"商业化?多蠢的形容词,岂有此理!说白了,不就是指观众去看这些影片吗?这不正是从欧里庇得斯到阿努依或者品特的每位作者所追求的吗?谁希望面对空空的座椅上演自己的作品呢?(……)目前流行拍主题片。而我呢,我只想传达一个主题,那就是欢笑。人们一笑起来,就不凶了。"

《疯狂的贵族》预计在1971年12月第二周上映,数月之前就已决定,严阵以待,准备在圣诞元旦期间大干一场。一部没有情色、没有暴力,既幽默又由声誉卓著人士(维克多·雨果、伊夫·蒙当)鼎力支撑的影片,值得巴黎及其近郊的11家影院(巴黎的特使、贝利兹、丛林、蒙巴拿斯、百代-奥尔良、影像和卢森堡2影院、凡尔赛的C2L、诺让的阿尔代尔、蒂耶的贝尔埃皮奈、阿尼埃尔的三环影院)联袂举行首映,外省约150家影院也加入前两周的公映。稳拿票房第一?无独有偶,华特·迪士尼公司也打着同样的算盘,它的动画片《猫儿历险记》在巴黎12家影院同期推出,其中包括3292座的雷克斯影院。

美国动画片的票房领先于法国大片,分别为154971人次和117998人次。但是《疯狂的贵族》的上座率令人刮目相看,特使影院达到64.3%,凡尔赛的C2L为61.6%,而《猫儿历险记》明显逊色,隐居所影院的上座率为51%,雷克斯影院只有36%。

但是一周之后,华特·迪士尼的动画片依然坚挺,观众达到148470人次,杰拉尔·乌利在13个影院中的观众为103595人。上映的第三周恰逢圣诞节,通常有利于"家庭"影片:《猫儿历险记》观众人数激增,高达255604

21. 失去布尔维尔

人次(打破了巴黎一周内电影观众数的历史纪录),《疯狂的贵族》上升至134254人次,但是《疯狂大兵》占据了票房第二的位置。影院座无虚席:大帕沃瓦-特里包影院放映克洛德·齐迪执导、夏尔罗乐队出演的《疯狂大兵》,81.1%的上座率;特使影院上映《疯狂的贵族》,上座率76.7%;季风影院上映《猫儿历险记》,上座率为72.8%……大众电影激战正酣,《永恒的钻石》——肖恩·康纳利扮演詹姆斯·邦德——以及根据法式牛仔冒险故事改编的动画片《幸运的路克》异军突起。

四周之后,其中包括元旦那一周,大局已定了:在巴黎,总共有753869人次观看《猫儿历险记》,476603人次观看《疯狂的贵族》。乌利执导的这部影片在巴黎首映16周,观众总人数将达到917949人次,整个放映期间的观众总数将达到556万。比不过《虎口脱险》和《暗渡陈仓》,但是比《大头脑》多了13000人次。一部相当成功的影片,但还谈不到青史留名。在1971年出品的电影排行榜上,《疯狂的贵族》只排名第四,《乔》排名第十二。

但是德·菲奈斯心满意足。他甚至暗示说,自己在电影界别无他求,只想跟杰拉尔·乌利合作。并说未来几个月,或者未来几年,自己将在舞台上寻找幸福。他在60年代期间谢绝了许多舞台表演的邀请,其中包括扮演《吝啬鬼》的计划,最近签了改编上演《奥斯卡》的协议。如果说路易·德·菲奈斯在电影界没有再现昔日的辉煌,但是他重返舞台则在当时引起轰动。

这份协议是路易·德·菲奈斯跟皇宫剧院院长让-米歇尔·鲁西埃签订的,杰拉尔·乌利当时正忙于《疯狂的贵族》的剪辑工作。跟十年前相比,情况不同了:他以明星的身份谈重返舞台事宜。要他隐名埋姓到圣拉萨尔火车站对面的啤酒餐厅吃宵夜,免谈!导演谁都不敢对他的演技提出异议,尤其是在6122041名观众看过电影《奥斯卡》之后。

他的朋友皮埃尔·蒙迪被挑选为导演,乔治·瓦克艾维奇负责布景,直接照搬他为爱德华·莫利纳罗执导的影片所做的布景。蒙迪塑造贝特朗·巴尼耶这个角色,为德·菲奈斯作导演,俩人关系处得很好,不过如今他承认说:"谈不上给路易导戏,而是设法让剧组怎么配合路易。我想我不会对他发号施令,我要让剧组进入路易演《奥斯卡》的套路之中。"

一部分演员跟路易·德·菲奈斯有过合作:形影不离的马里奥·达维德和热尔曼娜·德尔巴,还有在1959年在卡尔桑迪拍摄过程中扮演巴尼耶夫人的马莉亚·帕科姆。吉·贝尔蒂勒去了美国，克里斯蒂安·马尔丹一角由年轻人杰拉尔·拉蒂戈扮演，而劳伦斯·巴蒂也许是《奥斯卡》历史上最为出挑的贝尔纳黛特。排演紧锣密鼓地进行。德·菲奈斯重新找回了61—62年得心应手的感觉，加上同名电影的某些心得，还根据欧洲头号笑星的丰富经验作些调整。

1971年12月3日首场演出在巴黎引起轰动，气氛很友好。让-保尔·贝尔蒙多、蒂诺·罗西、艾蒂·巴克莱、妮科尔·克鲁瓦西耶、米雪儿·摩根、杰拉尔·乌利、爱丽斯·萨普里奇——《疯狂的贵族》安排在12月8日公映——纷纷来到他的化妆间。如同十年前一样，评论界在一片欢呼声中缴械投降。"没有悬念的胜利"，皮埃尔·马卡布鲁以此为标题在《法兰西晚报》上撰文。"那不是一出戏，而是单人秀，"安德烈·朗桑在《震旦报》上如是说。贝尔特朗·普瓦罗-德尔佩什在《世界报》上写道："目睹这种鲁莽的发怒，精彩的表演，细腻与力量的奇观，面对每晚难以置信的对观众的征服，满场的笑声变成了过山车般的惊呼、下山滑道的尖叫。"让-雅克·戈蒂埃在《费加罗报》上撰文，盛赞"一连串手舞足蹈、滑稽扮相、挤眉弄眼、身体扭动，太不可思议了，让人不禁想到热罗姆·波什和布鲁盖尔晚年作品中变形的人物，拉长的鼻子，耷拉着耳朵，凸起的眼珠，硕大无比的嘴巴，犹如在噩梦中出现的象鼻子，还有诗人杜撰的疯狂。"

目不暇接的表演，看得观众们直呼过瘾。路易·德·菲奈斯真的自由了——无论在台上还是在台下。别人找他拍电影，被他一概拒绝，他只答应跟杰拉尔·乌利拍下一部影片，以便集中精力演戏。在舞台上，他很快甩开剧团其余的演员，不断添补各种效果：模仿、动作、摹拟旁白等。演出季节接近尾声的时候，这出戏绝对火了，一票难求，非提前几周订票不可。最后只能在过道上添椅子，接待后来束手无策的巴黎上流人物。这出戏的盈利相当可观，随着时间的推移，票价不断走高。

每天晚上都是爆棚的笑声。大鼻子长篇独白成传奇，篇幅又拉长了，第一幕结束时，德·菲奈斯拉住帷幕，结果趴在地上打扫……皮埃尔·蒙迪描述道："电话摆在舞台右侧的小圆桌上。路易拿起电话，拖着电话线，几乎跑到舞台中央打电话，生怕乐池上方和舞台右侧包厢里的观众看不到他。"

21. 失去布尔维尔

总统夫人克罗德·蓬皮杜亲临观看《奥斯卡》,并来到化妆室,邀请德·菲奈斯去爱丽舍宫演出。于是,1972年3月1日在爱丽舍宫的小礼堂举行专场演出,内阁官员们悉数到场。

同年春天,德·菲奈斯考虑是否签约再演一季《奥斯卡》,犹豫再三之后决定续签,因为他觉得演《吝啬鬼》的条件还不具备,尽管这个项目已经往后一推再推了。演出季临近结束时,马利亚·帕科姆甩手不干了。"路易只顾自己独自演戏,"后来她解释道。蒙迪证实她的说法:"当妻子闹笑话的时候,他便说'咱们的女儿,小女儿',开始玩跳房子,敲鼓,拽辫子……每天晚上,不断地添油加醋……马利亚只能站在边上干等。"评论家们不无揶揄地注意到,与满场飞的德·菲奈斯相比,马利亚显得十分安静、很不起眼。"马利亚·帕科姆反常的安静反衬出德·菲奈斯手舞足蹈的滑稽,"《世界报》如此写道;"在德·菲奈斯跟前,马利亚·帕科姆犹如一尊不求张扬的纪念碑,"《十字架报》话中带刺。而当一座低调的纪念碑,正是她难以忍受的……

1972年演出季开始时,演员阵容另外还有些变动:奥利维耶·德·菲奈斯代替杰拉尔·拉蒂戈,扮演克里斯蒂安·马尔丹。父亲一直在鼓励他尝试舞台演出。"在舞台上才能学会认识观众,才能为他们拍电影,登台演戏有助于演员修正射程。剧场是最好的电影学校,"《落在树梢》上映后,路易·德·菲奈斯在记者访谈中屡次这么说过。儿子整个夏季都在克莱蒙城堡里练习角色,听父亲提纲挈领地传授舞台经验,尤其是演出《奥尔尼弗勒》的时候,他从皮埃尔·布拉瑟尔身上学到的诀窍:每场演出,德·菲奈斯总是提前一刻钟来到舞台;他的目的不是进入角色,而是熟悉舞台空间,以便演出时进退自如。

路易·德·菲奈斯在台上依然活力惊人,和其他演员一样,年轻人难免黯然失色。一连四个月,儿子一边为父亲配戏,一边上课学习飞行。这出戏在1973年元旦后不久落下帷幕,奥利维耶从此彻底告别演艺生涯,而继续追求童年的梦想,成为国际航线飞行员。

路易·德·菲奈斯演满了300场。1973年1月7日,最后一场演出之后,皇宫剧院院方心平气和地决定:让·普瓦雷、米歇尔·塞罗重返舞台,领衔主演《虚凤假凰》,取代《奥斯卡》。

雷蒙·德沃的创意

70年代初,让-马里·普瓦雷打算跟多才多艺的雷蒙·德沃合作拍影片。德沃扮演主角,但是也参与剧本创作。德沃住在圣-雷米-谢弗罗兹,两个月期间,年轻编剧每天都上那儿去,写故事,塑造人物。不出所料,这位文字高手提出了怪诞的创意。普瓦雷回忆说,"警长瞒着妻子与妓女鬼混。可是那些妓女第二天都被害,由来他负责破案。不料妓女都是被别人用他的领带勒死的,他记得每根领带在哪儿买的或者是谁送给他的……警长不胜惊讶,但他没有马上意识这一切都是他妻子干的。"

德沃最终放弃了这场冒险。"他写到台词的时候放弃了,因为写不出神态各异的台词,每个角色都像德沃那样说话。戏中人物说话像他是很正常的,但是在影片里面,门房说话应该像门房,警察说话像警察,德沃办不到这一点。角色说话都像他,使他自己这个角色失去意义了。"以后执导《来访者》的普瓦雷说,德沃显示了在电影界罕见的慷慨。"他对我说,很抱歉让我干了那么长时间没有报酬。为了弥补我,他说我可以保留剧本,任意使用。"

作为制片人阿兰·普瓦雷的儿子、《奥斯卡》导演爱德华·莫利纳罗的助理,让-马里·普瓦雷与路易·德·菲奈斯一直保持着友好关系。他有一次请德·菲奈斯吃午饭,还请了导演乔治·洛特奈。普瓦雷预感到洛特奈会拍这部影片,而且洛特奈跟德·菲奈斯早就认识。"午餐吃得不顺利。听完我的剧情介绍之后,他突然不说话了,"让-马里·普瓦雷回忆道,"满脸的怨恨,他绝对不会在一部电影中扮演背叛妻子的角色。他不想继续谈这个计划。在他看来,建议他演这种角色已经是对他的冒犯了。"

22. 鳄 鱼

——《雅各布教士历险记》和《斗牛士华尔兹》,1973—1975

  1971年12月,《疯狂的贵族》上映不出一周时间,德·菲奈斯和乌利就提起《雅各布教士历险记》,打算从 1973 年 3 月开始,在巴黎、纽约、特拉维夫和牙买加进行拍摄。眼下来看,主人公将酌情与三个犹太教士相处,其中一位可能是夏尔·德内。

  杰拉尔·乌利和女儿达妮埃尔·汤普森、若西·艾森堡教士一起写剧本。后者在电视台主持犹太教节目,名为《翻开圣经》。除了给犹太街区排忧解难,提供各种技术、精神生活方面的咨询之外,他写喜剧也很在行。1972 年 12 月,乌利不拘一格挑选演员。他在报纸上登启事,找"一位 30 岁阿拉伯男演员,长相英俊,刚强有力,热情,富有幽默感,与德·菲奈斯截然相反",还需要"一位犹太妇女,70 岁,带意第绪语口音,个性鲜明,讨人喜欢,强势掌管家庭和周围的小天地(候选人可以致电:马尔戈·卡布里耶,ANJ. 8.93)"。

  杰拉尔·乌利再次从时事新闻中汲取创作灵感。就像《暗渡陈仓》背后有安热万事件一样,《雅各布教士历险记》以本·巴尔卡事件作为展开的契机。1965 年 10 月 29 日,在圣日耳曼大街著名的利普啤酒店前面,在野的摩洛哥社会党人麦迪·本·巴尔卡被法国警察绑走,法国警察受拉巴特情报部门的指使并得到黑帮的协助。本·巴尔卡下落不明,也从未发现过尸体。在整个 60—70 年代,这件事将不断引起质问、指控以及各种猜测;乌利在剧本中多次间接地影射此事。

  假期结束后,巴黎企业主维克多·皮韦尔(路易·德·菲奈斯饰)坐上自己的轿车返回,准备参加女儿婚礼。司机萨洛蒙(亨利·吉贝饰)替他开车。路上遇到意外,他与司机发生口角,一气之下把他解雇了。他黑灯瞎火地独自来到地处偏僻的口香糖厂，遇上了正在审判阿拉伯国家反对党领袖穆罕默德·拉尔比·斯里曼（克罗德·吉野饰）的"反革命法庭"。阴险的法雷斯上校（伦佐·蒙塔尼亚尼饰）指挥特务们在当天绑架了他。皮韦尔身不由己地跟着斯里曼逃跑，斯里曼赶往奥利机场，试图坐飞机脱身。法国警察紧追不舍，他俩扒下犹太教士及其秘书的衣服，套在自己身上。但是他们遇到法国犹太教士（马赛尔·达利奥饰）的一家子人，法国教士刚坐飞机从纽约抵达巴黎，把他俩带到巴黎的犹太区。从此，皮韦尔和斯里曼分别冒充雅各布和泽利格曼法师，来到罗绮埃街，受到全体犹太人的热情欢迎。但是司机萨洛蒙识破了乔装改扮的皮韦尔，成为他们的同谋。面对迟钝的便衣警察（克罗德·皮耶普吕饰）的不懈追捕、法雷斯上校的追杀以及斯里曼的威胁，皮韦尔必须摆出正统犹太教士的姿态，尽管他在骨子里歧视外族，仇视犹太人。当皮韦尔最后可以赶往荣军院参加女儿婚礼的时候，斯里曼和他遭到法雷斯绑架。就在这时，传来消息说他们国内发生政变，斯里曼变成了总统。他劫持皮韦尔的女儿（缪缪饰），扔下其未婚夫，奔赴新的前程。

在此之前，杰拉尔·乌利从未把那么多的责任压在路易·德·菲奈斯的肩上。在《雅各布教士历险记》中，他几乎始终出现在银幕上，而《暗渡陈仓》、《虎口脱险》、《疯狂的贵族》的故事情节涉及到其他人物（布尔维尔、英国飞行员、伊夫·蒙当……）。一连串的情景将再次迫使他使出浑身解数，展现各种心境和生动的演技，尽管剧本没有这方面的直接要求。恰恰相反，乌利力图传达人道的信息，同时保持喜剧的基调。观众们当然都记得皮韦尔冲着自己司机和阿拉伯人大声质问："萨洛蒙，斯里曼，你们难道没有点堂亲关系？"而且影片台词包含一些尖锐的思考，涉及法国与第三世界关系、石油外交、谍报机构的活动等。就在斯里曼在圣日耳曼德佩区的双偶咖啡馆被劫持前，法雷斯手下警察喊道："上校，我们不能这样抓他，不能光天化日在圣日耳曼大街上动手，已经有先例了。"电影公映的时候，了解本·巴尔卡劫持案的观众听到这句台词，笑得前仰后合。

制片办公室地处马勒泽布林荫大道，电影的准备工作在此持续了几个月。技术团队汇聚了业界精英：阿尔贝·于尔根森负责剪辑，贝尔纳·斯托拉领衔第二摄制组……斯托拉记得"大量的工作，但是非常快乐。镜头都很难拍，要投入大量精力和时间。乌利在办公室常给大伙说笑话。但是要求非常严格,要求我们找到拍摄那些镜头的办法。脑力激荡与温情放纵的混合体。"于是乎,为了拍维克多·皮韦尔的汽车以及他的船落水的镜头,斯托拉得花几天甚至几周时间寻找合适的湖泊:有一个镜头在结束摄制后一个多月才拍完,离《雅各布教士历险记》公映只有几周时间。

演员阵容非常出色,叙兹·德莱尔扮演皮韦尔妻子,马赛尔·达利奥饰真的雅各布教士,年轻的缪缪演皮韦尔的女儿,让·埃里贝尔演雅各布教士的侄子。摄影过程中,德·菲奈斯跟他学习意第绪语口音,鼓励年轻人多下功夫,保持特色。不久以后,他放弃让·埃里贝尔这个名字,改名为波佩克,专攻独角戏。

至于萨洛蒙这个角色,也就是真雅各布教士的侄儿以及维克多·皮韦尔的司机,乌利选了一位鼻子有些高,不过没有任何犹太血统的演员。亨利·吉贝叙述道:"我曾经给乔治·洛特奈拍过两部影片,而且跟科吕什和罗曼·布特伊搭档,是火车站咖啡剧场的台柱子之一。马尔戈·卡布里耶派我去见乌利演一个角色,我原以为拍两三天就完了。不料乌利张口就跟我说:'请原谅我这么问,您是犹太人吗?'我回答道:'不是,不过这事很快就可以办妥。'他脸上没有一丝笑容,我发现这位喜剧片导演缺乏起码的幽默感。他接着说:'我之所以这么问,是因为您必须会希伯莱语。'他请我把那场著名的汽车戏念了一遍,说两三天之内给我回音。我接到了回电,在制片办公室得到剧本。我在地铁里随手翻了一遍,发现我演的角色几乎贯穿整个电影。我不禁有点发怵,心想,'糟了,他们给了我一个真正的角色!'唯一的改变,是'萨洛蒙,您是犹太人吗?'这场戏。戏在拍摄之前已经写好了,乌利站在汽车后面,我们预排了几遍,有些即兴发挥。拍摄时对剧本做了某些修改。我很小的时候,梦想当演员,看过影片《怪事》,以及路易·茹威和米歇尔·西蒙的那场著名对手戏'奇怪,您说过奇怪'。拍片的时候,我没有意识到这场戏如此有分量。后来,行人在马路上拦住我,跟我说意第绪语,这时候我才意识到。这部影片使我成了第一个犹太人眼中的异教徒。"

3月15日,路易·德·菲奈斯从杰拉尔·乌利手中接过了骑士勋章,人们在授勋仪式上缅怀布尔维尔。几天后,3月19日,德·菲奈斯在比扬古开拍《雅各布教士历险记》。口香糖厂的几个镜头实属不易。路易·德·菲奈斯掉入料罐,绿色的浆料必须既黏糊又能流动,而且无毒,色泽稳定……负责特技效果的人员面临一场严峻挑战,他们把水、淀粉、粗面粉、染料搅拌后,注入容量 5 吨的料罐。谁知,拍完几组镜头之后,当天夜里,液体开始发酵,漫出料罐,四面流淌,蔓延到隔壁搭着犹太教堂布景的摄影棚……48 小时之内,重新清理完毕,德·菲奈斯又可以往美国佬口香糖的料罐里跳了。

咱们别忘了:乌利是一位十分细致的导演,会毫不犹豫地让每个镜头拍上十几遍,更何况他知道德·菲奈斯属于慢热型,一定时间之后才能进入表演的佳境。结果口香糖这场戏整整拍了三个星期! 这段时间里,路易·德·菲奈斯就往料罐跳,或者躺在里面,浑身涂满绿浆料。工厂镜头在摄影棚中拍还说得过去,可是两个月之后,德·菲奈斯要在工厂和湖泊之间奔跑,大伙这才发现,浆料中含糖,招来成群的蜜蜂、胡蜂、苍蝇和各种虫子……

4 月份,庞大的摄制组移师奥利机场。剧本设计了几个深入机场腹地的镜头,比如维克多·皮韦尔被卷入行李传送带。拍摄必须安排在夜间,等航班结束之后,重新启动"长恐龙"——乌利团队这么叫传送带——才能进行。十几秒钟的镜头,不停地折腾,路易·德·菲奈斯还得耗费体力:老板的西装下面有一层厚厚的保护,因为传送带的速度高达每分钟 90 米,摔得很重。但是白天也得拍,机场非常忙碌,每个镜头都要仔细设计,以免妨碍川流不息的客流。

7 月份,摄制组前往韦泽莱,在附近池塘拍摄皮韦尔和萨洛蒙在水中冒雨拖船和汽车的镜头。天气晴朗,只能求助消防水龙头。德·菲奈斯和乌利像 7 年前拍摄《虎口脱险》一样,入住金狮旅馆,心情难以平静。乌利的房间正巧是布尔维尔当年下榻的那间。他打开收音机,一边从旅行袋里往外取衣物,忽然听到老友的歌声,那是他唱得最动人的一首歌《柔情》("生活可以没有荣华/荣华不说明什么/可以在历史上默默无闻/而且心满意得/但是生活中没有柔情/我绝不答应")。这时有人敲门,原来是路易·德·菲奈斯。乌利后来写道:"他背倚着门,脸色惨白。他也认出房间了,听到了安德烈的歌声。德·菲奈斯没说话,我也没开口。假如此时天使路过,他叫什么名字?"

杰拉尔·乌利毫不隐瞒自己试图通过影片,引导观众们去思考种族歧视的原因。他二战期间在瑞士避难,躲过了对犹太人的大屠杀,虽然他在屠杀犹太人的这个问题上通常比较谨慎,但是他和同时代的人们一样,认为反犹太主义是对人类生命的直接威胁。当无休止的暴力与仇恨的漩涡席卷中东地区之际，他旗帜鲜明地渴望人们和睦相处。

尽管——我们还会谈到这一点——《雅各布教士历险记》被视为一篇呼吁宽容与和平的辩护词，但是乌利和德·菲奈斯一样，原先都没考虑让种族歧视者维克多·皮韦尔受犹太青年们兴高采烈的感染，欣然跳舞，没有考虑通过这场戏向后代传递这种理想。《雅各布教士历险记》的初稿没有安排皮韦尔跳舞。一开始，杰拉尔·乌利和达妮埃尔·汤普森打算让他像真正的教士那样，演一段相当古典的小提琴曲（据报道，他已经考虑学习提琴，每天学三小时，为期一个半月）。但是法国电影界的选材高手马尔戈·卡布里耶，遇到年仅 22 岁的音乐家和舞蹈演员伊兰·扎维依，此人在以色列的基布兹生活了几年，刚从那儿回来。他生于阿尔及利亚，3 岁来到法国，当时担任克拉维夫舞蹈团指挥，编排以色列、阿拉伯犹太人以及哈西德风格的舞蹈。她看了他的演出，再请杰拉尔·乌利观摩，乌利立刻决定，皮韦尔必须头戴雅各布教士的皮帽，穿上卡弗坦长袍在罗绮埃街上跳舞。这场戏被加进剧本。1973 年 3 月 13 日，即影片开拍前三天，导演、主角和两位配角来到巴黎第六区的舞蹈场，伊兰·扎维带领舞者们向他们展示将在影片中出现的哈西德舞蹈。路易·德·菲奈斯想到又要在摄影机前跳舞，十分欣喜和兴奋。他曾在安德烈·于奈贝勒导演的《出租车、大篷车和混斗》中跳弗拉明戈舞，在雅克·贝尔纳的《宪兵情缘》中狂跳吉普赛舞（参见第八章末，路易·德·菲奈斯跳舞），这将是初次在杰拉尔·乌利的片子中跳舞，同时也成为他演艺生涯中最精彩的舞蹈。

那是真正的哈西德舞蹈吗？"舞蹈有新意，但是如今不再存在了，"伊兰·扎维言简意赅地概括道。他狡黠地提醒说，雅各布教士及其友人们是欧洲犹太人，而他本人是西班牙系的犹太人。"那不是大众舞蹈，尽管具有大众的基础。哈西德舞蹈起源于信徒们的行为。我编排的舞蹈动作反映了人们对犹太教信徒的看法，符合犹太信徒敬畏上帝或者崇拜上帝的表达方式。一切都通过动作来表达，由内向外的动作，从舞蹈开场就是如此，双手朝地。归根结底，一切都取决于手的表达方式。"他的舞蹈创作的确构成一场戏，因为它利用舞蹈正面、对称等作为舞台艺术的特点。然而在哈西德的节庆中，男子双人舞或者法兰多拉舞最为常见，就像《雅各布教士历险记》舞蹈末尾所跳的那样。

乌利虽然找到了舞蹈,但是音乐还没有着落。他觉得原配的音乐远远不如舞蹈那么诱人。而且从他导演生涯的一开始,对自己影片的作曲就不太忠诚:乔治·德勒吕为他的三部电影谱曲(《犯罪无酬》、《暗渡陈仓》、《大脑》),但是他请了四位作曲为另外四部影片谱曲。为了皮韦尔——雅各布教士的舞蹈,多名作曲家(听说包括乔治·德勒吕、诺贝尔·格兰兹贝尔,也许还有米歇尔·波尔纳列夫)提交过样稿。

那时候,绝大多数的电影录音安排在巴黎的达沃录音棚进行,场地比较宽敞,足以容纳一个乐队,设备完善,能够满足电影作曲家的专业要求。弗拉迪米尔·科斯马经常在这儿录音。这位作曲家祖籍罗马尼亚,曾经担任米歇尔·勒格朗的助手(参与《海豚欧姆》的作曲),他还算不上一流作曲家,但是近来常问津大的电影合同。"我从录音师那儿获悉,达沃录音场那儿人来人往,很热闹,都是冲着《雅各布教士历险记》来的。"他也参加竞争,见到了当时在奥利机场拍片的乌利。"摄影持续5个月时间,不过时间还是相当紧的……"

几天后,导演和录音师阿尔贝·于尔根森来到达沃录音场看弗拉迪米尔·科斯马录小样,用于预定几周后开拍的舞蹈。"我跟乐队在录音场里,看到他们在技术室说话,觉得事情有希望。但是一周之后,我才从制片那儿得到答复。他们只问我什么时候可以来签合同。必须赶快行动,因为要录音,还要在拍戏之前跟德·菲奈斯做些准备。"

科斯马被选中为舞蹈谱曲,但是也得谱写片头音乐,即真教士离开纽约那段戏。然后,这段音乐将衍生变奏,贯穿整部电影。与此同时,路易·德·菲奈斯和伊兰·扎维,在比扬古摄影场开始工作。伊兰·扎维回忆说:"第一天,十多人陪着他,问我干些什么。我把别人全部撵走,我觉得他很高兴。他没有舞蹈袜,我把身边的一双旧袜子借给他,尺寸正好。第二天上午,他带着10双各种牌子的袜子,逐一试穿,最后问我是否可以留下我的旧袜子。我当时22岁,而他是欧洲最著名的影星,他跟我建立了一种师生关系:他很守纪律,很有天分,做事非完美无缺不可,不然他不肯放手。"

弗拉迪米尔·科斯马看着路易·德·菲奈斯排练,如今还记得"他跳得有点勉强,不见得那么有趣,心里嘀咕着不知道他到时候怎么应付。但是,

22. 鳄　鱼

由于他完全掌握了这场舞蹈的技术，所以在拍摄时完全放开，他的天才就在这儿体现出来了"。

德·菲奈斯排演了一段后来在影片中没有出现的舞蹈。舞蹈起初分为两部分。开始时节奏缓慢，模仿正宗犹太信徒在教堂或者学习室前后摇摆的祈祷动作。接着，打击乐手突然加快欢乐的节奏。伊兰·扎维说："制片决定删去第一部分舞蹈，以便突出舞蹈的节奏。我没有提出异议，我也很看重舞蹈的表现力。"

一连半个月，德·菲奈斯和年轻的舞蹈老师每天上午练习一个半小时，然后有时候一起去录音棚餐厅吃午饭。他俩相处得亲密无间，跟业界传说的路易·德·菲奈斯的坏脾气（有些好心人不免提醒过伊兰·扎维）完全是两码事。最后几场排演中，与克拉维夫剧团另外9名演员以及克洛德·吉罗进行"磨合"同样一帆风顺，剧场离摄影地点只有一步之遥。

因为，尽管若西·艾森堡奔走斡旋，杰拉尔·乌利仍然没有获准在罗绮埃街实地拍摄。那时候，马莱区的犹太人还寸土不让，拒绝时髦的商号和同性恋群体在此落户。制片方在圣德尼老区找了几条酷似马莱区老街的马路，伊斯兰肉铺，只要挡住招牌上的阿拉伯字，就成了普通肉铺。当地居民乐于配合，参与跑龙套的人不计其数，两组镜头——雅各布教士坐出租车招摇过市、哈西德舞蹈——用了短短四天时间就拍完了。

"在马路上实地拍摄，影响到这支舞蹈的节奏。我事先与德·菲奈斯一起突出了舞蹈的重点。原先的舞蹈编排比较轻快，但是他体态有着比较笨重的一面，很结实。我们从来没有因为任何身体方面的局限而停止排练或者拍摄。"再过几个月，路易·德·菲奈斯就59岁了，但是他精力旺盛，一如既往地喜欢插手。比方说，面对"爱提建议"的德·菲奈斯，"我们很快就商定，他从一开始就'参与其中'"，伊兰·扎维回忆道。但是德·菲奈斯也需要自己的参照点，需要某种安全感："我按照舞蹈编排去找他，在他跟前跳舞，因为他需要看到我。"从此，德·菲奈斯开始"挤眉弄眼"，添加各种只有乌利的镜头才能捕捉到的细微表情，或者跳法兰多拉舞时即兴发挥，用脚踢克洛德·吉罗。几串镜头下来，舞蹈就拍完了，尽管乌利坚持尽善尽美，从多个角度进行拍摄，以便为剪辑多准备素材。

从今天的眼光来看，我们很有意思地发现，《雅各布教士历险记》公映之际，没有一个媒体人提及这场舞蹈，除了《世界报》注意到"某种犹太舞"之外。编舞伊兰·扎维与杰拉尔·乌利将保持联系，在1982年和1987年两度合作，拍摄《王中王》和《列维与戈利雅特》。

让·阿努依对路易·德·菲奈斯印象很好，经常跟他通信。皮埃尔1956年临阵变卦，给戏剧《奥尔尼弗勒》的走红蒙上一些阴影。光阴流逝，他一直庆幸选择了德·菲奈斯，由他扮演马舍图。《暗渡陈仓》之后不久，阿努依提出为他写一部戏。他去找德·菲奈斯的时候，他正在拍《冰冻人》。写完第一幕之后，阿努依意识到，剧情的发展将在两位势均力敌的人物之间导致冲突。这出戏后来成为《金鱼》，由米歇尔·加拉布吕和让-皮埃尔·马里耶尔主演。至于路易·德·菲奈斯，他最终考虑重新修改《斗牛士华尔兹》。1952年，这出戏遭到评论界的扼杀，不过他坚信他们是错杀无辜。《奥斯卡》之后，德·菲奈斯远远没有过足戏瘾，毫不隐瞒地说过除了杰拉尔·乌利提议的影片之外，他对别人的影片计划不太感兴趣。

于是，《雅各布教士历险记》结束之后，他跟阿努依约定在1973年夏天一起排戏。阿努依总共写过42部戏，其中17部在香榭丽舍戏剧院上演，《斗牛士华尔兹》也安排在那儿重演。时任院长克洛德·圣瓦尔1952年曾经担任该戏的主角，贝尔纳·布利耶和皮埃尔·弗雷内听过他试演。这出戏在国外的情况也不错。1962年彼特·罗班在纽约主演《斗牛士的华尔兹》，丹尼·罗班参加演出。

阿努依在这出戏中异乎寻常地强烈抨击婚姻的悲剧：1910年左右，圣-贝将军退休在家，写回忆录，照顾一双丑女儿，与女仆偷情，受到蛮横的、一贯谎称患某种萎靡症的妻子折磨，日子过得很无聊。此时忽然来了一位小姐，17年前跟他有过一段恋情，为了他至今没有出嫁。但是将军不敢与她私奔，让自己的秘书娶了她，自己依然留在可恶的妻子身边，继续对女仆们动手动脚。

从乌利同意放行开始，德·菲奈斯就开始排演了。他有着自己的想法、自由、经验，尤其是确信自己能够带来欢笑。让·阿努依请罗朗·彼耶特里担任导演助理，他很快意识到，自己管不住这出戏的主角。阿努依不太热衷于排练。对他来说，排练几周就够了，而且常常声称自己那些最成功的戏往往是赶排出来的。德·菲奈斯则希望排练得更加细致。在戏剧导演方面，他一直推崇雷蒙·罗洛:"跟他排戏,我们重复每句话,推敲每句台词,必要时会扯开嗓门。阿努依让您一路往下演。然后再评论。我不习惯这样做。"

阿努依经常默默地坐在边上,一支接一支地抽着"博瓦雅"香烟,看着演员们排演,不提意见,也不予任何指导。路易·德·菲奈斯有时候不免恼火,冲着阿努依说:"我不懂。"阿努依的悲喜剧描写一位心里受伤的男子;德·菲奈斯则想演比较激情的仗义执言的角色。过了一段时间,大家都发现阿努依把这个人物扔给德·菲奈斯,不再过问了。

首场演出定于 10 月 6 日举行,就在公演前几天,德·菲奈斯坚称背不出台词,台词确实很多,全戏共有台词 2752 句,其中 1448 句是他的。他威胁说首演那天晚上也许不出场。其他演员(包括演将军妻子的吕西·加西亚-维尔、演圣特·厄韦特老姑娘的莫妮·达尔梅斯,配角演员中有初出茅庐扮演将军的女儿的萨比安·阿泽马)乖乖地听从阿努依的指示排练。业内纷纷传说,路易·德·菲奈斯届时会掀起一场即兴创作的风暴,大家对此有所准备。

这个万众期待的星期六终于来临了。场内座无虚席,喜气洋洋,第一幕演得非常顺利。这时候剧场经理悄悄来走近阿努依的座位,初次上场的时候,德·菲奈斯已经对院长克洛德·圣瓦尔说了,要是让·阿努依不退出剧场,他就罢演。面对众多的评论家和嘉宾,他紧紧盯着阿努依一个人,阿努依在这儿令他十分怯场。阿努依只好单独在剧场休息室入座,从剧场不断传来笑声。突然,休息室的门被人推开了,原来是身穿演出服的德·菲奈斯。他利用下场的间歇,过来核实一下,看看阿努依是否服从他的意愿。他一声不吭,立刻退出休息室。对剧作家来说,德·菲奈斯的刁难确实令他难堪,不过首演之后好评如潮,稍稍缓解了他心中的苦涩。评论家们齐声喝彩,跟 1952 年相比,1973 年的演出更加受到观众的喜爱,人们对主角的评价也是如此。皮埃尔·马卡布鲁在《星期日报》上指出,大家清楚地看到"编剧邀请德·菲奈斯加盟的原因,那就是追求怪诞离奇的效果,这样至少可以凸显这出阴森可怖的闹剧的可笑和不近人道"。《十字架报》详细分析说:"他从可恨变成可怜,从可笑变成滑稽——挡不住的滑稽。每次曲折最终都是好感居上。黑色镶上玫瑰红折边,喜剧无处不在,人物有惊无险。"

一部戏开始其成功之旅,尽管成功的喜悦也许因两人的紧张关系而有所冲淡。《雅各布教士历险记》即将公映，另一场成功就在眼前，不过它也不会是晴空万里的幸福。

在筹备和拍摄《雅各布教士历险记》的过程中，杰拉尔·乌利清楚地知道影片涉及政治动乱的地域，会一定有风险。但是谁都没有料到，1973年10月18日影片上映时会遇到如此局面。10月6日，德·菲奈斯首演《斗牛士华尔兹》，也是全世界犹太人的赎罪日，就在这一天，阿拉伯国家出动战机，空袭以色列。人们久久守在收音机跟前。第二天一早，杰拉尔·乌利，制片人贝特朗·雅瓦尔，发行人杰拉尔·贝图以及影片的媒体和广告人乔治·克拉韦纳就聚集在一起讨论局势。在当前的形势，人们是否会把这部影片视为一种挑衅？是否可以在整个法国——不久在全欧洲——张贴海报，展示装扮成犹太教士的路易·德·菲奈斯？是否可以在影片中保留对石油国家政策的影射，而西方正受到石油封锁的威胁？影片是否可以不管战争的结局如何而上映？四个人作出了肯定的决定。

乌利和德·菲奈斯负责《雅各布教士历险记》的宣传造势，就像什么都没发生过似的，突出影片人道、宽容、和平的价值观。在一次电视采访中，德·菲奈斯非常坦率地说："我也有过一些反……的想法。脑子里也许还有一些残留。但是就像我跟乌利说得那样，影片把我灵魂中的污垢清除了。"

影片公映前几天，有些媒体故意制造紧张气氛。一家喜欢耸人听闻的周刊，刊登一张德·菲奈斯身后站着一名保安警察的照片，暗示德·菲奈斯的安全受到威胁，需要警方保护。其实那是《雅各布教士历险记》的宣传照片，摄于皮韦尔掀翻乌利行李的那场戏，不过最后警方还是暗中对德·菲奈斯进行了几天保护。

当然，影片导演在办公室门口的擦鞋毯上，捡到数封勒令他放弃上映的匿名信，不过10月18日的安排依然照旧。警方保证放映期间不会有骚乱的风险，对影片的评介显得非常有利，影院经理们心情泰然。然而，当天上午，传来巴黎—尼斯的法航波音727飞机被劫持的消息。劫机的是一位女子，身穿貂皮大衣，要求停止放映《雅各布教士历险记》，并且要求法国人24小时期间放弃开汽车出行。该女子手持一支卡宾枪和一把手枪，后来证明手枪是假的，她还自称有一颗手榴弹。她要求飞往开罗，机长以补充给养为由，争取到她同意让飞机中途在马赛机场暂停。警察冒充服务公司员工，端

22. 鳄 鱼

着餐盘进入飞机,在飞机升空之前将劫机者击毙。她的包里其实没有手榴弹,而有一只很听话的小狗。后来查明,劫机者名叫达妮埃尔·克拉韦纳,35 岁,是乔治·克拉韦纳的妻子,两个孩子的母亲。

突如其来的中东战争使她不知所措,她没有看过《雅各布教士历险记》,猜想里面会包含侮辱性的内容,于是做出了非理性的行动。事后发现,警方不予警告就朝她开枪,根本谈不上正当防御,其实这位少妇不很危险,只是精神有点失常。就在达妮埃尔·克拉韦纳被击毙前几分钟,一位记者在 RTL 电台上称,此事发生在电影首映日下午,很可能是为《雅各布教士历险记》宣传造势的一种"创意"!

换成别的电影,很可能就一蹶不振了。然而从商业角度而言,《雅各布教士历险记》一炮打响:第一周的观众高达 189439 人次,比本周第二名——乔治·洛特奈执导的《行李》——多出 3 倍。电影在巴黎 16 家影院上映,每场座位总数达到 10162 席。本周影院排行榜中的前 4 家上映乌利的《雅各布教士历险记》:单是贝利兹一家就有 33010 人次,特使影院为 26033 人次,维普乐影院为 18260 人次,蒙巴拿斯 83 影院为 16328 人次……在后来几周,偶然的因素使得《暗渡陈仓》未能继续保持上座率,从而导致《法国电影》杂志的头版为《雅各布教士历险记》作了一次美妙的广告:"《雅各布教士历险记》巴黎首映:第一周 189000 人次(189436),第二周 189000 人次(189244),第三周 189000 人次(188973)",整数采用红体大字印刷,格外醒目。事实上,上座率从第四周开始下降,不过依然达到 123262 人次,遥遥领先于随后的影片。

当然,评论界与观众同样热情洋溢:"《雅各布教士历险记》不可不看,如此友善的放声大笑,对他人的如此尊重,对充满怀旧和谦逊的美好影片如此钟爱",这是亨利·沙比耶在《战斗报》上的赞誉。"这是杰拉尔·乌利最完美、最完整的作品。之所以完美,是因为我们看不出哪儿可以删减或者补充。"亨利·拉比奈在《十字架报》上感叹道。连《法国电影》都一反通常的谨慎态度。该杂志的影评文章充满善意,但是始终保持某种克制,似乎受到美国《综艺》杂志影评风格的影响。说到《雅各布教士历险记》,这本专业杂志这么写道:"继《暗渡陈仓》、《虎口脱险》之后一部的确成功的电影,杰拉尔·乌利的杰作。"

毫无疑问,电影主演荣获了无数的赞誉。雅克·多尼奥尔-瓦尔克洛兹在《快报》上写道:"从赤裸裸的凶狠到牢骚不断的宽容,路易·德·菲奈斯纵横驰骋在一个卡夫卡式的世界中,始终享受着表演的快乐。"让·德·巴隆塞利在《世界报》上热情洋溢地写道:"瞪着眼睛,头发散乱,脸部抽搐,跺脚,扮鬼脸,手舞足蹈,嘀咕抱怨,演员使劲浑身解数,变着法儿表演一个我们都以为烂熟于心的'节目',然而'节目'依然出乎我们的意料之外。他是影片的支柱,影片的重心和引擎。"亨利·拉比奈在《战斗报》上还写道:"我们知道他会让我们笑,但没有料到他还会让我们哭。"

《雅各布教士历险记》最多受到一些略带傲气的批评。不苟言笑的萨米埃尔·拉希兹在《人道报-周日版》上作了极具政治性的评论,他认为影片没有什么不可饶恕的原罪,然后总结道:"令人发笑? 也许……但是启发思考,那就更好。"《十字架报》评论道:"这部影片不是让人先笑后思考,而是酣情在思考中笑,或者在笑中思考。"甚至极右派周刊《分秒》也用了略带超脱的口吻,除了说它"幼稚地反种族歧视"之外,对影片没有进行直接的指责。

几乎只有当时正值"红色"历史时期的《电影手册》杂志,大肆攻击乌利和《雅各布教士历险记》。导演乌利从左派的猛烈批评中得到一定启发,为下一部影片找到部分的灵感。

此时此刻,《雅各布教士历险记》极为火爆,上座率连续6周领先,直到第七周才被费利普·德·布罗卡导演、让-保尔·贝尔蒙多主演的《猛龙大杀手》赶超。此事堪称排行榜巅峰的象征性相遇:路易·德·菲奈斯独占票房鳌头的局面,受到如日中天的大众影星的威胁。跟《雅各布教士历险记》相比,《猛龙大杀手》首映时还出处在下风,"仅为"142086人次。不久之后,在商业运作方面,贝尔蒙多比路易·德·菲奈斯更强。但是《雅各布教士历险记》在法国吸引了7295811名观众,在1973年故事片排行榜上,比《我的名字叫小人物》多出250万人次。路易·德·菲奈斯重返排行榜首位。1964年以来,他的影片已经六度荣膺上座率第一。1972年他没有在榜上露面,他此时也不知道这将是1976年前的最后一次。

路易·德·菲奈斯在香榭丽舍戏剧院大获成功。剧院董事吉·德科还记得,德·菲奈斯与剧团其他演员、与剧场工作人员的关系非常实在——"他很内向"。他按照《斗牛士华尔兹》的票房比例领取酬金,与电影片酬正好相反,因为他不放心这么做。路易·德·菲奈斯亲自谈演出的酬金,谈判旷日持久。吉·德科说:"我建议他派经纪人替他谈判,用不着这么麻烦自己。可是他不愿意,我们不得不来回折腾,最终才达成协议。"

他精力旺盛,令人吃惊。演《奥斯卡》的时候,他天天晚上都要补充细节,一拖再拖,直到11点半才演完,道具师们颇有微词。更有甚者,他们还有些不同寻常的用场,德科告诉我们,"他力大无比。有一场戏,他要摘下挂在墙上的大刀,初次排练的时候,他把布景拉倒了。于是叫两个道具抓住布景,以免出现意外。"

路易·德·菲奈斯点子很多,有些发明甚至让阿努依都笑得前仰后合,原谅了德·菲奈斯首演时对自己的冒犯。比方说,路易·德·菲奈斯抱起昏迷的妻子,他设计把吕丝·加西亚-维尔放在手推车上,观众们看得很来劲。可是幕间休息时,他疲惫不堪地躺在休息室里。不停地哼唧,说累、头晕、身上酸痛。吉·德科说:"胳膊疼得尤其厉害。过了一阵子,他开始每天晚上用粉笔,在休息室的墙上,画出自己的右臂所能抬起的高度。"

但是天空并非万里无云。"从一开始,在观众期待和实际演出之间,就存在一定的差距。这是一出既滑稽又严肃的戏,而观众只期待着能够像看《警察》系列影片那样欢笑。观众来信,抱怨没有看到德·菲奈斯穿斗牛士的装束!"接近200场演出时,演员真的累了,血压出现某些令人担心的征兆。与此同时,上座率开始下降,而合同规定至少保证200场演出,即使到6月底结束。在合同规定的期限前两个月,第198场之后,路易·德·菲奈斯停止演出。起先称临时暂停,后来有了医疗诊断书,《斗牛士华尔兹》正式停演。

尽管路易·德·菲奈斯说过,只愿意与乌利合作拍电影,但是他毕竟依然关注电影界的情况。他不能拒绝克里斯蒂安·费什内的拜访。电影界几乎把他视为天才——一个令人讨厌的小天才,不过毕竟是天才。年轻人生于1944年,似乎具有点石成金的本领。他从魔术师起家,帮助21岁的安托万走上歌唱生涯,接着把自己的乐队——问题乐队——改造成音乐舞蹈剧团,以"夏尔罗"冠名。他们的首部电影《疯狂大兵》由克洛德·齐迪执导,成为1971年最热门的影片,观众多达746万人次,比《疯狂的贵族》差不多高出200万人次。1972年,克洛德·齐迪执导的《体育场的疯狂》再次走红

(574万人次),导演让·吉罗在《夏尔罗勇闯西班牙》中让年轻一代分享他的经验(410万人次)。一年中差不多吸引了1000万观众,这比世界上任何引荐都管用。克里斯蒂安·费什内邀请路易·德·菲奈斯吃午饭。

他记述道:"我们在拉塞尔饭店初次相见。我也是头一次去这家饭店,我以为这样有大导演的气派。后来我才发现,他根本不在乎去什么著名饭店吃饭。午餐十分美妙:我既是很年轻的制片人,又是路易·德·菲奈斯的铁杆粉丝。当年还没有录像机和录像带,我收集35毫米电影,在家里布置了放映室。我和夏尔罗们经常连看两部德·菲奈斯的片子,从半夜看到凌晨4点,他的台词我都能背诵。午餐时,我背了一些台词,我想他觉得很有趣。他是最炙手可热的电影演员,我发觉他想小小地报复一下某些业内人士,尤其是某些制片人。因此看到一个年轻制片人登门求见——我当时二十七八岁,他感到欣慰,更何况我当时很火,而且崇拜他的影片,还说期盼与他合作。"

费什内向路易·德·菲奈斯"求婚"。当时打算以夏尔罗乐队的歌曲《谢谢,老板》为素材拍一部电影,由米歇尔·奥迪亚尔编剧,路易·德·菲奈斯演老板。新喜剧片的才子们看着德·菲奈斯成功演出《奥斯卡》,但是电影计划淹没在巅峰生涯的动荡之中。然后费什内领着克洛德·齐迪,来到香榭丽舍戏剧院的化妆间。他们带来一部剧本,让路易·德·菲奈斯和皮埃尔·里夏尔联袂演出。自从处女作《冒失鬼》之后,里夏尔成为法国影坛的另一颗新星。根据剧本安排,一位是颐指气使的美食评论家,另一位扮演他的儿子,尽管父亲的生意兴隆,可是儿子没有一点子承父业的念头;父子俩将结成同盟,对付餐饮企业主的诡计。

天赋很高的新演员,成功的导演和制片人,新颖和有趣的题材,这一切吸引着路易·德·菲奈斯。他原则上同意拍摄《美食家》,不过自己先得主演杰拉尔·乌利最雄心勃勃的影片《鳄鱼》。

1974年4月25日《斗牛士华尔兹》落下帷幕。1974年5月4日,杰拉尔·乌利和路易·德·菲奈斯签署第5部影片协议,后来起名为《鳄鱼》(不再有人把《犯罪无酬》算入他们合作影片的目录),摄影记者们赶来捕捉他俩的笑容。《法兰西晚报》刊登了导演本人透露的影片梗概:"他将在其中扮演巨富工业家,同时又是金融家。他自己的银行控制自己的飞机制造厂,他的

22. 鳄鱼

飞机将监视自己的油轮,运输从自己的油井中获取的原油。他一头钻进自己的财富,忽视自己的家人和朋友,只关心自己的生意,成天害怕遭到绑架,我们的主人公将遇到一连串意想不到的情况,他的生活将被彻底打乱——我今天不想透露,因为那是故事的关键。"

烟幕弹还是信口开河?《鳄鱼》其实讲述一个南美独裁者的故事,或者是南欧独裁者的故事,因为乌利的灵感来自希腊上校或者葡萄牙的萨拉查。独裁者突然发现身边一切都垮了:美国人将他抛弃,儿子加入左派抵抗运动,妻子有外遇,藏在瑞士的巨款蒸发了,警察背叛自己……于是他策划一系列假暗杀和阴谋,使得他能够得到民众的赞同,建立起与此前的政体截然相反的独裁政权。剧本充满潜在的喜剧性,更何况乌利为他的独裁者找了一位不寻常的妻子:女歌唱家雷吉娜·克雷斯潘。她获悉自己会跟德·菲奈斯演对手戏,无比欣喜。听了这个计划,德·菲奈斯也很兴奋,乌利又和女儿达妮埃尔·汤姆逊、若西·艾森堡闭门谢客,开始写剧本。他解决了拍摄中重要的一点:希腊政府允许《鳄鱼》剧组支配、使用警察小组、兵营、国家权力机构所在地,甚至还提供坦克。实际上,希腊军人独裁刚刚崩溃,民主政权有很多账要清算,讽刺挖苦是有效的武器之一。

乌利和路易·德·菲奈斯一起,讨论笑料、人物、演员阵容等。经过《斗牛士华尔兹》的马拉松之后,德·菲奈斯注意节约体力了。他对记者说:"我那时候需要克服的极度疲惫,那是对我的警告,必须老老实实地听取。"他谢绝或者无限推迟了某些项目。比方说,雷蒙·罗洛请他 1974 年秋季在巴黎演《贵人迷》。不行:他已经答应拍《鳄鱼》了,尽管摄制工作到 1975 年 5 月才开始。在此期间,德·菲奈斯去看电影。他发现了伍迪·艾伦,还看了贝特朗·布里耶拍的《华尔兹舞女》——"过分的腼腆一直拦着我;我现在很高兴去看电影,太美妙了!"但是他大部分时间还是在花园里度过:"我 4 月底回到克莱蒙,当时没有办法思考问题。野外的体力活是恢复头脑的最好办法。我们的花匠刚去世,妻子跟我,我俩决定不再请人,一切都自己来做:锄地啦,拔草啦,播种、种土豆、洋葱、甜菜、胡萝卜。每天面朝泥土干 12 小时,喝碗浓汤,看 10 分钟电视,然后睡觉。这样一来,身体棒棒的。"

路易·德·菲奈斯不慌不忙地、平静地为《鳄鱼》作准备。影片有着成串的非常复杂的场景,还有各种暗杀和政变,独裁者死里逃生,需要体力支持。拍摄定于1975年5月14日开始,将持续数月,许多外景安排在希腊、突尼斯甚至在新墨西哥。3月19日,路易·德·菲奈斯和杰拉尔·乌利吃午饭,商定剧本最后的细节以及确定演员人选。

在拍《斗牛士华尔兹》期间出现身体问题之后,德·菲奈斯找心脏病科医生做了体检。医生认为他的身体状况完全可以胜任《鳄鱼》的拍摄工作。3月20日黄昏时,德·菲奈斯感到胸部剧烈疼痛。妻子赶快通知医生,医生让她放心,她的丈夫不是心肌梗塞,疼痛也许是吞气症所致。最后,她叫来救护车,将丈夫送往奈克尔医院心脏诊疗急救中心。医生们认为问题不大,对报界称德·菲奈斯心脏轻微不适,但是显然近期不宜参加《鳄鱼》的拍摄。

3月30日,即复活节的星期日,德·菲奈斯胸部又痛起来,在奈克尔医院陪伴的妻子让娜·德·菲奈斯立刻向值班的实习医生报警,实习医生无能为力。此时正值周末,医务人员配备非常单薄,实习医生不得不联系回到乡间住宅的医生,询问该怎么办。路易·德·菲奈斯再次获救,但是这次二度心肌梗塞,情况更为严重。他的确与死神擦肩而过。有人告诉他,他从此不能拍电影,也不能登台演戏了。

住院期间,他出人意料地平静、客气、耐心。他虽然不同意——而且是根本不同意——乔治·马歇的观点,但是跟他电话交谈,乔治·马歇是法国共产党总书记,也有过心肌梗死的经历。他5月21日出院,回克莱蒙养病。稍微在花园拾掇,缓慢散步,严格控制饮食……与此同时,必须给《鳄鱼》已经雇用的30名剧务人员发工资。制片方在演员方面运气要好些:当时距离开机还有7周时间,演员还没有全部确定,以及已经签约的演员们原则上同意延期拍摄。路易·德·菲奈斯出院之前,数百万法郎已经支付出去了。为了避免浪费办公场地和剧务人员,也为了保证年底有些收入,贝特朗·雅瓦尔决定拍让-夏尔·塔凯拉推荐的影片《表兄妹》,马丽-克里斯蒂娜·巴罗和维克多·拉努担任主演。影片很成功,贝特朗·雅瓦尔每天跟在家里养病的德·菲奈斯通电话。

德·菲奈斯再次住院体检之后,终于在7月初离开了奈克尔医院。几天之后,公布了一条据说与医生协商后做出的决定:他不拍《鳄鱼》了。太多的惊险动作,太多的拍摄场地,太多的高难度场景……作为安慰,他宣称将

22. 鳄 鱼

在1976年与乌利合作,履行与安德烈·热诺韦斯签订的协议,他将在第一时间回到乌利身边,"假如他不给我写《宾虚》",但是这番话没有人真信。乌利导演对报界声称自己与德·菲奈斯的友谊牢不可破,尽管他白白浪费了一年半的时间!

但这件事另有原因:路易·德·菲奈斯刚遭到一场别出心裁——但却是不容否认——的欺诈。7月12日,《鳄鱼》制片人的一位代表来到医院,称有些"保险公司的文件"让他签字。几天之后,德·菲奈斯仔细看了文件副本,才发现其实是一份新的合同:假如他在1976年底之前去世,制片人将领取675万保险金。演员随即提起骗取签名和诈骗之诉。数月之后,预审法官约见德·菲奈斯,他的起诉才公之于世。官司淹没在复杂的司法程序中,但是制片人眼下申请破产,《鳄鱼》被埋葬了。

杰拉尔·乌利不忍心放弃自己的计划。他遇到彼得·塞勒斯,向他推荐《鳄鱼》。英国演员有兴趣,请自己的御用编剧跟乌利合作,给剧本增加更多的好莱坞风格,不料塞勒斯本人此刻也发生了心肌梗塞。《鳄鱼》将永无出头之日。

从个人角度而言,心肌梗塞使路易·德·菲奈斯与先前判若两人。整个康复期间,家人惊讶地发现他变得格外淡然。一夜之间,演艺事业退居二线,对剧本、票房的担心消失了。他面带微笑,住院期间自始至终几乎看不到他情绪波动。他必须严格遵守饮食限制:禁盐、禁脂肪、禁酒、禁止工作。因为,有人在交谈中婉转地告诉他,他不适合再当演员,因为他不能进行长时间的拍摄,这样会导致精神压力,更不能像演《斗牛士华尔兹》那样,在舞台上逞能。围绕《鳄鱼》产生的财务和司法纠葛最终让他相信,不当演员更为可取。想到舞台上的体力消耗,制片人给他的压力——而且隐约感到制片人有些瞧不起他,繁重的宣传造势,某些评论家的人身攻击,一切以金钱为中心等,结束自己的演艺生涯,让路易·德·菲奈斯感到浑身轻松。

数月间,他在克莱蒙过着平静的生活,照料自己的花园和玫瑰花,乖乖地遵照医嘱,尽管那些医嘱无比讨厌。接着,他在巴黎开始有些社会交往,尤其是接收到一些好友的邀请。10月初,他去综艺剧场看保尔·牟里斯在《另一场华尔兹》中的首演,由弗朗索瓦兹·道兰导演。1962年,他曾经在此演过《大圆舞曲》。1975年初,人们还在奥林匹亚剧场看见他出席亨利·

萨尔瓦多的首演，差不多 20 年前，他们一起拍了《你好微笑》。他对家人说，这又是"沮丧的一击"：他意识到自己再也不能登台演出。冬天来临，他渐渐地陷入沮丧。他想拍电影。

为什么路易·德·菲奈斯没有拍过悲剧角色？

杰拉尔·乌利：他对此没兴趣。他当然可以拍，但是他觉得制造笑声更好玩。我记得《虎口脱险》中有一个镜头，一个自行车轮胎在转动，德国巡逻兵突然在左边出现。布尔维尔和他藏在门后。德·菲奈斯救了他一命。我对他说："你说'谢谢'。"他答道："我不能说'谢谢'。"我说："他救你一命，你说声'谢谢'。"他固执己见，几乎有些生气——"不，我不能说谢谢。"到最后他还是说了。不过我不认为可以把他的拒绝归咎于腼腆。

德尼·德·拉帕特利埃：我曾经设法促使他演悲剧角色。他拒绝了，我觉得原因就在于他几乎总演同样的角色。从演一脸凶相的角色开始，他的发展就顺利了。无论演什么主题，他总是回到这个观众效果非常好的角色。而拍悲剧角色，他就没法这么做。他找到了空间，我认为他不敢超越它。他忘不了那段非常可怕的不公正时期，他的确吃尽苦头，而且持续了很长……很长的时间。他不想重蹈覆辙，仅此而已。

爱德华·莫利纳罗：我认为他是害怕。我好像跟他谈过一次，他大致这么回答我，"您为什么要我改变？我在这儿的效果最好。"他认为，别的题材，很多别的演员可以演，他害怕演砸了。他希望尽量往前走，但总是在同一个题材。他不觉得有必要扩充自己的调色板。

克里斯蒂安·费什内：令人发笑是最难的事情。许多著名的悲剧演员无法让观众笑起来，而喜剧高手都能让观众流泪——大家都知道这是老生常谈。我想，看到这令人惊喜，德·菲奈斯也有些惊讶。喜剧演员只有这么做才能被视为演员，的确令人恼火。他清楚地知道这样做可以为他带来什么，但是出于谦逊，他始终拒绝了。就这个话题，我曾经跟他长时间交谈过，坦率地说，他不愿意玩这种游戏。在他看来，这种游戏实在太简单了。据我所知，他只有在《天外来客》中同意过。克里斯蒂娜·德如扮演他的妻子，影片中出现了一些非常短但是拿捏得很准确的激情时刻。可惜这部电影之后，没有发掘德·菲奈斯的另一个侧面。

23. 重　返
——《美食家》，1976

　　1976年初，医生们开始松口了。他们支支吾吾，不说路易·德·菲奈斯身体已经康复，但是不再禁止他恢复工作。既然不可能再跟杰拉尔·乌利做什么项目了，《美食家》自然成为首选，克里斯蒂安·费什内准备投入拍片。然而年轻的导演，拍了近130部故事片的主演同时发现严峻的现实：拍片合同（他们已经在1975年1月6日签了合同）只有在为主角投保之后才有效。只有保险公司认可的医生才有权判定一位演员是否健康，是否具备拍摄影片的体力，对影片的主角尤其如此。

　　于是，费什内陪着德·菲奈斯进行体检。体检结束后，医生的结论十分明确：心肌梗塞之后，他的心脏还十分虚弱。保险公司不会为这位演员提供担保。克里斯蒂安·费什内回忆说："我跟医生说完话之后，找到在门口等待的德·菲奈斯。他挨了一记闷棍。令人揪心。时值冬季，他带着绒线帽。我们安排他坐在汽车的前排，司机边上。我站在人行道上，他摇下车窗，转过脸对我说：'听着，克里斯蒂安，结束了。不过，也许，如果片子里有缝纫女工的角色……'他开始模仿年迈的老太太在火炉边上缝纫的动作。'我想，这我还是能干的。'我觉得老天不公，很伤心，诅咒上苍。我与德·菲奈斯拍片的梦想破灭了。"

　　制片人不但为宏伟计划的泡汤而生气，而且还觉得德·菲奈斯也会为自己无法工作而苦恼。"当然，他一直生活在焦虑之中。他后来告诉我说，他心肌梗塞后躺在担架上，在被送往医院的途中，他第一反应就是思忖'这些好了，全都结束了。不再拍电影，不再演戏，不再有烦恼'。那不是幸福，但那是烦恼的终结。体检之后，我跟他的妻子说了很多，妻子发现他情绪低落，情况很糟糕。我一度认为他可能死于无法拍片的绝望之中。于是，我决定竭尽全力找到让他再次出山的办法。"

费什内坚持这一点,因为他自己的处境也相当艰难:父亲在1975年圣诞节去世,1976年2月贝特朗·布里耶执导的影片《大家请安静》上映后溃不成军,"夏尔罗"几周之后宣布跟他分道扬镳……于是他为德·菲奈斯开始了一场十字军远征。他找到影业保险联营公司的负责人,扮演"咄咄逼人的律师"角色,为德·菲奈斯据理力争。"我对他说:'你们无权决定,像路易·德·菲奈斯这样的演员一辈子不能再演戏。'他是有些年纪了,但是离退休还远呢。可是他跟我再三解释说,没有办法给路易·德·菲奈斯上保险。"

最近十年以来,路易·德·菲奈斯在法国电影票房收入上确实有过举足轻重的地位,可是《鳄鱼》也使保险公司蒙受巨大损失。医生的结论十分明确:路易·德·菲奈斯时刻受到心肌梗塞的致命威胁。不料,制片人获得了一个闻所未闻的合同:为了拍摄《美食家》,德·菲奈斯将获得一份为期3周、视健康状况可以延期的保险,条件是制片公司保证在6周之内拍完他的全部镜头,电影的剪辑工作也能够在同样的期限内完成。"摄制一部大片至少需要10至12周时间。但是如此的合同已经是信任的表示了。可以投入摄制了。"

《美食家》的筹备工作并不是一件简单的事儿。尽管有了正规的保险合同——或者说因为有了它——关于路易·德·菲奈斯健康状况的流言四起,到了令人瞠目结舌的地步。人们指责费什内和齐迪,说他们强迫垂危的病人拍影片,有人猜测又是想敲诈保险公司……直到开拍之前,流言蜚语依然不绝于耳:路易·德·菲奈斯坐轮椅拍片啦,路易·德·菲奈斯站立的镜头都由替身代替啦,而且都是背影啦!因此,从第9周开始,费什内预留《法国电影》的封底,每期刊登一张路易·德·菲奈斯的工作照片:"意图很明确,就是让人看到他还活的——我们就是要恶心你们!"接着,片子拍到12周以后,他将继续预留10周封底,为《美食家》上映做倒计时宣传,这种宣传在这本法国电影行业杂志漫长的历史上从未有过。

此时此刻,摄影机尚未开动,流言蜚语甚嚣尘上,其势头与电影筹备所采取的一些特殊举措形成正比。首先,导演克洛德·齐迪在《美食家》完成之后才能拿到酬金,演职人员全部同意签署每周延展的合同,而不是涵盖整部电影的合同。"然后,海外发行公司接受一条难以置信的条款:假如电影没能完成,他们付给我们的押金不予退还。由此可见德·菲奈斯当时在欧洲电影界的重要地位。"

正当各路谈判顺利进行、剧本基本完成之际,忽然传来一条坏消息:皮埃尔·里夏尔不想拍这部片子了。克里斯蒂安·费什内记得变节发生"在开拍前四五个月",克洛德·齐迪认为是"半个月之前"。真相介于两者之间:1976年4月16日出版的《法国电影》杂志,在《影片筹备》栏目中依然写着皮埃尔·里夏尔的名字;到了下一期,即距离开机1个月又1天的时候,登出一则简讯,称皮埃尔·里夏尔退出剧组,准备在7月份拍摄弗朗西斯·韦贝尔的新片《玩具》。

这部以两位最具票房号召力的笑星联袂出演为基础的影片,被突如其来的变故打乱了。导演想到演员科吕什。克洛德·齐迪回忆道:"我在奥林匹亚下面的小剧场TTX75酒吧跟他认识,他刚出道(71年底—72年初),在那儿演《伤心的戴莱斯》。剧场里观众不多,不过他在巴黎已经小有名气,震得住场子。我请他在《大集市》演过配角,跟'夏尔罗'一起拍戏。皮埃尔·里夏尔说不准备拍《美食家》,我就想到了他。"

说到科吕什,立刻出现意见分歧。有人讨厌他,有人略带不安地笑笑;他的幽默到底照字面理解还是要深层解读,令人捉摸不定。1974年初,他在奥林匹亚演了半个月的单口秀,一举成名。他的"官方"演出服——条纹背带裤和黄颜色的T恤衫——在这次演出中首次亮相。他起先以幽默剧为主,发轫于1969年与罗曼·布泰伊合作创立的火车站咖啡馆剧团,不少艺人加盟过:帕特里克·德瓦尔,亨利·吉贝,缪缪,蒂埃里·莱尔米特,杰拉尔·德帕迪约,杰拉尔·于格诺,若西安娜·巴拉斯科……他在那儿创作出自己的首部短剧,名为《一个男人的故事》,围绕讲诙谐故事之难而展开。这出戏只因其中的一句话而闻名遐迩:"这是一个男人的故事,一个正常的男人,我指的是白人。"

科吕什快32岁了。他的声名鹊起,一贯与各种派别的正规思想格格不入,以刻薄见长的幽默,这一切都显示出其与众不同的前途,尽管面对其崭新的幽默和不无风险的讽刺口吻,大多数评论家承认有些困惑。

齐迪和费什内来到克雷蒙,跟德·菲奈斯商量替换皮埃尔·里夏尔的问题。克里斯蒂安·费什内："当时，他俩截然不同。科吕什的幽默显得残酷，政治性比较强，许多人觉得他庸俗。喝餐前开胃酒的时候，德·菲奈斯问我'怎么办？'我说'科吕什'。一片沉默。他和妻子面面相觑，没有做声。他没有拒绝，但他更没有说同意。"一阵尴尬，齐迪和费什内心里惴惴不安。德·菲奈斯请他们入席。席间不提科吕什。快吃完饭的时候，奥利维·德·菲奈斯来了。他问谁来接替皮埃尔·里夏尔。费什内轻声告诉他，他们想到科吕什。奥利维欣喜地喊道，这个主意太妙了。几个月前，他曾经建议父亲去波比诺看他演出，自动提出让父亲听他的唱片……克罗德·齐迪说："此时此刻，是他把父亲说服了。"4月底，正式宣布科吕什加盟。拍摄工作可以在5月24日如期开始了。

经过保险公司的同意，对路易·德·菲奈斯采取了特别的保护措施。大家知道，如果再出现心肌梗塞，即使不是致命的，至少会敲响这部电影和他演绎生涯的丧钟。制片公司为他安排了更为舒适的休息室，隔音效果优于以往，一辆救护车停在摄制现场附近。保险公司专门指派一位心脏科医生，全程陪同拍摄。特别要求缩短他一天的工作时间。费什内和齐迪保证遵守德·菲奈斯长期养病所形成的习惯。他现在清晨6点就起床？没关系，一天的摄影就从9点开始吧，对于电影业内人士而言，那简直是拂晓。他要午睡？那我们就暂停拍摄吧，或者让剧组到场外或别的摄影棚拍过渡镜头。

让-雅克·贝内克斯后来成为导演，在《美食家》剧组担任副导演，作为副导演，他负责工作计划。"由于德·菲奈斯一天拍片不能超过三小时，急得我多少个下午直拽头发……都为了这个工作计划。几乎是无法完成的任务：他毕竟是主角！"一组镜头分为几天拍摄，剧组有时候同一天在两个摄影棚拍片子……一场有德·菲奈斯，另一场他不在。不过齐迪并没有在剧本中减少主角的惊险表演、他恼怒和奔跑的场景。绝对不能拍成一台慢速拍摄的舞台剧。"拍低级版德·菲奈斯，对谁都没有好处。"费什内坚定地说，"我们希望以某种方式照顾他，但是不想妨碍他干好自己的本行。"实际上，除了一些惊险表演和奔跑镜头之外，《美食家》让德·菲奈斯过了一把乔装改扮的瘾。作为饭店调查员，他乔装成略带腼腆的老太太、小丑化的美国人、身穿黑夹克的阿飞、给自己的司机当车夫的人等脍炙人口的角色。

23. 重 返

克洛德·齐迪管理片场,指挥一大群人拍戏的时候,让-雅克·贝内克斯和第二助理埃莱娜·贝尔纳丹则在路易·德·菲奈斯身上花了很多时间。他们当然很敬重路易·德·菲奈斯,不过很快滋生了某种感情。在改行拍电影之前,贝内克斯学过医,很清楚路易·德·菲奈斯是个病人。"我见到了那个人,与电影界的传说毫无相同之处。他瘦了15至20公斤,显得很瘦,很虚弱。有人告诉我们,他容易发怒,爱找碴,吹毛求疵。而迎面走来的是一个彬彬有礼、非常客气的人,对事情的看法略带一丝疏远,一直很幽默,但是言谈举止很尊重别人。德·菲奈斯没成为我的哥们,因为我觉得我们跟他不可能成为'哥们'。但是他单独为我们表演,为贝尔纳丹和我表演。拍到他身穿睡衣在医院里的时候,他给我们模仿老年人病卧在床上的情形——令人叫绝的迪菲约式的拿手好戏。还有他模仿心肌梗塞!他从心脏病发作前演起,先吃汁料鲜美的小盘菜、大菜、甜点——啪哒!心肌梗塞。然后再模仿色拉、蔬菜、节食……他为我们单独表演,体验逗人开心的乐趣,还因为他是一位不停钻研的演员。"

拍摄工作从巴黎耶拿林荫道的一座豪宅里开始。这幢豪宅是古斯塔夫·艾菲尔建造的,当时是为了能够站在窗前监视铁塔的建造。影片中,迪舍曼美食指南公司的总部就设在这儿。几天前,罗杰·瓦迪姆在这儿拍过《一位忠实的女子》,整个夏季这幢楼已经被别的影片预约了。德·菲奈斯初次享受明星疗养的身份。作曲家弗拉迪米尔·科斯马来探望他,主要向他介绍自己写的音乐,用于夏尔里·迪舍曼用音乐报菜谱那段戏("……布莱斯小母鸡和罗斯考夫龙虾……,给我写一段轻快、风趣、细腻、适当的音乐,"对白这么说)。作曲家回忆道:"我就在院子里跟他讨论了好几个小时,里面像一座野战医院似的。他必须多休息,到最后一刻才去摄影棚拍戏。于是我们就在那儿谈音乐。他的音乐口味非常传统,没有任何革命的味道。他依然停留在当年在酒吧弹钢琴的年代:偏柔和的爵士,相当传统。但是我尤其认为他没有一贯地关心音乐,尽管好东西他能鉴赏。我想他不会常去音乐厅,不像米歇尔·塞罗那样一直酷爱音乐,有时候我跟他一起去听音乐。"

巴黎地区的摄影场多数都被拆了,以至于1976年夏季出现了如此反常的局面:《美食家》找不到摄影场所。比扬古电影厂起先预约过,但是保险合同迟迟未定,被迫取消了。最终签合同的时候,比扬古电影厂已经被亨利·韦纳伊导演、让-保尔·贝尔蒙多主演的《我的敌人的身体》预定。但是马戏团的帐篷、特利卡特尔的厂子总得搭起来(60米长,40米宽,装有生产聚氨酯弹性材料烤鸡的机器),还有电视平台,6个餐厅……费什内和齐迪在伊夫林省的特拉普附近,找到一些大库房,相当宽敞,足以把所有的布景都搭在同一地方。还要在这儿安置全部的技术车间、办公场所,以及摄制一部大片所必需的各种设施。总计耗费近300万法郎、2500个工时。而且正值酷暑(著名的"旱灾税"就始于这一年),仓库的铁皮屋顶下溽热难熬。

让-雅克·贝内克斯:"马戏团的帐篷搭在其中一个库房里面。里面真的非常,非常,非常热。那天拍路易·德·菲奈斯和科吕什化装成小丑的那场戏,很不顺利,拖了很长时间,特别是从假发套往外喷水的装置堵塞了。只有在那天,我看见他神情疲惫,有点恼火。除此之外,我不常听到他抱怨。"

在临时搭建的容纳300名观众的马戏团里面拍摄,后勤任务的确很繁重,特别因为动用了120名儿童演员。马戏团的一只长尾猴情绪不稳,在科吕什的肩膀上狠狠咬了一口。他包扎完毕,马上回来继续拍戏。为了节约时间,他不愿意等人换了长尾猴再拍。

贝内克斯说得很精彩:"影片进展迟钝,但齐迪不是一位迟钝的导演。"齐迪证实道:"我知道,在别的影片中,他经常拍30到40个镜头。德·菲奈斯喜欢多拍,越演越快,进入一种反常的忘我状态——令人惊讶。我们平均拍8到10个镜头,有时候拍12个。有些场合他必须奔跑,上下楼梯,我从来没有拍到40个镜头。"

这就是《美食家》中,路易·德·菲奈斯的表演没有《雅各布教士历险记》那种忙乱紧张的节奏的原因所在吗?不尽然,演员的用意也十分明显:他希望表演得更加细腻,有层次,更多地展现情感。此外,影片宣传的时候,他表示自己是故意与"以前"的表演保持一定的距离。

路易·德·菲奈斯与科吕什联袂登场,当然是这部电影的卖点所在。他俩不是同一辈人,表演不同的幽默,电影经历不同,在观众心目中形象的性质也不同……《美食家》对他们具有不同的意义:前者重返影坛,希望找回自己习以为常的大众知名度,后者则在银幕上追求堪与自己演艺名声媲美

23. 重 返

的成功。他拍的第一部电影是帕特里斯·勒孔特导演的《厕所被倒锁着》，根本不叫座。克洛德·齐迪还记得："高蒙公司的达尼埃尔·托斯坎·杜·普朗捷对电影发行有所预感，根本不想提科吕什。在他看来，科吕什拍不好电影，永远拍不出好片子。"高蒙公司有抵触情绪，影片就改由 AMLF 公司发行。

但是科吕什抓住机会拍《美食家》，并非只为在电影界取得成功：他还是路易·德·菲奈斯的粉丝。他后来告诉一位记者说："跟路易·德·菲奈斯一起拍电影，那种感觉，就像要跟卓别林拍片子似的。"尽管他在票房方面有待证明自己的实力，而且很崇拜德·菲奈斯，但是他不想当没有个性的合作演员。他希望把自己短剧中的著名人物、他的广告和条纹工装裤植入《美食家》。在克洛德·齐迪那儿通不过。导演很不希望"外界"人物进入自己的影片，克洛德·让萨克（路易·德·菲奈斯坚持让她扮演迪舍曼的秘书，把她留在自己身边）套了一顶花白的假发，卢道维奇和约瑟法·克吕肖的忠实观众们绝对认不出她。至于科吕什，将舞台喜剧片断改头换面、搬到银幕上回收利用的时代已经过去了，就像当年达里·考尔、让·里夏尔或者费尔南·雷诺一贯所做的那样。他在《美食家》的表演将不同于剧场，而且情感表达必须有别于自己的舞台习惯。此外，他不会不知道，杰拉尔·迪舍曼这个角色原先不是为他而写的。

他们在开拍前几天初次见面。科吕什说，他早就盼望见到路易·德·菲奈斯。他们互相握手。"好了，就算认识了。"他大声地笑着道，故意乐呵呵的样子。气氛一下子缓和了。

克洛德·齐迪说："拍第一个镜头的时候，他们在互相打量。科吕什在自己的房间里，练习玩耍鸡蛋。父亲走进来，当然把一个鸡蛋掉在地上了。他们拍一个面对面的镜头，我开始拍场景，德·菲奈斯面朝着我，科吕什则背冲着我。一切顺利。我把镜头对准科吕什。德·菲奈斯背着身说台词。拍第一个镜头的过程中，德·菲奈斯忍不住笑起来了。我只好关机。我看见科吕什脸色变了，他说，'哎，路易，您为什么笑？'德·菲奈斯答道：'为什么？因为您很噱。——是啊，可是镜头停了。——您演得噱。——您刚才也很噱啊，我就没有笑。您想想看，要是咱俩中间，一个演得有趣，另一个就哈哈笑，这片子什么时候拍完？拜托啦，别再这样。'从此以后，整个拍片期间,俩人间没有出现任何问题。"

让-雅克·贝内克斯:"我认为科吕什的感觉不太自如,他还没有找到自己的全部风格,表演有点牵强。德·菲奈斯要求他演得传统一些,科吕什不习惯。此外,摄影过程中,有时候跟科吕什的关系最难处,而不是德·菲奈斯。说白了,科吕什让人讨厌。他有一帮朋友,成群结队的,把'辉煌剧团'那帮人都拉来跑龙套,比如,杰拉尔·朗万空中杂技,或者马丽-安娜·沙扎尔等。在拍摄期间他还要出去演戏,因为几乎每天晚上在外地演出,有时候我们只好等他回来,才能保证次日9点开拍。"

收到拍片邀请的时候,科吕什很兴奋地接受了,可是克洛德·齐迪必须——不免有些恼火——亲自给他打电话,让他的经纪人保尔·莱德曼同意跟克里斯蒂安·费什内谈条件。导演回忆道:"科吕什个性比较强。他十分喜欢德·菲奈斯,但也知道怎样坚持己见,从一开始就跟他建立起平等的关系。"

路易·德·菲奈斯和科吕什的名字,赫然并排出现在电影海报上,放在片名上方,这种平等关系让业内人士大吃一惊。克里斯蒂安·费什内说道:"跟科吕什签的合同里面,根本没有提到他跟德·菲奈斯联合主演。俩人根本不在一个层次上:一位是超级明星,另一位是独角戏演员。一般来说,科吕什的名字应该放在片名之下,字体比德·菲奈斯至少小一半。总之我们的合同是这么约定的。德·菲奈斯看到剪辑完毕的电影,坚持要在海报上印'路易·德·菲奈斯—科吕什'。我干了30年电影,这种情况还是第一次遇到。通常是没有这种做法的,尤其像德·菲奈斯这样的大牌明星。"电影公映之际,路易·德·菲奈斯就此对记者们解释说:"拍《暗渡陈仓》的时候,布尔维尔就是这样待我的。"他经常拿科吕什和已故的伙伴作比较。

不过对来自各方的美好回忆,我们应该加上一个小小的降音符。从1950年代开始,《法国电影》杂志的封面通常是广告。1976年5月28日,第1627期刊登《美食家》的前期广告,上面写道"5月24日星期一开机;10月27日全国公映;高蒙-百代发行"。德·菲奈斯的小幅漫画,以餐盘刀叉作为背景,片名上方以同样的版式冠以路易·德·菲奈斯和科吕什的名字。这幅广告完成于电影开拍之前……

《美食家》于1976年10月27日公映。克洛德·齐迪把影片的剪辑工作委托给罗贝尔和莫尼克·伊斯纳尔东,他的大部分电影都委托他们剪辑。两位剪辑师跟路易·德·菲奈斯很熟,《后楼道》《爸爸一伙》,还有《奥斯卡》《冰冻人》《乐队指挥》都是他们剪的。从开机第一周周末起,他们就开工了,10月10日把剪完的片子送去拷贝。这部影片胶片总长2900米(影长1小时45分),他们拥有50000米工作样片。的确如此。克洛德·齐迪使用多台摄影机,拍得很多,因为他喜欢让演员尽量去演,然后再停机。

伊斯纳尔东夫妇实现了惊人的效率,因为他们必须及时剪完样片,以便为独家放映《美食家》的影院至少冲印出240部拷贝。自从《雅各布教士历险记》问世后,三年以来,电影上映的机制有所变化:全国公映的时候,越来越多的大影院互相组合参与竞争。2000部拷贝的时代尚未到来(2002年底播映的《哈里波特与密室》达到了这个象征性的数字),但是《美食家》第一周在240家影院同步上映,跟路易·德·菲奈斯上一部电影相比,影院数目已经翻番了。

在他休息养病期间,法国电影业形态在继续演变。正如媒体管理公司1976年在其宣传手册上所说的那样,"对于电影来说,来自街坊的观众、周六晚上的观众已经死了。他们在别处找到了绵延不绝的声音和图像"。在巴黎,街区影院已经被影院街所取代:在百姓聚居的街区,越来越多的平民影院停业关门;第5区、第6区的那些老剧院、歌舞酒吧、饭店则被改造成艺术影院或者实验影院。在整个法国,"第二"放映厅日渐稀少,影院经营者们不屑于"继续"放映新影片,或者重映近年的影片,而是把砝码全部押在独家首映上。60年代初,巴黎大约有80家专门放新片的影院,到了70年代中期,数量上升到100多家。此时,巴黎拥有63家拥有数个放映厅的影院中心,郊区有27家:克里希-百代影院、罗斯尼的阿尔代影院、凡尔赛的西哈诺影院、阿让特伊的阿尔法影院,以及邦丹的家乐福影院都有6个放映厅;高蒙-歌剧院、蒙巴拿斯-百代影院、马波夫-UGC影院、尚比尼的尚比尼影院都有5个放映厅;连德高望重的雷克斯影院都开辟了4个放映厅……对色情电影的某些放松,改变了某些游戏规则,不少影院因此起死回生;1977年的时候,巴黎12%的影院属于X级,占全年观众总人数的13%(560万人次)。

法国的悖论在于,上座率每况愈下(1957年为4.11亿人次,1976年降到 1.77 亿人次),经营者们通过提高电影的票价来弥补亏损;60 年代期间,平均票价翻了一倍,而物价指数上升才 52%。到了 70 年代,电影票价每年的增幅,比通货膨胀率高一个百分点(1980 到 1994 年间,差别增至 2 个百分点)。因此,1955 年法国人均每年看 9.12 部电影,1975 年只看 3.5 部,而法国电影工业的营业额总体上基本不变。

法国大制作影片的投入之所以连年攀升,原因也在于此。我们就以克里斯蒂安·费什内为例:独家首映的影院越多,覆盖的观众就越多,他们会掏更多的钱买票,费什内就更有理由为德·菲奈斯的影片投入巨资。《美食家》在巴黎的高蒙特使影院、墨丘利影院、贝利兹影院、ABC 影院、维普乐百代影院、克吕尼宫影院、蒙巴拿斯-百代影院、高蒙南部影院、高蒙甘必大影院、康布罗纳影院和维克多·雨果影院独家上映,加上郊区的 12 个放映厅,总计每场有 10411 个座位。《虎口脱险》在巴黎上映时,前 6 周只有 6473 个座位,今非昔比了!

正如费什内所期待的那样,《美食家》气势如虹,第一周便有 261990 人次观看,而本周电影盛事连连,令人目不暇接,巴黎及其郊区的影院总共吸引了 1596321 人次的观众。正巧遇上万圣节假期调休,不少影片同时上映,与齐迪的新片展开竞争:克洛德·勒卢什的《假如往事能够重来》,克洛德·索泰的《马多》,针对年轻观众的《海底两万里》以及动画片《高卢勇士之十二个任务》。直到第 4 周《美食家》才退出排行榜的首位。圣诞和元旦之后,《美食家》跻身巴黎地区屈指可数的上座率高达百万的影片之列。19 周之内,这部影片的法国观众将达到 5837000 人次。

独家上映到 12 周,仅法国的票房收入就抵消了 2300 万法郎的投资。影片的海外上映也是捷报频传:瑞士和加拿大的票房冠军,跻身比利时秋季票房前列,圣诞节期间,《美食家》在德国(吸引了 320 万观众)、荷兰、西班牙与《金刚》同时推出,并列排行榜首。

他们的影片历来遭到评论界的猛烈攻击,克里斯蒂安·费什内、克洛德·齐迪对此习以为常,因此决定不向媒体推介《美食家》(这种做法在今天是不可能了)。但是他们并没有对媒体封锁消息,而是相反。10 月 1 日出版的《法国电影》杂志包含一份 16 页宣传副刊,电影将在数周后上映。大众报纸热情地祝贺路易·德·菲奈斯重返影坛。许多文章把健康通报与评论分析混为一谈:他的表演大大缩水,怎能视而不见呢?

此外,《美食家》不只是一部喜剧片。跟克洛德·齐迪以前的影片相比,它更加贴近现实的论战。因为,透过雅克·特利卡特尔这个寡廉鲜耻的人物,透过他的化学烹饪,透过它的格言"别再吃饭,你们进食吧!",当时的观众们看到了雅克·波莱尔。作为"烂食物"的象征性人物(若埃尔与斯泰拉·德·罗奈合著的《烂食物》将在 1981 年出版),这位餐饮巨头因其横跨在高速公路之上的巨型快餐店而出名。1976 年 11 月,《民众日报》写文章评论《美食家》的时候,用贝藏松凯尔顿手表厂里面的波莱尔餐厅照片,作为插图。不过,在电影片头一闪而过的高速公路快餐店,不是雅克·波莱尔旗下的,而是 A6 公路上的内穆尔-维拉贝服务区的快餐店。

事实上,《美食家》捍卫法国美食,评论家们高兴得不得了。《震旦报》写道:"为什么我们那么喜欢这部影片?因为它在一直极为风趣幽默的同时,反映了某种现实的问题。"路易·德·菲奈斯歇影三年后重返,某些人一下子难以习惯,不免有些挑剔(《今日价值报》:"一顿毫无意义的盛宴";《绑鸭报》:"翅膀没有翼展,鸡腿少了爪子")。有人则开始对影片做意识形态的剖析。《人道报》讽刺影片的两面手法:它提出了实际存在的社会问题("法国大多数普通民众餐饮条件的恶化"),但是排斥了可能解决问题的办法:"因此,我们就会明白,这部完全可以猛烈抨击现存社会秩序的影片,怎么沦为一出蹩脚的闹剧,让一个小丑明星无关痛痒地打抱不平。"

科吕什和路易·德·菲奈斯的联袂演出,人们的评价不一,而且左翼报刊的评论并不比右翼报刊来得正面。《十字架报》认为那是"影片的弱点",《法兰西晚报》认为年轻喜剧演员与前辈形成"完美的双人组合",《自由巴黎人报》认为他"出色地"起到了"随从桑乔"的作用。极右派杂志《分秒》对他的评价很简单:"有效并有趣。"

当年秋季的另一个大事是 1976 年 9 月 9 日毛泽东去世。年终总结的时候,克里斯蒂安·费什内可以骄傲了:法国杂志把路易·德·菲奈斯当作封面人物,数量超过了已故的伟大舵手。

拍摄《美食家》期间,克里斯蒂安·费什内提议跟路易·德·菲奈斯继续合作下去。德·菲奈斯同意签一份拍三部电影的合同。制片人见到德·菲奈斯的律师,把细节谈妥了,但是迟迟没有收到签了字的合同。他有些担心，得到的回答含糊其辞——快了，下周送来……直到电影摄制结束仍然不见合同的踪迹。费什内很失望："德·菲奈斯再次起飞。他安然无恙地拍了一部影片，而且影片会很卖座。他不再需要我了。我没把他的态度看作忘恩负义——不过，毕竟有些……"

《美食家》公映之日，费什内拨通了德·菲奈斯的电话，告诉影片初映后大受欢迎。德·菲奈斯让他星期天晚上再来电话，把第一个周末上座率的情况告诉他。克里斯蒂安·费什内说："我拨通电话，跟他说了数目，绝对惊人的数目。他问我对此有何评论。我跟他说，这部影片看来会吸引五六百万观众。他又问我，'那么说，您不会有问题，不会淹死了？'我答道，'是的，棒极了，没有任何问题，轰动一时。'他于是宣布明天签我的合同。我问他为什么要等那么长时间？德·菲奈斯解释说，'我完全可以在拍片期间签字，但是我有点替您担心，怕您作出不明智的选择，假如影片不卖座的话。这份合同要价不菲，您会背上沉重负担的。'"

但是跟"一般"合同——比如与高蒙公司的合同——相比，这份合同的效果是不同的。那是自50年代初入影坛以来，他首次与一位制片人签约。路易·德·菲奈斯选择与克里斯蒂安·费什内（比他年轻30岁）建立的这种关系，在他从影生涯中找不出相类似的：那是一份特许合同。然而，费什内今天的话非常肯定："我们的合同没有任何条款禁止他替别的制片人拍片。但是他认为自己只与我合作，从法律角度上说完全并非如此。每次有人跟他提建议，他就说'您跟费什内说'，他并非必须这么做不可。"事实上，《美食家》之后，他与费什内还拍了三部影片（《夫妻市长》、《吝啬鬼》、《天外来客》），而且还把收到的所有计划、建议，都转给费什内。除了这种办法可以让他少了很多跟人打交道的麻烦事，他一定还美滋滋地看着影业大亨被一个来自唱片界的年轻制片人任意摆布。年轻制片人依靠"夏尔罗"不顾成规的影片傲视群雄，江湖艺人打败了自始至终鄙视德·菲奈斯的精英圈子。于是，费什内身不由己地成了《警察智斗外星人》、《老爸的烦恼》的合作者，而法律上丝毫不要求这种组合。

路易·德·菲奈斯的演艺生涯还将持续近6年时间，在这段时期，德·菲奈斯把自己的事业托付给了费什内，那不仅仅意味着最大限度地执行一份合同。他似乎找到了办法，可以解决心肌梗塞之前困扰他多年的许多焦虑。实际上,凡是跟他谈判过合同的人(我们曾经采访过他们,或者他们以前谈到过,比如第 17 章提到的阿兰·普瓦雷),众口一词地说,他对谈判的对方原则上都抱有戒心。

克里斯蒂安·费什内曾经跟他促膝长谈,他发现德·菲奈斯身上存在两个共生的观点。一方面,他是 70 年代酬金最高的欧洲演员,"但是他想不到还能挣更多"。换言之,他开出最高的要价,然后得到它,可是这个最高的要价,只是他心目中的"最高",他不能想象拍电影的酬金比这个数值更高,尤其是高于这个数值时,他拒绝承担演员以外的任何职责。按照影院上座率的比例分成啦,成为自己影片的合伙制片人啦,或者像阿兰·德龙那样,把自己的肖像权卖给其他产品啦,他连听都不听。

第二点,就像费什内所说的,"德·菲奈斯不能容忍别人在他的头上赚钱。因此他不用经纪人。这实际上是不对的。好的经纪人更多的是设法为演员争取高额酬金,即使经纪人挣钱,钱是制片人付的。就像利诺·文图拉那样,他没有经纪人,但有律师帮他谈合同。"一切涉及自己工作的决定,都是路易·德·菲奈斯本人单独——应该说和让娜一起——作出的。他的律师负责纯粹财务、法务和行政方面的事情。

他对克里斯蒂安·费什内很放心。年轻制片人的耐心、为了让他拍《美食家》所做的努力、摄制过程自己得到的舒适待遇,这一切都使他相信费什内。路易·德·菲奈斯将一直保持这份信任,直到他最后的一部影片计划。去世前几天,他还在与制片人讨论计划。尽管多年以来,德·菲奈斯一直索要高额的酬金,但财务却管理得很糟糕,可是他还会沿着老路走下去,和费什内在一起,心境当然坦然多了,不过"过时"的方式依旧不变。

在这一方面,与路易·德·菲奈斯类似的想法,在 50 年代的法国电影界比比皆是。1958 年,故事片《太阳下的勇气》的制片人打算在收回电影成本之后,直接按票房分成支付演员的酬金,法国演员联合会在杰拉尔·费利普的领导下,奋起反对这种意图。某些明星多年来已经接受用以后票房分红取代理论上每周支付的部分酬金,以减轻制片阶段的资金压力,比如米歇尔·西蒙拍《巴尔先生的怪愿》时就是这么做的。但是法国演员联合会强烈拒绝以票房分红的方式给全体演员发薪水,那等于把演员当成自由职业者。10 多年来(直至今天),演员联合机构以及全体演职人员努力争取的,正是将艺术家身份变为领薪水的员工身份。不过,尽管那一代演员中不少人不愿意按照比例拿报酬,但是从未有人坚持拒绝过那么高的酬金!现在的艺术经纪人证实说,路易·德·菲奈斯这种情况在历史上是绝无仅有的。在艺术鼎盛时期,他完全可以争取到巨额的版税权,像其他演员一样,把它留给家人,可惜他没有这么做。回想起来,经纪人们叹息不已。

克里斯蒂安·费什内提起1979—1980年拍摄《吝啬鬼》时遇到的一件事。"相比而言,我跟德·菲奈斯有点像父子关系:他的年纪跟我父亲差不多,我跟他说话也比较随便。于是,我经常问他为什么执意拿酬金,为什么不做自己影片的合伙制片人,为什么不在票房收入中至少拿个百分比,而且这样做并不妨碍他拿酬金啊。我常对他说'不瞒您说,跟您合作,我挣了大钱,您是有钱不赚啊。'《吝啬鬼》即将开拍,德·菲奈斯非常看重这部片子。我们的合同是在《美食家》之后签署的。从那时起,德·菲奈斯对我光明磊落,堪称典范,我不能亏待他。于是我建议跟他合作制片。我了解他,便补充道,'不会危及您的全部薪水,只不过一小部分罢了。'他同意了。我们签署合作制片合同,一切都办妥了,谁知星期天即开拍的前夕,他来电话说,'克里斯蒂安,这不行。几周以来,我老是想到我们的合同,我觉得不妥。——为什么呢?——您了解我,我肝火比较旺,翻来覆去想到很多东西。这部片看来不错;您给我看的票房统计也可能很出色,可是我会情不自禁地担心,统计是否真的准确。我也许会拿到更多的钱,可是这种乐趣已经被破坏了。——那您打算怎么办呢?——如果咱们回到'以前'的合同,我会很高兴的。'我们就照他的意思办了。以后拍其他片子的时候,我们再也不提合作制片了。"

14部人们没有见过的路易·德·菲奈斯的影片

无声片《鳄鱼》、《仙人掌》、《爷爷打游击》……在本书中,我们提到不少夭折的、被无限推迟、被取消的电影计划。但是在路易·德·菲奈斯的演艺生涯中,这样的情况不胜枚举,令我们不由地浮想联翩……

1962年:罗贝尔·德利有着丰富的想象力。他跟路易·德·菲奈斯谈了三个计划,可以让他们忙上一阵子,尤其提到一个剧本,名为《十月的最后一天》。"十月"是一个喜欢搞小发明的军火商的名字,他偶然发明了致命的射线,发明失控之后,他忽然跻身世纪大罪犯之列……

1963年初,他当时在演《大圆舞曲》,有人提议他在雅克·皮诺托根据雅克·埃马纽艾尔的剧本改编的电影《绒球》中,扮演德国占领时期奸商的角色。无法无天的德·菲奈斯偶然捡到一顶带绒球的水手帽,他把绒球视为护身符,从而在某些场合给人留下善良、体贴的印象。他原来以为这是逢场作戏,不料竟是性格深处的反映。带绒球的水手帽遗失后,他设法寻找,最后勇敢地死去。

还是在1963年,克洛德·夏布洛尔写了一篇剧情梗概,打算跟路易·德·菲奈斯和雅克利娜·马扬拍一部滑稽歌舞剧《希波吕忒之手》。

1963年夏季,莫里斯·雷加梅跟媒体说起喜剧《小淘气鬼》,这部戏需要找些当时的"耶耶"歌星(他提到艾迪·米切尔和迪克·瑞福斯)。路易·德·菲奈斯扮演香皂厂老板,一位17岁孤女的养父。他收养的这个女孩其实是个淘气鬼,跟一帮阿飞鬼混。每天清晨工厂院子里放着他们偷来的汽车(这个情节后来植入《圣托佩的警察》),路易·德·菲奈斯把时间都花来悄悄地将汽车归还给失主。这部片子最后是由让-皮埃尔·萨希完成的。不过至今没有公映。

1964年初,传说路易·德·菲奈斯参加让-达尼埃尔·达尼诺斯的《月光下的孩子们》(《牢骚鬼发横财》的编剧),诺埃尔·洛克韦尔、雅克·杜菲约也参加演出。电影没有拍成。

1964年底,法朗士·罗什在《法兰西晚报》的回声专栏中宣布,路易·德·菲奈斯"将在爱德华·莫利纳罗执导、米歇尔·奥迪亚尔编剧的警察喜剧中,扮演窝囊废强盗"。

1966年圣诞节,路易·德·菲奈斯在电台讲故事,名为《贝特朗的警察》:在赫罗德斯时代,骑兵看到天上出现一颗新星;跟着星星,来到马厩,目睹了耶稣降生。演员后来跟不少人说过,他想把克洛德·杜弗雷纳写的故事搬上银幕。克吕肖后来就那儿结婚。

1967年底,路易·德·菲奈斯说到来年有个计划,准备尝试导演《城堡》,打算在自家的赛利耶城堡拍这部根据米歇尔·德·圣-皮埃尔小说改编的电影。

1968年,吉·勒弗朗准备拍摄一部影片,请路易·德·菲奈斯扮演诺尔曼农夫,艾蒂·康斯坦丁扮演在德军后方迷路的美国大兵,相关谈判已经很深入了。

1973年假期结束,路易·德·菲奈斯即将上演《斗牛士华尔兹》,社会新闻栏目的记者们纷纷传说《圣托佩警察的幽灵》将在本季拍摄,编剧是里夏尔·巴勒杜西。

拍摄《雅各布教士历险记》期间,他宣布将在1974年5月参加拍摄根据勒内·法莱小说改编、米歇尔·奥迪亚尔导演的电影《上帝的偷猎者》。这部电影最终由让-皮埃尔·达拉斯在1982年搬上银幕,演员有皮埃尔·蒙迪、安妮·科尔迪、让·勒费福尔、米歇尔·加拉布吕……

1978年,在拍摄《警察智斗外星人》的时候,他提到自己跟让·吉罗合作一个剧本,讲述一位退休老人的遭遇。

1979年底,拍摄《吝啬鬼》期间,开始策划第六部警察系列片《警察与外星人的报复》:克吕肖及其同事们遭到上一部影片中的外星人绑架,来到一个居民全是漂亮女孩的星球。《法兰西晚报》刊登启事,有兴趣的戏校女生可以将全身照寄往全国电影中心,巴黎林肯路5号,邮编75008。

1982年10月,路易·德·菲奈斯应邀参加欧洲一台由蒂埃里·勒吕龙主持的广播节目,被这个模仿秀明星的个性深深吸引,两人谈啊,谈啊……一部电影构思诞生了——转瞬即逝的构思——蒂埃里·勒吕龙将扮演路易·德·菲奈斯的儿子。

24. 百　万

——《夫妻市长》和《警察智斗外星人》，1978—1979

继《亡命的老舅们》之后，乔治·洛特奈一路走红，短剧片《大贵人》依然势头不减。他在 70 年代接二连三地拍出票房极佳的影片，收入颇丰：1972 年《从前有个警察》（主演：米雷耶·达尔克、让·康斯坦丁）、1973 年《几个过于安稳的先生》（主演：米歇尔·加拉布吕、让·勒费福尔）、1974 年《冰冷的乳房》（主演：阿兰·德龙、米莱伊·达尔克、克洛德·布拉瑟尔）、1975 年《没问题！》（主演：缪缪、让·勒费福尔）……《仙人掌》得到拉·博埃西影业公司、制片兼发行人的安德烈·热诺韦斯的支持。

剧本最早是路易·雷戈写的，以前是"夏尔罗"小组的成员，后来转入写作（《到我家来，我住在女朋友家里》的编剧之一）。一位大厂老板突然决定就地做善事，先从工厂员工开始。但是没有一个人理解他的意图，主要因为意识形态的关系。他感到自己的行善计划注定以失败告终，于是就销声匿迹。然后，他变着法儿地乔装改扮，再回来行善，不让别人知道是他所为。1976 年 3 月，公开宣布电影将于 9 月开拍，启用乔治·洛特奈的原班人（摄影师莫里斯·费卢、剪辑师米雪尔·达维德），《仙人掌》将于 1977 年 2 月上映。洛特奈和老搭档米歇尔·奥迪亚尔合作深化剧本。米歇尔·奥迪亚尔也将庆贺与路易·德·菲奈斯重逢，拍摄从《丹吉尔使命》以来的第 14 部影片。

然而一切都垮了。德·菲奈斯似乎对剧本不十分满意，尤其是制片人破产了。乔治·洛特奈记述说："预审法官传讯我，总的意思是告诉我，热诺韦斯的公司已经倒闭，原因是路易·德·菲奈斯不喜欢《仙人掌》的剧本。我必须另起炉灶，再搞一个剧本，而且必须让德·菲奈斯接受，热诺韦斯的公司也许还有救。当然啦，我白干一年，分文未得……我的律师跟他说了几句,我得到释放,跟阿兰·德龙开始筹备《败类之死》。"他再也不找路易·德·菲奈斯了。

与此同时,别的剧本络绎不绝地来到德·菲奈斯眼前。让-皮埃尔·莫基推荐一个名叫《喧哗》的剧本,有机会与安妮·热拉尔多合作。她是当时家喻户晓的明星,从70年代初起演过多部成功之作,从纯想象虚构的影片《跟着我跑,让我逮住你》)到直面现实的作品(《弗朗索瓦兹·加扬医生》),戏路很宽。她刚跟费利普·德·布罗卡演完一出双人喜剧,跟费利普·努瓦雷演了《嫩母鸡》,盼望与路易·德·菲奈斯合作。在莫基的剧本中,一些公司的机器设备会导致噪音,被一个神秘的恐怖组织炸毁,德·菲奈斯将扮演保险业务员为这些企业理赔。谁知他的妻子是这个地下组织的头儿。夫妻俩因此针锋相对,一个捍卫商业繁荣,另一个反对噪音。情节跌宕起伏,最后俩人和解,共同决定改变生活。

据让-皮埃尔·莫基所说,"起初是一份长达50页的故事梗概,跟德·菲奈斯提这事之前,大约已经放了两年时间。而且与《大清扫》(莫基1968年导演的影片)如出一辙。在影片中,为了不让他的学生周一上课打瞌睡,布尔维尔砸电视机。"1977年夏季,跟克里斯蒂安·费什内见面——他对这个计划的反应似乎不太热烈——之后,莫基开始写剧本,经常给路易·德·菲奈斯打电话,讨论情节展开和如何塑造人物。"几周之后,消息断了,电话找不到他。我因此认为他放弃这部电影了。9月5日我跟老朋友皮埃尔·蒙迪在乔治五世酒店,妮科尔·德·布隆迎面走来。她说自己很绝望,原定要跟安妮·热拉尔多拍片子(《勇敢些,妈妈》,那是这位硕果累累的编剧和女作家唯一导演的影片),可是热拉尔多通知她电影往后推了,因为她将和德·菲奈斯一起拍片。"

几天之后,莫基读《法国电影》,此事得到证实:促成两位票房巨星在银幕上联袂出场,他是做不到了,尽管两人的名字同时出现在杰拉尔·乌利《犯罪无酬》的片头字幕上,但是他们从来没有一起拍过戏。莫基了解到德·菲奈斯下一部影片的剧情,决定起诉克洛德·齐迪和克里斯蒂安·费什内,指控他们抄袭:他觉得在《夫妻市长》中看到了《喧哗》的影子。9月30日,大审法庭下令扣押剧本。帕斯卡尔·雅尔丹和克洛德·齐迪讲述一位生产新型去污机的工业家的故事。一份来自日本的巨额订单迫使他加快生产节奏，还需要扩建工厂。由于缺乏场地，他甚至把机床和工人安置在自己的卧室和妻子的热带植物暖房隔壁。妻子怒不可遏，于是作为环保人士投入市镇竞选，矛头直指自己的丈夫。

克里斯蒂安·费什内只是拿着常见的法律武器，不慌不忙地回击让-皮埃尔·莫基。"我当时没有如今的经验。当他开始在巴黎到处说我们偷他创意的时候，我就应该用紧急审理程序起诉他。首先，如果我们看中他的剧本，我们会出钱买断。其次，如果德·菲奈斯真想跟莫基合作，早就跟他拍片子了，我也会出品别的影片。"

莫基的律师——比通先生——要求对《夫妻市长》和《喧哗》进行鉴定，结果罗列了十多个类似之处。但是克里斯蒂安·费什内并不格外担心：实质上，他肯定能打赢官司，因为情节类似是法国电影的"共同财富"，也是路易·德·菲奈斯所扮演人物的共性所致。更何况《夫妻市长》的筹备工作一帆风顺，他就更不担心了，关键是"从财务角度而言，制作路易·德·菲奈斯的电影用不着英雄壮举。"

对齐迪的这部影片，费什内雄心勃勃：《美食家》耗资 2300 万法郎，一年半之前拍的《野兽》（让-保尔·贝尔蒙多主演）耗资 2600 万，他为《夫妻市长》筹集了 2100 万法郎。报界很快就获悉，除了 56 名演员、74 个工作人员之外，光布景就花了 300 万法郎，暖房里的花草用去 6.6 万法郎。

克洛德·齐迪说："当时拍电影喜欢逆向运作：先是制片人、发行人决定影片上映的日期，然后推算剪辑工作应该在哪一天结束，接下来确定摄制影片的日期，余下的时间里写剧本。因此，就《夫妻市长》而言，我还在写剧本，就有人问我搭什么样的布景。布景很重要，我们将在冬季拍戏，所以我想减少外景的分量。"因此，把电影安排在工厂、在改成装配车间的豪宅以及贝尔纳黛特·多布雷-拉卡兹的暖房中，就不仅仅是出于剧本的需要。日本人出车祸的镜头、工厂院子里下大雨的几个场景，也是在比扬古的摄影棚里面完成的。由此可见克洛德·齐迪的务实风格，他经验丰富，深知冬季拍摄难免的波折，未雨绸缪，同时要保护他的明星不被冻着。

两位主演的关系犹如晴空万里，跟导演也是如此。安妮·热拉尔多此时 46 岁，处在事业的巅峰期，《夫妻市长》是她的第 75 部影片。她代表新一代女性，以令人尊敬的主张和非常前卫的举动，否定千百年来男性对社会的统治。这个喜剧人物折射出当时席卷法国社会的质疑之风。

《美食家》之后，路易·德·菲奈斯又见到朱利安·吉奥马尔，不久前他也心肌梗塞过，死里逃生。他俩常拿心脏科医生规定的饮食禁忌和注意事项开玩笑。俩人将再次演对手戏：继可恶的特利卡特尔之后，吉奥马尔将扮演朗德里医生，作为环保派人士，对抗对自己妻子大献殷勤的多布雷-拉卡兹。他还在《虎口脱险》11年之后，遇到莫里斯·里施，他已经成为喜剧影片中频繁亮相的演员。

摄制组拥有舒适的工作条件，克洛德·齐迪执导有方，路易·德·菲奈斯与安妮·热拉尔多处在艺术蜜月之中……然而《夫妻市长》的拍摄却比《美食家》艰难。莫里斯·里施说："问题出在剧本：到处都是机器噪音、电弧焊、车间轰鸣。我觉得，对路易来说不太容易。"德·菲奈斯倒是热情很高，非常投入，甚至自告奋勇地演。于是乎，看到企业崩溃，多布雷-拉卡兹变得歇斯底里，这时候，他被起重机吊钩挂住往屋顶上升去。德·菲奈斯出人意外地提出，他亲自来拍这个镜头，不是为了显示身手矫捷，而是摄影机俯拍他惊慌失措地叫妻子、妻子眼睁睁地看着他升向屋顶，画面会生动得多。只有他能拍这个镜头。

齐迪希望影片略带感人的基调。因此，德·菲奈斯和吉拉有了些温馨相处的时刻，里施的有些镜头也很漂亮，特别当总经理被众人抛弃而他依然忠心耿耿留到最后。另外，就像《退休警察》中修女克洛蒂尔德冲着克吕肖、热尔贝说的那样"要知道，在不同的电影中反复看到你们，我很高兴"，齐迪在影片中开了一个匪夷所思的玩笑，让路易·德·菲奈斯在假面舞会上，带着路易·德·菲奈斯面具上场。

拍摄结束了，一切都显得非常顺利。莫尼克和罗贝尔·伊斯纳尔东一如既往，及时完成剪辑工作，各个部门高效运作，保证影片圆满上映。自从《美食家》以后，路易·德·菲奈斯知道了配合电视宣传的必要性，谈不上乐此不疲，但还是很乐意地接受这项工作。影片定于3月22日在227个影院上映，恰逢第二轮立法选举后的第三天，半个法国——眼下还刚过半数——希望左派联盟获胜。由于大选留下的广告空间已经不多，必须加强影片的宣传造势（总共投入150万法郎，其中近一半用于海报宣传），克里斯蒂安·费什内投入了可观的资金，负责《夫妻市长》发行的AMLF公司也提供超出常规的预支款,高达 1200 万法郎,而总预算为 2100 万法郎。制片人对如此大规模的投入,欣然发表一番理论,对业内报刊解释道:"电影是一种快速消费品,必须让尽可能多的观众立刻接触到。"

当时情况令人陶醉,不料就在影片上映前一周的星期四,即 3 月 16 日,让-皮埃尔·莫基突然发难。他申请巴黎上诉法院第一庭紧急裁定,强烈要求法院阻止《夫妻市长》上映,理由影片涉嫌抄袭。法官下令对影片进行保全扣押,禁止其广告宣传,责令克里斯蒂安·费什内电影公司支付保证金 25 万法郎。制片人及其合作方当然不服判决,提起上诉。

3 月 21 日,大律师们云集巴黎司法宫。上午 10 点开庭,直到晚上 8 点才结束辩论。14 位自然人或法人受到莫基指控,最后一名被告是"演员路易·德·菲奈斯先生,住所:巴黎市 12 区,阿纳托尔-德-拉-福尔热街 5 号奥菲尔先生家。"克里斯蒂安·费什内的辩护律师是埃贝先生,AMLF 和高蒙公司的辩护律师为基耶日曼和莫阿迪先生,克洛德·齐迪由巴丹泰律师辩护……对手一方,让-皮埃尔·莫基聘请三位熟悉文学和艺术著作权纠纷的大律师,以比通先生为首。两军对垒。一方详细分析相似之处,另一方则指出不存在抄袭,因为德·菲奈斯在一部剧本中喝药草茶,在另一部剧本中喝糖浆饮料。再说了,完全的独创与某种被视为属于"共同财富"的东西,怎么分得清呢?路易·德·菲奈斯、安妮·热拉尔多的性格及其塑造的人物特色鲜明,为他们两位写的两部剧本,没有相似之处可能吗?《夫妻市长》阵营还提请法院注意,禁映电影将导致严重的经济后果,更有甚者,它将某些自由度带入判例,开创极为危险的先例。

各大媒体连篇累牍地报道这场官司,最后,巴黎大审法庭庭长西蒙·罗泽斯下令,解除 3 月 16 日实施的扣押,影片次日可以正常上映。但是这场官司仍然余波未平,直到费什内与莫基达成和解才结束纷争。30 年后,让-皮埃尔·莫基评论道:"我花在剧本上的一个月工夫得到偿付,谈不上多。我撤诉了。"克里斯蒂安·费什内认为:"我不会今天去重打官司,尤其是归根结底,谁都没有被判抄袭。我再说一遍,我们有必要剽窃莫基的创意吗?嗨,道理在我们一边,可是有道理又有什么用?影片上映因这场官司而黯然失色。"

这场官司出现一个令人意外的结果:让-皮埃尔·莫基的律师比通先

生,从此将为克里斯蒂安·费什内提供辩护。

毋庸讳言,《夫妻市长》轻而易举地获得上座率第一名,但是"气氛有些蹩脚",克罗德·齐迪意味深长地点到为止。30个放映厅接待观众195711人次(一周平均观众为6523人次),远不如《美食家》的成绩,当时20个放映厅接待观众261990人次(一周平均观众为13099人次,多一倍!)。专业人士认为首映成绩欠佳,而且本周还不是新片登场的"旺季"。跟《夫妻市长》同期上映的是两部灾难片——当时流行灾难片——《拯救海王星》和《2000年大屠杀》,还有一部蹩脚的色情片《疯狂的小弟弟》。从第五周开始,史蒂文·斯皮尔伯格的《第三类接触》牢牢占据上座率首位。《夫妻市长》从第三周起就失去了人气第一的位置,被划时代的《周末夜狂热》所超越。

《夫妻市长》的筹备、拍摄,乃至司法诉讼的整个过程中,报纸杂志曾给予大量报道,此时却相当明显地疏远影片。从1954年《巴尔德先生的奇怪欲望》以来,路易·肖韦在《费加罗报》上一贯赞扬德·菲奈斯。这一次,肖韦以"平庸"为标题回顾莫基的官司,他写道:"剧本的归属,实在没有什么值得你抢我夺!(……)两位深受观众爱戴的明星联袂出场,安排他俩小摩擦,将巨额资金投向这对二人组合,就能够保证观众哄堂大笑一个半小时吗?可惜啊!"路易·德·菲奈斯肯定看到了路易·肖韦的评论。

当然,《法兰西晚报》(那还用说!)、《震旦报》、《十字架报》或者《分秒周刊》喜欢这部电影。但是其余媒体则在遗憾叹息和明显唾弃之间摇摆,尽管路易·德·菲奈斯常常躲过责难,甚至得到赞扬。辩证修辞技巧异乎寻常地充斥在影评的字里行间,用"天才演员撞上蹩脚电影"打圆场。作家迪迪耶·德库安在《VSD》电视导报上称之为"平庸的(平民化的)小影片",但是接着语气激昂起来:"总要有人敢于这么说(……):路易·德·菲奈斯比斯坦·劳莱尔、奥利弗·哈迪不知幽默多少倍,比卓别林更精确,比那帮马克斯兄弟更有创意。说我口出狂言?我求之不得呢!至少我不假装斯文!法国就是这种德性,抱怨自己的演员,甚至熟视无睹,瞧不起他们。我要告诉你们:别小看这个怪兮兮的路易·德·菲奈斯,他是我们迄今最伟大的喜剧演员。是啊,水平在费尔南代尔之上,比布尔维尔更风趣。说我贬低死者?不,我是在认可一位生者的无限长处。"

这番深情表白也许带给演员一些慰藉……《夫妻市长》在巴黎及一些大

城市的影院坚持了 10 周,票房达到 14972207 法郎(当年电影票房的第 6 位)。当然,通过海外发行(英语、意大利语、西班牙语版与法国同期推出,德国观众甚至提前几天看到影片)、日益萎缩的街区院线"二次"放映以及电视台播映,费什内收回了成本,但是远远不及《美食家》的出色表现。

年终最后统计,在巴黎及其郊区的独家首映期间,《夫妻市长》共吸引观众 539404 人次,在 1978 年出品的影片中排名第 11 位。前两名分别是约翰·特拉沃尔塔主演的《火爆浪子》和《周末夜狂热》。而且路易·德·菲奈斯,安妮·热拉尔多被其他演员超越:主演《律师与逃犯》的皮埃尔·里夏尔和维克多·拉努(杰拉尔·乌利导演)、自导自演《我腼腆但是我克服》的皮埃尔·里夏尔以及阿尔多·马基奥尼、《一笼傻鸟》中的米歇尔·塞罗、乌果·托格纳茨(爱德华·莫利纳罗导演)……这一年,面对那些曾经成功地合作过的导演,面对他们的影片,还有如日中天的皮埃尔·里夏尔,路易·德·菲奈斯不再是法国喜剧第一人。他的经历、他的商业潜力以及他在欧洲各国的名气,使他仍然处在惊人的高度,但已经巅峰不再了。不过《夫妻市长》在法国的观众总人数(278 万)竟然不及德国的观众人数(310 万),这倒是一个新的现象。

时值年终,没有人再提起《夫妻市长》上映之际宣布的罗贝尔·德利的剧本。12 月行业杂志上出现《警察智斗外星人》的广告,电影定于 2 月份出品。路易·德·菲奈斯和米歇尔·加拉布吕的名字,以同样的字体出现在电影标题的上方。

史蒂文·斯皮尔伯格的《第三类接触》获得巨大成功,使得科幻题材与审美观成为万众瞩目的焦点。《外星猫》、《天外来客》纷纷问世,还有骇人的电视系列剧《入侵者》。无论在媒体还是普通人闲聊中,地球上存在外星人,成为人们猜测、遐想和开玩笑的永不干涸的话题。路易·德·菲奈斯对史蒂文·斯皮尔伯格的特技手法非常钦佩,他跟雅克·维尔弗里德和让·吉罗一起构思剧本,设想让路德维克·克吕肖重返银幕。他一心盼望搞一个与史蒂文·斯皮尔伯格同样精彩的大飞碟。制片人杰拉尔·贝图诱导他采用花钱较省的款式,但是制作这款飞碟,还得求助于马特拉军火公司。就这样,人们首次在法国电影中看到宇宙飞行装置起飞。飞碟高 3.9 米、直径 10 米,呼啸而过,灯光不停闪烁,舱窗射出的灯光叫人心里发毛。

影片情节完全符合此类影片的规则：外星入侵者的先遣组来到圣托佩；人们没有见过外星人，不信确有此事。连连碰壁的克吕肖独自搜捕外星人，别的警察也都加入其中。外星人的特点在于能够任意改变外貌，喝油之后，遇水就会生锈。警察最后当然战胜外星人。

让·吉罗并不会因此就投身于科幻片的创作。他没有摒弃拍电影系列片的习惯和方式，仍然喜欢善意的搞笑以及反复出现的插科打诨。八年前拍过《退休警察》，这次显然以重温为主，不会是一场革命。这部电影格外受到期待，因为在某种程度上可以说观众们渴望看到路易·德·菲奈斯：《美食家》于1976年上映，《夫妻市长》在1978年3月公映，而本部电影不可能早于1979年年初首映——远远不及1966至1969年间的速度，同样的时间间隔，当时推出了十部电影。

1978年9月15日，在圣托佩开机，预计拍摄12周。克洛德·让萨克将第三次扮演约瑟法·克吕肖。考虑到她在市政厅剧场排演乔治·萧伯纳的《伤心之家》，她的拍摄工作全部集中到3周完成。但是就在开拍前几天，导演让·梅尔屈在最后一刻不允许她缺席排练，只能换人。接替者也是一位演员——马丽亚·莫邦，多年前就跟路易·德·菲奈斯认识：1950年，她在《我们的爱情没有周末》扮演爱上路易·马里亚诺的女记者。

圣托佩警察分队也作了一些调整，更加年轻化。克里斯蒂安·马兰被让·阿努依招去演戏，不想"归队"，由差不多同样笨拙的演员让-皮埃尔·朗巴尔顶替。让·勒费福尔本应该再扮演富加斯的角色，但是最后没有叫他参加。路易·德·菲奈斯更乐意选莫里斯·里施，因为两人在《夫妻市长》中相处默契。热衷小道新闻的记者们提到他们以前关系紧张，让·吉罗坦率地解释说：德·菲奈斯不喜欢跟那些可能破坏片场气氛的人合作。众所周知，让·勒费福尔说话做事一贯鲁莽，觉得跟路易·德·菲奈斯的账还没有算清。

雅克·弗朗索瓦成了警察局脾气暴躁的上校，马里奥·达维德在片中扮演魁梧男子，还扮演老伙计亨利·热奈斯，露了个脸。朗贝尔·威尔逊还是刚满19岁的年轻演员，要在片子里说几句台词，路易·德·菲奈斯亲自面试。他回忆说，"我跟莫里斯·里施有一小段戏，参加由演员而不是导演主持的面试，对我来说是生平第一次。我来到电影场，德·菲奈斯穿着正装，化妆完毕,准备拍那天的戏。很严肃,很客气,很得体的一个人。"乔治·威尔逊(在《直捣黄龙府》中扮演多疑的警察)的儿子将扮演第一个跟警察接触的外星人,目不斜视,一头纯金色头发,说话语速单调,有点像经典的科幻恐怖片《魔童村》中的孩子。

就这样,选择的演员都经过路易·德·菲奈斯的认可。后来在摄制期间,他对《法兰西晚报》作了解释:"我甚至悄悄干起了导演的活。我跟演员们聊天,没有给他们下什么指示,而是让他们进入氛围。"总体来说,戏拍得比较从容,演员都是同一个圈子里的。路易·德·菲奈斯评价米歇尔·加拉布吕说:"他是眼睛里带着一丝梦幻的雷缪。"事实上,杰尔贝这个角色丰满一些了,导演和剪辑予以较好的关照。他在贝特朗·塔韦尼耶导演的《法官与杀人犯》中的出色表演,确实展示了自己演员才华。这位从 1957 年在法兰西喜剧院起步之后一直被人遗忘的演员,荣获 1977 年恺撒电影奖最佳男演员,老朋友德·菲奈斯予以祝贺,但是他们的导演没有这么做。他回忆说:"当时跟我合作拍片的人个个都是若无其事的样子。让·吉罗从来没有跟我提过《法官与杀人犯》。对他们来说,没这回事儿。"但反过来,杰尔贝军士长却是一个好主顾,甚至在吉罗的电影之外。1976 年,费利普·克莱尔导演的《吹牛大王》,在宣传海报上采用加拉布吕身穿警察制服的照片,恰到好处。

摄制工作在安然、友好的气氛中进行。回想当年,莫里斯·里施记得"一切都很惬意。路易真的痊愈了,沉浸在幸福中,周围演员当然也一样,影片已经出售,财务方面很令人心慰。演员们酬金很优厚,而且一直在那儿住。我在圣托佩几乎呆了四个月,而大概只有三周时间拍片子。其余时间玩帆板,每当我说要回巴黎看妻子,他们总是说'别回去,把她叫过来,这样才好。'这种拍法从此不会再有了。"周复一周,时间有些耽搁,主要因为路易·德·菲奈斯不厌其烦地反复改动镜头。但是他脑子里的笑料始终那么多:有人敲警察脑袋,脑壳就像金钟响起,这个主意是他出的。

这座小城在《退休警察》8 年之后,与电影剧组重逢,不胜欣喜。圣托佩的警察们准备一顿丰盛的烤全羊,招待路易·德·菲奈斯和碧姬·巴铎,他们的妻子充当跑龙套的角色……10 月 9 日星期一,最后一周的摄制工作刚开始,突然发生了一起惨案。让·吉罗率领剧组在附近拍戏。在离圣托佩不远的地方，装备轻便的摄制小组准备拍一场汽车戏：约瑟法驾驶一辆卡迪亚克敞篷车，给右边驶来的雷诺16汽车让道。汽车戏无一例外地靠蒙太奇来加快车速，因此拍摄时的车速都很慢。但是不知什么原因，手握方向盘的特技演员控制不住宽阔的美式轿车，车子冲上人行道，一头撞进了一家商店的大门。商店坐落在圣托佩村口，正对着警署。一位八旬老妇人当场被撞死，10多个人受伤。一位七旬老人（退休警察！）双腿截肢，几天之后不幸死亡。噩耗传来，拍摄工作立刻中止。演员和工作人员纷纷献血，警方展开调查……摄影工作暂停几天之后复工，圣托佩当地居民与巴黎人的关系骤然紧张起来。一年半之后，特技演员被判处缓刑，罚金2000法郎，制片人向受害方支付赔款。

为了在1979年1月31日隆重推出《警察智斗外星人》，制片人杰拉尔·贝图从克里斯蒂安·费什内的营销手法中获得灵感：首映式前几天，在香榭丽舍大街上搭建飞碟。350部预告片几周以来在法国影院中轮番播出，为扑面而来的180部拷贝作铺垫。一部耗资如此巨大的故事片，如今必须在全国范围内同时上映，那是因为，尽管法国电影院的数量日渐萎缩，但是随着当时所谓的影院中心的普及，放映厅越来越多。1978年新增了189个放映厅，1979年新增了248个。这种趋势当时在西方各国方兴未艾。法国有条不紊地将以往的"大型"电影院（哪怕有些电影院只有15年的历史），改造成多厅放映影院。《电影手册》杂志对由此引发的合理改进（只有一个放映员，自动放映，场次错开）恨得咬牙切齿，用消化道来比喻讽刺多厅影院里蜿蜒曲折的走道。但是专业人士们坚信，多厅放映影院的政策会促进全国网络的形成，这样能够提供不同品种的影片，从而尽可能地"拯救"潜在观众，维持法国年产100多部电影的水平。

在媒体方面，对于《警察智斗外星人》，人人都尽心尽责地扮演自己的角色。《法兰西晚报》的罗贝尔·沙泽尔一如既往地大加赞扬，《世界报》指出"人们不由自主地笑起来"，《人道报》称之为"不可原谅的草率之作，不到业余爱好者的水平"，《巴黎晨报》说是一场"三流的聚会"。《费加罗报》概括道："显而易见，让·吉罗与精雕细做毫不相干，他的幽默犹如凭空发威的风镐。不过在这种少见的场合，动辄暴怒和传奇般的神经质，使德·菲奈斯的表演变得妙不可言。"

《夫妻市长》上映后的业绩令人略感失落——因为路易·德·菲奈斯和他的制片人习惯于巅峰高度,《警察智斗外星人》将给他们带来意外的惊喜:它成为警察系列片中最叫座的影片。然而开头不那么理想:1月31日星期三《超人》首映,2月2日星期五,德·菲奈斯的新片上映(24个放映厅,平均每场总席位为10957座)。尽管《超人》片长2小时20分钟,根据放映厅的情况,每天需要取消一到两场放映,美国超人仍然以203915人次比126138人次,打败了法国警察。但是每个放映厅日均观看《超人》的只有832人,而法国片的观众为1051人次。但是在1970年,《退休警察》每天吸引1218名观众。

但是到了第二周,名次颠倒了,《警察智斗外星人》占据首位,令人费解。而且在这一周,每个放映厅日均观看人数上升到1326人次。这部影片还将连续5周保持领先,系列片的表现如此出色,闻所未闻。事实上,这部影片在首映期实现了独一无二的上座率:18周总计观众人数为942785人次,超过前四部电影首映期的成绩(《圣托佩的警察》首映7周为260463人次,《警察在纽约》首映15周为439706人次,《宪兵情缘》首映19周为583860人次,《退休警察》首映13周为417014人次)。但是从"整个周期"的数据来看,《警察智斗外星人》吸引了628万观众,没有打破15年前《圣托佩的警察》的纪录,当时观众人数高达780万人次。

1978年3月23日:上诉法院对《夫妻市长》做出判决

"根据1978年3月21日之判决,巴黎大审法院按照紧急诉讼程序,宣布解除巴黎上诉法院根据让-保尔·莫基捷夫斯基(又名让-保尔·莫基)诉状,于1978年3月16日下令对《夫妻市长》涉嫌抄袭实施的扣押措施,为此,克里斯蒂安·费什内电影公司须支付25万法郎保证金;

控方不服判决,提出上诉,强调法院无权约束法庭判决的作用及其效力,并且坚持认为,该影片和他撰写的剧本之间明显存在实质性雷同。他请求法庭撤销该判决,维持1978年3月16日裁定的扣押措施;

克里斯蒂安·费什内电影有限公司承认事先知晓让-保尔·莫基的"原始"剧本,并且与这位作者洽谈拍片事宜。但是该公司声称未让与之商讨拍摄《夫妻市长》事宜的帕斯卡尔·雅尔丹、克洛德·齐迪了解该剧本。

(⋯⋯)该公司明确指出,无论从情节、场景组织与展开,还是从基于戏剧、电影共同财富的影片结构而言,两部作品没有任何雷同。因此,它请求法庭维持撤销扣押的判决,并接受它的附带诉讼,撤销保证金,宣布被托管的资金将如数归还。(⋯⋯)

根据以上陈述,

(⋯⋯)鉴于让-保尔·莫基长达171页、题目为《喧哗》的剧本以及扣押对象《夫妻市长》之间,存在一个显著的雷同,即把城市污染视为导致恩爱夫妻分裂和对立的原因;而这个主题不属于——至少还不属于——戏剧、电影共同财富;这个基础构思的展开在剧本和影片中是相同的,两对夫妻最终重归于好,远离污染,到别处"重新开始""生活";

鉴于正如被告也强调指出的那样,无法确认污染的形式、古米克妻子和吉约姆妻子与污染斗争的方式、古米克和吉约姆职业和活动、情节的经过以及人物——除了"医生"之外——存在雷同;

鉴于被视为"完全抄袭"剧本的医生是典型的"骚公鸡"——正如一位被告所形容的,他利用职业便利追逐求医的女性;有必要指出这个人物无疑属于上述的共同财富;

鉴于剧本中各种富有特征的场景(拆毁、游行、追逐)明显没有在影片中出现;

(⋯⋯)故原紧急诉讼判决应予维持。"

巴黎上诉法院1978年3月23日判决

25. 莫里哀,水到渠成
——《吝啬鬼》,1979

  多年以来,每逢新片首映,路易·德·菲奈斯总要宣布自己下一个计划,《警察智斗外星人》破天荒地打破这个惯例。他在屈指可数的造势采访中故意含糊其辞:"我开始写东西。其他人也在给我写……我总是在做笔记……记我觉得有趣的事儿,偏好无声的场景。我希望下一部电影几乎没有声音。"演员反复承受的痛苦,他认为自己扮演的角色,台词总是太多。然而,他下一场历险的核心就是台词,而且不是寻常的台词!事实上,他知道下一部是什么影片,尽管还不敢公开宣布:他在筹备莫里哀的《吝啬鬼》。

  亲自负责完成一部影片,这个念头多年来一直诱惑着路易·德·菲奈斯。从60年代中期开始,他就常常跟人诉说这个想法。1967年拍摄《奥斯卡》期间,他曾经提到"我跟高蒙公司签了拍两部影片的协议,由我自己来执导。我希望可以做到几乎不用台词,只要展示有趣的事情就行了。剧本还没有选好。但是我明年是否想尝试做导演,我自己也吃不准,所以我保留选择并指定导演的权利。"后来大家都看到了,由爱德华·莫利纳罗来导演《冰冻人》,塞尔吉·科尔贝导演《乐队指挥》,他根本没有亲自导演这两本戏的想法……

  但是反过来,说路易·德·菲奈斯看重《吝啬鬼》,那就说轻了。在他整个演艺生涯中——至少从媒体刊登对他的访谈内容那时起,可以说他一直围着莫里哀的喜剧转悠。阿巴贡对他的诱惑,甚至成为媒体大量报道中的常见话题。从50年代起,几乎年年传出路易·德·菲奈斯演阿巴贡的消息,舞台戏、拍电影或者上电视等等(参见本章末尾的"路易·德·菲奈斯的另外14个《吝啬鬼》")。"我那时候抽不出时间,还不够成熟,演不了这个角色",后来在拍摄《吝啬鬼》时,他这样解释道。他最多只在1964年录了阿巴贡的一段独白,给他的朋友资深电台人让·舒盖灌唱片用,同时还灌录了10首拉封丹的寓言。

"我想他期望上台演《吝啬鬼》,"克里斯蒂安·费什内断言,"我觉得那会是一件大事。他在舞台上演不了阿巴贡,才改拍电影的。"不管怎么说,心肌梗塞之后,德·菲奈斯绝对不能登台演戏。他雄心勃勃,把《吝啬鬼》搬上银幕,其初衷也许与常人揣测的不同,不一定因为他是欧洲最具有商业价值的头号平民笑星。他坚持不改动剧本,毫不妥协。在影片中常常删减台词的是他,渴望拍一部无声电影的是他,动辄颠覆剧本的是他,而要求自己一字不易地尊重戏剧剧本的也是他。克里斯蒂安·费什内解释道:"排演古典戏剧时,为了方便今天观众的理解而对剧本作些删减,没有人真的会感到难堪。拍《吝啬鬼》的时候,他知道可能会碰到某些批评,不想另外再被人指责说他篡改莫里哀的作品。当他发现我的观点恰好相反,便跟我较劲,我没抵抗多久,因为我很快发现自己没有任何取胜的可能性。因此,莫里哀的剧本,一个字都删不得。"

不过他还是删了,尤其在第二幕第一场,仆人阿箭给克莱昂特念高利贷条款,某些细节被删除。某些法律用语、阿巴贡设法脱手的杂物(床帐一顶,料子为暗玫瑰红十字呢,欧马耳出品,下缀大小不等丝线流苏)也被删去,尤其包括克莱昂特说的一句经常被现代导演们删除的台词:"活见鬼!他是犹太人。还是阿拉伯人?"

但是这部《吝啬鬼》是路易·德·菲奈斯的《吝啬鬼》。他从《悠长假期》起开始参与剧本或台词的创作,希望成为导演,亲自执导影片的拍摄。20多年来,他一直渴望扮演阿巴贡,对这个角色有着很多想法。塑造电影人物伊始,他就"感到"这个人物构成自己演技的精髓。纵观其演绎的各种人物,演得最过瘾的莫过于吝啬鬼。他的形体模仿、个人动作很早就与金钱搭界了:从1953年起,张开手臂抱钞票、戏仿贪婪神态等已经无处不在了:《布洛涅森林里的强人》的警察,《巴黎周末》中的出租司机,《穿得又薄又短》中的小骗子,或者《寻欢作乐》中的旅馆门房,1957年《来的不巧》中掏出皮夹时把钱劫住,已经成为经典动作……此外,他在功成名就之前最精彩的单人表演,难道不是1962年《幸运者》中那个紧紧抱住一箱钞票的中奖彩民吗?

随着剧情的展开,阿巴贡将体验法兰西文化上最可怕的吝啬时刻("我完啦,叫人暗害啦,叫人抹了脖子啦,叫人把我的钱偷了去啦"),他不只是一个爱财如命的吝啬鬼,而且是个心狠手辣、道德败坏的伪君子,甚至想方设法抢夺儿子未婚妻。德·菲奈斯深知这个人物体现了人性最阴暗、最可笑的一面,演起来一定很享受。德·菲奈斯常说这个人物既吸引他,又让他如何感到害怕,借助《吝啬鬼》,他可以尽情表达了。昙花一现的《费加罗报(周日版)》刊登了路易·德·菲奈斯署名的一篇文章,文中写道:"……时候到了。(……)依靠我在电影中所学的东西,我能把自己的一点心得赋予人物,而在舞台上我没有把握传达给观众。"

"影片开拍一年以前,路易·德·菲奈斯与让·吉罗筹备《吝啬鬼》的说法已经传开了。"贝尔纳·梅内兹回忆道,"凑巧我是斯卡纳赖尔剧团的创始人之一,剧团专门为巴黎地区的中学巡演古典折子戏,我当然演过《吝啬鬼》,特别是演阿箭这个角色——让我瞧瞧你的手!伸出来。——瞧啊。——还有。"我刚刚跟帕斯卡尔·托马、雅克·罗兹耶、弗朗索瓦·特吕弗拍了几部比较热门的影片,便寻思鼓起勇气去见见德·菲奈斯。他在比扬古电影厂拍一部警察片,我来到他的化妆间。我自报家门,他回答说,"我知道您",原来他看了托马拍的电影。我就问他,"我不知道您是否有了在《吝啬鬼》中演阿箭的人选,如果还没有的话,我只想告诉您,我很愿意演这个角色。"我以为他会客气地说声谢谢,然后就让我离开。谁知他脸上浮出笑容,冲着我说,"那好啊,就这么定了。由您来演。去见克里斯蒂安·费什内吧,他是制片人。"

贝尔纳·梅内斯就这样被选中拍摄《吝啬鬼》。路易·德·菲奈斯异乎寻常地亲自过问演员的选拔工作,因为他需要有古典戏剧专业经验的演员。于是,米歇尔·加拉布吕扮演雅克师傅就不是与杰尔贝军士的重逢,而是启用一位曾经在法兰西喜剧院剧团效力7年之久的戏剧演员。克洛德·让萨克将扮演两面三刀的媒婆福罗希娜,毕业于国立高等戏剧学院,潜心排练过保留剧目的经典角色。人们熟悉的格罗索和莫多兄弟扮演阿巴贡的跟班干鳕鱼和荞麦杆儿,所以才在银幕上重现。"年轻人"则是德·菲奈斯到国立高等戏剧学院和戏剧班上觅来的,四个情人的角色:克莱昂特、艾莉丝、法赖尔、马丽雅娜,分别由弗兰克·达维德、克莱尔·迪普雷、埃尔韦·贝隆以及安娜·科德里扮演。

克里斯蒂安·费什内让他认识了磁带录像机，于是他提出要求，对最有希望的年轻演员进行录像，这样可以参考影像挑演员。此外，《吝啬鬼》的全部构思都是为银幕而不是为舞台设计的。不管大家信不信，路易·德·菲奈斯坚称，自己在整个演艺生涯过程中从未看过《吝啬鬼》的演出，以免受到前人的影响。

由此，他希望拍一部非常古典又极具个性的《吝啬鬼》。他没有激进到当代人鲁莽看待莫里哀作品的程度，但是希望摆脱传统解读《吝啬鬼》的禁锢，有所作为。因此，第一场戏的布景就是由德·菲奈斯设计的，此时阿巴贡不在场，年轻人描绘他的形象，商量怎样对付他。他将拉鲁斯名著版《吝啬鬼》的封面放大，贴在墙上作为布景（最后一场戏的布景是沃布道尔名著版的封面）。但是对剧本——即戏剧的精髓——而言，路易·德·菲奈斯恪守经典版本。

他在《吝啬鬼》中的创意，绝大多数都涉及到他自己演的人物阿巴贡，比如他在第三幕孔雀开屏，极尽诱惑马丽雅娜之能事。当福罗希娜与年轻人共谋，虚构了一个"我们就算来自下布列塔尼的子爵夫人"，德·菲奈斯还给阿巴贡加了一小段戏。德·菲奈斯面临一位幽灵般的贵妇人，他撩起她的面纱，吓得直哆嗦，最后还是被巧舌如簧的媒婆说服了，相信贵妇人将"在婚约上写明把她的财产全部送给他"。原剧本中没有这段戏，就要对剧本作些微调，将福罗希娜的部分台词从间接引语改称直接引语。

> 让我想想看，对了，要是我们能找到一个半老不老的女人，有我的这样的本事，会装模作样，巧扮一位贵妇人，再临时凑一批随从，来一个唬人的称号，什么侯爵夫人啦，或者我们就算来自下布列塔尼的子爵夫人啦，我就有办法叫你父亲相信，她是一位阔太太，不算房产，单现银就有 10 万埃居，又一心一意想给他当太太，情愿在婚约上写明把她的财产全部送给他。我敢说这门亲事，你父亲一定听得进。当然啦，我晓得，他很爱你；可是他有点儿更爱钱；只要他上了圈套，出口答应你的亲事，过后他问起那位侯爵夫人的财产，发现自己上当，也就活该了。
>
> 莫里哀，《吝啬鬼》，第 4 幕，第 1 场

25. 莫里哀,水到渠成

>……她是一位阔太太,不算房产,单现银就有 10 万埃居,又一心一意想给您当太太,情愿在婚约上写明把她的财产全部送给您……
>
>　　　　　路易·德·菲奈斯、让·吉罗《吝啬鬼》剧本中的改写

　　在莫里哀剧本的场次之间,不时地出现一些不用台词的表演,第一幕第二、三场之间对阿巴贡的刻画尤其精彩。观众看到他做弥撒时躲避奉献,出了教堂。黑衣女子托着叮当作响的钱钵一路紧追不舍,一直追到他的家门口。阿巴贡到家,一把揪住阿箭的衣领("马上滚,不许还嘴")。

　　影片从 1979 年 10 月 15 日起在布洛涅-比扬古摄影棚开拍,每天工作的惯例很快形成了:上午排练,尝试一些新的想法。阿巴贡没戏的时候,路易·德·菲奈斯就穿正装来到片场,负责指导演员;技术方面的事都由让·吉罗关心。用引擎和刹车比喻俩人,比任何时候都贴切:身兼演员和导演的德·菲奈斯点子特多,负责制片的导演让·吉罗则一再提醒剪辑方面有难度,更何况剪辑必须十分精准,无论如何不能移动、删除或者改变一个场景,甚至连一句对白都不能动。他俩之间经常发生老友般的小摩擦。米歇尔·加拉布吕回忆说:"有一天,我看见他跟吉罗解释自己的想法,吉罗问他'那我怎么剪辑呢?'德·菲奈斯没吭声,转过身去。吉罗见我看着他,冲着德·菲奈斯的背,像小孩子似地扮了个鬼脸。"不管怎么说,回想当年,没有人记得在《吝啬鬼》的片场上,看到或者听到德·菲奈斯喊过"开始!"或"开拍!"

　　按照电影的行话,这部影片是连续拍摄的,也就是顺着戏剧的情节展开往下拍。这种拍法很奢侈,不少布景可以放上几天,再供使用。克里斯蒂安·费什内在布洛涅-比扬古为《吝啬鬼》争取到六个摄影场,一场戏拍完后,布景全都留着,家具、道具也都留在原地,使得演员兼导演的德·菲奈斯,看了样片之后,还有补救的余地。这样的情况有过几次,尤其前两场戏,完全由初出茅庐的年轻演员承担,台词分量很重,而且莫里哀原作的节奏感本身就不足。看了样片和粗略的前期剪辑之后,这两场戏又重新拍了一遍。

　　扮演阿箭这个人物,对贝尔纳·梅内斯来说没有任何压力,因为他演过数百遍。但是要在这位阿巴贡的跟前把他演好,压力不轻。"他有着丰富的摄影经验,至少在拍摄跟我相关的场景是如此,拍几下就可以了。他在楼梯上伸手打我的那段戏,我觉得自己快崩溃了,只好背过脸去,谁知这个镜头

被保留下来,看到这一幕,自己扭头窃笑的情景还历历在目。"老朋友加拉布吕非常熟悉德·菲奈斯幽默,演到第三幕第一场俩人发生激烈冲突时,连他都忍不住笑场:"我转过身来,突然看见他,他用异样的目光看着我,我没法往下拍了。跟他拍戏有时候很难,他实在太逗了。可是这些让人忍俊不禁的场面,那些捧腹大笑的时候,我在银幕上没有看见。《吝啬鬼》没有充分展示他的喜剧能量。"

诚然,影片拍摄过程中意外地遇到一些困难。2月份,剧组冒着严寒在桑利斯中世纪小巷里拍摄外景。客栈露台上水壶结冰,演员们贴身穿现代纤维的保暖内衣,再罩上传统服装,每拍一个镜头前,先把冰块放进嘴里含一会儿,以免说话时哈气太明显。

但最要命的是路易·德·菲奈斯的记忆力有问题。他在剧场演戏那阵子,可以记住长篇的台词(尤其在演让·阿努依的《斗牛士华尔兹》的时候),而现在却记不住阿巴贡的独白,连完整拍一个镜头所需的台词都记不住。他只能分割镜头,一次拍几句台词,由让·吉罗考虑镜头衔接,或者剪辑影片时加入反打镜头。阿巴贡钱箱失踪后的独白,因此被分割成15个镜头,还不算其中安插的跟班干鳕鱼和荞麦杆儿的插科打诨。"由于他格外坚持尊重莫里哀的原作,他不允许自己像对待《奥斯卡》或者警察片中的台词那样随便改字",弗洛朗斯·蒙克尔热-卡班回忆道,她在《吝啬鬼》里负责场记,但在片场上也经常兼顾台词的提示。

影片拍得很认真。克里斯蒂安·费什内说:"有点儿拍实验影片的味道。说片场沉浸在虔敬的气氛中,有点夸大其词,不过德·菲奈斯确实以十分恭敬的态度对待这部作品。"来片场探望的人不多,但是文化部长让-费利普·勒卡执意来到现场,亲自向这部他认为代表着高雅文化与大众文化之和解的影片表示敬意。

片场的气氛不错,加上克里斯蒂安·费什内一如既往地从大处着眼。剧组一周只工作五天,保证不占用路易·德·菲奈斯周末时间;圣诞节全体歇工一周,让他和家人团聚过节日。即使在那时候,给整个摄制组放假一周而且薪水照付,也堪称慷慨之举了。

对于《吝啬鬼》结尾场景的拍摄,制片人再次慷慨允诺。德·菲奈斯别出心裁,专门为阿巴贡最终一句台词设计一场戏。大伙忙着准备最后的喜庆("赶紧把我们的喜事对你们的母亲去说"),他悄悄走开。"我,我要去看看我亲爱的箱子。"吝啬鬼打开装着10万埃居的钱箱,这时候,墙上的莫里哀画像说道,"祝您好运,亲爱的阿巴贡。"然后,只见他用一根链子拖着箱子走在一片沙漠上。突然,影片开头那位筹款黑衣女子手持托钵又出现了,托钵中的钱币叮当作响,步步紧逼,阿巴贡拖着箱子使劲逃跑。克里斯蒂安·费什内认为——别的制片人也会这么想——就拍这场戏,埃默农维尔的沙海绰绰有余。可是路易·德·菲奈斯坚持去突尼斯的沙漠绿洲内夫塔。儿子前几年以国际合作的身份在那儿服役,他去探望过。费什内开始不同意,最后还是拗不过明星,只能让步。不管怎么说,《吝啬鬼》赔不了钱,不过,拒绝去土耳其拍片的原则还是要讲的。

费什内办事,历来大手笔,这次依然如此:专门租用一架卡拉维尔小飞机,由奥利维耶·德·菲奈斯担任副驾驶员。一个25人的小组在托泽尔降落后,来到内夫塔的撒哈拉大酒店,路易·德·菲奈斯和剧组人员惊讶地发现这儿戒备森严。他们不知道哈比卜·布尔吉巴总统也刚刚抵达酒店。路易·德·菲奈斯与大权独揽的总统见了面,布尔吉巴背诵起埃德蒙·罗斯坦的名剧《雏鹰》中弗朗博的大段独白。第二天,阿巴贡用一根长长的链子,拖着他亲爱的钱箱,行走在一小片不久前被《星球大战》剧组占用过的沙漠中。箱子里装着32公斤的假钱币,正好等于10万埃居的重量。次日又拍了一遍,然后剧组全体启程返回巴黎。几小时之后,叛军与政府军在附近发生血战,他们侥幸离开了,不然回程很可能受阻。

回到巴黎后,路易·德·菲奈斯看到样片,一脸的失望:尽管箱子里已经放了重物,但是在沙子上拖行的时候,陷得不如他期望的那么深,钱箱在沙丘表面顺利地滑行,看不出阿巴贡在使劲拖箱子。不过没什么,最后这场戏被他拍成了。这个长26秒钟的镜头,花了26万法郎。

19世纪末著名戏剧评论家弗朗西斯克·萨尔塞曾指出,"《吝啬鬼》这出喜剧存在一个戏剧不容忽视的问题:它沮丧和感伤的基调。如果拿掉几个滑稽无比的也许是莫里哀全部戏剧中最精彩的场景,谈不上给人像样的欢乐印象。"

大导演夏尔·杜兰在《吝啬鬼,排演与评论》(瑟伊出版社,1946年)一书中认为,危险在别处:"人们之所以指责它,是因为大多数时候人们没有演这部戏,而是演一连串关于吝啬的折子戏。戏剧情节和人物都为阿巴贡这个人物服务。在法国的剧院里,我没有看到一场戏不以阿巴贡上场开始:'马上滚,不许还嘴。'"

德·菲奈斯的《吝啬鬼》将设法避免这两块暗礁:许多肃穆的布景,冬季的色调,四位年轻人青涩的演技,阿巴贡泛滥的恶劣情绪,会导致这出戏"沮丧和感伤";主角表演整体一致则会冲淡诙谐嬉戏与内涵更深的戏剧表演之间的对比。这部影片游离于严谨与浅显、古典与粗俗、极度亢奋与不苟言笑之间,令人捉摸不透。因此,钱箱失踪后的大段独白中,从最滑稽乖谬的动作到非常现代的嵌套手法,德·菲奈斯多管齐下,让阿巴贡突然走上舞台,宣泄内心的痛苦,国王就坐在对面的御座里——堪称乔尔焦·斯特雷勒式的闹剧中的间离效果。

米歇尔·加拉布吕还指出路易·德·菲奈斯导演与莫里哀原作之间的矛盾:"在阿巴贡和雅克师傅准备请人吃饭的那场戏,我要描写那几匹可怜的马——'一个个都憔悴得不成样子',他希望用一幅乌代尔佐画的马,让人看到马的模样。别人看到了马,而且乌代尔佐笔下的马都很健壮,不会让人觉得可怜,我描绘还有什么用呢?另外,一方面,跟班干鳕鱼常说'我这灯笼裤后部开了一个花,希望老爷不要见怪。别人一眼能看到我的……',而另一方面,厨房却十分阔绰,到处放着火腿和葡萄酒。吝啬鬼的厨房不会这么大方。"

按照从《美食家》起养成的习惯,路易·德·菲奈斯欣然承担宣传新片的义务,接受各种采访,无论在摄制期间还是影片上映的那段时间。他首先宣布:"莫里哀在戏的名字前面,特意写上'喜剧'二字,所以我无意将它演成一出闹剧。"然后高调说道:"我琢磨着莫里哀写戏的时候莫非想到了我?不管怎么说,在阿巴贡这个角色上,我真的觉得他做得比我更加夸张。"这个想法——即莫里哀会和他一样,把戏演得有声有色,笑料横生,演一场面向"公众"的戏——在他那儿根深蒂固,而且评论家们或者剧作家经常这样说他,比如让·阿努依在上演《斗牛士华尔兹》的时候,就强调过喜剧鼻祖与他的直接传承。

也许正是在这个问题上,德·菲奈斯等待别人的批评和辩论。然而,《吝啬鬼》引起的反应却复杂得多。影片于1980年3月5日在210家放映厅首映,巴黎和郊区各为21家。广告预算与电影的投入旗鼓相当:80万法郎使得路易·德·菲奈斯拥抱金币的形象,遍布法国城市的大街小巷。除了几位跟路易·德·菲奈斯很要好的记者之外,克里斯蒂安·费什内没有为媒体举办影片推介专场预映。2月29日全球预映在勒阿弗尔市的科利塞电影院举行,路易·德·菲奈斯没有去那儿。

影片首映的前夕,《法兰西晚报》在临近香榭丽舍大街的马里尼昂-协和电影院的两个放映厅,提前播放《吝啬鬼》,招待其读者。读者们的反响让路易·德·菲奈斯吃了一颗定心丸。当摄影记者围着他的制片人和妻子不停拍照时,他裹着罗登厚呢大衣等在外面,吓得手脚不听使唤。等他来到影院门口,那儿几乎看不见人影,他不禁喊道:"他们没有来!"老友罗贝尔·沙泽尔只好跟他解释说,观众早就入场,两个放映厅都满了。他跟往常一样,不等影片结束就离开了,观众的笑声和他们看到"严肃"场景时的安静,让他放心了。

评论界对影片褒贬不一,他从艺多年,没有见过这么大的反差。一部分媒体挥舞拳头朝他扑来,另一部分则给他献上花环,令他感到无比欣慰。凌厉的广告攻势,210家放映厅的同步上映,自从让·卡班去世之后无疑最为著名(也是最商业化)的法国影星涉足"主流"文化领域,所有这些因素使得《吝啬鬼》成为当时一件重要的文化事件,得到媒体的广泛关注。《文学新闻》(乔治·沙朗索尔的精彩评论与米歇尔·布居、洛朗·托波尔尖锐抨击互为映衬)、《巴黎日报》、《法兰西晚报》(罗贝尔·沙泽尔冠以"礼花般绚丽的改编")都以整版篇幅细说莫里哀与路易·德·菲奈斯的联姻。

路易·德·菲奈斯表演的实质很少引起媒体那么多的分析,因为他涉足古典戏剧可能动摇他惯常的戏路。《世界报》的电影评论家让·德·巴隆塞利长期关注路易·德·菲奈斯,发现他没有乘此机会改变戏路,深感失望:"动人的表情、惊恐的神色,一度在这如此湛蓝的目光中闪烁,我们以为德·菲奈斯会有所突破了。可是,那只是些短促、极其短促的时刻。大师重返舞台,但是丑角的滑稽表现使之黯然失色。"《电视大观》的法比耶娜·帕斯科同样不给情面,认为他"陷入俗不可耐的套路。充其量是穿着古装戏服的圣托佩警察。"

德·菲奈斯打乱原先的阵容,这一点最耐人寻味:那些讨厌卢道维奇·

克吕肖的人现在喜欢他演的阿巴贡,通常护着他的刊物却激烈批评影片。《人道报-周日版》的影评称之为"败笔,理由很简单:莫里哀的喜剧是一件十分严肃的事,以至于不能交给演喜剧的人。"政治棋盘另一侧的《十字架报》则以"德·菲奈斯也是著名导演"为题,突出"将喜剧经典搬上银幕的高明模式";《焦点杂志》笑着写道:"文学经典与平民戏剧的结合令人欣喜。莫里哀走出学校,德·菲奈斯将他普及。干得好!"

路易·德·菲奈斯的《吝啬鬼》上映前不久,人们就如何看待莫里哀展开了激烈辩论,莫衷一是。法兰西喜剧院几周前上演由让-保尔·鲁西永导演的《伪君子》,只见一番功夫较量之后,警察用自动武器将伪君子达尔杜弗击毙。而在另一个极端,不同文化阶层人士被约瑟夫·罗西拍摄的《唐·乔万尼》深深迷住,不仅因为影片质量高超,而且它取得巨大成功——莫扎特的歌剧从未有过如此众多的法国观众。

这一次,路易·德·菲奈斯真的害怕评论家们的看法,不但自己因为首次合作导演,难免被他们点评;而且因为他特别希望自己忠于莫里哀原作的努力能够得到承认。然而,法兰西学士院的让·雅克·戈蒂埃——路易·德·菲奈斯在舞台上演戏的时候,曾在《费加罗报》上力挺过他——以"莫里哀,失踪的大师"为评论的标题,故意打压他,给他当头一棒。把他认为不符合经典作品之处,仔细罗列出来,最后总结道:"令人惋惜(……)如此有才华,有潜力,热力四射,滑稽和过分的狂热,如果不是自导自演,而是另有导演的话,路易·德·菲奈斯无疑会演得更出色,更有趣。"但是文化人的评论——比如让-弗朗索瓦·雷韦尔在《快报》的文章——显然抚慰着他的心灵。这位未来的法兰西院士指出,"莫里哀的喜剧多堆砌",认为德·菲奈斯"演阿巴贡比夏尔·杜兰更全面"。绝对的认可!路易·德·菲奈斯被比作现代阿巴贡之父……雷韦尔最后说:"我认为,路易·德·菲奈斯和他的剧组,把《吝啬鬼》演得极其精彩,就该这样演:一部纯粹的喜剧,一部有点儿俗的喜剧,一部俗到别无它意,只为引人发笑的喜剧。《吝啬鬼》中找不到全部的莫里哀,但是全部的《吝啬鬼》都在路易·德·菲奈斯的片子里了。"

公众的反响还可以:上映的第一周,巴黎及其郊区的观众达到137813人,占1980年5月至11日观众总人数的15%。被行业报刊称为"拳头行动"的公映,即一部电影利用大量拷贝,一下子覆盖尽可能多的潜在观众,经过磨合之后,这种发行方式开始奏效。然而,《法国电影》对统计数据的点评毫不留情:"在巴黎首次使用的组合上映,只不过达到 11000 人次,略微高于 1979 年 2 月《警察智斗外星人》的人数,(……)而放映厅的数量几乎不及它的一半(24 个)。"接踵而来的对比更加令人难堪,3 月 26 日,乔治·洛特奈导演、让-保尔·贝尔蒙多主演的《不巧得了一枚共和国勋章》在全国 250 个放映厅首映,其中 40 个地处巴黎及其郊区。一周之后,巴黎地区观众人数达到 274697 人次,比《吝啬鬼》整整多出一倍。但并不能就此说吉罗和德·菲奈斯的影片失败了,跟失败毫不沾边呢。在 12 周的首映期间,巴黎累计观众数为 454394 人次,首映期的法国票房开始部分回收影片的巨额投资。

但是路易·德·菲奈斯不再是法国的票房皇帝。从 1979 年推出《警察还是流氓》之后,让-保尔·贝尔蒙多占据了前者在 60 年代末的地位,不过应该看到法国电影的数量逐年减少,好莱坞超级巨片独霸影坛(光 1979—1980 年度就有《现代启示录》、《007 大破太空城》、《异形》问世)以及美国独立制片电影数量猛增(伍迪·艾伦的《曼哈顿》、罗伯特·本顿的《克莱默夫妇》)。

路易·德·菲奈斯的另外 14 个《吝啬鬼》

1957 年,第一个认真的提议:路易·德·菲奈斯每周可以在作坊剧场演一场《吝啬鬼》。

1958 年,乔治·维塔利——1952 年曾担任路易·德·菲奈斯出演的《恶语伤人》的导演——宣布,年末自己将在拉布吕耶尔剧院导演《吝啬鬼》,路易·德·菲奈斯参加演出。

1959 年,路易·德·菲奈斯与卡尔桑蒂剧团签外省巡演《吝啬鬼》的协议。失眠,焦虑,害怕。他放弃这个计划,为了履行协议,接受马塞尔·卡尔桑蒂提议,演出《奥斯卡》。

1960 年春,据宣布,下一个演出季,他将在拉封丹剧院演出《吝啬鬼》。

1961 年初,《奥斯卡》在圣马尔丹门剧院每周演六个晚上,那么,第七个晚上在作坊剧院演《吝啬鬼》? 有人再次这么宣告……

1962 年,有人建议他在夏季艺术节上扮演阿巴贡,全戏由达尼埃尔·索拉诺导演,特别还有罗西·瓦尔特加盟。

还是 1962 年,让·谢拉斯准备将《吝啬鬼》搬上银幕,路易·德·菲奈斯刚跟他拍完《家族复仇》,答应成为率先参加《吝啬鬼》演出的角色。该片找不到制片人。于是,德·菲奈斯改拍别的影片。

仍然还是1962年,又有人提到作坊剧院,安排在周日下午演出。但是他得参加《大圆舞曲》的演出,脱不了身。

1963年底,媒体报道说,国家人民剧院院长乔治·威尔逊与路易·德·菲奈斯达成一致,将于1964—1965年度,在著名的夏约宫剧场上演《吝啬鬼》。

1967年,让-路易·巴罗通过媒体,邀请路易·德·菲奈斯在他的法兰西剧院演出《吝啬鬼》。

1969年2月,拍摄《冰冻人》期间以及《警察漫步》(后来成为《退休警察》)之前,有人宣布他将拍摄《吝啬鬼》。

1971年底,雅克利娜·卡地亚在《法兰西晚报》著名的专栏中宣布,《奥斯卡》首演之后,路易·德·菲奈斯将与演员兼导演雅克·沙龙讨论《吝啬鬼》。初步打算是轮演默尼埃和莫里哀的作品。

1972年春,《奥斯卡》在皇家剧院演得很红火,院长让-米歇尔·鲁西埃征询路易·德·菲奈斯意见,问他在下一个演出季准备继续演同一部戏呢,还是排演《吝啬鬼》。他选择继续演《奥斯卡》。

1978年,与法国电视台负责人进行讨论,路易·德·菲奈斯建议拍一部《吝啬鬼》,不收任何酬金。电视台准备投入150万法郎,也就是一台综艺晚会的费用。克里斯蒂安·费什内后来给他预算2000万法郎,整整高出13倍。

26. 最后的场记板
——《天外来客》和《老爸的烦恼》,1981—1982

路易·德·菲奈斯不喜欢奖牌荣誉。当然,遇到"官方"露面的场合,他会戴上1973年杰拉尔·乌利亲自颁发给他的荣誉勋章。但是他拒绝别人提出的许多庆贺、盛宴或者荣誉奖项。乔治·克拉韦纳于1976年创立了法国电影恺撒奖,路易·德·菲奈斯一直与之保持着良好关系,因此有过一次让步。作为70年代最孚众望的演员,他获得恺撒十年成就奖:他在70年代主演的五部影片(《疯狂的贵族》、《雅各布教士历险记》、《美食家》、《警察智斗外星人》、《夫妻市长》),将2700多万名观众带入影院。

1980年2月2日,主持人让·马兰报出得奖姓名,他慢慢走向普雷耶大厅的舞台中央。法国电影群贤毕至,无论是朋友还是对手,都向他报以雷鸣般的掌声。而他浑身哆嗦,战战兢兢,额头上布满汗珠,杰瑞·刘易斯把恺撒荣誉奖交给他,他仍然紧张得笑不起来。只见他哆嗦着说了几句,匆匆做几个戏仿动作,就回到形影不离的妻子身边入座,而此时银幕上正在播放一个月后上映的《吝啬鬼》的片段。看到同行的致意,看到自己真正属于电影艺术的历史,他激动不已。但是在当天晚上,全体恺撒奖得主们聚首的盛大晚宴上,人们却不见他的身影。他依然不喜欢社交生活,哪怕是为他举办的盛会。

路易·德·菲奈斯一直在找电影题材,我能让他产生重回摄影棚欲望的题材。他一概拒绝别人推荐的那些多少重拾以往人物牙慧的剧本。但是读到勒内·法莱1980年出版的小说《天外来客》,他兴奋起来。他喜欢小说,热爱大地、热爱大地慷慨的歌声,喜欢小说对遭现代社会摒弃的人们的同情,喜欢它深刻讽刺一切旨在改变农村古老传统的图谋。

《天外来客》的故事发生在波旁内地区一个偏僻小村子里,这儿仅剩下最后两个村民，克洛德和胖子。克洛德失去了妻子，胖子还是老光棍，俩人在肮脏破旧的农庄里，整天饮酒，唠叨陈年烂谷子的事。一天深夜，两人在院子里比赛放屁，结束之后，格洛德看见飞碟降落在菜地，从里面下来一个外星人。惊魂甫定之后，他拿出菜汤招待客人。这个外星人——克洛德给他取名叫"粮食"——慢慢品尝到生活的乐趣，让格洛德已故的妻子死而复生，最后把这两个乡巴佬、猫、手风琴和菜汤，统统带到遥远的星球，因为地球上谁都不想要他们。

克里斯蒂安·费什内买下《天外来客》的版权。路易·德·菲奈斯见到勒内·法莱，并且跟忠心耿耿的让·阿兰一起，亲自改编电影。按照费什内的说法，让·阿兰是"炮制一百多部法国式喜剧的能工巧匠"，他与德·菲奈斯一起，营造格洛德和胖子历险记的情节片段。他们为影片设计了一个非常突兀的结局：克洛德跑到胖子家里，告诉他即将动身，寥寥几个镜头就把一切都交代完毕，再加上一个感人的场景：把路易金币放进包裹，寄给留在饭馆当服务员的弗朗西娜。两个乡巴佬向走出教堂的婚礼人群扔金币，造成一片混乱。但是不知为什么，这个欢乐而残酷的镜头没有保留下来。这个愤世嫉俗的场景也许只有在马塞尔·埃梅或者于勒·勒纳尔的笔下才能看到，赋予故事一种辛辣的寓言味道。

然而，路易·德·菲奈斯把忠于原著看得高于一切，拍摄过程中始终把小说带在身边。就体态而言，他与法莱笔下的人物——"从髯须到装束，酷似玫瑰软糖般的贝当元帅"——差距很大。但是他紧紧抓住乡下人的木鞋、粗布衬衫、睡帽、用漆布制成的桌布。外星人"粮食"的服装灵感直接来自小说初版的护封：一身黄色连衣裤，帽子和双肩的鲜红装饰格外醒目。

有过与科吕什的合作之后，克里斯蒂安·费什内希望路易·德·菲奈斯继续跟新一代演员搭档："这一代演员很喜欢他，尽管德·菲奈斯的看法正好相反。"他建议由雅克·维拉雷扮演爱喝菜汤的外星人"粮食"。他也来自舞台，其单人秀有着挡不住的魅力，有时候极为感人。他正在电影方面寻找自己的方向：长期与克洛德·勒卢什合作（跟他拍过9部影片，包括《战火浮生录》《莫忘今生》），从1973年起，每年至少在两三部各种类型和规模的影片中露面。他体态敦实，动作迟缓，集谦卑与坚定于一身，费什内已经在大众化影片用过他的这些特质，比如克洛德·齐迪的《愚蠢但是听话》，那是一部剧本糟糕、票房令人失望的影片。但是费什内对他依然不离不弃,无论从私人还是就事业而言都是如此。

路易·德·菲奈斯见到雅克·维拉雷时,把跟自己合作拍片的风险直截了当地告诉他:"对您来说,可能是一件大好事,也可能成为您职业生涯的末日。"他清楚地知道,电影界某一部分人是如何鄙视他的作品以及那些常跟自己合作的演员的。正因为如此,克洛德·让萨克有时候连续两三年没有片约、没有戏约、没拍电视片,"德·菲奈斯女郎"的形象确实妨碍她得到导演的青睐。拍摄期间,他支持维拉雷,告诉他说,自己拍摄《惊人之举》的时候,与当年欧洲最著名的笑星之一托托合作,这位意大利明星帮助他,给他提建议,尤其让他增强自信。

弗朗西娜,即被外星人"粮食"根据结婚照复活的格洛德的妻子,年仅20岁,这个角色交给与科吕什合作密切的女演员来演。短喜剧《施密布里克》是科吕什一生中广播受众最多的谐谑节目,科吕什的搭档就是克里斯蒂娜·德茹。克里斯蒂安·费什内说:"在跟她的戏中,德·菲奈斯有过真情流露的时刻,十分短暂但却很准确。我认为,这些时刻为我们揭示了他的演技的另一个侧面,那就是他肯演可爱的、动人的、感伤的东西,而且演得非常真诚。纵观他所拍的全部影片,这种场景并不多见,也许是唯一的一次。"

他扮演的这个人物对影片至关重要。克里斯蒂安·费什内对此十分清楚,他以夏尔洛影片起家,主要观众是青少年。实际上,弗朗西娜和她那帮乡村伙伴也得吸引15至24岁的年轻人,他们如今撑起法国影院观众的半壁江山,所以出现了清一色的欢乐色彩、海报广告上的灿烂笑容,以及吉罗镜头下年轻人轻松活泼的神态。归根结底,一部具有如此商业抱负的影片,它的目标观众不是与格洛德年龄相仿的人群。70年代末,60岁以上的法国人中,平均每周晚上外出一次以上的,只占10%,每天在家看电视的占75%。尽管54%的年轻人每天看电视,但是15—24岁年龄段中的59%平均每周晚上外出一次,绝大多数是去看电影。

在路易·德·菲奈斯的关注下,很多配角都给了跟随他多年的演员们:乡村疯婆由克洛德·让萨克扮演,她的兄弟由马克斯·蒙泰冯扮演,警察则是亨利·热奈斯的角色……但是谁来扮演胖子,当然是最重要的选择了。从一开始,路易·德·菲奈斯就想到了让·卡尔迈。在《圣托佩警察》之前那些年代，他们经常在一起拍电影，但是一起演得并不是很多。德·菲奈斯一直关注同伴的进步，喜欢他表演中人性化的东西，也分享他对佳酿和美食的爱好，尽管如今他在这方面必须有所节制。和自己一样，卡尔迈熬过了45岁才摆脱演配角的命运：《无辜的强暴》中讨厌的咖啡馆老板；伊夫·布瓦塞导演的《维奥莱特·诺齐埃尔》中可恶的父亲；克洛德·夏布洛尔导演的《胜利欢歌》中凶悍的中校，让-雅克·阿诺导演⋯⋯

影片从7月1日开机。格洛德和胖子的两个农庄搭建在布里-孔特-罗贝尔赴近，地处塞纳-马恩省。一场富足、惬意的拍摄，变成了演员们的欢乐盛会，他们受到百般呵护，无人提醒他们别忘了人物的精气神。谈到勒内·法莱描绘的人性时，德·菲奈斯说，"这些人物真实、迟钝、人情味浓，有不良习气，也有温情一面。"但是让·吉罗所拍的乡下人，个个都修过脸，吃饭用新餐盘，面前铺着干净的桌布。根据不同的情景，格洛德说话时或带或不带乡下口音，至于是哪儿的方言，就难以辨认了。影片的布景精致、鲜艳，采用日光照明，给人崭新出炉的感觉。就画面而言，一心梦想现代化的村庄和"落魄"的小村落之间，反差并不大⋯⋯

不过，路易·德·菲奈斯在拍摄过程中，从未如此安静、如此泰然过。他接待记者采访，告诉他们说，自己不再跺脚，不再失去自控。作为演员，他追求尽善尽美，但更加有条不紊，他已经摆脱了以往的焦虑感。这让雅克·维拉雷感到意外，他后来说："你也许不相信，拍完一个镜头，德·菲奈斯就问镜头多长，如果超过40秒，他就把自己的台词或形体表演剪掉！他认为超过这个长度，观众会觉得烦。"德·菲奈斯首次接触到视频监视器。到了拍《老爸的烦恼》的时候，能当场回放镜头的视频监视器已经是常用的工具了。他继续公开地和让·吉罗一起执导，但是不会在《天外来客》的导演位置上留名。

电影定于1981年12月2日上映。克里斯蒂安·费什内在影片宣传上投入巨资，和以往一样，不希望把评论界都召集起来让他们提前看自己的影片。当然不是一概而论。路易·德·菲奈斯在报界的几位铁杆拥趸依然坚定地支持他。罗贝尔·沙泽尔在《法兰西晚报》上提到，"粗犷的幽默——时而伴随一丝苦笑——使路易·德·菲奈斯和让·卡尔迈有机会演绎令人回味无穷的二人转"。他的表演也得到一定的赞扬，比如达尼埃尔·埃曼在

《快报》上写道:"隐秘、狡黠、欢乐,他给自己火爆出击的经典形象新添了一个成分:温情。"但是她又指出:"实际上,《天外来客》缺少头领,也就是缺少导演。让·吉罗的名字已经第 12 次出现在德·菲奈斯影片的片头中。他显然放弃了任何权威,这从影片的节奏、力量、语气上都能感到。"而绝大多数报纸则是骂声一片,就像《世界报》那样,称之为"一场闹剧(……)既讨厌又庸俗"。格洛德和胖子的胃肠胀气就更容易招来批评了。《巴黎日报》的多米尼克·雅梅是这样结束评论(标题就很干脆《饭桶》的):"这部影片,说得更详细点,只能博得那些爱屁之徒的喜欢。"《绑鸭报》断言:"这部片子连屁都不如。"《电视大观》斩钉截铁:"让·吉罗拍了一部令人作呕的片子。整个儿透着愚蠢、肮脏和放肆。躲避。"幼稚的笑料,背叛勒内·法莱的原作,让·吉罗的蹩脚制作等等……一无是处。

《天外来客》比华特·迪士尼的动画片《狐狸与猎狗》晚一周推出,上映后第一周就登上排行榜首位。关键在于规模的大小。起先的数据令人振奋:44 个放映厅共接待了 198001 人次的观众,比两年前《吝啬鬼》多 60000 人次,当时为 42 个放映厅。时代变了,郊区为 23 个放映厅,巴黎主城区 21 个。加上外地 21 个放映厅独家首映,票房达到 660 万法郎,除非出现全国性的灾难,制片人首战告捷,尽管在里尔、里昂、梅斯、鲁昂、尼斯或者斯特拉斯堡等城市,《狐狸与猎狗》超过格洛德和胖子。《天外来客》的领先是短暂的:从第二周(以及评论界的阻击)起,影片失去了 40%的观众,在巴黎及其周边地区退居第三位,落后于《狐狸与猎狗》,尤其是被弗朗西斯·韦伯导演、皮埃尔·里夏尔和杰拉尔·德帕尔迪厄主演的《霉运侦探》抢得榜首。一周之后,影片再失去三分之一观众。随后的两周恰逢节假日,情况略有回升(此外,自 1974 年元旦以来,影院经营者们首次在平安夜显得如此欣喜)。接着,从 1982 年 1 月 6 日起,《天外来客》开始逐渐退潮:先是 27 个放映厅,然后 19 个……到了最后几周,仅在贝利兹一家影院上映,一周观众勉强达到 1300 人。巴黎独家首映持续了 26 周,路易·德·菲奈斯与克里斯蒂安·费什内合作的最后一部影片,总共观众达到 602121 人次。人数当然很可观,但是远远不到《霉运侦探》的一半,约等于《危情谍影》(洛特奈导演、让-保尔·贝尔蒙多主演)的一半,比《傻瓜度假》(齐迪导演……)少 10 多万观众。从法国全年上座率来看,这部影片毕竟达到了 3093319 人次,在当年排名第九。

但是路易·德·菲奈斯遇到别的快乐和揪心的事。他生平首次公开参加了一场政治斗争……结果失败了。1981年5月10日晚上，弗朗索瓦·密特朗当选总统，让他十分恼火，也十分伤心。

谈到快乐的事，那就是他终于同意揭开盔甲，开启心扉：1981年6月到9月，法国国内综合电台播放马莎·贝朗杰主持的访谈节目《午夜非常明星》。女主持请他讲述自己的童年时光、青年时代、他的演艺生涯、他的焦虑、信仰、信念。对于粉丝来说，那是一份非同寻常的材料；对演员本人而言，也是绝无仅有的时刻，因为他不太习惯袒露心声。他对这位电台女主持怀着深深的感激和好感。

然后，还有电影，永远的电影。德·菲奈斯想为《警察智斗外星人》拍续集，故事发生在宇宙空间。他考虑拍一部几乎没有台词的片子，配许多特技效果，失重状态下的场景，采用特技摄影等。但是格洛德刚刚飞往外星球奥科索，接连拍两部题材相近的影片有些困难。

再说，他多年来在小本子里记下了无数的想法，始终没办法把思路理清楚。尽管在《宪兵情缘》之后经常谈到一个意向，但是他似乎提炼不出一个电影创意，可以成为剧本的开端。

然而，自从人们三番五次地强调男女平等，让女性拥有与男性相等的权利和责任，一些新的行业和部门逐渐向女性开放，但是每一项举措都会引起分歧、争论、讥笑。法国警察开始招聘首批女士官。雅克·维尔弗里德在报纸上读到"女警察"即将诞生的新闻，突然有了灵感。他和让·吉罗马上动手写剧本《老爸的烦恼》。马莎·贝朗杰如今跟路易·德·菲奈斯走得相当近，她也为影片提供想法，德·菲奈斯则在台词方面花了不少功夫。

剧情很简单：圣托佩的警察局迁入一幢新楼，上级借此机会给警察局配备一台极为先进的电脑，能够看到每个公民的一切隐私。同时，警察局负责接待四位年轻的女助手，个个聪明漂亮：克里斯蒂娜（卡特琳娜·塞尔饰，《007大破太空城》中的邦女郎）、马丽安娜（巴贝特饰）、伊莎贝尔（索菲·米肖饰）和父亲是非洲某国总统的尤（尼凯斯·让-路易饰，也演过邦女郎）。她们到达几天之后，接二连三地神秘失踪了。克吕肖布下陷阱，设法捉拿绑匪，自己却被人劫持。他跟绑架主谋谈判释放女兵，对方的条件是查询储存

26. 最后的场记板

在警察局电脑中的机密文件。女警察们机智果敢，最后转危为安。

从影片宣传角度来说，片头出现伊丽莎白·艾蒂安的名字——也就是巴贝特，乔尼·哈里代的妻子——真是意外的运气，能够像拍摄"警察系列"片时那样，吸引媒体作跟踪报道。她还把他们引入上流交际圈，米歇尔·加拉布吕讲道："德·菲奈斯和我，我们俩应邀去强尼·哈里代家做客。那天晚上，我们开着制片公司的车，行驶在圣托佩公园的路上。四周没有灯光，黑蒙蒙的什么也看不清，德·菲奈斯心想是否把日期搞错了，我们手里的地址是否有误。一想到跟强尼·哈里代见面，他有点儿担心。我们是城里的艺术家，戴着领带，而在我们的想象里，强尼·哈里代足登靴子，带着耳环，跟我们完全两码事。我们到了他家，看到一个十分亲切的强尼，跟人们想象的完全不一样。他是个腼腆的小伙子，身边围着一群人。这些富人们都在抱怨入不敷出，令人难以置信。他对德·菲奈斯说，'我欠税务局8亿法郎，您看我怎么应付得了？'但是他待人殷勤体贴。其实，德·菲奈斯令他胆怯，他也令德·菲奈斯胆怯。"

跟以往一样，警察这条线索本身依然无关紧要。那些警察看到年轻女兵们垂涎欲滴，剧本自然在这上面大做文章，甚至还拍了克洛德·让萨克吃醋的精彩片断。路易·德·菲奈斯要求女演员身高1.72米以上，以便突出视觉的喜剧效果，警察们欣然添油加醋，把自己被这些姑娘搅得魂不守舍的心境，演得淋漓尽致。格罗索和巴贝特俩人在十字路口跳芭蕾，最后导致汽车连环相撞的闹剧，这场戏被吉罗拍得妙趣横生。路易·德·菲奈斯也没闲着，他假扮女警察，引诱那帮绑匪上钩，一场成功的个人表演。四位年轻演员几乎都是刚入行的新人，他平时经常给她们指点，拍到他自己参予的场景时，他就当仁不让地做导演了。

但是拍摄伊始，就浮现一种挥之不去的伤感情绪。警察们忙着搬家。米歇尔·加拉布吕问道："你们不怀念咱们的老地方吗，克吕肖？"路易·德·菲奈斯答道："不可抗拒的时代步伐，中尉。要与时俱进啊。"对嬉皮士及其博爱的嘲弄带有一丝苦涩的味道。自从1982年左翼在总统大选以及上年的立法选举获胜以来，"变革"这个词不再那么单纯了。雅克·弗朗索瓦扮演警察中尉，他用略带恶心的口吻说道："溺爱不起眼的小人物，也许这也叫变革"，让这句话从他的嘴里说出来，难道是中立的吗？

实话实说了吧,《老爸的烦恼》并不是一部令即将参加摄制的剧组人员都兴奋异常的影片。克里斯蒂安·马兰不想再演原来的角色,接替他的让-皮埃尔·朗巴尔也没兴趣,只能让帕特里克·普雷让顶替。工作条件比任何时候都要好,演员酬金达到顶峰(路易·德·菲奈斯为300万法郎,米歇尔·加拉布吕为100万法郎),围绕主角的医疗预防措施周全,大大缩短了作息时间。然而,大伙事后都异口同声地说气氛沉闷,影片拍得很艰难。莫里斯·里施记得那是"一部极其糟糕的电影。拍摄电影,尤其是喜剧电影,需要巨大的能量和身体条件。然而,让正准备离开,路易身体也很虚,没有办法掌控一切。副导演托尼·阿布瓦扬茨努力不让影片沉没。"

58岁的让·吉罗病了。他性格稳重,但是精力充沛。他在片场上通常显示一种宁静但强大的力量。开始拍《老爸的烦恼》的时候,即4月底,他还是如此。接着,他的干劲渐渐低落,人瘦了下去,走动不太自如,一有可能就坐下,越来越多的机镜头或调整工作,交给助手或者第二摄影组去完成。大家看了都很担心,可是都归咎拍摄时间过长(在圣托佩拍了不止两个半月,每周拍三至四天!)、高温天气、积极性下降……米歇尔·加拉布吕说:"有时,我在片场上听到有人带着瞧不起的口吻说'他老是坐着!'是啊,他步履艰难,能坐着就尽量坐着。我的嫂子是医生,有一天,她来片场看我,对我说,'米歇尔,这个人身体有病啊。'听了之后,我想方设法劝他当天收工后去看医生。来到医院的时候,候诊室里面全是人,他不愿意排队等候。其实按照路易·德·菲奈斯的保险合同,拍摄过程中始终有医生在场,拖到今天,真叫人想不通。而且开拍前做了体检,他们也什么都没有看出来。"

6月中旬,摄制组全部返回巴黎,在布洛涅摄影场拍内景,让·吉罗住进了医院。经过检查,确诊为晚期结核病。整个电影剧组,包括演员,都得做X光透视筛查。结果查出一例结核,幸亏是良性的。托尼·阿博扬茨将负责完成其余镜头的拍摄,指导影片的剪辑工作。路易·德·菲奈斯跟他的关系,也许不如跟让·吉罗那么默契,所以在指导演员方面也许不像先前那么投入。米歇尔·加拉布吕回忆说:"我去了几次医院,探望让·吉罗。最后一次是在我出发拍《血腥的夏天》的前夕。我给他带了几本书。他想看足球比赛,我帮他选了电视频道。第二天,我来到《血腥的夏天》片场的时候,制片导演告诉我,让·吉罗走了。"

26. 最后的场记板

让·吉罗于 1982 年 7 月 20 日去世,这是一位遭到评论界故意打压的导演,也是一位效率很高和水准极为稳定的导演。他留下了 12 部与路易·德·菲奈斯合作的影片(6 部警察系列影片,《关关雎鸠》、《直捣黄龙府》、《悠长假期》、《吝啬鬼》、《天外来客》),观众高达数千万人次,而且还拍过其他脍炙人口的影片,比如《夏尔罗勇闯西班牙》,以及让·卡班的收官之作《神圣年代》。但是大牌报刊不屑一顾,寥寥数语就把吉罗埋了。

按照巴黎快报的衡量标准,尽管路易·德·菲奈斯依然是影坛巨星,但是他的影片——也就是拍片子的人们——在短短几年中显老了。他的影片始终为人瞩目,但是不再令人惊喜。他的喜剧成为当时喜剧艺人的参照标杆和灵感源泉。因此,1982 年 10 月 6 日《老爸的烦恼》上映之后,评论家们(没有安排预映,所以得去影院看电影)轮番上阵,有讽刺的、抱怨的、厌倦的、调侃的,不厌其烦地说它与警察系列片一脉相承,强调后者年事已高,而且一成不变。《世界报》哀叹道:"这种喜剧拥有自己的忠实观众。我们不予评论。"评论家们有的拿起垒球棒,甚至亮出土耳其弯刀,口诛笔伐。安德烈·罗兰在《绑鸭报》上刊登了自己最短的一篇影评,全文如下:"德·菲奈斯,他完了?放映厅几乎是空的,银幕上也如此。"

1979 年,《不巧得了一枚共和国勋章》抢走了《吝啬鬼》的风头。《老爸的烦恼》上映后将遇到同样倒霉的事,对手是让·亚纳导演、科吕什和米歇尔·塞罗主演的幽默巨片《公元前两点差一刻》。本周巴黎及其郊区电影观众总数为 1156427 人次,而他们两部片子将吸引其中的 47.3%!尽管让·吉罗生平最后一部影片在巴黎及郊区的 35 个放映厅上演(郊区 20 个放映厅,首都只有 15 个,比例从此被彻底颠倒了),而且第一周吸引了 150246 名观众,但是仍然被 41 个放映厅中 395595 人次的绝对记录所压倒。

同以往的警察片相比,路易·德·菲奈斯的上座率也节节下降:《警察智斗外星人》第一周,每个放映厅日均接待 1052 名观众,而《老爸的烦恼》只有 613 人次。到了第二周,影片顶住了伍迪·艾伦新片《仲夏夜性喜剧》的压力,但是没能挡住第三周上映的、由罗贝尔·奥桑导演的《悲惨世界》。到了第四周,遇到致命一击:《公元前两点差一刻》的新记录被《王中王》打得粉碎,海报上赫然写着两位大众电影大师的名字:杰拉尔·乌利和让-保尔·贝尔蒙多。这部新片在 52 个放映厅(总计 20300 座位,满座率为 63%!)同步推出，一周观众人数高达 463028 人次，此次公映是《暗渡陈仓》、《虎口脱险》和《雅各布教士历险记》的导演一生中最为精彩的一次，尽管《王中王》的 540 万观众人次，最终未能打破他与路易·德·菲奈斯合作的三部大片的记录。

法国电影已经进入一个新纪元：火力强劲的促销、影评商业影响力的衰退、多厅组合的规模居高不下、比拼更加厉害，这一切意味着一部影片可以从巴黎 6 家影院起步，去征服 1700 万观众的时代结束了。路易·德·菲奈斯之所以有如此惊人的成就，不仅在于他控制了还相当狭窄的独家首映的渠道，而且还得益于他的影片为期 10 到 12 周的高强度播映。此时，他的事业临近尾声，让-保尔·贝尔蒙多雄踞票房首位，就像行业报刊所说的那样，他的新片采用"速战速决"的方式推出：1979 年，《警察还是流氓》仅用 3 周时间，就吸引了独家首映期间观众总数——1024495 人次——的一半，首映期持续……35 周；1981 年的《危情谍影》效率更高，前 3 周的观众为 672082 人次，而 23 周的独家首映总共吸引 1192085 人次。

相比之下，《老爸的烦恼》第三周的观众达到 108708 人次。14 周结束时，总人数为 542798 人次。德·菲奈斯的节奏远远不如当时的影坛强手，不过电影成本回收了，而且绰绰有余，12 周的票房收入将近 2400 万法郎，比《王中王》几乎少了一半（11 周的票房为 463 万法郎）。从营销角度来说，路易·德·菲奈斯开始成为一种"节奏太慢"的产品。不过，影院的预订单依然踊跃，第 6 部警察系列片的拷贝达到 515 部之多，保持当时的绝对记录。从上映的第一周起，269 部拷贝就在法国、比利时、瑞士的影院投入使用。但德·菲奈斯已经不再是电影行业的风云人物，尽管他的成绩还不错。克里斯蒂安·费什内和他还有拍片的设想，但是他已经更多地属于法国大众电影和文化的历史。《老爸的烦恼》上映之后，法国国家电影中心对自 1956 年以来、观众人数超过 500 万人次的 56 部电影进行排名，法国电影为 27 部，其中 12 部由路易·德·菲奈斯主演。

命中注定《老爸的烦恼》成为 18 年前开始的警察系列的最后一部，同时也是让·吉罗执导的、杰拉尔·贝图出品的、路易·德·菲奈斯主演的最后一部影片……

无论是演员本人，还是常年合作的伙伴们，谁都不能想象他会愿意中断自己的事业，或者甘心退休养老。诚然，每个人都知道，他近年来拍的影片多以 60 年代为主；大家也都知道，他的票房号召力取决于影坛的时局。但是，怎么停下来？为什么停下来？1982 年 5 月，他在《老爸的烦恼》片场接受采访时说，渴望年底之前再演一百场《奥斯卡》。68 岁的老演员在一个藏家那儿觅到斯坦·劳莱、奥利弗·哈台主演的《步兵的欢乐》(1927)，如获至宝。他还说要把莱昂·都德 1894 年小说《庸医》的版权买下来：那是在一个虚构的、庸医当道的国度里的历险故事。他考虑找乔治·洛特奈或者罗贝尔·奥桑，将它搬上银幕。

给《老爸的烦恼》后期录音的时候，他在录音棚里碰到忙着执导《王中王》的杰拉尔·乌利。俩人说到《鳄鱼》，考虑恢复项目的可能性。克里斯蒂安·费什内也为路易·德·菲奈斯准备了电影题材。看过《老爸的烦恼》之后，他确信《美食家》是他们最成功的"出击"，包括科吕什，因此他希望路易·德·菲奈斯跟法国影坛风头最劲的年轻喜剧俊才合作。他说："我一直倾向于德·菲奈斯与年轻一代的结合。去世前三天，他和妻子在巴黎呆了两天。两个晚上我们都在一起，因为我想带他看两出戏。第一出叫《爷爷打游击》，我已经买了版权，在辉煌剧院演出。他很喜欢。散场后，我们跟克里斯蒂安·克拉维耶和演员们交流想法：爷爷在戏中不存在，倒是可以在电影里出现的，由德·菲奈斯来演，再合适不过了，他们都是德·菲奈斯的粉丝。第二天，我们去了体操剧场，为辉煌大乐队喝彩，化妆间里的气氛也同样热烈。这两个晚上的演出，年轻一代的热烈欢迎，让德·菲奈斯倍感欣喜，他们带着几分不安、惊诧、仰慕，渴望以某种方式跟他共事。那两个晚上，他神采飞扬，特别风趣。"

1 月份，学校放寒假之后，路易和让娜去阿尔卑斯山的阿尔克，休假几天，儿子奥利维耶携妻子和女儿同行。路易没有滑雪，不过和 4 岁的孙女朱丽娅一起长时间散步。他还从来没有玩过冬季运动。蒂埃里·勒吕龙推荐的旅馆，纯净的空气，当爷爷的喜悦，得重感冒。回到克莱蒙之后，迟迟不能痊愈，体力衰退，连续卧床数日。1983 年 1 月 27 日，星期四，19 点左右，他心脏病再次发作，救护车迅速赶到，将他送往南特医院。大约在 20 点 30 分，路易·德·菲奈斯去世。他还未满 69 岁。

27. 重　播

　　1983年1月28日,星期五,只有《自由巴黎人报》刊登了路易·德·菲奈斯的死讯。也许从某个医务人员那儿获得讯息,这份日报立即更改头版的版面,率先刊登了演员去世的"讣告"。电台、电视台、所有版刊——从第二天起——都开始哀悼这位最孚众望的法国影星。雅克·希克里耶在《世界报》上用老友布尔维尔的一首歌——《警察的策略》——作为悼念文章的标题。文化部长雅克·朗格预言,"他将超越自己的死亡,继续给无数普通人带去欢乐、喜悦;他们的敬意才是献给他的最美好的敬意。"乔治·马歇以法国共产党的名义,向让娜·德·菲奈斯表示哀悼。各家电视台临时撤换节目纪念逝者。1月30日星期天晚上,法国电视一台播放《夫妻市长》;2月1日星期二,电视二台安排了《暗渡陈仓》,电视三台宣布将在3月份首次播放《吝啬鬼》。为了方便磁带录像机的用户,5家公司出版了20部路易·德·菲奈斯的影片录像带,在当时的法国演员中首屈一指。

　　《星期日报》专门就路易·德·菲奈斯采访科吕什。科吕什在自己署名的长篇采访录中调侃道:"自从德·菲奈斯死了以后,有人跟我说,'你是他的接班人。'为什么不是皮埃尔·里夏尔呢？为什么不是雅克·维拉雷呢？(……)这儿不是克里姆林宫。不是说出现一个空位子,每个人就都晋升一级。"

　　葬礼于周末在塞利耶教堂。根据警方统计,大约3000人前来出席葬礼,整个村子的居民只有2700人。到场的大多数都是普通民众,在路易·德·菲奈斯的葬礼上实在没有几个来自电影界的。那些最著名的合作伙伴中,只有米歇尔·加拉布吕一个人赶来,而且在克莱蒙城堡过了一夜。在现场嘉宾中,人们看见科莱特·布劳塞,制片人杰拉尔·贝图、克里斯蒂安·费什内,作曲家雷蒙·勒菲弗。为了感激他在1981年总统选举中对丈夫的公开支持,安娜-艾莫娜·吉斯卡尔·德斯坦也亲临葬礼。重要人物仅此而已……

塞利耶教堂的莫里斯神甫致悼词,回顾逝者的人格,称他为人谨慎,真诚,深邃,平素关心他人,向往上帝。他常年参加主日弥撒,笃信善良的上帝,言语质朴;他经常悄悄走进教堂,平静地默默祈祷。人们伴随棺木来到莫泊桑家族以前所赠村子的墓地。路易·德·菲奈斯的墓地位置和朝向经过精心考虑,如果他还活着,他的目光可以越过围墙,看到自家的花园。

媒体上,各界人士的悼念追思还将持续几天。很多话是意料之中的,也有应景而发的;有些则比较真情流露,或者比较深刻。皮埃尔·里夏尔说:"他和我一样,我们是个靠腿走路的演员。也就是说他先靠两条腿,靠自己的身体活下来,然后再用脑袋去想。拍戏时候,遇到一些无名的普通艺人来看他,他总是很有礼貌。有一天,他非常和蔼地接待了我,当时我只是刚刚入行的新人。"杰拉尔·德帕尔迪厄曾经见过他一两回,他说:"喜剧演员都死于心脏病。他为人很温和,跟银幕上的火爆性格完全两码事,也很机灵。尤其对孩子们来说是个损失。人们以后会再说起德·菲奈斯的。"

在他去世前几个月,路易·德·菲奈斯曾提到几个计划:也许和帕特利斯·勒孔特拍一部片子,也许跟科吕特再次合作,也许拍女歌手尚塔尔·戈雅的首部影片……然后,还有《爷爷打游击》的改编工作。合同还没有签订,但是项目已经有了:路易·德·菲奈斯去世时,让-马里·普瓦雷跟他在一起筹备影片。制片人克里斯蒂安·费什内认为,单凭原剧组的力量还不足以将他们在舞台上的成功搬上银幕。克里斯蒂安·克拉维耶和马尔丹·拉莫特还扛不起大梁,大众影片的观众期待明星云集。让-马里·普瓦雷回忆道:"我们很快决定采用多明星阵容,就像影片《最长的一天》那样。由路易·德·菲奈斯来扮演爷爷。"

实际上,除了辉煌剧团的演员(克里斯蒂安·克拉维耶、杰拉尔·于格诺、马尔丹·拉莫特、米歇尔·布朗、若西安娜·巴拉斯克、蒂埃里·莱尔米特)之外,还出现了一大批法国大众影坛的老面孔(雅克利娜·马扬、让·卡尔迈、洛朗·吉罗、雅克·维拉雷、让·雅南、让-克洛德·布里亚利、多米尼克·拉瓦南、朱利安·吉奥马尔、雅克·弗朗索瓦、罗杰·卡莱尔……)。让-马里·普瓦雷说:"德·菲奈斯对克里斯蒂安·费什内表示原则上同意之后,我们马上开始为他筹划构思。我们甚至设想他跟家人闹翻,睡在花园的木棚里过夜……可是我们刚开始设计人物,还没有来得及写台词,他就走了……"

剧组一度考虑请贝尔纳·布里耶演这个角色,最后普瓦雷、克拉维耶和拉莫特选择了米歇尔·加拉布吕,为他写爷爷这个角色。克里斯蒂安·费什内承认"当然,如果德·菲奈斯演,爷爷的戏会多一些。"由米歇尔·加拉布吕主演的《爷爷打游击》于1983年10月23日上映,献给路易·德·菲奈斯。让-马里·普瓦雷导演的这部影片,以4103933观众人次成为当年最走红的影片之一。

杰拉尔·德帕尔迪厄对《法兰西晚报》说过"人们以后会再说起德·菲奈斯的",他当时也许不会想到自己的话多么有道理:人们将不断地提起路易·德·菲奈斯。但此时,人们只关注当下。《夫妻市长》以及连续四部由让·吉罗导演或者他们合作导演的影片问世之后,批评的语气变得强硬了。那些因《虎口脱险》而消失多年的猛烈指责,在80年代初席卷而来。

1981年12月15日,多米尼克·雅梅以《饭桶》为标题,在《巴黎日报》上撰文封杀刚刚上映的《天外来客》:"这部片子俗不可耐,傻得让人无言以对,无地自容,它显然希望成为货真价实的本土产品,却毫无疑问地成为法国电影的拙劣仿制品。它唯一的——不容否认的——价值就在于表明,如果不鼓励采取惩罚措施,人们可以堕落到何种地步。蒙特朗曾经提出囚禁平庸之辈。从这个角度而言,让·吉罗肯定够得上无期徒刑,而且是在死刑被废除的情况下。"

文章的语气当然太冲了一点(死刑,见鬼!),但符合当时的某种基调。第二年,吉尔贝·萨拉沙在1982年10月20日的《电视大观》上评论《老爸的烦恼》:"此类法式幽默的粗俗令人伤心,观众在路易·德·菲奈斯和米歇尔·加拉布吕的脸上看到的眼神和表情,证明他们过去曾经是杰出的喜剧大师,他们就更伤心。"

1983年1月,路易·德·菲奈斯去世,从当时悼念文章的口吻中也能看出,对他的评价已经出现分歧。在许多法国观众的眼里,他不仅仅是"大众的一号朋友",正如《自由巴黎人报》的纪念文章所写的那样;很多法国观众认为"德·菲奈斯不噱人了"(《世界报》评《天外来客》语)。克里斯蒂安·

27. 重播

费什内还记得:"25年以后的今天,人们把路易·德·菲奈斯捧为天才,但是在当时,媒体报刊对他大肆攻击,觉得他的成功太过分。"

过分俗气,过分陈旧,过分得政治上靠不住……在路易·德·菲奈斯演员生涯晚期,其影片业绩稳定,将近二十年的超群实力,几乎让人忘了他为什么会如此成功。路易·德·菲奈斯的现象远远超越单纯的喜剧才能,广告商和影院经营者们从中受益。在他生前,人们已经看到一些文章分析路易·德·菲奈斯成功的机制。60年代,皮埃尔·马卡布鲁谈到喜剧丑角时指出,路易·德·菲奈斯塑造的人物求助于诸如意大利即兴喜剧等古老原型。让·阿努依则联想到莫里哀的荣耀剧团和他演的闹剧,乔治·莱尔米尼耶提到即兴喜剧中的丑角潘塔隆,罗贝尔·沙扎尔在第一本关于路易·德·菲奈斯的专著《德·菲奈斯》(PAC出版社,1979年)中仔细分析萨蒂南·法布尔、卡雷特、德·菲奈斯之间的关联:尽管分析建立在快速直觉的基础上,但是理解路易·德·菲奈斯现象所需的基本工具都齐备了。

人们将开始更好地理解路易·德·菲奈斯的故事。当代剧作家瓦莱尔·诺瓦利那在1986年春发表的一篇题为《纪念路易·德·菲奈斯》的文章中写道:"在舞台上,路易·德·菲奈斯是一位具有非凡力量的演员、一位似乎超越自己力量的光彩夺目的舞者,超越观众对人物的期待,成十倍地倾情给予,同时又完美地量入为出,随时准备重新开始。一位耐力超常的健将。"

安德烈·马尔孔是诺瓦利那(即将创作自己的杰作《对动物的演说》)最青睐的演员。他在1986年阿维尼翁戏剧节上朗诵诺瓦利那的《支持路易·德·菲奈斯》。这篇文章当年春天由南方文献出版社发表。12年之后,这篇文章被搬上舞台,1998年12月在昂古莱姆首演,然后于1999年3月在巴黎的巴士底剧场上演。

《新观察家》杂志以《德·菲奈斯,圣人与殉道者》为标题,刊登对诺瓦利那的采访录。当年在剧场看德·菲奈斯演《奥斯卡》的时候,54岁的戏剧家当时还在念大学。他解释说:"德·菲奈斯的表演是一种奉献,类似向神灵的奉献。他的回报超过别人的付出。"在这场由雷诺·科若导演、帕斯卡尔·克默拉德谱曲的演出中,多米尼克·皮农独自一人表演,令人难以置信。只见他口若悬河,将这篇令评论界惊讶不已的、洋洋洒洒、精彩绝伦的文章,说得一清二楚。让-路易·佩里耶在《世界报》上写道:"我们必须把《纪念德·菲奈斯》视为当代戏剧最重要的文献之一。这是一场法语(这点很重要)的欢快的、激烈的战斗,一场针对沉默和愚昧的战斗。它的目标只有一个,那就是演员和他的语言,抓住语言使劲拧,直到把它的精髓拧出来。任何演员,在有意——哪怕念头才刚刚出现——学习戏剧艺术之前、之后或者期间,都应当认真地学习一下《纪念德·菲奈斯》。"有人认为德·菲奈斯是个"完美的蹩脚演员"。针对这种说法,评论家故意把德·菲奈斯的名字当作普通名词来使用:"在某个时候,我们每个人都是路易德菲奈斯,因为路易德菲奈斯就是那个想在他人面前代表人类的家伙。"

观众们不是为了诺瓦利那的精彩文笔,完全是被路易·德·菲奈斯的名字吸引而来,带着多米尼克·皮农的神奇形象而归:演员突然收住滔滔不绝的话,变成德·菲奈斯的化身,在数十秒钟内,重现一连串每个法国人都记忆犹新的动作、姿态、舞步。

瓦莱尔·诺瓦利那的文章当然不能影响每个人对路易·德·菲奈斯的看法,但是它促进了评价的逐渐变化。90年代的评论界完全用另外一种眼光来看待这个滑稽的丑角、任凭头儿摆布的警察、法国版的杰瑞·刘易斯:人们仿佛重新发现了路易·德·菲奈斯及他的身体、情感在他脸上表露的方式、他言语的紧张度……他的合作伙伴和导演们逐渐从集体记忆中消失。渐渐地,只要他出现就能阻止某些影片被人们彻底地忘却。1990年出版了《巴比松的诱惑》的录像带。详细的文献书刊目录从90年代开始建立。他的生平简介、重要影片的图册、电影理论、电影评论书籍中的相关论述与日俱增。路易·德·菲奈斯解禁了。

《纪念德·菲奈斯》登上舞台的同一年,法国邮政发行德·菲奈斯头像的纪念邮票。他从此进入电视排片表。电影院不再放他的影片,节庆活动期间放映的次数也越来越少(好的拷贝经常比较难找),但是各家电视台都令人惊讶地频繁播放他的影片。德·菲奈斯的影片成为选举当晚、假期和周末的经典节目(《虎口脱险》成为周日晚间电视影片的象征)。在各家电视台的负责人眼里,他是保持收视率的王牌之一。2003年或者2008年夏季,每部警察系列影片的电视观众很少低于300万人次。从1976年起,每隔一年半或者两年重播一次《虎口脱险》,每次播放至少吸引800万观众,最多的一次超过 1000 万人。

路易·德·菲奈斯历久弥新。警察的制服变了,法郎已经消失,人们不再用"百万"计价,头儿们不敢再像在他的影片中那样发怒,而女性也获得了更多的自由……但是他的影片依然很有看头,没有费尔南代尔、达里·考尔、让·里夏尔的影片令如今观众不屑一顾的感觉,这些笑星令人崇敬,可是笑声已经变了味。他没有依靠制片人,有时甚至不顾他们的反对,争取到一部分永恒,从而获得归根结底唯一有价值的崇高地位:活在大家每一个人的记忆中。对我们法国人来说,他与卓别林、劳莱和哈迪齐名,已经在曾抢过他风头的让·卡班、阿兰·德龙、碧姬·巴铎之上,他身后的事业一如既往,还没有出现任何结束的迹象。

约瑟夫·巴拉路,于勒-盖德路,拉巴尔盖特路

2002 年 3 月至 2008 年 9 月

路易·德·菲奈斯的影片目录

路易·德·菲奈斯的影片目录并非一成不变。我们在此列出的目录乃是建立在双重的苛求之上：一是其参与拍摄的每一部片子都有某种证明（演员的回忆录、其生前出版的影片目录、各式各样的见证等），二是片中出现他的身影。由此便排除了那些他虽然参与拍摄却被剪掉的影片，还有那些他在其中跑龙套但模糊不清的片子（无论是被淹没在人海之中，还是背朝着镜头或因为服装或化妆的缘故而变得难以辨认……）。

本影片目录因而部分依赖于许许多多路易·德·菲奈斯影迷的明察秋毫、坚韧不拔和机智敏锐，他们乐于分享自己的发现和信念。但愿他们能够原谅我们在"柱子后面看到的客人，可以认出他的手"和"根本不是，很明显这不是他的腿"之间所做的（肯定是武断的）裁定。

因此，本影片目录可能出现跟其他著作中的影片目录不尽一致之处，尤其是与 imdb.com 网站上被影迷们奉为《圣经》的"最大化"影片目录难以一致。如果读者接受不了这些出入的话，可以通过格拉塞出版社（圣父路 61 号，巴黎，75006）向作者提出抗议、批评以及修改意见（当然得建立在客观事实之上）。

关于本影片目录所标注的日期，我们因循的是惯例，即以其开拍之日为一部影片的正式日期，不过也会在括号中标明路易·德·菲奈斯参与演出的影片在法国公映的日期（那些从来没有在法国公映的影片以及原本就没有正式公映日期的短片除外）。

对那些由不同导演拍摄的喜剧段子组成的影片，将标注菲奈斯出演的那部喜剧的导演名字。有些影片标注的导演并非出现在片头字幕上的导演名字。这些都会在书中一一解释。

1945

巴比松的诱惑(*La Tentation de Barbizon*),让·斯泰利导演,1946 年 3 月 13 日公映

1946

消磨六小时(*Six heures à perdre*),阿莱克斯·约飞和让·勒维特导演,1947 年 1 月 22 日公映

1947

最后的避难所(*Dernier refuge*),马克·莫莱特导演,1947 年 8 月 27 日公映

幸福的设计(*Antoine et Antoinette*),雅克·贝克导演,1947 年 10 月 31 日公映

1948

陌生人的豪华游轮(*Croisière pour l'inconnu*),皮埃尔·蒙塔泽尔导演,1948 年 9 月 1 日公映

1949

杜·盖斯克兰(*Du Guesclin*),贝尔特朗·德·拉图尔导演,1949 年 6 月 2 日公映

丹吉尔使命(*Mission à Tanger*),安德烈·于奈贝勒导演,1949 年 7 月 15 日公映

新鲜出炉(*Vient de paraître*),雅克·胡山导演,1949 年 10 月 28 日公映

我只爱你(*Je n'aime que toi*),皮埃尔·蒙塔泽尔导演,1950 年 3 月 17 日公映

一日巨富(*Millionnaires d'un jour*),安德烈·于奈贝勒导演,1949 年 12 月 13 日公映

别了,格劳克先生(*Au revoir monsieur Grock*),皮埃尔·比庸导演,

1950 年 1 月 19 日公映

1950

吾友山凡（*Mon ami Sainfoin*），马克-吉贝尔·索瓦容导演，1950 年 5 月 10 日公映

我们的爱没有周末（*Pas de week-end pour notre amour*），皮埃尔·蒙塔泽尔导演，1950 年 9 月 1 日公映

某位先生（*Un certain monsieur*），伊夫·香皮导演，1950 年 5 月 24 日公映

与机遇约会（*Rendez-vous avec la chance*），埃米勒-艾得温·莱耐尔导演，1950 年 8 月 23 日公映

界桩边的阿得马依（*Ademaï au poteau-frontière*），保尔·科利奈导演，1950 年 9 月 4 日公映

吹牛大王（*Le Roi du bla-bla-bla*），莫里斯·拉布罗导演，1950 年 11 月 13 日公映

无法无天的街区（*La Rue sans loi*），马赛尔·吉布导演，1950 年 12 月 1 日

傀儡情人（*L'Amant de paille*），吉勒·格朗吉耶，1951 年 1 月 5 日

没留地址（*Sans laisser d'adresse*），让-保尔·勒夏诺瓦导演，1951 年 1 月 17 日公映

红玫瑰（*La Rose Rouge*），马赛尔·帕格利耶罗导演，1951 年 2 月 7 日公映

科诺克（*Knock*），吉·勒弗朗导演，1951 年 3 月 21 日公映

1951 年

比比·弗里科旦（*Bibi Fricotin*），马赛尔·比利斯泰奈导演，1951 年 4 月 12 日公映

女路人（*La Passante*），亨利·卡莱夫导演，1951 年 5 月 18 日公映

生活是场游戏（*La vie est un jeu*），雷蒙·勒布西耶导演，1951 年 6 月 13 日公映

温疯(Folie douce)，让-保尔·鲍兰导演，1951年7月4日公映

梦游人博尼法斯(Boniface somnambule)，莫里斯·拉布罗导演，1951年8月3日公映

美洲旅行(Le Voyage en Amérique)，亨利·拉沃莱尔导演，1951年10月31日公映

市长先生无休假(Pas de vacances pour monsieur le maire)，莫里斯·拉布罗导演，1951年11月4日公映

火鸡(Le Dindon)，克洛德·巴尔马导演，1951年11月21日公映

毒药(La poison)，莎夏·吉特利导演，1951年11月30日公映

我的老婆了不起(Ma femme est formidable)，安德烈·于奈贝勒导演，1951年12月5日公映

他们五个(Ils étaient cinq)，雅克·皮努托导演，1952年1月23日公映

狼驱黑夜(Les Loups chassent la nuit)，贝尔纳·鲍尔德利导演，1952年2月14日公映

1952

上帝的审判(Le Jugement de Dieu)，雷蒙·贝尔纳导演，1952年8月20日公映

七宗罪(Les sept péchés capitaux)，让·德雷维勒导演，1952年4月30日公映

灯匠勒吉农先生(Monsieur Leguignon, lampiste)，莫里斯·拉布罗导演，1952年5月9日公映

婚姻介绍所(Agence matrimoniale)，让-保尔·勒夏努瓦导演，1952年5月21日公映

爱非罪(L'amour n'est pas un péché)，克洛德·卡里文导演，1952年6月27日公映

出租车先生(Monsieur Taxi)，安德烈·于奈贝勒导演，1952年9月3日公映

可尊敬的妓女(La P... respectueuse)，夏尔·布拉邦和马赛尔·帕格利耶罗导演，1952年10月8日公映

我做过三次(Je l'ai été trois fois),莎夏·吉特利导演,1952年10月31日公映

佩尔勒先生的出走(La Fugue de monsieur Perle),皮埃尔·戛斯帕尔-于特导演,1952年12月12日公映

她和我(Elle et moi),吉·勒弗朗导演,1952年12月31日公映

疯狂的丛林(白人巫师或白人杜蓬先生)(La Jungle en folie [Le Sorcier blanc ou Monsieur Dupont Homme blanc])克洛德·拉朗德导演,1956年公映

老实人的一生(La Vie d'un honnête homme),莎夏·吉特利导演,1953年2月18日公映

贪得无厌(Les Dents longues),达尼埃勒·热兰导演,1953年3月11日公映

1953

大公巡游(La Tournée des grands ducs),安德烈·佩朗克和诺贝尔·卡尔博诺导演,1953年5月22日公映

巴黎麻雀(Moineaux de Paris),莫里斯·克洛什导演,1953年6月12日公映

让道德见鬼去吧!(Au diable la vertu!),让·拉维隆导演,1953年7月17日公映

潘朵夫勒上尉(Capitaine Pantoufle),吉·勒弗朗导演,1953年7月31日公映

暗夜女伴(Les Compagnes de la nuit),拉尔夫·阿比导演,1953年8月28日公映

少女宿舍(Dortoir des grandes),亨利·勒库丸导演,1953年9月2日公映

穿得又薄又短(Légère et court vêtue),让·拉维隆导演,1953年11月6日公映

我的塞内加尔老弟(Mon frangin du Sénégal),吉·拉库尔导演,1953年11月20日公映

麦苗(Le Blé en herbe),克洛德・奥当-拉腊导演,1954年1月20日公映

巴尔先生的怪愿(L'Etrange désir de monsieur Bard),热扎・拉德瓦尼导演,1954年1月22日公映

夜半骑士(Le Chevalier de la nuit),罗贝尔・达莱奈导演,1954年2月5日公映

巴黎周末(Week-end à Paris),戈尔冬・帕里导演,1954年3月12日公映

1954

阴谋女人(Les Intrigantes),亨利・德库丸导演,1954年4月7日公映

尼都什小姐(Mam'zelle Nitouche),依夫・阿莱格莱导演,1954年4月21日公映

剧痛(Tourments),雅克・达尼埃尔-诺尔芒导演,1954年4月23日公映

海伦・马里蒙的秘密(Le Secret d'Hélène Miramon),亨利・卡莱夫导演,1954年5月14日公映

男人只想着这事(Les hommes ne pensent qu'à ça),依夫・罗贝尔导演,1954年7月7日公映

愚人节(Poisson d'avril),吉勒・格朗吉耶导演,1954年7月28日公映

布洛涅森林里的强人(Les Corsaires du bois de Boulogne),诺贝尔・卡尔博诺导演,1954年8月5日公映

家庭争吵(Scènes de ménage),安德烈・贝托米厄导演,1954年9月10日公映

五蹄羊(Le Mouton à cinq pattes),亨利・韦尔努依导演,1954年9月24日公映

啊！美丽的仙女！(Ah! les belles bacchantes!),让・罗比尼雅克导演,1954年10月15日公映

请相信我(Faites-moi confiance),吉勒・格朗吉耶导演,1954年11月19日公映

后楼道(Escalier de service),卡尔洛·兰姆导演,1954年11月19日公映

马戈王后(La Reine Margot 让·德莱维勒导演,1954年11月25日公映)

爸爸、妈妈、佣人和我(Papa, Maman, la bonne et moi),让-保尔·勒夏诺瓦导演,1954年11月26日公映

禁闭(Huis-clos),雅克琳娜·奥德利导演,1954年12月22日公映

亵渎者(Les Impures),彼埃尔·谢瓦利耶导演,1955年3月9日公映

拿破仑(Napoléon),莎夏·吉特利导演,1955年3月25日公映

靓女当道(Les pépées font la loi),拉乌尔·安德烈导演,1955年3月30日公映

1955

匪夷所思的比普莱先生(L'Impossible monsieur Pipelet),安德烈·于奈贝勒导演,1955年9月7日公映

弗娄-弗娄(Frou-Frou),奥古斯托·热尼那导演,1955年11月30日公映

轻骑兵(Les Hussards),阿莱克斯·约菲导演,1955年12月14日公映

爸爸、妈妈、老婆和我(Papa, Maman, ma femme et moi),让-保尔·勒夏诺瓦导演,1956年1月6日公映

巴黎逸事(Si Paris nous était conté),莎夏·吉特利导演,1956年1月27日公映

英格丽德——一个摄影模特的故事(Ingrid, die Geschichte eines Fotomodells),热扎·拉德瓦尼导演

1956

草根之道(La Loi des rues),拉尔夫·阿比导演,1956年4月25日公映

爸爸一伙(La Bande à Papa),吉·勒弗朗导演,1956年4月27日公映

宝贝泛滥(*Bébés à gogo*),保尔·梅尼耶导演,1956年6月8日公映

你好,微笑(*Bonjour, sourire*),克洛德·苏泰导演,1956年6月13日公映

穿越巴黎(*La Traversée de Paris*),克洛德·奥当-拉腊导演,1956年10月26日公映

傻瓜(*Courte Tête*),诺贝尔·卡尔博诺导演,1957年2月27日公映

来得不巧(*Comme un cheveu sur la soupe*),莫里斯·雷加梅导演,1957年8月23日公映

1957

神不知鬼不觉(*Ni vu ni connu*),依夫·罗贝尔导演,1958年4月23日公映

托托、爱娃和禁刷,托托在马德里(一次壮举)(*Toto, Eva e il pennello proibito*,*Toto à Madrid*)(*Un coup fumant*),斯台诺导演

1958

两人生活(*La Vie à deux*),克莱蒙·杜乌尔导演,1958年9月24日公映

出租车、大篷车和斗牛(*Taxi, roulotte et corrida*),安德烈·于奈贝勒导演,1958年10月22日公映

恶伴伊·塔尔塔萨利(*I Tartassari, Fripouillard et compagnie*),斯台诺导演,1959年8月5日公映

1959

我的茨冈朋友(*Mon pote le gitan*),弗朗索瓦·吉尔导演,1959年12月2日公映

蛮人得逞(*Les râleurs font leur beurre*),让·巴斯蒂亚导演,1960年2月17日公映

1960

天真汉或20世纪的乐天派(*Candide ou l'optimiste au XXe siècle*),诺

贝尔·卡尔博诺导演,1960年12月16日公映

小火车(Les Tortillards),让·巴斯蒂亚导演,1960年12月30日公映

弗拉卡斯队长(Le Capitaine Fracasse),皮埃尔·戛斯帕尔-于依特导演,1961年4月21日公映

1961

美国靓女(La Belle Américaine),罗贝尔·德利导演,1961年9月29日公映

冒泡之湖(Dans l'eau qui fait des bullles),莫里斯·戴勒贝导演,1961年10月25日公映

族间仇杀(La Vendetta),让·谢拉斯导演,1962年4月18日公映

1962

犯罪无酬(Le Crime ne paie pas),热拉尔·乌利导演,1962年7月6日公映

魔鬼与十诫(Le Diable et les dix commandements),于连·杜维维耶导演,1962年9月14日公映

艾普松绅士(Le Gentleman d'Epsom),吉勒·格朗吉耶导演,1962年10月3日公映

咱们去多维尔(Nous irons à Deauville),弗朗西斯·利古导演,1962年12月24日公映

幸运者(Les Veinards),雅克·皮诺托导演,1963年4月26日公映

卡门,开火(Carambolages),马赛尔·布吕瓦尔导演,1963年5月17日公映

1963

关关雎鸠(Pouic Pouic),让·吉罗导演,1963年11月20日公映

直捣黄龙府(Faites sauter la banque),让·吉罗导演,1964年2月26日公映

已经入土(Des pissenlits par la racine),乔治·罗特奈导演,1964年5

月 6 日公映

1964

人中鼠（又译《男人堆里一靓妹》）(*Une souris chez les hommes*)，雅克·普瓦特勒努导演，1964 年 7 月 17 日公映

圣托佩的警察(*Le Gendarme de Saint-Tropez*)，让·吉罗导演，1964 年 9 月 11 日公映

方托马斯(*Fantômas*)，安德烈·于奈贝勒导演，1964 年 11 月 14 公映

暗渡陈仓(*Le Corniaud*)，热拉尔·乌利导演，1965 年 3 月 25 日公映

1965

大贵人(*Les Bons Vivants*)，乔治·罗特奈导演，1965 年 10 月 28 日公映

警察在纽约(*Le Gendarme à New York*)，让·吉罗导演，1965 年 10 月 29 日公映

方托马斯的反击(*Fantômas se déchaine*)，安德烈·于奈贝勒导演，1965 年 12 月 8 日公映

1966

大饭店（又译《总统失踪记》）(*Le Grand Restaurant*)，雅克·贝纳尔导演，1966 年 9 月 7 日公映

虎口脱险(*La Grande Vadrouille*)，热拉尔·乌利导演，1966 年 12 月 7 日公映

方托马斯大闹警察厅(*Fantômas contre Scotland Yard*)，安德烈·于奈贝勒导演，1967 年 3 月 16 日公映

1967

奥斯卡(*Oscar*)，爱杜瓦·莫利那罗导演，1967 年 10 月 11 日公映

悠长假期(*Les Grandes Vacances*)，让·吉罗导演，1967 年 12 月 1 日公映

小泳者(Le Petit Baigneur),罗贝尔·德利导演,1968 年 3 月 22 日公映

1968

名画追踪(Le Tatoué),德尼·德·拉帕特利耶尔导演,1968 年 9 月 18 日公映

宪兵情缘(Le Gendarme se marie),让·吉罗导演,1968 年 10 月 30 日公映

1969

冰冻人(又译《冬眠者》)(Hibernatus),爱德华·莫利纳诺导演,1969 年 9 月 10 日公映

1970

乐队指挥(L'Homme orchestre),塞尔日·科尔贝导演,1970 年 9 月 18 日公映

退休警察(Le Gendarme en balade),让·吉罗导演,1970 年 10 月 28 日公映

落在树梢(Sur un arbre perché),塞尔日·科尔贝导演,1971 年 4 月 12 日映

1971

乔(Jo),让·吉罗导演,1971 年 9 月 8 日公映

疯狂的贵族(La Folie des grandeurs),热拉尔·乌利导演,1971 年 12 月 8 日公映

1973

雅各布教士历险记(又译《真假大法师》)(Les Aventures de Rabbi Jacob),热拉尔·乌利导演,1973 年 10 月 18 日公映

1976

美食家（*L'Aile ou la Cuisse*），克洛德·齐迪导演，1976 年 10 月 27 日公映

1977

夫妻市长（*La Zizanie*），克洛德·齐迪导演，1978 年 3 月 22 日公映

1978

警察智斗外星人（*Le Gendarme et les extra-terrestres*），1979 年 1 月 31 日公映

1979

吝啬鬼（*L'Avare*），路易·德·菲奈斯和让·吉罗合作导演，1980 年 3 月 5 日公映

1981

天外来客（*La Soupe aux choux*），让·吉罗导演，1981 年 12 月 16 日

1982

警察与女警们（又译《老爸的烦恼》）（*Le Gendarme et les Gendarmettes*），让·吉罗导演，1982 年 10 月 6 日公映

中长片和短片
1951

伞恋（*Un amour de parapluie*），让·拉维隆导演，42 分钟

待售盒（*Boîte à vendre*），克洛德·拉朗德导演，25 分钟

少年冠军（*Champions juniors*），皮埃尔·布隆迪导演，26 分钟

玩家（*Les Joueurs*），克洛德·巴尔马导演，50 分钟

1952

第八艺术与方式（*Le Huitième Art et la manière*），莫里斯·雷加梅导演

1953

笑（*Le Rire*），莫里斯·雷加梅导演

图书在版编目(CIP)数据

喜剧大师:路易・德・菲奈斯传/(法)迪卡勒(Dicale,B.)著;宫宝荣等译.
—上海:华东师范大学出版社,2014.4
ISBN 978-7-5675-1541-3

Ⅰ.①喜… Ⅱ.①迪… ②宫… Ⅲ.①菲奈斯(1914~1983)—传记
Ⅳ.①K835.655.78

中国版本图书馆 CIP 数据核字(2013)第 308957 号

华东师范大学出版社六点分社
企划人 倪为国

LOUIS DE FUNÈS, GRIMACES ET GLOIRE
By Bertrand Dicale
Copyright © Grasset & Fasquelle,2009
This translation is published by arrangement with La Société des Editions GRASSET & FASQUELLE
Simplified Chinese Translation Copyright © 2014 by East China Normal University Press Ltd.
ALL RIGHTS RESERVED
上海市版权局著作权合同登记 图字:09-2010-569 号

喜剧大师:路易・德・菲奈斯传

著　　者　(法)贝特朗・迪卡勒
译　　者　宫宝荣　钱培鑫　郭斯嘉
责任编辑　高建红
特约编辑　孙　敏
封面设计　吴元瑛

出版发行　华东师范大学出版社
社　　址　上海市中山北路 3663 号　邮编　200062
网　　址　www.ecnupress.com.cn
电　　话　021-60821666　行政传真　021-62572105
客服电话　021-62865537
门市(邮购)电话　021-62869887
地　　址　上海市中山北路 3663 号华东师范大学校内先锋路口
网　　店　http://hdsdcbs.tmall.com

印　刷　者　上海景条印刷有限公司
开　　本　890×1240　1/32
印　　张　12.75
字　　数　350 千字
版　　次　2014 年 4 月第 1 版
印　　次　2014 年 4 月第 1 次
书　　号　ISBN 978-7-5675-1541-3/J・198
定　　价　48.00 元

出 版 人　朱杰人

(如发现本版图书有印订质量问题,请寄回本社客服中心调换或电话 021-62865537 联系)